Julie Heiland

Diana

La favola della principessa triste

Traduzione di
Serena Tardioli

GIUNTI

Titolo originale:
Diana. Königin der Herzen

Published in 2021 by Ullstein Taschenbuch Verlag

Realizzazione editoriale: Grand Publishing Hotel

www.giunti.it

Via Bolognese 165 – 50139 Firenze – Italia
Via G. B. Pirelli 30 – 20124 Milano – Italia

Prima edizione: ottobre 2022

Diana

La favola della principessa triste

Nonostante questo romanzo sia basato su fatti veri, rimane un resoconto romanzato della storia di Lady Diana. Non tutte le scene descritte sono realmente accadute così. Alcuni eventi nella realtà hanno preso un corso diverso o sono stati adattati dall'autrice in funzione della trama. Allo stesso modo, anche i dialoghi sono in gran parte inventati.

Per le meravigliose donne sentimentali, anticonformiste,
affettuose, ribelli e passionali del mondo.
Tutte voi portate una corona.

Prologo

1996

Com'era diversa Londra in tarda serata. Quando la metropoli veniva lentamente avvolta dalla quiete dopo una lunga giornata. Il passaggio sporadico della gente per le strade. Giovani diretti verso un ristorante o un bar. Una signora che portava a spasso il cane. Un uomo d'affari che chiamava un taxi. Poco prima aveva piovigginato. Diana amava il bagliore dorato dei lampioni sull'asfalto umido e il lieve rombo di un'auto che passava davanti alla sua limousine. Talvolta carpiva con lo sguardo l'interno di un appartamento, vedeva persone sedute davanti al televisore, che facevano ginnastica, cucinavano o fumavano una sigaretta davanti alla finestra aperta. Anche negli eleganti grattacieli brillavano ancora luci sparse. Già, in quelle ore Londra diventava magica.

«Arriveremo tra circa due minuti» le disse l'autista.

Diana lo ringraziò e sprofondò di nuovo nei propri pensieri. Perché sentiva una pressione così forte al petto, quando ora si era finalmente liberata dalle catene degli ultimi anni? E come poteva qualcosa, che era iniziato in modo così meraviglioso, fare tanto male?

«*È il paradosso della natura.*» Pressappoco così avrebbe risposto Carlo alla sua domanda.

Diana rise fra sé. Anche per questo un tempo l'aveva amato. Per quei suoi tentativi di voler spiegare in maniera razionale persino le forti passioni.

C'erano voluti appena tre minuti per porre fine al matrimonio del secolo in una piccola aula di tribunale a Somerset House. Ironia della sorte, l'edificio si trovava a meno di tre chilometri dalla cattedrale di St. Paul, dove quell'indimenticabile giorno di luglio aveva pronunciato il sì al principe di Galles.

Molte cose la facevano ancora soffrire, ma le ferite si stavano rimarginando. Ormai sapeva che il suo sogno non si sarebbe più avverato e che anche la sua vita era cambiata in maniera radicale negli ultimi anni. Ma quel giorno segnava una conclusione definitiva. E un nuovo inizio.

Apparentemente Diana stava andando a una semplice cena con i membri dell'English National Ballet. Ma non era una coincidenza che quell'incontro avesse luogo proprio il giorno in cui era stato suggellato il suo divorzio da Carlo. Voleva mostrare al mondo che poteva essere felice anche come donna divorziata e non si sarebbe rintanata in casa, in preda all'amarezza e alla frustrazione. Aveva scelto la sua mise con cognizione di causa: un elegante tailleur pantalone che le dava un'aria sicura di sé. L'azzurro pallido le ricordava un cielo estivo sconfinato.

L'auto si fermò.

Due o tre flash lampeggiarono oltre i finestrini oscurati.

«Ancora un istante» disse all'autista.

Non si sarebbe mai abituata a dover condividere la

propria vita con l'opinione pubblica. Ma ormai Diana aveva imparato a usare la stampa per i propri fini. Scese dal lato sinistro della limousine in modo che i fotografi potessero immortalarla meglio. Il suo sorriso felice sarebbe finito su tutte le prime pagine.

Ora la luce abbagliante dei flash guizzava da ogni parte. «Diana, come si trova nei panni di donna divorziata? Che cosa intende fare adesso? Diana!»

Tenne di proposito la borsetta nella mano sinistra. Così avrebbero tutti visto che non portava solo la fede, ma anche l'anello di fidanzamento incastonato di diamanti e zaffiri. Era il suo modo di ricordare al mondo le promesse che lei e Carlo si erano fatti nella cattedrale di St. Paul. Non l'avrebbe mai dimenticato, quel giorno di luglio di sedici anni prima, quando lei, la sposa ventenne dal sorriso timido, si era incamminata in un fluttuante abito bianco da sogno verso il suo principe che l'attendeva all'altare.

Non importava quello che scrivevano i giornali, non importava quello che diceva la gente, non importava quello che Carlo sosteneva: lui l'aveva amata e lei gliel'aveva letto negli occhi. E lei aveva amato lui. Con tutta se stessa. E nonostante quello che le aveva fatto, Diana lo avrebbe sempre portato nel cuore. A ciò non si era più opposta a lungo; sarebbe stata solo un'inutile sofferenza. Dopotutto era il padre dei suoi figli. E lei voleva finalmente trovare la pace. Per questo avrebbe continuato a ricordarlo come il giovane riservato e malinconico che era stato quando si erano conosciuti per la prima volta.

Parte prima

1

1977

«Puoi contare su di me» disse lui.

Dietro quell'unica frase c'era un mondo intero.

Arrivò un sabato mattina. Sarah aveva annunciato la sua visita nei minimi dettagli. «Stagli lontana durante il giorno» aveva ordinato a Diana. «Ritieniti fortunata se potrai esserci anche tu per cena. Ma si può sapere di nuovo che ti sei messa?»

Diana indossava collant bianchi coprenti, un body nero e un foulard di seta leggerissima. La sua mise da ballerina.

Avrebbe fatto qualsiasi cosa pur di andare a cavallo con il principe e sua sorella. Aveva persino supplicato. Ma il suo comportamento aveva solo confermato a Sarah che la sorellina era troppo infantile per il principe. Così Diana aveva preparato una grande quantità di budino al latte per sé e per la servitù, poi si era intrufolata in camera e si era immersa in uno dei romanzi strappalacrime di Barbara Cartland.

«La sua voce era vibrante di tenerezza, e lei gli appoggiò la guancia sulla spalla. "Questa sera" le disse "amore mio, siete solo una bambina, non ancora una donna: voglio che pensiate a me come al principe azzurro, così come voi sarete la mia regina."

"Vi amo" sussurrò lei, facendo sprofondare la testa sul cuscino morbido.»

Diana si mise sulla schiena, posò *Sposa del re* sulla pancia e infilò una mano sotto la testa. «Penso sia meraviglioso essere una principessa» sospirò. «Non è d'accordo, Miss Harmony?»

Miss Harmony era un porcellino d'India rosa e faceva parte dell'enorme famiglia di peluche di Diana, che occupava quasi tutta la testiera del letto.

Nei romanzi di Barbara Cartland, la vita era sempre così magnificamente facile. Le eroine erano donne bellissime che soffrivano solo un po' di solitudine. Ma non appena incontravano l'amore della loro vita, sbocciavano in tutto il loro splendore, e dopo alcuni drammatici alti e bassi, i due finalmente si ricongiungevano e vivevano assieme felici e contenti.

E la sua vita non assomigliava forse un po' a una di quelle soap opera letterarie? O magari era più una favola triste?

Con un tempismo perfetto, la voce di Raine stridette lungo il corridoio.

«Faccia attenzione! Quello è un comò dell'epoca georgiana! Sa quanto vale?»

Raine, la matrigna cattiva che rimproverava i domestici. E Diana era Cenerentola, una ragazza di sedici anni che avrebbe dovuto essere un maschio. Dopo due figlie, la famiglia Spencer aveva desiderato ardentemente un erede. Invece era stata Diana a venire al mondo. Un'amara delusione. Nemmeno il fratellino Charles, nato tre anni dopo, poté più porvi rimedio. E così i genitori avevano divorziato quattro anni dopo.

Diana balzò giù dal letto e guardò fuori pensierosa. «Come in un sogno» diceva spesso il padre con entusiasmo quando, andando a cavallo, lasciava vagare lo sguardo sull'ampio terreno agricolo, su cui sorgevano sporadiche colline. Nella luce autunnale gli alberi brillavano di rosso ruggine e giallo. In lungo e in largo nient'altro che cottage e pecore.

«Oh, e può portare anche quel terribile dipinto laggiù all'asta.»

Da quando il padre di Diana aveva sposato Raine l'anno prima, la donna si era atteggiata a padrona della tenuta di Althorp. Tutto ciò su cui poteva mettere le mani, Raine lo vendeva alle aste. Aveva sostituito mobili che da generazioni appartenevano alla famiglia Spencer con un arredo kitsch luccicante. Diana odiava Raine fino all'esasperazione, anche se era la figlia della sua autrice preferita, Barbara Cartland. Come aveva potuto il padre fare una cosa del genere ai propri figli? Sposare in segreto quella donna ridicola dalla voce stridula?

Eccola di nuovo, quella sensazione… Come se un pugno di ferro gelido si serrasse intorno al cuore di Diana. Come se non ci fosse un posto per lei nel mondo. I colori brillanti dell'autunno scomparivano dietro la foschia grigia che si alzava dai campi quasi completamente coperti di brina, e il palazzo del XVI secolo con le sue centoventuno stanze in totale le sembrava così enorme da opprimerla, come un'isola solitaria in mezzo al nulla.

Ogni volta che Diana veniva assalita da quella sensazione, si metteva a ballare. Perché quando ballava si scrollava di dosso tutto quel peso. E allora si dimenticava subito di Raine, si dimenticava dei brutti voti a scuola, si dimenticava addirittura che Sarah le avesse proibito di lasciare la sua stanza minacciandola di morte. Nel lungo corridoio infinito piroettava e per fare la spavalda mostrava la lingua ai suoi antenati, che dai dipinti la squadravano con aria severa. Sua madre Frances non si era mai trovata a proprio agio nella tenuta di Althorp, come aveva confessato una volta alla figlia. «Ci si sente come in un museo dopo l'orario di chiusura» aveva commentato.

Diana amava ballare soprattutto nell'alta e imponente Wootton Hall, il cui pavimento con piastrelle bianche e nere ricordava una scacchiera. Si dilettava in particolare nel tip tap, perché il rumore ritmico delle scarpette faceva impazzire Raine.

Il rombo di un motore fece bloccare Diana. Con il fiato un po' corto si avvicinò alla finestra. Erano arrivate due auto: una Jaguar nera e un bolide sportivo di lusso. Poi scese *lui*.

Diana ammirava sempre in televisione le sue audaci avventure sulle piste da sci, i lanci con il paracadute e i successi nel polo.

Una sua foto era appesa sopra la toeletta nella sua camera in collegio.

Lo scapolo più ambito del mondo scese dalla macchina davanti alla sua casa di famiglia.

Sarah lo salutò con un inchino civettuolo. «Sua Altezza Reale.»

La sorella aveva un bell'aspetto con i pantaloni alla cavallerizza aderenti e una giacca attillata sopra, in realtà troppo sottile per il mese di novembre. Finalmente le cose erano tornate a girare per il verso giusto per lei. Due anni prima il ragazzo l'aveva lasciata di punto in bianco, e da allora aveva perso quasi del tutto l'appetito. Ma ora aveva riacquistato abbastanza fiducia in se stessa da invitare il principe di Galles a una battuta di caccia nella tenuta di famiglia.

Sarah condusse il principe all'interno. In fretta e furia Diana si precipitò nella galleria vicina.

«Aspetti pure nell'atrio» sentì dire a Sarah. «Vado a riferire allo stalliere di sellare i cavalli.»

Invece di ritirarsi nella sua stanza come aveva promesso alla sorella, Diana sbirciò dietro l'angolo. La vista del principe esercitava su di lei un'attrazione magica.

Nella sua nobile giacca di tweed, aveva un'aria da gentiluomo di campagna del secolo scorso. Guardava con interesse i quadri che adornavano le pareti dal pavimento al soffitto, tutti raffiguranti lo stesso motivo: la caccia alla volpe. Si voltò verso l'opera d'arte successiva e allora Diana poté scorgere il suo profilo. Sapeva di dover sparire alla svelta, ma non ci riusciva. Qualcosa in lui non la lasciava andare. Con quella sua postura, una mano dietro la schiena, di fronte all'enorme dipinto a olio di un cavaliere che inseguiva una volpe, sembrava in qualche modo... solo. Smarrito. Persino triste.

D'un tratto, come se avesse percepito la presenza di Diana, si voltò a guardarla.

Dal momento che lo sguardo dei suoi occhi azzurri l'aveva trafitta fin nel profondo, lei non sapeva cosa dire, e Sarah l'avrebbe uccisa, non vide altra opzione se non quella di fuggire. Si affrettò su per l'ampia scalinata con la passatoia rossa e i gradini scricchiolanti più che mai.

Forse Diana avrebbe potuto scappare, se non avesse indugiato ulteriormente.

Ma poi venne fermata dalla sua voce. Una voce che aveva sentito già centinaia di volte in televisione o alla radio, ma possedeva un suono ancora più eccitante dal vivo, anche se lui aveva detto solo una parola. «Salve.»

«Sono solo io» rispose lei. «Diana. La sorella minore di Sarah.» Non osò guardarlo, ma abbassò gli occhi sulle sue scarpette da ballo… almeno finché non si ricordò, con profonda vergogna, di doversi inchinare davanti a un membro della famiglia reale. «Sua Altezza Reale.»

Il principe accennò un sorriso.

«Faccia finta che io non ci sia, la prego.»

«Perché dovrei?» chiese.

«Mi è proibito rivelarlo» replicò, inclinando leggermente la testa.

«Nemmeno se ti restituisco il foulard in cambio?»

Nonostante il giovane reale lo stesse tenendo tra le mani, Diana si toccò comunque il collo. Forse l'aveva addirittura perso di proposito, ma naturalmente non l'avrebbe mai ammesso.

«Allora?» la spronò.

«Mi promette che resterà il nostro segreto, se glielo dico?»

«Puoi contare su di me.» E d'un tratto il suo sguardo non era più solo e triste, ma invitante come un prato fiorito in primavera, nella cui erba morbida ci si poteva tuffare. La sua voce calda e lo sguardo limpido dei suoi occhi la tranquillizzarono in modo tale che tutta la soggezione che provava svanì.

«Ho dovuto giurare a mia sorella che non mi sarei fatta vedere per tutto il giorno» confessò. «Aveva paura che potessi spaventarla.»

«Come potresti spaventarmi?» chiese.

«Ballando nella galleria, per esempio. Ma mi piace danzare qui. O nell'atrio. O fuori, sui muretti.» Come a dimostrazione, eseguì una piroetta, il che lo fece ridere. «A lei piace ballare, Sir?»

«Se sento della musica ritmata, riesco a trattenermi a malapena» rispose. «Purtroppo non posso permettermi di ballare sui muretti.»

«Dovrebbe provarci una volta. È meraviglioso.»

Si guardarono e all'improvviso Diana divenne consapevole di tutti i propri difetti. Quanto doveva essergli sembrata infantile con la calzamaglia, il body e le guance arrossate.

«Mi sto esercitando per una recita scolastica» spiegò frettolosa. «Insceniamo un'opera di Shakespeare.»

«Shakespeare è uno dei miei drammaturghi preferiti. E la recitazione mi ha sempre affascinato.»

«Davvero?»

All'improvviso lui fece una gobba e contorse il viso in una smorfia orribile. «*Visto, perciò, che non posso fare il galante, in questi tempi dalla loquela ornata, ho deciso di fare il furfante!*» recitò, aggiungendo poi con una risata: «Una volta a scuola ho interpretato Riccardo III, l'erede deforme al trono del xv secolo. Forse dovrebbe darmi da pensare il fatto che il regista mi avesse scelto per questo ruolo.»

Diana era incantata dal modo in cui si prendeva gioco di se stesso e ridacchiò coprendosi la bocca.

«Che spettacolo state preparando?» chiese lui.

«*Romeo e Giulietta.*»

«E sono certo che sarai tu a interpretare Giulietta.»

La stava lusingando? O era solo gentile? Diana non aveva la minima esperienza con gli uomini, ma sentì un formicolio nello stomaco e le ginocchia che le stavano cedendo.

«No, non mi piace essere al centro dell'attenzione» ammise lei. «Partecipo agli spettacoli solo quando non devo pronunciare battute. Invece ammiro lei per la sicurezza che dimostra in pubblico. Appare sempre così disinvolto e rilassato. Sembra che non abbia mai paura di niente.» Diana pensava al paracadutismo e alle discese rischiose e alla sua carriera di giocatore di polo. Era una perfetta combinazione fra un eroe e un principe.

«Be', è la paura a porre dei limiti. E quando sei cresciuto con il clamore della stampa, non conosci nient'altro» disse in tono umile guardandosi intorno.

«Quindi questa è la famosa galleria di Althorp House, davanti a cui tutti rimangono estasiati?»

Diana annuì.

Fece due passi verso di lei e le porse il foulard di seta. Ma mentre la ragazza stava per prenderlo, lui lo tenne stretto. «Magari ti va di mostrarmi la galleria dopo cena?»

Avrebbe voluto rispondere "molto volentieri", ma non ne ebbe la possibilità, perché all'improvviso sua sorella apparve nella stanza. Come aveva fatto Diana a non accorgersene, dato che i tacchi dei suoi stivali da equitazione battevano forte sul pavimento? «Ecco dov'era finito, Sir. I cavalli...» Il sorriso di Sarah svanì non appena scorse Diana. «Avrei dovuto immaginarmelo.» Rivolgendosi al principe, disse: «Mi perdoni se mia sorella minore è stata invadente. A volte non si sa contenere. Pensa di essere migliore di tutti, ecco perché la chiamiamo "La Duchessa"».

«Non credo di essere migliore!»

«Non volevi stare in camera tua a leggere uno di quei romanzi rosa?»

Diana idolatrava la sorella e allo stesso tempo aveva un enorme rispetto per lei. Ecco perché si sorprese di se stessa quando sollevò il mento con fierezza. «Il principe mi ha pregato di mostrargli la galleria.»

2

Domenica sera, mentre Diana saliva i gradini verso la sua camera al collegio femminile di West Heath nel Kent, aveva come la sensazione di fluttuare.

Se il numero di scalini è pari, allora il principe Carlo sta pensando a me.

O forse era stato tutto un sogno?

Ventidue scalini. Diana sorrise.

Senza bussare, entrò nella stanza. Carolyn sedeva a gambe incrociate sul letto circondata da dolciumi.

«Tre barrette di cioccolato, un pacchetto di orsetti gommosi e due pacchetti di quei cioccolatini da leccarsi i baffi» elencò.

«Ma che fai?» Il sorriso di Diana si allargò.

«Un piccolo inventario. Se i cioccolatini costosi sono da parte di mia madre… significa che mi vuole più bene di mio padre?» Carolyn fece finta di pensarci sul serio, poi aprì il pacchetto di orsetti gommosi. «O i miei genitori stanno cercando di farmi ingrassare, o pensano davvero che il loro burrascoso divorzio mi lascerà indifferente se mi rimpinzo abbastanza di cioccolato.»

Forse era solo una coincidenza che Carolyn fosse stata messa in camera con Diana. O forse qualche insegnante aveva pensato che sarebbero andate d'accordo, dato che erano le uniche figlie di divorziati nel collegio. Da quando aveva fatto amicizia con Carolyn, Diana non si sentiva più un'aliena tra le sue compagne di scuola. Carolyn sapeva cosa si provava a finire sempre tra due fuochi ed essere inondati di regali, come se così i genitori potessero comprare l'amore del proprio figlio.

«Ma la vera domanda è: perché stai sorridendo come un'ebete?» disse Carolyn fissandola con sospetto, come se cercasse di leggerle la mente.

«L'ho incontrato!» esclamò Diana, girandosi una volta e gettando la borsa sul letto. «Finalmente l'ho incontrato!»

Gli occhi di Carolyn si spalancarono. «*Lui?* Davvero?»

Il suo sguardo cadde sulla foto che le ragazze avevano ritagliato da una rivista durante una notte di euforia, attaccandola sopra la specchiera laccata di bianco. Mostrava il fiero principe Carlo su un cavallo al galoppo dopo una partita di polo con la mazza alzata come una lancia. Era uno scatto di una potenza esplosiva, virile ed eroico. Sotto c'erano due foto incorniciate dei criceti di Diana, Little Black Muff e Little Black Puff.

Carolyn non riusciva a crederci. «Sul serio hai incontrato il principe Carlo?»

«Sì, finalmente! Era proprio di fronte a me!» Diana sprofondò accanto a Carolyn sul letto che, con quell'ornato telaio bianco, non avrebbe potuto essere più femminile. Tende, lenzuola, persino la carta da parati erano a motivi floreali. *Proteggeremo le vostre figlie!* prometteva il collegio femminile di West Heath ai genitori. *Qui non ascolteranno il rock and roll, qui le gonne arrivano ancora sotto al ginocchio e le ragazze imparano a preparare un succulento cordon bleu per i loro futuri mariti!*

«E ci siamo seduti allo stesso tavolo a cena. Abbiamo respirato la stessa aria! Lui... non riesco nemmeno a descrivere quanto sia stato meraviglioso. Ha un fascino molto particolare!»

«So benissimo cosa emana» commentò Carolyn, tagliando corto. «Ovvero che sarà il futuro re d'Inghilterra.»

«Non è questo...» replicò Diana. «Colpisce ancora di più dal vivo che non nelle foto dei giornali e delle riviste. Tutto in lui è affascinante!»

«Persino le orecchie a sventola?»

«Sono orecchie a sventola perfette» sospirò Diana, lasciando che Carolyn le porgesse il pacchetto di orsetti gommosi.

«Ricominciamo daccapo: si può sapere dove l'hai incontrato?» chiese l'amica saltando giù dal letto per infilarsi sotto.

Diana le raccontò che Sarah aveva invitato il principe per un weekend di caccia. «Voleva che gli mostrassi la galleria, ma Sarah mi ha messo i bastoni tra le ruote. Ha detto che era un suo ospite, quindi naturalmente sarebbe stata lei a pensarci.»

«E tu glielo hai permesso?»

«Cosa potevo fare? Ma non ho resistito a dirle: "Almeno lascia che ti mostri dove trovare gli interruttori della luce".»

Diana sentì Carolyn ridacchiare sotto il letto. «Le sta bene! Ma non preoccuparti. Sarah ha solo paura che il principe finisca per interessarsi a te. Sa benissimo quanto sei carina. Non passerà molto tempo prima che tu faccia girare la testa a tutti.»

Raddrizzandosi, Diana inclinò la testa e si osservò allo specchio. Rispetto alle sorelle carine, talentuose e divertenti, si sentiva come il brutto anatroccolo.

«Non fare quella faccia.» Carolyn era emersa con una pila di riviste che aveva raccolto sotto il letto. «Guardati bene! Coi tuoi occhi azzurri farai strage di cuori. Dio mio, cosa darei per la tua pelle color pesca! E hai sempre quelle guance leggermente arrossate, come se fossi appena tornata da una passeggiata.» Gemendo, si infilò sotto il letto una seconda volta. «Almeno li hai spiati mentre Sarah gli mostrava la galleria?»

Diana scoppiò in un risolino. «Ovvio! Oh, Carolyn... È così colto! Conosceva tutti gli artisti della galleria! Sapeva quale quadro fosse di un certo... van Dyck, o come si chiama.»

«Be', certo, ha pur sempre tredici anni più di te. Anche mio padre sa un sacco di cose.»

«Ma in confronto a lui, sono una testa d'asino. Ho dei voti terribili.»

Diana non era così studiosa come la sorella Jane o determinata come Sarah. Invece di passare le giornate in un'aula soffocante, preferiva le gite scolastiche al Darenth

Park, un ospedale per le persone con disabilità mentali e fisiche.

Carolyn caricò un'altra pila di riviste sul letto, poi squadrò Diana. «Solo perché hai dei brutti voti non significa che sei stupida. Sei solo pigra. E poi hai vinto diversi trofei di nuoto e tip tap.»

«Che importanza ha?»

«Ne ha parecchia! Significa che, quando ti ci metti, sai essere molto ambiziosa. E poi non conosco nessuno che sappia trattare le persone in modo così meraviglioso come te.» Carolyn si sistemò in fondo al letto, prese una delle riviste e cominciò a sfogliarla come se stesse cercando qualcosa di specifico. «Quindi Sarah e il principe stanno insieme adesso?»

Il sorriso sognante di Diana si spense. «Non lo so. Non mi sembrava. Flirtavano tra loro, ma non mi davano l'impressione di essere innamorati. Soprattutto Carlo. Anzi, aveva un'aria...» Diana scrollò le spalle «... triste.»

«Triste? Il principe Carlo ha ben poco da essere triste. Il suo amatissimo prozio Lord Mountbatten non ha detto in un'intervista, proprio l'altro giorno, che il nipote non fa altro che passare da un letto all'altro?»

«Anche se fosse, gli uomini possono cambiare» disse Diana con poca convinzione, perché in realtà non sapeva assolutamente nulla degli uomini. «Ma che fai?»

«Sono un passo avanti a te e faccio ricerche» mormorò Carolyn mentre continuava a sfogliare la rivista con grande concentrazione e a scorrere titoli come *Scandalo Rolling Stones: Keith Richards arrestato per possesso di droga* oppure *Mamma mia! Gli ABBA entusiasti del loro tour mondiale!* A volte, quando i pomeriggi in collegio non finivano mai, Diana e Carolyn si accoccolavano insieme in uno dei loro letti a leggere riviste scandalistiche. «Sapevo che sarebbe arrivato il giorno in cui sarei stata contenta di aver tenuto tutte queste riviste. Allora, c'è questa… com'è che si chiama?»

«Fiona Watson?» suggerì Diana.

«No… È stata così stupida da far pubblicare una sua foto sconcia in una di quelle riviste per uomini.»

«Mi ricordo. Forse la principessa del Lussemburgo?»

«Ma quando mai! È cattolica. Non gli è permesso sposarla, la legge non lo consente. Solo una sposa protestante è ammissibile. Eccola!» Carolyn indicò una fotografia. Mostrava il principe in tenuta da polo e una bella donna piuttosto acerba davanti a un tronco d'albero su cui erano scolpite delle iniziali. Quest'ultima non sembrava preoccuparsi molto di essere alla moda: indossava una semplice camicia rossa e aveva le mani affondate nelle tasche dei pantaloni.

«Camilla Parker Bowles» disse Carolyn.

«Sono solo amici» replicò Diana. «E poi lei non è sposata? Credo che abbia già dei figli!»

«E allora? Dopotutto, anche il prozio di Carlo, Edoardo VIII, si è aggrappato al suo amore per una donna sposata, mettendo in crisi la casa reale. Tra l'altro, non è un segreto che sia Camilla che il marito non prendono molto sul serio la fedeltà. E sarà stato questo il problema, fin dall'inizio: lei ha già fatto esperienza e si è sfogata.

Ma la Corona vuole per Carlo una ragazza non solo giovane e bella, ma anche protestante, di nobile nascita e più vergine della Vergine Maria. Se ne infischia che viviamo nel 1977, dove le donne non portano più il reggiseno e ballano tutta la notte ai concerti dei Rolling Stones! La Corona cerca per l'erede al trono una principessa delle favole.»

Lo sguardo di Diana cadde di nuovo sullo specchio.

3

1979

Il giorno del suo diciottesimo compleanno, Diana sganciò la notizia bomba. Durante il tè pomeridiano a base di pasticcini, annunciò di volersi trasferire a Londra con le amiche del collegio.

«Non se ne parla!» ruggì Johnnie Spencer, sbattendo il tovagliolo sul piatto e ponendo così fine alla discussione e al tè. Diana sospettava quale fosse il motivo della sua reazione così drastica: aveva fallito in tutti e cinque gli esami finali due volte, e il padre temeva che sarebbe finita per strada se non l'avesse tenuta d'occhio. Ma poi, mentre l'uomo si stava affrettando a chiudere l'ombrellone per nascondere le lacrime, ebbe un'illuminazione. Forse, in fin dei conti, aveva paura di perdere anche Diana? Da quando Jane e Sarah si erano trasferite a Londra, le vedeva di rado.

Alla fine accettò con riluttanza. Magari si era reso conto che Diana non si sentiva più a casa ad Althorp da quando Raine aveva usurpato ogni angolo della tenuta. Magari la moglie lo aveva convinto a liberarsi finalmente della figlia.

Insieme alle sue amiche Carolyn, Virginia e Anne, Diana si trasferì in un appartamento signorile a South

Kensington che apparteneva alla madre. Il complesso residenziale aveva ascensori in mogano e c'era persino un giardino comune. Unendo le forze, arredarono l'appartamento in un semplice stile rustico e dipinsero le pareti con colori pastello. Diana accettò un lavoro come maestra d'asilo per guadagnare un po' di soldi. Com'era divertente giocherellare con quei piccolini! I bambini non fingevano mai e dicevano quel che gli passava per la testa. La sera, non appena Diana tornava a casa, la prima cosa che faceva era mettere su un disco. A volte lei e le sue amiche cucinavano insieme per rispolverare le conoscenze apprese alle tediose lezioni di cucina. Una ragazza perbene doveva saper preparare il roast beef e lo *Yorkshire pudding*: ecco perché i genitori l'avevano iscritta. Per Diana quelle lezioni erano state un incubo e le altre ragazze, con i loro cerchietti di velluto e i sorrisi finti, non le erano particolarmente simpatiche. Alla fine veniva rimproverata di continuo perché infilava sempre le dita nelle pentole.

Con le sue amiche, Diana mangiava quasi solo cioccolato e corn flakes. Non era raro che si divertissero a chiamare persone sull'elenco telefonico con nomi assurdi. Ma per lo più, mentre fuori era autunno e stavano finalmente cadendo i primi fiocchi di neve, se ne stavano rannicchiate sul divano a guardare commedie romantiche come *Grease* o *La febbre del sabato sera* e andavano in visibilio per John Travolta. Ogni tanto uscivano, e le ragazze perdevano la testa vivendo tutti i drammi che il primo amore comportava. Anche Diana aveva dei corteggiatori, e qualche volta uscì persino con uno di loro. Tuttavia si sforzava ogni volta di dimostrare che in realtà non era interessata.

In fondo anche Diana aveva perso la testa, ma per Londra. Amava immergersi nel flusso di gente, nel caos di voci, interrotto ogni tanto dai lavori nei cantieri, dalla musica di strada o dal ronzio degli autobus a due piani che portavano i turisti al Big Ben o a Buckingham Palace. Adorava le vetrine addobbate per Natale con le ultime novità in fatto di moda. O scivolare sui ciottoli umidi con le suole lisce. Qui, l'odore penetrante di *fish and chips* a un mercato, lì una piacevole fragranza proveniente da una profumeria, un po' più in là l'irresistibile aroma di una sala da tè, mescolato alla dolcezza di *scones*, marmellata e *clotted cream*. Diana amava persino i vagoni della metropolitana affollati o il suono dei clacson quando era bloccata negli ingorghi londinesi nella piccola macchina rossa della madre.

Il tempo passò, la neve si sciolse in un baleno, i primi fiori spuntarono nei giardinetti, e finalmente Diana poté giocare di nuovo fuori con i piccoli dell'asilo. Non si era mai sentita così libera, così spensierata.

In qualche modo prese l'abitudine di coricarsi presto. Allora si infilava il pigiama, si accoccolava sul letto e sfogliava qualche rivista.

Un venerdì sera, Carolyn bussò alla porta della sua camera. «Usciamo a bere qualcosa. Ha aperto un nuovo bar. Vieni con noi?»

«La prossima volta.»

Carolyn si appoggiò allo stipite della porta e incrociò le braccia sul petto.

«Che c'è?» chiese Diana, dato che l'altra non smetteva di fissarla.

«Hai tantissimi pretendenti, ma li rifiuti tutti. Proprio non capisco perché sei così... non so...»

Diana abbassò la rivista. «Così come?»

«A volte ho l'impressione che tu voglia... preservarti.»

Diana si mise a ridere. «Preservarmi? Perché la sera preferisco leggere?»

Carolyn aggrottò la fronte. Fece per voltarsi, ma si fermò di nuovo, poi disse: «È per via del principe?».

«Che vuoi dire?»

«Pensi ancora a Carlo?»

«No!»

«Sfogli tutte le riviste su cui puoi mettere le mani alla ricerca di un articolo su di lui.»

A Diana piaceva guardare le sue foto e scoprire nuovi dettagli sul principe, come il fatto che avesse le guance leggermente arrossate, proprio come le sue, o che si dividesse sempre i capelli alla perfezione. Il suo passatempo preferito era guardare le sue interviste televisive e ascoltare la sua voce profonda e calda. Sceglieva le parole con cura e, per dare loro enfasi, spesso stringeva le mani quando parlava, o gesticolava con l'indice destro.

Tuttavia disse all'amica: «Non è vero. Non ho idea di cosa stia succedendo nella sua vita».

«Ah, no?» Carolyn si mise a sedere in fondo al letto di

Diana. «Adesso non si è messo insieme a quella Sabrina Guinness?»

«No, è già da un po' che non la vede. Probabilmente era una spina nel fianco per i genitori, perché ha seguito i Rolling Stones in alcune tournée e ha avuto una relazione con Mick Jagger. E poi è stata anche con Jack Nicholson e Rod Stewart.»

«Ah, già. In realtà intendevo Anna Wallace...»

«Si sono lasciati.»

Anche l'indefinibile storia d'amore della sorella di Diana con il principe era finita dopo che Sarah aveva affermato in un'intervista a due giornalisti di tabloid di non essere innamorata dell'erede al trono.

Carolyn inarcò le sopracciglia. «Il disco che sta suonando... non è quello delle Three Degrees?»

«Sì, e allora?»

«Non mi hai detto una volta che hanno cantato alla festa dei trent'anni di Carlo? Suvvia, le prove contro di te sono schiaccianti.»

Diana non riusciva a credere alla sua fortuna quando aveva ricevuto un invito alla festa di compleanno di Carlo. Dopotutto, era passato un anno da quando si erano incontrati alla tenuta di Althorp. Naturalmente, Sarah non aveva digerito per niente la cosa. «Perché ha invitato anche te?»

Diana aveva scrollato le spalle. «Non lo so. Ma mi piacerebbe tantissimo andarci.»

«Fai come ti pare» aveva risposto la sorella guardandola con aria supponente.

Ma a parte i deliziosi antipasti e le Three Degrees, alla cui musica rock dal vivo Diana aveva ballato meravigliosamente, la festa era stata un fiasco per lei. Per tutto il tempo Carlo era stato circondato solo da bellezze i cui volti avrebbero potuto essere stampati sui manifesti pubblicitari di perle o profumi. A parte un "Buon compleanno", non aveva scambiato una parola con il principe e alla fine era tornata a casa a smaltire una cocente delusione. Perché non gli si era avvicinata per chiedergli di ballare? Dopodiché, si era demoralizzata ed era rimasta a letto per due giorni senza fare nulla. Non voleva mai più provare quella fitta al petto, quella sensazione di aver fallito.

«Vieni, Carolyn?» chiamò Virginia. «I ragazzi ci aspettano di sotto.»

«Temo che tu debba andare» disse Diana, sorridendo.

«Stavolta la fai ancora franca. Ma la prossima non mi sfuggirai. Mi prometti che darai una possibilità a James Gilbey? È letteralmente pazzo di te.»

«Lo prometto» replicò Diana.

«Bene. Perché proprio non capisco come tu possa nasconderti dal mondo.»

Diana non se ne rese conto lei stessa, finché non lo rivide un fine settimana del luglio 1980. Il suo principe. Uno dei ragazzi della sua cricca londinese, Philip de Pass, l'aveva invitata nella residenza dei suoi genitori a New Grove per un weekend. A una partita di polo. «Ci sarà anche il principe» aveva detto lui en passant.

Diana si appoggiò alla staccionata di legno dipinta di bianco che delimitava il campo da gioco. Con la sua salopette gialla e il golfino largo non si adeguava alle signore in abiti da cocktail e cappelli stravaganti. Mentre i cavalli galoppavano sull'ampio prato, nel padiglione si brindava con lo champagne. E mentre i giocatori si fronteggiavano con grande concentrazione, la gente rideva e chiacchierava davanti a qualche stuzzichino. Diana voleva sentire il sole sul viso, annusare l'erba fresca e la terra smossa dal duro battito degli zoccoli. Voleva sentire le grida dei giocatori e lo sbuffo dei cavalli, non il tintinnio delle flûte. Mai prima d'allora una partita di polo le era sembrata così affascinante, e non sapeva nemmeno quale fosse il punteggio! Aveva occhi solo per Carlo. La tensione nel suo corpo. La forza dei suoi movimenti. Come spronava il cavallo con la mano sinistra, teneva la mazza nella destra, la sollevava e... la folla esultò! Un punto! Diana sobbalzò per l'emozione, e così anche il suo cuore.

Non appena Carlo lasciò il campo da gioco, fu assediato dalla stampa. Rispose alle domande in modo educato e galante. Sembrava lusingato dall'attenzione.

Diana sospirò e si tirò giù le maniche del golfino sui polsi. Era come alla festa dei suoi trent'anni. Aveva passato ore davanti allo specchio con Carolyn, pensando e ripensando a cosa mettersi. E alla fine il principe si era a malapena accorto di lei.

Ora le veniva offerta una seconda occasione. Al barbecue seguente, Carlo si ritirò con discrezione dal trambusto e si sedette su una delle balle di fieno che giacevano un po' in disparte. Magari voleva tirare un respiro profondo in pace, ma comunque non ci sarebbe voluto molto prima che qualcuno lo attorniasse di nuovo. Era la sua occasione. Non poteva farsela sfuggire, non se lo sarebbe mai perdonato.

Ma se alla fine non si fosse nemmeno ricordato di lei?

E poi si ritrovò davanti a lui. «Sua Altezza Reale» disse, inchinandosi. Il cuore le palpitava così forte nel petto che riusciva a malapena a sentire la propria voce.

«Sembrava così solo che ho pensato di tenerle compagnia» continuò.

«Speravo di incontrare qualcuno qui» rispose lui, in tono esausto «ma questa speranza non si è avverata.»

Carlo la squadrò. Il suo sguardo vagava lungo il suo corpo e poi tornò sul volto. Aprì la bocca come per dire qualcos'altro, poi ammutolì.

«Diana» disse lei con coraggio. «Sono la sorellina di Sarah Spencer. Ci siamo incontrati circa tre anni fa quando ha fatto visita alla nostra tenuta di Althorp. Mi aveva anche invitata alla sua festa di compleanno.»

«Lo so» replicò lui. «Sei... sei cambiata molto.»

Le amiche avevano detto a Diana un paio di volte che era sbocciata da quando viveva a Londra. Ma se si guardava allo specchio, non riusciva a capire cosa volessero dire le ragazze. Vedeva solo che ai suoi occhi azzurri mancava un gioioso scintillio. E quanto si vergognava delle sue guance sempre leggermente arrossate...

«È passato molto tempo dall'ultima volta che ci siamo visti» fece Diana. «Sono capitate molte cose. Adesso abito a Londra. E le mie due sorelle si sono sposate. Il marito di Jane è Robert Fellowes, è...»

«... il vicesegretario privato di mia madre» terminò la frase al posto suo. «Un uomo gentile.»

«E suo prozio Lord Mountbatten è morto» aggiunse lei dopo un momento di silenzio. «Le mie condoglianze.»

Lord Mountbatten era stato ucciso in un attentato da parte dell'organizzazione terroristica irlandese IRA. La sua barca da pesca aveva appena lasciato il porto quando una bomba nascosta a bordo era stata fatta esplodere a distanza con un telecomando. Anche il nipote quattordicenne, Nicholas Knatchbull, figlioccio di Carlo, e il marinaio quindicenne Paul Maxwell erano morti sul colpo.

Sin da quando Diana ne aveva memoria, la Gran Bretagna era scossa dalla violenza di stampo religioso tra cattolici e protestanti irlandesi. I cattolici aspiravano all'unione della Repubblica d'Irlanda indipendente, da loro dominata, con l'Irlanda del Nord, che invece era in mano ai protestanti, ovvero quelle sei contee che erano rimaste al Regno Unito quando il governo britannico aveva diviso l'isola nel 1922.

Carlo si sforzava di non lasciar trasparire il dolore, ma i suoi occhi non potevano ingannare Diana.

«Grazie» replicò.

Forse era meglio cambiare argomento. Lei non voleva farlo soffrire. Ma si sentiva talmente dispiaciuta per lui. Ricordava fin troppo bene quanto si fosse sentita sola alla morte della sua amata nonna Cynthia, la contessa

Spencer. Tante persone le avevano stretto la mano ed espresso le loro condoglianze, ma nessuno l'aveva abbracciata forte.

Così insistette. «Sarah mi ha raccontato che era molto legato al suo prozio.»

Lui annuì. «Già. Era come un padre per me.»

Diana osò sedersi accanto a lui.

Carlo esitò e poi continuò. «Quando ho ricevuto la notizia ero in vacanza a pescare in Islanda, in mezzo al nulla.»

«Deve essere stato orribile per lei. Sembrava così triste mentre andava al funerale in chiesa. Mi ha molto commossa.»

La stava fissando, e qualcosa nel suo sguardo la esortò a proseguire. «Mi sanguinava il cuore nel vederla così.»

«E pensare che ho cercato di non lasciar trasparire troppo la mia tristezza. Se avessi pianto, mio padre l'avrebbe considerata l'ennesima prova del mio carattere debole. Con lo zio Dickie potevo parlare apertamente di tutto senza paura di essere giudicato o deriso.»

Per qualche istante calò il silenzio. Diana gli posò una mano sul pugno serrato. Carlo le guardò le dita e poi gli occhi.

«Deve sentirsi terribilmente solo. È spesso nei miei pensieri.» Diana si sentì avvampare. «Voglio dire, è nei pensieri di tutti.»

Carlo sorrise e fu come se qualcosa lo abbandonasse. Era un sorriso molto diverso da quello che aveva appena sfoggiato davanti ai giornalisti. Prese in mano il ciondolo della collana di Diana e lo osservò pensieroso. Era la D d'oro che le sue amiche le avevano regalato per il compleanno. «Diana» disse, portando il viso molto vicino al suo, quasi come se stesse per baciarla. Tutto il suo corpo era solo batticuore.

«Sir.»

«Devi tornare a Londra? Sarei felice di darti un passaggio in macchina.»

Lei arrossì. «Molto cortese da parte sua. È un vero gentiluomo.»

«Principe» la corresse.

«Principe» ripeté lei, sorridendo per scusarsi e alzandosi poi dalla balla di fieno. «Magari la prossima volta.»

Per quanto le sarebbe piaciuto fare un giro con Carlo nella sua veloce macchina sportiva, non voleva nemmeno che pensasse fosse così facile conquistarla. A Diana non sarebbe bastata una notte nelle camere reali. Voleva di più. Voleva il cuore del principe di Galles.

«Allora ci sarà una prossima volta?» chiese alzandosi anche lui.

«Se vuole.»

«Come posso contattarti?»

«Lei è il futuro re» replicò Diana, facendo un profondo inchino e guardandolo in su con riverenza. Carlo aprì la bocca, gli occhi si scurirono. L'umiltà di quella ragazza sembrava piacergli.

«Sono certa che troverà un modo» concluse, e poi se ne andò. Ma non senza lanciargli un ultimo sguardo civettuolo da sopra la spalla.

4

L'attesa di qualcosa che non sapeva nemmeno se sarebbe successa e tuttavia desiderava tanto, era più agonizzante di qualsiasi altra cosa mai sperimentata. Diana non si era mai sentita così spossata, così fiacca, così apatica. Una settimana non era mai stata tanto infinita. Perché il principe Carlo non si era messo ancora in contatto con lei? Si era spinta troppo oltre dopo la partita di polo? Non era abbastanza carina? O aveva reso tutto troppo complicato non dandogli il numero di telefono? Certo, che stupida era stata! Aveva voluto fare la misteriosa e così aveva rovinato tutto fin dall'inizio. Sapeva, naturalmente, che non sarebbe stato un problema per lui ottenere il suo numero...

Quando Jane domandò alla sorella se volesse trascorrere qualche giorno con lei e suo marito Robert in un accogliente cottage a Balmoral, Diana non ci pensò due volte. Jane aveva appena partorito per la prima volta e la piccola Laura aveva facilmente conquistato Diana. Un po' di distanza da tutto le avrebbe fatto bene.

La seconda mattina del suo soggiorno, era seduta fuori sull'ampio davanzale a osservare Jane allattare la piccola Laura. Robert aveva preparato alla moglie una tazza di tè, che mise sul tavolo del patio di fronte a lei aggiungendo un goccio di latte. Poi prese a parlare del suo lavoro quotidiano e di quali appuntamenti erano previsti con la regina al castello di Balmoral per i giorni successivi. Era bello vedere quanto i due fossero in sintonia tra loro. Una vera squadra. Ma quella vista provocò anche una fitta al cuore di Diana. Per l'ennesima volta si sentiva di troppo. Avrebbe dovuto essere a Londra con le amiche e non disturbare la vacanza della nuova famiglia facendo il terzo incomodo... Certo, Jane aveva detto a chiare lettere che lei e Robert erano felici della compagnia di Diana, ma forse voleva solo essere gentile e si sentiva in dovere nei confronti della sorella minore.

Diana guardò l'ampio campo dietro il cottage. Di notte faceva già abbastanza freddo, per cui al mattino sul paesaggio si formava una nebbia mistica che veniva trafitta dai primi raggi di sole.

«Il principe di Galles è arrivato ieri pomeriggio al castello di Balmoral» sentì Robert raccontare. «La regina madre era fuori di sé dalla gioia.»

Diana lo guardò. Aveva capito bene? «Lui è qui?»

«Ma certo. Come ogni anno alla fine dell'estate, tutta la famiglia reale è presente» spiegò Robert.

«Che bello» replicò Diana, scoccando un'occhiata alla tazza che aveva in mano, poi non riuscì a trattenersi dal chiedere: «Lo sa che... noi siamo qui?». Ma in realtà intendeva: «Lo sa che *io* sono qui?».

«Ho sentito la regina madre dirgli che avrei soggiornato in un cottage a Balmoral con mia moglie e sua sorella minore, Diana.»

Era l'occasione perfetta per lui per mettersi finalmente in contatto. Diana bevve un sorso del suo tè nero. Aveva un sapore amaro.

Osservò le nuvole fluttuare lentamente nel cielo come relitti su un fiume. Se solo anche i suoi pensieri su Carlo si fossero spinti alla deriva... volatilizzandosi per sempre. Allora sarebbe stata libera, avrebbe potuto tornare tranquillamente a Londra e uscire con James Gilbey, che sembrava avere un sincero interesse per lei.

Poi squillò il telefono.

Di colpo Diana fu lucidissima. Si alzò.

Robert era entrato in casa. La sua voce usciva flebile dalla porta del patio aperta. «Certo, Sua Altezza Reale. Se vuole per favore aspettare. Vado a chiamarla.»

Passi.

Poi Robert fece: «Diana, è per te. È il principe di Galles».

Lei fissò Robert, poi lanciò un'occhiata a Jane. In un attimo saltò in piedi e corse dentro, rallentando per non essere troppo a corto di fiato, poi prese un respiro profondo e con la cornetta all'orecchio disse: «Sua Altezza Reale».

«Diana» esordì quella voce calda, profonda e affascinante che lei avrebbe riconosciuto tra cento altre. Si sentiva le gambe deboli. «Che bello sentirti.»

Le domandò se le sarebbe piaciuto passare il fine settimana con lui al castello. Diana accettò, ovvio che accettò. Le gite che aveva in programma con Jane finirono nel dimenticatoio.

Quello stesso giorno, Diana fu prelevata da un'elegante Land Rover che la portò al castello della famiglia reale. Non appena lei e il principe avevano riattaccato, aveva composto il numero della sorella Sarah perché anche quest'ultima era stata invitata una volta da Carlo al castello di Balmoral... prima di mandare all'aria la sua relazione con lui rilasciando un'intervista ai giornalisti di tabloid.

«Oh, sorellina, preparati al peggio» aveva detto Sarah in tono funesto.

«Ma non è meraviglioso? Non sei felice per me?»

«Certo. Ma un fine settimana a Balmoral è una vera tortura. Da nessuna parte la famiglia reale prende il protocollo così seriamente come lì. Basta poco per commettere errori su errori. Spero che tu abbia messo in valigia un abito da sera, altrimenti la vedo brutta per te.»

Diana aveva preso un grazioso completino rosa con le spalline imbottite, la cui gonna le oscillava magnificamente intorno alle ginocchia a ogni passo. Era una mise appropriata, no?

«E poi la principessa Anna...» aveva sospirato Sarah.

«Che cos'ha?»

«Come posso spiegarlo? Se fossi un cavallo, magari sarebbe gentile con te.»

«Non sarà poi così terribile...»

«Ah, no? Credimi, ti rivolteranno come un calzino.»

«Ma perché dovrebbero?»

Sarah aveva riso come se la sorella fosse una ragazzina ingenua. «Oh, Diana. Davvero non lo sai? Vogliono vedere se sei adatta a diventare la moglie del futuro erede al trono.»

Le mani di Diana erano sudaticce per l'agitazione. Abbassò il finestrino della Land Rover, magari l'aria fresca l'avrebbe calmata. Attraversarono una foresta, che presto si diradò e d'un tratto il castello apparve davanti a lei in tutto il suo splendore. Era un edificio fiabesco, decorato con torri e frontoni. La vite americana si arrampicava sui muri grigi. Nel frattempo, il sole calante faceva brillare d'oro le innumerevoli finestre. Nell'auto si riversava il profumo dell'erba appena tagliata.

Ricevette l'accoglienza garbata di un maggiordomo. «È arrivata proprio al momento giusto. Sua Maestà è appena tornata dalla battuta di caccia con la famiglia reale.»

Diana tirò un sospiro di sollievo quando vide un volto familiare davanti all'alta porta d'ingresso in legno massello: sua nonna, Lady Fermoy. Era la dama di compagnia della regina madre.

«Ciao, nonna» la salutò. Come avrebbe voluto abbracciarla, ma la sua espressione di sufficienza la frenò. E anche il fatto che Diana la baciasse sulla guancia sembrò più tollerarlo che rallegrarsene.

Andò dritta al punto. «Ho messo una buona parola per te con la regina madre. Ho sottolineato che non somigli a Frances, che se n'è scappata via con un amante, ma hai preso la lealtà e la forza di tuo padre.»

Diana inclinò la testa e la guardò con un sorriso, come per dire che non era il momento giusto per parlare male di sua madre. Tralasciando il fatto che quel commento la feriva.

Con espressione immutata, lo sguardo della nonna vagò lungo la giacca impermeabile e slacciata di Diana, sul maglione spesso, i pantaloni di velluto a coste e gli scarponi da trekking robusti. «Il protocollo a Balmoral vieta i pantaloni alle donne.»

«Sarah ha detto che la famiglia reale trascorre molto tempo nelle brughiere» disse Diana giustificando l'abbigliamento scelto. «Così ho pensato: meglio essere ben attrezzata.»

«Ormai è troppo tardi per cambiarti. Il tuo arrivo è già stato annunciato» replicò la nonna. Lanciò un'occhiata insistente a Diana. «Spero tu sappia quanto sia importante per te questo weekend.»

«È solo una breve visita.»

«È l'occasione della tua vita» ribatté l'anziana, voltandosi ed entrando.

Mettere piede nel castello era come viaggiare indietro nel tempo. I pannelli di legno scuro delle pareti sembravano assorbire la luce. Sebbene fuori fosse giorno, tutti i lampadari ardevano all'interno. Una fila di teste di cervo imbalsamate fissava Diana con occhi vacui.

«Un servitore ti porterà le valigie in camera, ci penseranno le domestiche a disfarle» continuò la nonna, che era già in fondo al corridoio. Diana la seguì alla svelta.

«Ti è stata assegnata una stanza nella parte posteriore del castello. Il principe di Galles la riteneva una buona idea nel caso di un possibile interesse della stampa. Non dimenticare di non parlare finché Sua Maestà non ti avrà rivolto la parola» la redarguì. «E non ti alzerai dal tuo posto finché lei non si sarà alzata, segnalando la fine del tè pomeridiano. Non un secondo prima. Sono stata chiara?»

Diana annuì. «Chiarissima.»

A casa, nessuno si era mai particolarmente interessato alle formalità. Fu solo dopo che suo padre ebbe ereditato il titolo di ottavo conte di Spencer e la tenuta di 5000 acri di Althorp che Diana e il fratellino Charles si erano resi conto della posizione privilegiata della loro famiglia. Ma chi avrebbe potuto insegnare loro anche il protocollo di corte? Vedevano la madre al massimo nei fine settimana e il padre aveva preferito delegare l'educazione alle bambinaie che venivano sostituite di continuo.

Si sentiva chiacchierare vivacemente, in realtà proprio come in una sala da tè londinese. Un maggiordomo aprì una porta a battenti e un attimo dopo Diana si ritrovò davanti alla famiglia reale. Si sentiva la testa svuotata. Se il maggiordomo non avesse annunciato il suo nome ad alta voce, non sarebbe stata in grado di pronunciarlo. Si sentiva come se fosse stata spinta su un palcoscenico e tutti stessero aspettando la sua battuta... ma non sapeva quale fosse. Il pubblico la fissava ansioso. C'era Sua Maestà, la regina Elisabetta. La regina madre. Il principe consorte. La principessa Anna. E chi erano tutti gli altri? Senza contare gli sguardi senz'anima degli animali imbalsamati disseminati ovunque.

Diana si era immaginata la regina in un bel tailleur

che mescolava un po' di zucchero candito nel tè e la principessa Anna con indosso uno stupendo abito lungo fino al pavimento che avrebbe lusingato la forma a clessidra del suo corpo. Ma con l'eccezione della regina madre, tutti sfoggiavano abiti casual da equitazione fatti di robusto tweed, compresa Sua Maestà. La sorella di Carlo, due anni più giovane di lui, era distesa sulla poltrona, le guance arrossate per l'aria fresca, come se stesse per fare un pisolino. Tre corgi guaivano e zampettavano intorno alle gambe della regina. A parte il profumo del tè e dei tramezzini ai cetrioli, c'era odore di terra, muschio e cavalli. Il maggiordomo all'ingresso non aveva detto che la famiglia reale era appena tornata da una battuta di caccia?

«Sua Maestà» riuscì a proferire, e per fortuna ebbe l'impulso di fare un profondo e rispettoso inchino.

Carlo le rivolse un sorriso incoraggiante e lei lo ricambiò con timidezza. Non sapeva quanto la scombussolava quando la guardava in quel modo?

Qualcuno si schiarì la voce. Diana ricordò a se stessa che non erano soli. Senza pensare a quello che stava facendo e dato che non riusciva a staccare gli occhi da lui, fece un inchino a Carlo.

«Sbagliato» commentò la principessa Margaret, la sorella della regina. Aveva un'eccellente padronanza dell'arte di sedersi su una poltrona in un modo che fosse sia elegante che disinvolto. «Ritenta e sarai più fortunata.»

«Scusi» balbettò Diana.

La stanza aveva un qualcosa di opprimente. I mobili

imbottiti, le tende, persino il tappeto era a quadri scozzesi. E ovunque c'erano enormi candelabri, come se non usassero ancora l'elettricità nel castello.

La sua esitazione durò probabilmente troppo a lungo, la principessa Margaret tirò un sospiro drammatico e si raddrizzò sulla poltrona facendo così tintinnare i cubetti di ghiaccio nel suo whisky. «Va bene, andiamo subito al sodo, perché vorrei riposarmi un po' prima di cena. Prima di tutto devi fare l'inchino a Sua Maestà la regina, questo dovrebbe essere ovvio, poi alla regina madre e solo dopo a questo giovanotto qui.» Puntò il bicchiere verso Carlo.

Diana fece come le era stato detto. Se si fosse aperto un baratro davanti a lei, ci si sarebbe buttata dentro volentieri e non ne sarebbe più uscita.

«Che bello ricevere un altro ospite al castello» disse allegra la regina. Nonostante gli abiti da cavallerizza, faceva la sua bella figura. I suoi capelli castani erano ben arricciati e si era messa un delicato rossetto che non toglieva nulla alla sua naturalezza. C'era qualcosa di molto materno in lei, ma allo stesso tempo sembrava una preziosa reliquia da museo che non si poteva toccare. Il suo sguardo era amichevole, ma anche vigile. «Ce lo aspettavamo?» La domanda era rivolta al marito, il principe Filippo, duca di Edimburgo, che, appoggiato con noncuranza al davanzale della finestra, apparentemente stava chiacchierando con alcuni ospiti.

«Non ne sapevo nulla» replicò lui.

«Diciamo che è stata una decisione alquanto spontanea» fece il principe Carlo. «Pensavo che avrebbe potuto farvi piacere.» Un messaggio velato risuonava nelle sue parole; era impossibile non notarlo.

«Non c'era più una candidata della tua età?» lo punzecchiò la sorella Anna sottovoce, ma Diana la sentì comunque.

«Ci fa molto piacere» replicò la regina. Diana non riusciva a capire se quelle sue parole fossero sincere. «Accomodati pure.»

Accomodarsi. Ma dove? Diana non poteva certo infilarsi accanto alla regina sul divano. L'unica poltrona ancora libera stava un po' in disparte.

Si diresse dritta verso di essa, ma la principessa Margaret la bloccò subito. «Io non lo farei. Quella era la sedia della regina Vittoria. Nessuno può usarla.»

«Scusi» disse Diana per la seconda volta. Stava cominciando a capire cosa intendesse Sarah... Con la famiglia reale, un semplice tè pomeridiano diventava un campo minato.

Carlo si alzò dalla poltrona. «Ecco, accomodati pure qui.»

Diana lo ringraziò con un sorriso e si sedette. Avrebbe preferito nascondersi dietro di lui come una bambina piccola.

«Spencer...» La regina ripeté il suo cognome, continuando a sfoggiare lo stesso sorriso imperscrutabile un po' simile a quello di una sfinge. «Allora sei la figlia di Johnnie Spencer?»

«Sì» rispose Diana e sorrise, sollevata di parlare di un argomento neutrale.

«Tuo padre ha servito come ciambellano mio marito, re Giorgio VI, e dopo la sua morte mia figlia, la regina» precisò la regina madre. «L'ho apprezzato molto.»

«Se non ricordo male, ci siamo già incontrate una volta quando viveva ancora con la sua famiglia nella dépendance della tenuta di Sandringham» disse la regina.

«Sì, a volte l'abbiamo incontrata a cavallo durante le passeggiate nella tenuta. Di tanto in tanto abbiamo anche giocato con i suoi figli nella sua residenza di campagna. Ma poi mio nonno è morto, mio padre ha ereditato il suo titolo e ci siamo trasferiti nella tenuta di Althorp. Adesso entrambe le mie sorelle sono già sposate e io mi sono trasferita a Londra.»

«E come passi il tuo tempo lì?» indagò il principe Filippo.

«Lavoro come maestra d'asilo.»

«Che bello! Hai studiato per diventarlo?» domandò la regina.

«No, ma amo i bambini più di ogni altra cosa. Un giorno vorrei avere anch'io una grande famiglia. E, a parte questo, bado alla casa di mia sorella.»

«Di Sarah?» chiese Carlo. «Ti paga bene?»

«Una sterlina all'ora.»

«È tanto?» fece la principessa Margaret.

«No.» A Diana venne da ridere tra sé. «Anzi è un vero e proprio sfruttamento.»

«Allora perché lo fa?» insistette stavolta la principessa Anna. Sembrava un terzo grado.

Diana scrollò le spalle. «Non mi disturba. Mi piace

aiutare in casa. Mi tranquillizza quando tutto è bello e ordinato.»

«Ricordo fin troppo bene l'ultima volta che ti ho visto» riprese la regina madre. «Era al matrimonio di tua sorella Jane. Eri adorabile nel tuo vestito rosa.»

«A quanto pare i tuoi gusti sono però cambiati da allora» commentò la principessa Margaret, sorseggiando il suo whisky.

«Ho saputo che qui si possono fare delle meravigliose camminate e volevo essere preparata» disse Diana scusandosi per il suo abbigliamento e sentì avvampare le guance.

«Una figlia della natura! Che bello!» esclamò la regina. «Allora puoi unirti a noi per una battuta di caccia domattina sul presto: le ultime volte non abbiamo avuto molto successo, purtroppo. Sarebbe una bellissima opportunità per conoscerci meglio.»

«Mi piacerebbe» replicò Diana, sorridendo coraggiosa a denti stretti.

«Discuteremo di tutto il resto stasera a cena.» La regina si alzò. E così si concluse ufficialmente il tè pomeridiano.

Diana osservò impotente mentre tutti i presenti continuavano le loro precedenti conversazioni, lasciando man mano la stanza. Sembravano essersi completamente dimenticati di lei.

«Sarebbe ormai tempo di fare di nuovo un bel barbecue» sentì dire al principe Filippo.

Carlo fu l'unico che rimase. Sembrava pronto a ritirarsi nel suo guscio di lumaca da un momento all'altro. Il sorriso che le rivolse fu esitante e non veniva dal cuore. Ciò nonostante, rallegrò un po' Diana. Non sapeva cosa dire, e nemmeno il principe sembrava averne un'idea.

«Ci vediamo stasera a cena» disse infine.

Al che se ne andò, lasciandola sola.

5

Diana si svegliò di soprassalto quando sentì bussare alla porta.

«Buongiorno» disse una voce di donna. Un attimo dopo si aprirono le tende.

Diana sbatté le palpebre. Fuori non era nemmeno sorto il sole. Sentì l'impulso di tirarsi la coperta sulla testa, perché era incredibilmente morbida e accogliente.

Il letto cigolò quando si girò sulla schiena. Aprì gli occhi. Davanti a lei c'era una giovane domestica che le rivolgeva un sorriso amichevole. «Sono le cinque. La famiglia reale l'aspetta per la battuta di caccia.»

Mentre albeggiava e i contorni del castello e della vicina foresta diventavano sempre più nitidi, Diana si presentò in cortile con la giacca impermeabile, i pantaloni di velluto a coste e gli scarponi da trekking. C'era già un gran fermento. Due cavalli e tre Land Rover erano pronti, i fuoristrada furono caricati di provviste. Sembrava che dovesse piovere. Diana rabbrividì. Avrebbe preferito rannicchiarsi davanti al camino con una bella tazza di tè.

«Buongiorno» la salutò gentilmente il principe Filippo. «Spero tu abbia dormito bene.»

«Grazie, sì, benissimo» mentì, ma cos'altro avrebbe potuto dire? Che aveva pensato a suo figlio quasi tutta la notte e per questo non aveva quasi chiuso occhio e si era addormentata solo nelle prime ore del mattino? Comunque non era stanca, troppa adrenalina le scorreva in corpo.

«Ci dividiamo in gruppi. Verrai con me e Anna» disse il principe Filippo battendo le mani. «Andiamo allora!»

Gli occhi di Diana cercarono quelli di Carlo, il cui sorriso esprimeva l'impossibilità di intervenire. Lei cercò di non essere troppo delusa. Il principe Filippo poteva sembrare severo, soprattutto nei riguardi del figlio, ma le rughe intorno agli occhi tradivano un'indole allegra. *Non sarà poi così male*, pensò, cacciando via le parole di Sarah che le riecheggiavano in testa: «*La famiglia reale ti rivolterà come un calzino*».

Mezz'ora dopo si ritrovò in mezzo al nulla. Intorno a loro nient'altro che la vasta brughiera scozzese. Abbassò lo sguardo sugli scarponi da trekking, semisprofondati nell'umido terreno ricoperto d'erica.

«Spero che non ti dispiaccia fare una battuta di caccia di buon mattino» disse il principe Filippo.

«Niente affatto» rispose Diana, cercando di apparire più allegra possibile. «Il mattino ha l'oro in bocca.»

«Be', è un po' arduo trovare dell'oro in mezzo alla brughiera» replicò lui, strizzando l'occhio, e tirò fuori il fucile dal portabagagli. «Concentriamoci invece sulla selvaggina.»

Addirittura Anna, che di solito sembrava alquanto

scontrosa, non riuscì a trattenere un sorriso. Era estremamente carina, pensò Diana, soprattutto quando portava i capelli biondo scuro sciolti. Ora, però, li aveva legati in una pratica coda di cavallo. I suoi lineamenti erano morbidi e regolari, la pelle come alabastro e le labbra sensuali.

Un cosiddetto appostatore li istruì sul territorio. Più e più volte si fermarono a scrutare il paesaggio con il binocolo. C'erano caprioli e cervi: la sfida era quella di avvicinarcisi abbastanza.

In quella zona le Highlands erano piuttosto pianeggianti, il che rendeva difficile la caccia, dato che la brughiera piatta non offriva né riparo né copertura. Spesso dovevano muoversi a gattoni o addirittura strisciare. Di tanto in tanto aggiravano le cime delle colline più piccole in modo che il vento fosse favorevole e la selvaggina non potesse fiutarli. I passi di Diana emettevano uno schiocco.

«Già pentita della tua decisione?» chiese il principe Filippo. «Resteremo in piedi per ore.»

«Assolutamente no. Sono una vera campagnola.»

Non era del tutto vero, ma Diana era determinata a compiacere il principe consorte. Le stava simpatico. Non si nascondeva dietro una fredda cortesia artificiale, ma era completamente se stesso e ogni tanto si lasciava persino scappare qualche battuta piuttosto inappropriata. Il suo sguardo era spavaldo, sagace e schietto. Per la sua età era un uomo molto attraente, su cui si poteva fare affidamento. Sembrava un padre uscito da un libro.

«Allora anche a te piace cacciare?» chiese Anna.

«Meglio non dire bugie» intervenne Filippo. «Anna adora cacciare. Come tutti noi.»

«Perché le piace così tanto?» tergiversò Diana.

«Mi piace come la natura acuisce i sensi» rispose Anna. «Come la testa costringe la mano tremante a stare ferma. Devi essere sempre concentratissimo e non puoi permetterti di fare neanche un errore, soprattutto non puoi esitare o avere dubbi. Non fraintendermi. Amo gli animali e ho un grande rispetto per loro, ma se si pensa di sparare alla vita, si è già perso in partenza.» Fissò Diana con attenzione. «Allora, qual è la tua posizione sulla caccia?»

«A essere sincera preferisco accarezzare gli animali» rispose Diana.

«Quindi dobbiamo aspettarci di vederti scoppiare in lacrime se ci dovesse passare qualcosa davanti al fucile?» chiese Filippo.

«Non si preoccupi, ho accompagnato spesso mio padre a caccia.»

«Bene. Allora conosci le regole. Quando te lo dirò io, mettiti dietro di me. Poi non fiatare e rimpicciolisciti il più possibile. Sono stato chiaro?»

«Chiarissimo.» Diana annuì. «Si vede che è stato nell'esercito» azzardò. Sfoggiò un sorriso affascinante che sminuì il suo commento provocatorio.

Di fatto l'angolo destro della bocca del principe si sollevò. «Nella marina» la corresse. «Che bei tempi!» Era evidente dal luccichio nei suoi occhi che erano riaffiorati bei ricordi.

«Perché ha interrotto la sua carriera?» chiese Diana.

«Perché mi sono sposato.»

«E come ha conosciuto sua moglie?»

«La regina» la corresse Anna.

«Certo, mi scusi.»

«È stato durante il mio addestramento militare» spiegò Filippo. «Lei aveva solo tredici anni e io diciotto.» Di colpo si fermò. «Quando ci siamo sposati ho rinunciato alla mia carriera militare per sostenere la regina. E l'ho fatto volentieri. Tutti noi facciamo un sacrificio per la Corona in qualche modo. Essere un membro della famiglia reale significa mettere la propria vita al servizio della monarchia. E questo richiede tenacia, pazienza e lealtà illimitata.»

«E l'amore?» chiese Diana.

«Probabilmente anche quello» rispose il principe Filippo. «Ma non dirlo a nessuno.»

Erano in cammino da due ore quando l'appostatore fece loro cenno di farsi piccoli. Attraverso il binocolo avvistarono un cervo sotto un crinale, sdraiato nell'erica, che non sembrava averli notati. Erano visibili solo le corna.

«Un cervo con corna a sei palchi» sussurrò il principe consorte. «Deve alzarsi da terra, altrimenti non gli posso sparare.»

Il terreno era molto piatto, quindi strisciarono lungo una pista battuta il cui bordo offriva un po' di copertura e progredirono lentamente. L'appostatore aveva puntato una bassa collina erbosa, su cui sarebbe stato ideale sdraiarsi. Da lì il cervo era a meno di duecento metri da loro.

Quando furono abbastanza vicini, si adagiarono sull'erica dall'aroma speziato e si sistemarono sul dosso. Il principe si preparò per il colpo. Puntò l'arma. Anche Anna era concentratissima.

Diana percepì che Filippo la fissava con la coda dell'occhio. *Devo sparare?* le chiedeva quello sguardo.

Diana era allo stesso tempo tesa e affascinata. Quanto era potente e nobile il cervo. Davanti a lei c'era una vita, a cui il principe consorte mirava. Avrebbero ucciso quello splendido animale solo per appenderne le corna e riempire un vuoto tra tutti gli altri trofei di caccia.

Eppure Diana annuì. *Spari.*

Gli angoli della bocca di Filippo si sollevarono in un sorriso discreto che lei ricambiò.

In quel momento l'animale si alzò da terra.

Risuonò uno sparo. Il cervo barcollò. Cadde.

Nel tardo pomeriggio, una volta tornati tutti quanti dalla battuta di caccia e mentre parlavano nel cortile del castello con i capelli al vento e le guance arrossate, il fermento fu grande quando si sparse la voce che il principe consorte aveva abbattuto un cervo insieme a Diana.

«Allora siete stati molto proficui!» esclamò la regina.

«Direi di sì» rispose il principe Filippo, guardando Carlo con insistenza. «Questa lunga caccia si è conclusa con successo.»

6

Carlo aveva chiamato Diana nella sua stanza la mattina presto per chiederle se volesse accompagnarlo a pescare il salmone al fiume Dee. Certo che voleva, non poteva immaginare niente di più bello.

Mentre scendeva le scale, sentì la voce adirata di Carlo. «Lascia Dickie fuori da tutto questo!»

Diana si fermò.

«Se non mi sbaglio, è stato lui a consigliarti di darti alla pazza gioia» sentì dire al principe Filippo. Dovevano essere nella sala di ricevimento. «Il tuo prozio con le sue continue relazioni amorose non è certo stato un modello valido per te, mi pare più che ovvio! È sposata, Carlo, che ti è saltato in mente? Non solo stai mettendo a rischio la tua reputazione, ma anche quella dei tuoi genitori!»

«È la mia anima gemella.»

«Non cambia la situazione. Credimi, apprezziamo i modi genuini e semplici di Camilla.»

«Davvero? Non la invitate più a nessun evento! Non le chiedete nemmeno più di stare sul palco reale alle corse di cavalli, solo ad Andrew, quel buono a nulla del marito! È questo il vostro modo di dimostrarle che l'apprezzate?»

«Non comportarti da ragazzino capriccioso, Carlo.

Camilla e suo marito sono sempre stati ospiti graditi qui. Pensiamo solo che in questi giorni la tua attenzione dovrebbe essere rivolta a un'altra persona.»

«Ma io voglio che Camilla conosca Diana! La sua opinione è importante per me. È l'unico motivo per cui l'ho invitata a Balmoral.»

«L'opinione di Camilla non è rilevante quando tua madre, tua nonna e io ti diciamo che Diana ha la nostra approvazione.»

Eccola di nuovo: Camilla Parker Bowles. L'amica più intima di Carlo.

Perché all'improvviso Diana sentiva uno strano peso sul cuore? Quando bussò sullo stipite della porta, i due uomini si voltarono. Sorrise felice come se non avesse sentito niente. «Io sarei pronta» disse.

«Sei arrivata giusto in tempo» la salutò il principe consorte. «Cercavamo un posto adatto per il nostro nuovo trofeo di caccia. Forse le corna starebbero meglio tra la collezione della sala da pranzo. Cosa ne pensi, Carlo?»

«Temo di non avere molta voce in capitolo» ringhiò.

Non lontano dal castello, il fiume Dee divideva un pittoresco bosco di betulle. Un bosco di betulle *bianche*, Carlo corresse Diana. Le spiegò anche che lanciare la lenza con la mosca era di per sé un'arte. Persino la scelta e il corretto posizionamento della mosca erano di grande importanza. Diana si meravigliava in tutti i punti giusti, dicendo di tanto in tanto "affascinante" perché aveva notato che al principe piaceva usare quella parola. Altrimenti non osava quasi fiatare per non spaventare i pesci.

Mentre Carlo si perdeva alla vista del fiume che scorreva, Diana si abbandonò alle proprie fantasticherie. Si immaginò che sarebbe rabbrividita e il principe le avrebbe messo la giacca intorno alle spalle. Così si sarebbero potute incontrare le loro mani e poi i loro sguardi...

«Per me, ogni albero, ogni siepe, ogni montagna e ogni luogo bagnato dall'acqua hanno un carattere speciale, quasi sacro» disse Carlo.

Erano in silenzio da un bel po', per cui Diana non era sicura se il principe avesse voluto iniziare davvero una conversazione o avesse semplicemente finito per pensare ad alta voce. Si limitò quindi ad annuire. Nel frattempo, quel "luogo bagnato dall'acqua" era diventato di una noia mortale per lei. Il sole si era spostato dallo zenit a ovest, e con la stessa lentezza delle nuvole grigie che solcavano il cielo. Diana sfregò insieme le punte delle scarpe robuste. Ormai il corpo le si era irrigidito per il freddo e per essere stata seduta tutto il giorno su quello scomodo sgabello pieghevole.

«Sembra molto assorto nei suoi pensieri» si azzardò a commentare.

«Scusami, forza dell'abitudine. La pace che regna mentre si pesca è ideale per riflettere.»

«La sto disturbando?»

«No...» rispose, e poi ripeté: «No».

«A cosa sta pensando? Due teste insieme sono sempre meglio di una.»

«Oh, a tutto. Alla politica, alla società, all'industrializzazione che allontana sempre più le persone dalla natura. Al grande paradosso della vita.»

Diana si domandò se tutti i trentenni fossero così saggi come il principe o se lui fosse speciale.

«Temo di non seguirla del tutto...» ammise.

«Tutto in sé ha un opposto» spiegò. «Ogni pro ha un suo contro, ogni successo un fallimento. Qui noi viviamo una vita privilegiata, ma in Africa i bambini muoiono di fame. Quello che bramiamo di più è l'affetto delle persone che ci mostrano meno rispetto. Due persone si amano, ma non possono stare insieme. È il paradosso della vita.»

«In fondo nasconde un lato romantico, Sir?»

«Sono un inguaribile romantico. Un'anima delicata, e mio padre la considererà sempre la mia più grande debolezza.»

«Magari è la sua più grande forza.»

Lo sguardo del principe le diceva che aveva colpito nel segno.

«Magari i cittadini inglesi desiderano compassione e comprensione. Dopo l'amore» aggiunse. «Perché, del resto, non è questo che rende vicini?»

«La Corona deve incarnare la perfezione. L'infallibilità» replicò Carlo, d'un tratto brusco. «I sentimenti ti rendono debole e fallibile.» Teneva gli occhi fissi sulla canna da pesca. «Chissà perché, oggi non abbocca nulla.»

All'improvviso dai cespugli dietro di loro si levò uno scricchiolio. Si voltarono... e videro un uomo.

«Proprio quello che mi mancava» sibilò Carlo.

«Chi era?»

«Fotografi.»

«Che ci fanno qui?»

«Vogliono vedere chi è la bella giovane al mio fianco» rispose in tono cupo.

«Non ne è lusingato?» chiese Diana.

«Sarei più lusingato se fossero interessati a ciò per cui mi impegno. Sto cercando di rendere questo mondo un posto migliore secondo scienza e coscienza, ma tutto ciò a cui si aggrappano i giornalisti è la mia posizione privilegiata e le donne che incontro.» Tirò un respiro profondo. «Vabbe', diamo loro quello che vogliono» disse, sfoggiando poco dopo un sorriso affascinante.

«Oppure possiamo giocargli un tiro mancino!» propose Diana.

Qualcosa balenò negli occhi di Carlo. «Cosa intendi?»

«Si fidi di me» rispose lei con un sorrisetto temerario. «Ho un'idea.»

Dal giardino del castello di Balmoral si sentivano rumore di stoviglie e chiacchiere allegre.

«Che ne dite di un barbecue?» aveva suggerito quel pomeriggio il principe Filippo, suscitando un entusiasmo generale.

Diana non ne era sicura... forse aveva sentito male. Il principe consorte alla griglia che girava la carne con le pinze e chiedeva al gruppo chi altro volesse delle costolette? O la regina che metteva l'insalata di patate nei piatti dei suoi figli? Inimmaginabile. Soprattutto dopo la cena formale della sera precedente, quando erano stati condotti nella sala da pranzo in fila indiana, guidati da due suonatori di cornamusa, e a Diana era stato assegnato un posto. Ma ora si trovava davvero a una grigliata, e le sembrava di essere ospite di una famiglia del tutto normale. La regina pareva divertita e disponibile, seduta con il suo gin e Dubonnet in mano.

«Devo dirvi assolutamente una cosa» annunciò Carlo. In realtà, Diana avrebbe preferito che la sua disavventura al fiume fosse rimasta segreta, ma come avrebbe potuto essere così crudele da rovinare il divertimento di Carlo? Era così disinvolto, così spensierato, come lei non l'aveva mai visto. Non avrebbe rovinato quel momento per niente al mondo. E così anche lei lo ascoltava mentre descriveva la loro avventura in modo vivido e teatrale.

«All'improvviso abbiamo sentito un rumore dal bosco, come se un ramo venisse calpestato.» Si guardò alle spalle come se qualcuno fosse in piedi dietro di lui. «Due uomini! Fotografi mimetizzati in abiti marroni.»

La regina madre si coprì la bocca dallo spavento.

Il principe Filippo, che stava mettendo in tavola un piatto di salsicce, bistecche e costolette alla griglia, mormorò sottovoce: «Non avremmo dovuto permettergli di fare teatro», ma sorrise comunque, e poi mise le mani sulle spalle della moglie.

«Naturalmente volevano vedere chi era la donna al mio fianco» continuò Carlo. «Ma Diana ha avuto un'idea geniale: si è nascosta dietro un albero, ha tirato fuori uno specchietto e ha guardato i due fotografi avvicinarsi di soppiatto. E poi...» Il principe fu scosso da una risata, tanto che anche alla principessa Anna, che fino a quel momento aveva dato l'impressione di essere piuttosto annoiata, venne da sorridere.

«Poi cos'è successo?» lo esortò la regina madre, che sembrava pendere dalle labbra di Carlo. «Forza, racconta!»

«E poi...» lui si asciugò le lacrime agli angoli degli occhi e scoppiò di nuovo a ridere.

Diana, che fino a quel momento era rimasta seduta tranquilla con le mani giunte sotto le ginocchia, fissando incantata il principe, continuò per lui. «Volevo a tutti i costi evitare che mi facessero una foto. Nello specchio ho notato che per un attimo si erano distratti. Ho colto l'occasione e sono corsa più veloce che potevo, ma...»

«... ma non ha notato una pozzanghera profonda» il principe prese di nuovo la parola «e ci è caduta dentro in pieno. Quando l'ho trovata era ricoperta di fango da capo a piedi.»

Tutti si divertirono molto. Anche Diana rise, ma non tanto per il suo piccolo incidente, quanto perché era così felice. Stava partecipando a una serata meravigliosa. Nell'aria aleggiava un profumo di carbonella e carne arrostita, che faceva venire l'acquolina in bocca a tutti. La regina madre le aveva detto quanto fosse bella nel suo vestito con le maniche a sbuffo. Erano seduti insieme a un tavolo a chiacchierare, si prendevano in giro, ridevano, discutevano. A Diana fu permesso di far parte di una vera famiglia, come l'aveva immaginata fin dall'infanzia.

«All'astuzia di Diana» disse il principe Filippo alzando la birra e tutti gli altri lo imitarono.

Anche Carlo sollevò il bicchiere. La guardò e sorrise, e il cuore di Diana si scaldò. Non poteva evitarlo. Ormai si era perdutamente innamorata di quell'uomo.

Domenica sera arrivò il momento di salutarsi. Diana cercò di imprimere tutto nella memoria. La sensazione della sua mano che correva sulla ringhiera di legno mentre scendeva lo scalone, il riecheggiare dei tacchetti delle sue scarpe quando battevano contro il pavimento di marmo, la vista del principe che l'aspettava fuori davanti alla Land Rover. Quel sorriso unico, affascinante e riservato al tempo stesso.

Teneva la mano sinistra dietro la schiena, una postura che aveva ereditato dal padre, come Diana aveva notato quel fine settimana. Anche lei avrebbe voluto adottare quella particolarità. Se solo avesse potuto catturare il suo profumo, che le dava tanta sicurezza, in un barattolo di marmellata. Se solo ci fosse stato un altro barbecue con quella meravigliosa famiglia, un altro complimento da parte della regina madre quando Diana aveva dato una mano a sparecchiare, un'altra volta seduta intorno al tavolo ridendo insieme a tutti quanti. Sarebbe stata persino disposta a fare una passeggiata a cavallo con Anna, anche se non si sentiva particolarmente a suo agio in sella. Ma soprattutto voleva più tempo con Carlo, la cui presenza dava un senso alla sua vita. Che pensieri smielati, ma le cose stavano esattamente così. Carlo era il suo destino, lo sentiva e basta. Questa era l'unica ragione per cui era cresciuta così pura e protetta, l'unica ragione per cui una voce interiore le aveva sussurrato che tutti gli altri uomini non l'avrebbero resa felice. Diana era sempre stata in attesa del suo principe.

«Grazie» riuscì a dire. «È stato un weekend meraviglioso.»

«Hai incantato tutti.»

E te, Carlo? Ho incantato anche te?

Il silenzio tra loro durò troppo a lungo, tutti e due risero imbarazzati. Era ora di andare. Un abbraccio era chiedere troppo? Solo per sentire il suo corpo una volta. Per assorbire il calore con cui lui la guardava e conservarlo sotto la pelle per sempre. La regina madre aveva detto quanto fossero belli i suoi occhi azzurro cobalto ed era proprio il fascino di quegli occhi che Diana stava ora cercando di trasmettere a Carlo. Lo vide deglutire.

«Temo che abbiamo fin troppi sguardi puntati addosso dietro quelle innumerevoli finestre. A cominciare dalla stessa famiglia reale» disse lui.

Diana inclinò leggermente la testa. «Sono certa che la sua famiglia saprà quando è il caso di avere un po' di privacy.»

«Privacy? Che cos'è?» scherzò il principe.

Tutti e due risero in maniera un po' goffa. Alla fine lui le tese la mano e lei la accettò. Cercò di non essere troppo delusa.

Aspettò un altro istante, poi si inchinò senza distogliere lo sguardo da quello di Carlo. Alla fine salì in macchina. Il motore era già avviato e la portarono via da lui. Tutto ciò che Diana poté ancora vedere era il principe, il suo principe, che diventava sempre più piccolo nello specchietto retrovisore per poi scomparire a un certo punto alla vista.

Sua sorella aveva lasciato intendere che Balmoral fosse una prova.

Ora non doveva fare altro che aspettare il risultato.

7

«*Si è innamorato di nuovo! Lady Di è la nuova fiamma di Carlo!*» si leggeva a lettere cubitali sulla prima pagina del *Sun* dell'8 settembre.

Diana non riusciva a credere alla sua fortuna. Non sapeva che la vita potesse essere così bella. Quindi era davvero possibile essere al settimo cielo, perché è esattamente così che si sentiva quando tornò a casa a piedi dall'asilo o dal suo lavoro di babysitter, lungo Old Brompton Road passando davanti alle accoglienti case di mattoni marrone arancio... almeno finché non fu di colpo circondata dai giornalisti come da uno sciame di mosche. I flash delle macchine fotografiche balenavano, i microfoni si accalcavano davanti al suo viso. Domande, tante domande...

«*Come procederanno le cose tra lei e il principe?*»

«*Pensa che le chiederà presto di sposarlo?*»

«*È innamorata del principe?*»

Diana teneva gli occhi fissi a terra. «Non ho nulla da dire» replicava nel modo più educato possibile, più e più volte. *Shy Di*, la timida Di, così fu presto chiamata da giornali e riviste. A volte osava alzare lo sguardo dal marciapiede, intimidita e incantata allo stesso tempo da tutta l'attenzione che stava ricevendo. Era come ai vecchi tempi, quando suo padre l'aveva fotografata. A dimostrazione del fatto che, dopotutto, non gli era così indifferente. Lei, la terza figlia indesiderata, per la quale non era stato trovato un nome per quasi tre mesi dopo la sua nascita, perché tutta la famiglia Spencer aveva sperato in realtà in un maschio.

Alla fine di agosto, la regina la invitò ai Braemar Games, e da allora la stampa si avventò letteralmente sulla *Charlie's Girl*. La loro spettacolare fuga dai fotografi sul fiume Dee aveva solo posticipato l'assedio. Ma perché la gente era così interessata a loro? Non aveva fatto niente di speciale, aveva unicamente la fortuna che Carlo sembrava stare volentieri con lei. Comunque, l'unica cosa che contava era che sfogliando il giornale suo padre aveva visto una sua foto e gli erano brillati gli occhi d'orgoglio. E magari, se Diana avesse sposato il futuro re, sua madre sarebbe tornata finalmente a casa dal proprio esilio in Australia, dove era emigrata con il nuovo marito, Peter Shand Kydd. Del resto, doveva aiutare Diana a svuotare l'armadio e riempirlo con nuovi abiti eleganti, degni della moglie dell'erede al trono.

«Quando rivedrà il principe Carlo?»

Come faceva a saperlo? Sperava almeno di rivederlo. Era già la fine di settembre e non lo sentiva da quasi un mese. Che alla fine avesse già perso interesse per lei? No, aveva solo molto da fare. Soprattutto con la sua organizzazione Prince's Trust, che sosteneva i giovani provenienti da famiglie difficili. Poi era anche colonnello in capo di cinque reggimenti dell'esercito e ricopriva la carica di presidente onorario degli United World Colleges, una rete di scuole che forniva a studenti di tutto il mondo una formazione alla leadership. Quindi era logico che non potesse farsi vivo con lei così spesso, giusto?

Una volta un giornalista dell'*Evening Standard* bussò alla porta del Young England Kindergarten. «Solo una foto. Dopodiché sparirò dalla vista!» promise, e Diana cedette, vedendo alcuni bambini intimiditi dallo sconosciuto. Prima se ne andava, meglio era.

Per la foto prese in braccio una bambina e una seconda per mano. «Ha ottenuto quel che voleva?» chiese al giornalista. *Adesso basta, se ne vada.*

«Oh, sì, più di quanto pensassi» rispose l'uomo con un sorriso.

La mattina dopo nel suo appartamento, quando sentì girare la chiave nella porta, corse in corridoio. Aveva mandato Carolyn a comprare una copia dell'*Evening Standard*. «Allora?»

L'espressione dell'amica la diceva lunga. Diana le strappò di mano il giornale e cercò l'articolo.

«Be', sembri ammodo e perbene nella tua camicetta con il gilet azzurro e...» Carolyn si morse il labbro «... la gonna» terminò poi la frase.

«Oh, mio Dio» esclamò Diana. A quanto pareva, il sole era uscito proprio nel momento in cui il fotografo aveva scattato, così che la sua gonna di cotone leggero era diventata trasparente controluce, rivelando le gambe in tutta la loro lunghezza.

«È la fine per me» singhiozzò. «Carlo mi darà il benservito dopo questa foto. Non può fare altrimenti. La famiglia reale sarà...»

«Se lo fa, è un rimbambito» la interruppe Carolyn.

«A dire il vero, in questa foto sembri Marilyn Monroe, solo con una bambina in braccio. Irradia modestia e amore per i bambini, ma è anche estremamente sensuale. In fondo, anche Carlo è un uomo, cosa può chiedere di più?»

Come volevasi dimostrare, lui la chiamò il giorno stesso. «Sapevo che avevi delle belle gambe, ma non mi ero accorto che fossero così affascinanti» la lusingò.

Il fatto che non l'avesse più contattata finì nel dimenticatoio.

«Mi dispiace che la stampa ti importuni addirittura all'asilo» disse lui. «Non ho mai visto niente di simile. Tutto il clamore mediatico che ti circonda sembra aumentare di giorno in giorno. È piuttosto estenuante, vero?»

«Me la caverò, anche se non ci sono abituata» rispose.

Ripensò a come giornalisti invadenti avessero suonato al suo appartamento di notte, scampanellando persino presso i vicini. Altri chiamavano alle due del mattino e raccontavano qualche storia che aveva a che fare con lei e poi dicevano: «Conferma o smentisce?».

«Che razza di avvoltoi» sbottò Carlo. «Hanno tirato dentro addirittura la povera Camilla. Stamattina quattro giornalisti hanno assediato la porta della sua casa.»

Quattro?, pensò Diana guardando fuori la strada sottostante. Ce n'erano trentaquattro, li aveva contati.

Eccola di nuovo, quella fitta lancinante al petto. *Le hai telefonato?* avrebbe voluto chiedergli. *Hai chiamato lei prima di chiamare me?* Ma rimase in silenzio. Durante la sua seconda visita al castello di Balmoral, Diana aveva incontrato Camilla di persona. Era accomodante e aveva un senso dell'umorismo non troppo sottile. Il tipo di donna di cui fidarsi ciecamente. Non c'era dubbio che lei e Carlo fossero amici da un bel po' di tempo, tanto erano disinvolti e intimi l'uno con l'altra. «Dagli tempo» le aveva consigliato Camilla durante una passeggiata. «Non mettergli pressione. Se gli metti pressione, si rinchiuderà in se stesso.»

Così sopportò in silenzio, guardando Carolyn strappare dal calendario e buttare nella spazzatura prima la pagina di ottobre e poi quella di novembre.

La sua amica le era di grande sostegno. «Non sopravvivrò se non mi chiede di sposarlo» le aveva confessato Diana in lacrime una sera.

In realtà intendeva dire: *Mi spaventa che un giornalista abbia affittato l'appartamento di fronte. Da lì può guardare direttamente nella mia stanza. Mi spaventa che oggi una macchina piena di fotografi mi abbia tagliato la strada in una manovra rischiosa. Sto male, perché sono come di cristallo e l'assedio costante della stampa mi sta sfinendo. Mi sento sola, perché non oso quasi uscire, perché non posso parlarne con nessuno, perché persino l'ufficio stampa di Buckingham Palace mi ha detto: «Dovrà affrontare lei la cosa, non possiamo farci niente».*

E se tutte queste fatiche fossero state vane? E se Carlo l'avesse abbandonata e la stampa l'avesse fatta a pezzi?

Non poteva nemmeno confidare le sue paure a Carlo. Quando si trovava in sua compagnia, voleva ridere con lui e parlare di argomenti piacevoli e non caricarlo delle sue preoccupazioni. Doveva convincerlo di sapere destreggiarsi in certe situazioni con maestria e di essere perfetta per diventare un membro della famiglia reale. Se lui le sorrideva, allora non sarebbe stata tutta questa tragedia. Poi gli raccontò della fuga rocambolesca dai giornalisti per raggiungerlo senza essere vista: con l'aiuto delle sue amiche, si era calata fuori dalla finestra della cucina su una strada laterale usando un lenzuolo.

Venne l'inverno. Gli alberi di Hyde Park persero le foglie. Le coppiette scivolavano mano nella mano sui ciottoli imbiancati di neve e si baciavano sotto il vischio, che adornava le entrate delle case dipinte con colori vivaci di Notting Hill. La sera, quando imbruniva presto, si poteva gettare un'occhiata nelle case delle famiglie felici e sentire letteralmente il profumo dei biscotti appena sfornati. Il volto di Diana si rifletteva sulle vetrine addobbate con neve artificiale, ghirlande e stelle di paglia intrecciata, e lei pensava a Carlo che non poteva assistere a quella magia perché era da qualche parte in India. Così irraggiungibile e lontano da lei...

Poi giunse Capodanno. Carolyn voleva rimanere a casa con lei, ma un ragazzo che conosceva dava una festa di fine anno e Diana insistette perché l'amica andasse a divertirsi. «Me la caverò» disse, abbozzando un sorriso.

Si mise a sedere dietro la finestra della sua stanza ad aspettare i fuochi d'artificio. Il suo respiro appannava la vetrata fredda. Con l'indice disegnò un cuore nella condensa biancastra e lo guardò scomparire lentamente. Fu allora che vide l'uomo che saltellava da un piede all'altro sul marciapiede, fumando una sigaretta al freddo. Ken Lennox. Ormai conosceva i nomi di quasi tutti i giornalisti e fotografi. Ciò le rendeva la situazione più sopportabile perché poteva almeno fingere di essere circondata da vecchie conoscenze. Carlo invece chiamava i giornalisti i "nemici".

Il signor Lennox aveva intenzione di passare un'altra nottata in macchina? A Capodanno? E solo per rimediare una sua foto? Diana si infilò una vestaglia sopra il pigiama, preparò una cioccolata calda e gliela portò.

«Felice anno nuovo» gli augurò, porgendogli la tazza.

L'uomo anziano e basso, coi capelli radi e gli occhietti da talpa cordiali era talmente sorpreso che si dimenticò persino di ringraziare. In fretta lasciò cadere a terra il mozzicone di sigaretta e lo calpestò. «Brutta abitudine» disse.

«Grazie ancora per avermi aiutata a sbarazzarmi del francese.»

Il giornalista francese era una vera seccatura. Spesso la inseguiva a rotta di collo su una moto ed era quasi impossibile da seminare.

«Sa, ho due figlie della sua età e mi ha spezzato il cuore vederla così sconvolta. Dovevo intervenire.»

Il signor Lennox aveva tagliato la strada al francese

seduta stante, così per una volta lei aveva potuto fare visita alla nonna Ruth Fermoy senza essere molestata.

«Perdoni la domanda» esordì esitante il fotografo «ma com'è possibile che la ragazza più fotografata d'Inghilterra – oh, cosa dico, probabilmente del mondo intero! – non abbia nemmeno un invito per Capodanno?»

Perché ho sperato sino all'ultimo che Carlo mi chiedesse se volessi passare la serata con lui, quindi non ho preso altri impegni. Ma non me l'ha chiesto. D'altronde non è nemmeno qui, ma in India, a migliaia di chilometri da me… E così ho sperato che almeno chiamasse.

«È per questo che aspetta davanti alla mia porta?» tergiversò Diana. «Si augura che prima o poi qualcuno capiti qui?»

«Be', lei è una giovane e bella ragazza che vive nel cuore di Londra. Non sarebbe una sorpresa se un amante finora sconosciuto si presentasse alla sua porta con un mazzo di rose. Oppure potrebbe tornare a casa ubriaca. Potrebbe addirittura drogarsi. Viviamo nell'epoca di Sid Vicious, tutto è possibile. Ma sembra così angelica che io e i miei colleghi ci stiamo già chiedendo se appartiene a qualche setta religiosa.»

Diana si sforzò di sorridere. «Non capirò mai perché tutti sono così interessati a me.»

«Perché questo paese sogna una favola. Lei è così naturale. Ecco perché sto aspettando qui: perché voglio fare una foto che catturi esattamente questa naturalezza. Voglio più di una foto fugace di lei che sembra una timida cerbiatta. Voglio un primo piano del suo bel viso. La foto perfetta con cui incantare tutta l'Inghilterra quando verrà annunciato il fidanzamento.»

«Non so nulla di un fidanzamento» replicò Diana. «Tornerò dentro allora.»

Il signor Lennox rise. «Pensavo già che mi avrebbe invitato a entrare.»

«Per poter leggere una descrizione dettagliata dell'appartamento sul giornale di domattina? Mi crede una stupida, signor Lennox?»

«Al contrario» rispose lui guardandola affascinato. «Sono convinto che abbia capito qualcosa di determinante.»

«E sarebbe?»

«Be', porta una cioccolata calda a un giornalista nel bel mezzo della notte di Capodanno. È sempre amichevole e premurosa con noi e non ci ha mai mentito.»

Diana non capiva bene dove volesse andare a parare, quindi l'uomo glielo spiegò. «Se la stampa la ama, allora la amerà anche tutta l'Inghilterra. Il suo principe non l'ha mai capito del tutto. Continui così e lui non avrà altra scelta che sposarla.»

Per qualche istante rimasero in silenzio e Diana ponderò le sue parole.

«Dovrei davvero tornare dentro adesso» disse infine, rivolgendogli un sorriso complice. «Domani devo uscire di casa alle sette in punto e voglio farmi carina.» Gli fece l'occhiolino. «Buonanotte, signor Lennox.»

Nelle vetrine ghirlande di luci e stelle lasciarono il posto a ogni tipo di cuore e mazzi di rose che annunciavano il giorno di San Valentino. Diana vide tutto quel kitsch meravigliosamente romantico e sentì che qualcosa aveva cominciato a ribollirle dentro. Quanto tempo ci avrebbe messo Carlo per decidere se lei era la donna giusta per lui? E come avrebbe fatto a capirlo se si vedevano a malapena? E le poche volte che ciò avveniva, allora la stampa non doveva assolutamente saperlo oppure erano sempre circondati dagli amici di lui, tra cui Camilla che lo reclamava per sé. Mentre lui si divertiva a sciare in Svizzera a Klosters, lei era a marcire a Londra.

Adesso ci avrebbe messo una pietra sopra. Quella sera, Diana sostituì il disco delle Three Degrees, che negli ultimi mesi aveva ascoltato fino alla noia, con il nuovo album dei Sex Pistols. Prese per mano Carolyn e ballò con lei e le sue amiche per tutto l'appartamento. Finalmente l'aria era di nuovo un po' più leggera.

Poi squillò il telefono.

«Diana, per te» la chiamò Carolyn sovrastando la musica.

Da un secondo all'altro sentì il cuore in subbuglio. Era come se sapesse qualcosa che rimaneva ancora nascosto alla sua mente.

Era Carlo. «Diana» sussurrò. «Avresti tempo per incontrarmi? Vorrei chiederti una cosa.»

8

Non sapeva come avesse fatto a sopravvivere negli ultimi quattro giorni, perché era sicura di morire dalla trepidazione. Non era riuscita a pensare ad altro, se non a cosa le volesse chiedere Carlo.

E ora, finalmente, era seduta nell'elegante limousine nera che l'avrebbe portata al castello di Windsor. Stavano percorrendo il chilometrico viale di castagni che portava al castello delle fiabe. In quel periodo dell'anno i rami erano quasi del tutto spogli. Difficile credere che quell'enorme fortezza di pietra fosse la residenza del fine settimana della regina e pertanto qualcosa come la casa privata di Elisabetta! Cos'aveva detto la nonna Ruth su quanti anni avesse il castello? Più di novecento, se ricordava bene. In ogni caso era probabilmente il castello abitato più antico e più grande del mondo. Quasi impossibile concepire quante stanze avesse. Di sicuro almeno un migliaio.

Ma per quanto impressionante fosse quell'edificio secolare e gigantesco, metteva anche soggezione. Era come se le sorridesse con freddezza dicendole: «E tu chi credi di essere? Io esisto da più di novecento anni. Sono sopravvissuto a guerre e rivolte e tu sei solo un fuoco di paglia».

Oppure era più di un fuoco di paglia? Magari presto anche lei avrebbe passato lì i suoi fine settimana, si azzardò a sognare.

Diana notò quanto fosse perfettamente curato il verde. Non una foglia giaceva a terra, non un filo d'erba era fuori posto. Persino i cervi che attraversavano la strada davanti a loro camminavano in fila indiana.

Il viale sembrava non avere fine. Il cuore di Diana batteva all'impazzata. Si sfregò le mani umide. Erano giorni che si sentiva con l'acqua alla gola e aveva questa pressione allo stomaco, ma probabilmente era solo nervosismo. Forse respirare un po' d'aria fresca l'avrebbe aiutata, si disse, e abbassò il finestrino oscurato.

Finalmente raggiunsero il cancello principale. Un soldato in uniforme da parata, giacca rossa e pantaloni neri, vi marciava davanti su e giù. Con il suo grande berretto di pelle d'orso aveva un aspetto davvero buffo, ma le Queen's Guards, come veniva chiamato quel reggimento, non andavano sottovalutate: erano altamente addestrate e avevano addirittura esperienza di combattimento militare. Dopo una rapida occhiata all'interno della limousine, la guardia li lasciò passare.

Dopodiché accadde tutto molto in fretta. Si fermarono davanti all'ala con le camere private della famiglia reale, un servitore aprì la portiera dell'auto e lei sentì qualcuno dire: «Sua Altezza Reale, il principe di Galles, la sta attendendo».

La vista dell'alto atrio con i sontuosi lampadari e i mobili imbottiti dorati, su cui probabilmente nessuno si era mai seduto prima, la lasciò a bocca aperta... oppure era solo colpa del colletto stretto del suo vestito attillato, attorno al quale aveva inoltre legato un nastro giallo facendo un fiocco? Voleva apparire particolarmente ammodo e perbene e aveva quindi optato per un semplice modello a pois. Di recente ne aveva visto uno simile in una rivista di moda, ma naturalmente stava meglio alla bellissima modella esile come un giunco che non a lei.

Da qualche parte, in una delle innumerevoli stanze, un orologio batté le cinque. E di colpo si ritrovò Carlo di fronte con le mani dietro la schiena e un timido sorriso sulle labbra.

«Sua Altezza Reale.» Fece un inchino profondo, temendo per un attimo che le sue ginocchia cedessero del tutto.

«Diana.» Carlo non sembrava sapere bene cosa dire. Alla fine riuscì a proferire un: «Sei carina». Lei lo trovò tremendamente adorabile.

«Grazie.» Abbassò il mento e diresse lo sguardo verso il pavimento di marmo, perché senz'altro il viso le era diventato paonazzo.

«Come ti ho detto al telefono, ti ho chiesto di venire qui per un motivo ben preciso» esordì. «Ma prima vieni con me.»

Praticamente ogni singolo particolare del castello era d'oro. Le decorazioni delle pareti, i tavoli, le sedie, persino l'aria sembrava sfavillare di una pallida doratura in quel trionfo di sontuosità. Un immenso scrigno del tesoro. Incredibile che qualcuno ci vivesse sul serio! Si immaginò la regina Vittoria percorrere a grandi passi i lunghi corridoi in un bellissimo abito da ballo cangiante con sotto un corsetto allacciato stretto. Ma con la regina Elisabetta nei suoi abiti semplici e circondata da innumerevoli corgi, i suoi amati cani, lo trovava già più difficile. E non voleva neanche pensare a quanto dovesse sembrare un pesce fuor d'acqua lei stessa nel suo vestito a pois! Forse avrebbe dovuto dare una ripulita alle sue ballerine prima di andare lì in visita. Non che fossero sporche, ma comunque sentiva che erano troppo infangate in confronto al tappeto rosso senza alcuna macchia che attutiva i suoi passi.

Passarono davanti a innumerevoli quadri di uomini e donne che sembravano squadrarla dall'alto in basso con arroganza. Gli unici che Diana riconobbe furono la regina Vittoria e suo marito il principe Alberto, perché la loro storia d'amore era così incredibilmente romantica.

Diana percepiva tutto quanto in modo esagerato. Come l'orlo del vestito che le sfiorava le gambe a ogni passo o l'odore di cera fusa, perché ovunque ardevano delle candele. Chissà chi le aveva accese... Magari era un lavoro apposito: accensore di candele presso il castello di Windsor. Diana si morse il labbro per non ridacchiare. Era al settimo cielo, ma l'emozione era talmente incontenibile che non aveva chiuso occhio per tutta la notte!

Alla fine Carlo le tenne aperta una delle innumerevoli porte. Lei entrò e... rimase di stucco. La stanza era piena di animali di peluche, coperte morbide e libri per l'infanzia. «Volevi mostrarmi la cameretta dei bambini?»

Non era uno scherzo: Carlo era serio, perché le sue orecchie divennero rosso fuoco. «Mi sono scervellato a lungo su quale stanza avrebbe avuto un certo significato, e questa mi è sembrata la più appropriata.»

«Sì. Certo.» *Ricomponiti! Pensa a qualcosa di triste. Il fine settimana in cui sei tornata a casa da scuola e uno dei tuoi porcellini d'India giaceva morto nella gabbia.*

Carlo si schiarì la voce. «Mi sei mancata molto.»

Era confusa. Dopotutto, non l'aveva quasi mai contattata e ora le diceva che gli era mancata?

«Sì, okay» si sentì balbettare e avrebbe voluto seppellire la testa tra gli orsacchiotti. *Sì, okay?* Era questo tutto quello che le veniva in mente di dire?

Carlo si avvicinò e le prese le mani. Lei sentì che anche lui stava tremando leggermente. Deglutì diverse volte. Poi disse qualcosa che le giunse come in ritardo, solo dopo qualche attimo.

«Diana, vuoi essere mia moglie?»

Perché non si inginocchia davanti a me? si ritrovò ancora a pensare.

Perché è il principe di Galles, il futuro re d'Inghilterra. Perché è al di sopra di te.

«Sì» riuscì a proferire, ma era come se la sua bocca avesse preso vita propria, come se non stesse parlando di sua spontanea volontà.

«Sei consapevole che un giorno sarai regina» disse lui, rivolgendole uno sguardo così serio che Diana si impietrì di colpo.

«Sì.»

D'un tratto avvertì un monito, una voce che le sussurrava: «*Non sarai regina, ma avrai un ruolo difficile da ricoprire*».

Ma che ti salta in mente? Sei per caso uscita di senno? Davanti a te c'è l'uomo più desiderato d'Inghilterra, anzi, del mondo intero! L'uomo che ti renderà felice! Quindi smettila di pensare a certe sciocchezze!

«Sì, lo voglio» pronunciò con più fermezza, e un sorriso raggiante si diffuse sul suo volto. «Ti amo tantissimo.»

La inondò una sensazione calda e meravigliosa. Carlo si sarebbe preso cura di lei. L'avrebbe resa felice. Sì, senza dubbio, quell'uomo era l'amore della sua vita.

Quella sera, Diana sfrecciò in auto per Londra con le amiche. Era come inebriata. Era seduta sul sedile del passeggero, con la testa fuori dal finestrino, e continuava a pensare: *Ecco come ci si sente a essere felici. A essere vivi.*

Carolyn alzò il volume della musica, risero e cantarono insieme, immaginando che a Diana sarebbero stati serviti croissant al burro e marmellata a letto ogni mattina da quel momento in poi.

Entrarono in un tunnel, il chiacchiericcio concitato delle ragazze e il rombo del motore svanirono in sottofondo e di colpo Diana non fu più sicura se le lacrime che le bagnavano gli occhi fossero dovute davvero al vento della corsa. Sopra di lei scorrevano le luci e alla fine brillava la città dorata. Non c'erano limiti per lei quella notte. Sì, traboccava di felicità.

9

«Che ne pensi di questa camicetta qui?» chiese Diana.

«Direi che va bene...» mormorò sua madre Frances, tenendo davanti a sé un vestito a fantasia blu e viola molto appariscente con maniche a sbuffo per controllare se le andasse bene.

Va bene... Tutto di Diana andava in fondo bene.

Il suo viso andava bene.

Il suo senso della moda andava bene.

Il fatto che esistesse andava bene.

Ma presto le cose sarebbero cambiate: avrebbe fatto parte della famiglia reale e tutto nella sua vita sarebbe stato perfetto!

«E questo come mi sta?» voleva sapere ora.

«Carino» rispose Frances, continuando ad ammirarsi allo specchio i capelli biondo chiaro.

«Mummy! Non mi stavi nemmeno guardando!» Diana si era infatti legata un foulard di seta intorno alla testa e aveva l'aria di una vecchia contadina di campagna.

«Scusa, amore, ora sono concentrata.»

Appese il vestito violaceo nel camerino per farglielo provare, poi si lasciò cadere con grazia sul divano e incrociò le lunghe gambe, ancora abbastanza belle per la sua età. «Non riesco ancora a crederci. Ma tu non mi racconti nulla! Forza, vuota il sacco! Come ti ha fatto la proposta? Voglio sapere ogni minimo dettaglio.»

«*Sst*» fece Diana, guardandosi intorno.

La commessa aveva sgranato gli occhi quando Diana si era rivolta a lei. Naturalmente, era stata vaga e aveva detto che cercava qualcosa per un'occasione solenne. La donna era corsa via con il pretesto di andare a recuperare un tailleur, ma Diana ci avrebbe giurato che si fosse precipitata tutta trafelata a dire alle colleghe che la *Charlie's Girl* prendeva consigli da lei.

Si trovavano da Harrods nel reparto moda. Aveva bisogno di un guardaroba adatto, uno che la facesse sembrare la futura moglie del principe di Galles. Nel giro di pochi giorni, l'annuncio del loro fidanzamento sarebbe stato ufficiale. Voleva apparire carina per Carlo, ma anche adattarsi allo stile elegante e semplice della regina.

«Non vorrai tenere la tua povera madre ancora sulle spine, vero?»

«D'accordo. Ma facciamo alla svelta, prima che torni la commessa» concesse Diana a voce bassa. «Carlo mi ha invitata al castello di Windsor. Poi mi ha portata nella cameretta dei bambini e...»

«Nella cameretta dei bambini?» Sua madre corrucciò la fronte, anche se predicava sempre che faceva solo venire le rughe. «Che diavolo gli è passato per la mente?»

«Io l'ho trovato un gesto carino.» Diana inclinò la testa, sorrise sognante, sul punto di sprofondare nel ricordo di quel pomeriggio da favola… quando la voce cristallina della commessa la riportò al presente.

«Rieccomi qua!» Come una madre che tiene in braccio il suo bambino, aveva tra le mani un tailleur blu cobalto chiaro. «Guardi cosa ho trovato per lei, è delizioso. È della marca Cojana London. Il colore non si sposa alla perfezione con i suoi bellissimi occhi azzurri? Ci aggiunga una camicetta chic e sarà incantevole.»

«Grazie mille» disse sua madre, spingendo Diana nel camerino. «Potrebbe lasciarci sole per qualche istante?» Senza aspettare la risposta della commessa, tirò la tenda.

Diana era confusa. «Mummy, che c'è? Perché hai quella faccia?»

Sua madre aveva assunto quello sguardo ben preciso. Uno sguardo così penetrante che avevi la sensazione che potesse guardare nel profondo della tua anima e svelarne ogni segreto. Anche se lo negava con veemenza, lo aveva senza dubbio ereditato da sua madre, Ruth Fermoy. «Dimmi la verità, c'è la vecchia strega dietro il fidanzamento? Ti ha convinta lei a sposare Carlo?»

«Nonna Ruth non c'entra niente!»

«Non ci credo che non c'è il suo zampino! Tutto ciò che conta per quella donna acida sono i titoli e il prestigio della famiglia. Mi ha addirittura pugnalata alle spalle! Io! Sua figlia! Solo per paura di rovinarsi la reputazione presso la famiglia reale.»

Nel divorzio nonna Ruth si era schierata a favore di Johnnie. Aveva testimoniato che Frances non era in grado di badare ai figli e di conseguenza la custodia era stata assegnata poi al padre di Diana.

«Mummy» disse Diana dolcemente. «Con me è diverso. Nonna Ruth mi ha persino detto chiaro e tondo di non essere sicura che andassi bene per la famiglia reale. Ha detto che le persone a Buckingham Palace sono semplicemente diverse, basti pensare all'umorismo e al modo di rapportarsi con gli altri. Semmai ha solo messo una buona parola per me con la regina madre.»

«Ah! Per l'appunto!»

Diana si tolse la gonna e il maglione. «Anche se avesse organizzato tutto, non credo che avrebbe potuto influenzare i miei sentimenti per Carlo. Quindi non ti preoccupare.»

«Sono tua madre, certo che mi preoccupo!»

«Ma perché? Sto per sposare il principe di Galles! Probabilmente l'uomo più galante, intelligente e ambìto del pianeta!»

«Ecco perché.» Frances le porse la gonna del tailleur e Diana se la infilò. «Anche mia madre mi aveva convinto che tuo padre sarebbe stato un ottimo partito. Avevo quindici anni e naturalmente le ho dato retta!»

«E io ho quasi vent'anni.»

«Oh, piccola mia, ma cosa ne puoi sapere a una così giovane età?»

Sapeva che Carlo aveva un singolare senso dell'umorismo. Sapeva che le orecchie gli diventavano rosse quando era a disagio. Sapeva com'era essere attraversati da una corrente ad alta tensione, perché fluiva in lei quando Carlo le metteva la mano sulla schiena. Era tutto ciò che aveva bisogno di sapere.

«Durante il nostro matrimonio tuo padre aveva innumerevoli impegni a causa del suo titolo e pochissimo tempo per me» continuò sua madre. «Non sarà diverso con Carlo.»

Era già così. Ma una volta sposati, l'interesse della stampa sarebbe presto scemato. Allora non avrebbero più dovuto incontrarsi di nascosto e avrebbero avuto più tempo l'uno per l'altra, avrebbero potuto guardare film insieme la sera, trascorrere le mattinate a letto... essere una semplice coppia sposata.

«A mia madre non importava che io e Johnnie non avessimo quasi nessun interesse in comune. Tu e Carlo avete qualche hobby in comune?»

«Sì, certo» replicò Diana con impeto. «A tutti e due piace ballare e leggere molto e... Mi passi la camicetta, per favore?»

Lo sguardo di sua madre mostrava ora compassione. «Diana, ti prego, non commettere lo stesso errore che ho fatto io.»

Sua madre dimenticava una cosa cruciale: il matrimonio con Carlo non sarebbe mai finito con un divorzio. Lui era il futuro re. La famiglia reale non poteva permettersi uno scandalo del genere. Se avessero avuto problemi, insieme avrebbero trovato una soluzione. Non avrebbe mai caricato le valigie su un taxi per poi andare via per sempre.

«Cerca di capire, mummy, io lo amo» disse Diana.

«Ami lui o ami quello che è?»

«Dov'è la differenza?»

Sua madre le posò una mano sulla guancia. «Se non sai questo, allora non sai cos'è l'amore.»

Si sentiva come se le avessero conficcato un coltello nello stomaco. Ma non avrebbe permesso che il suo sogno andasse in frantumi. «Andrà tutto bene» disse, accarezzando il tailleur. Le stava alla perfezione.

«Non dimenticarti di noi!» gridò Carolyn.

Diana guardò su per le scale dove le sue tre amiche erano appoggiate alla ringhiera. «Come potrei? Avrò pur sempre bisogno del vostro sostegno!»

Si voltò in fretta e furia per non versare lacrime. Fuori, una limousine nera con tanto di guardia del corpo la aspettava per portarla a Clarence House, la casa della regina madre. L'indomani avrebbero dato l'annuncio ufficiale del fidanzamento. Si sarebbe poi trasferita a Buckingham Palace. Un sollievo. Sarebbe stata finalmente al sicuro dai paparazzi invadenti.

Per fortuna il traffico dell'ora di punta si era già disperso e si fecero strada attraverso la città a velocità sostenuta. Con un leggero clangore, il cancello di ferro battuto si chiuse dietro la limousine. Proprietà reale. Passarono attraverso il cordone di sicurezza, superarono il St. James's Palace e infine si fermarono di fronte a un edificio rivestito di stucco bianco: Clarence House. L'interno sembrava deserto. La guardia del corpo la scortò nella sua stanza al primo piano. Le disse qualcosa, ma lei quasi non lo sentì, troppe sensazioni la stavano travolgendo. Pensò: *Assurdo, ci sono un sacco di uova Fabergé, spero di non romperne nessuna*, poi le parole dell'uomo le giunsero all'orecchio: «È la sua ultima notte di libertà, ne approfitti».

Ma a quel punto la porta si era chiusa dietro di lui e lei era rimasta sola. Si voltò e scorse una lettera sul letto. Qualche parola di incoraggiamento da parte di Carlo? Magari anche da parte della regina, sua futura suocera?

La busta riportava il nome *Camilla Parker Bowles.*

«*Che notizia incredibile, questo fidanzamento*» scriveva.

«*Uno di questi giorni andiamo a mangiare insieme quando il principe di Galles dovrà recarsi in Australia e Nuova Zelanda. Mi piacerebbe tanto vedere l'anello. Con affetto, Camilla.*»

La lettera era datata due giorni prima. Quindi in un momento in cui era ancora top secret che l'annuncio del fidanzamento sarebbe stato imminente, per non parlare del fatto che Diana sarebbe stata sistemata a Clarence House. Era ovvio che Carlo glielo avesse raccontato. Ma perché?

10

«Non posso sbagliare con Carlo al mio fianco» rispose Diana all'uomo della Bbc. Le aveva chiesto se non avesse paura di tutte le sfide che la sua nuova vita le riservava. A lei, una maestra d'asilo di diciannove anni. «C'è Carlo a sostenermi.»

Sua sorella Sarah sarebbe stata abile a flirtare con la telecamera. Avrebbe fatto ridere tutti con una delle sue battute. Diana, invece, si aggrappava a Carlo e a malapena osava alzare lo sguardo. Aveva così tanti obiettivi puntati addosso; era un continuo, sin dalle prime ore del mattino.

«Qual è stata la prima impressione che ha avuto di Diana?» chiese il giornalista al principe di Galles.

«Ho pensato tra me e me: che ragazza allegra, divertente e attraente» rispose.

Diana sentì le guance arrossire. Com'era bravo Carlo a gestire l'intervista! Le sue risposte erano ben ponderate, argute e spiritose.

«È stata una decisione difficile per lei accettare la proposta del principe?» domandò il giornalista, rivolgendosi di nuovo a Diana.

«Sposare Carlo è quello che volevo» replicò. «Quello che voglio.»

Carlo le accarezzò la mano e lei si calmò all'istante.

«Per concludere, una domanda per tutti e due: come vi sentite oggi?»

«Sono estremamente contento e francamente sorpreso che Diana voglia fare una prova con me» scherzò Carlo.

«E innamorati, suppongo?» chiese il giornalista.

«Certo!» esclamò Diana, subito impacciata.

«Qualunque cosa significhi» ribatté Carlo.

Ci fu qualche istante di silenzio colmo d'imbarazzo.

«Lo interpreti come vuole» aggiunse infine il principe.

«Ti sei difesa bene» disse a Diana dopo la fine dell'intervista, mentre camminavano lungo il corridoio.

«Grazie.» Strinse la sua borsetta.

Non era riuscita a pensare a nulla di sagace o spiritoso, era semplicemente esausta. E anche Carlo aveva la testa altrove, ma non con lei, e nemmeno con Buckingham Palace, perché gli ci volle un attimo per accorgersi che avevano raggiunto le scale.

«Ti auguro di passare una buona prima notte nella tua nuova casa» disse.

«Non rimani qui neanche stanotte?» chiese Diana.

«No, vado a Highgrove» rispose Carlo.

«È che pensavo...» *Che avremmo anche fatto qualcosa di speciale insieme in questo giorno speciale. Che magari mi avresti sorpresa con una cena romantica. Oppure che ci saremmo accoccolati sul divano a parlare per ore. O che semplicemente avremmo guardato un film romantico insieme.* «Presto sarai via per sei settimane» proferì invece.

«Sì, il mio viaggio in Australia e Nuova Zelanda è alle porte. Non posso cancellarlo.»

«Non te lo sto chiedendo.» Diana si imbronciò. «Ma sarebbe ancora più bello passare un po' di tempo con te prima.»

«Non preoccuparti, Lady Hussey si prenderà cura di te e ti informerà sul protocollo. E prima che tu te ne accorga, sarò di ritorno.»

«Lady Hussey?» ripeté Diana, sentendo quel nome per la prima volta. «Speravo che...» esordì, poi si morse alla svelta il labbro.

«Cosa speravi?»

«Be', speravo che forse... tu o tua zia Margaret o tua madre mi avreste aiutata.»

«La regina?» Carlo rise. «Ma se non ha nemmeno cresciuto i propri figli! Ora non essere così triste, è un giorno troppo bello per la tristezza.»

Diana voleva così tanto essere baciata, baciata come si deve, che si sentì mancare il terreno sotto i piedi e tutto il suo corpo prese a formicolare. Ma Carlo si limitò a sfiorarle con delicatezza le guance con le labbra, di più non osò fare.

Lo guardò scendere le scale. Gli addii erano terribili. Ogni volta aveva la sensazione di perdere qualcosa.

D'un tratto notò un movimento dietro di sé. Gettò un'occhiata alle sue spalle e subito ebbe la sensazione di aver commesso un errore, almeno era ciò che rivelava l'espressione severa sul volto della donna dal mento sporgente. Doveva essere Lady Hussey.

«Pretendono troppo da Carlo» disse Diana mentre camminava al fianco di Lady Hussey lungo uno dei tanti corridoi. Cercava di memorizzare il percorso verso la sua zona giorno, ma continuava a distrarsi davanti a un quadro, mobili dorati o bouquet di fiori lussureggianti. Ci sarebbero voluti anni prima che sapesse come muoversi nel palazzo, perché con le sue seicento stanze era un vero e proprio labirinto.

Lady Hussey avanzava a passo svelto e non dava peso a Diana; continuò invece con le sue spiegazioni sull'edificio. «Il palazzo ospita gli uffici dei funzionari reali, segretari, contabili e ciambellani, così come le compagnie di lacchè, maggiordomi e domestiche. Abbiamo anche la nostra stazione di polizia e vigili del fuoco professionisti, un ufficio postale, uno studio medico, una lavanderia, una cappella completa di cappellano, un elettricista, un falegname, un doratore e un idraulico.»

Diana si guardò intorno confusa. A parte i giornalisti e la famiglia reale, non aveva mai incontrato anima viva a palazzo. «Hanno tutti il loro giorno libero oggi?»

Lady Hussey la squadrò come se le avesse chiesto se anche Babbo Natale abitasse al palazzo. «Certo che no. Lavorano senza farsi vedere, in stanze collegate da passaggi sotterranei. Di rado si vede una persona in superficie.»

«E la famiglia reale?» domandò. «Anche la principessa Anna o i fratelli di Carlo, il principe Andrea e il principe Edoardo, vivono qui?» Forse avrebbe potuto fare qualcosa con uno dei tre di tanto in tanto.

«Ogni membro della famiglia ha i propri alloggi e la propria servitù. Ma la principessa Anna e suo marito Mark Phillips si fermano di rado nel loro appartamento di palazzo. Preferiscono risiedere nella residenza di campagna. Il principe Andrea è al suo secondo anno come ufficiale nella Royal Navy ed è per lo più in mare. E il più giovane, il principe Edoardo, è in collegio a Gordonstoun.»

Diana cercò di non essere troppo delusa.

«Il suo appartamento è allo stesso piano di quello del principe di Galles» continuò Lady Hussey. «È esattamente di fronte. Eccoci qui. Domani iniziano le sue lezioni. Ho pensato di dividerle in politica, conversazione e storia. A partire dalle nove. Do molta importanza alla puntualità.»

«Cosa ho appena detto?» La voce di Lady Hussey giunse a Diana come da lontano.

«Mi perdoni, io...» Sorrise scusandosi. «Non ero del tutto concentrata.»

«Stava guardando fuori dalla finestra.» Lady Hussey fece chiaramente sentire la sua disapprovazione. «È così che si comporta una giovane donna educata?»

«No.» Diana si sforzò di ostentare un'aria più colpevole possibile.

«Vedo che non ha nemmeno preso appunti. Quindi si ricorderà tutte le informazioni che sto cercando di trasmetterle con tanta fatica?»

Senza fare storie, Diana annotò sul taccuino come tenere una borsetta. C'era una regola praticamente per tutto: ad esempio, non ci si poteva rivolgere semplicemente a Elisabetta, ma era sempre Sua Maestà a iniziare la conversazione.

Erano già due settimane che riceveva regolari lezioni da Lady Hussey. Avevano passato l'ultima mezz'ora a esercitare l'inchino perfetto di fronte alla regina. Fuori splendeva il sole, mentre Diana trascorreva la giornata in quella sala soffocante che puzzava di cera per legno. Chissà cosa stavano combinando le sue amiche? Era sabato, forse erano insieme a un mercato delle pulci o andavano a fare shopping.

«Ripassiamo un'altra volta la postura» decretò Lady Hussey.

Diana sospirò. Tendeva a curvare le spalle in avanti, colpa della sua insicurezza, così ora doveva camminare per la stanza tenendo in equilibrio due pesanti enciclopedie sulla testa. E pensare che era convinta che esercizi del genere si vedessero solo nei film storici.

«Petto in fuori, pancia in dentro» l'istruì Lady Hussey. «Spalle basse. Testa alta. E sempre sorridente. Ma non troppo. Cammini con eleganza. E ora immagini Sua Maestà la regina davanti a lei, la donna che governa questa nazione da quasi trent'anni. Il suo inchino deve esprimere umiltà assoluta. Per l'amor di Dio, tenga i libri quando inclina la testa!»

Troppo tardi, i due tomi si schiantarono a terra. «Mi spiace» balbettò Diana. Era stanca, affamata e la testa le ronzava per tutto quello che Lady Hussey le aveva già inculcato.

«Si dice "*mi di*spiace". E si concentri per una buona

volta! Il tempo stringe! La prossima settimana è già la sua prima apparizione pubblica in veste di fidanzata del principe di Galles. E ha ancora molto da imparare per poter sopravvivere nell'alta società.» Lady Hussey abbassò il mento, spinse i sottili occhiali da lettura sulla punta del naso e arricciò le labbra. «A proposito di società. Mi è giunto all'orecchio che ha socializzato con il personale. In cucina.»

Diana ripensò a quel pomeriggio fin troppo volentieri... Era domenica, il palazzo era deserto, e lei si annoiava a morte. A casa si sarebbe messa le scarpette da ballo e avrebbe danzato, avrebbe pulito la gabbia del porcellino d'India o avrebbe fatto due chiacchiere con il personale in cucina... Questa sì che era una splendida idea! Era l'ora di conoscere meglio alcuni dei volti del palazzo. Così alla fine era scesa in cucina dal suo appartamento al secondo piano. All'inizio, la servitù l'aveva a malapena notata, forse perché non aveva proprio l'aria di essere un membro della famiglia reale nei suoi jeans e nel suo semplice pullover a maglia.

«Madam!» aveva esclamato all'improvviso lo chef con stupore, asciugandosi le mani bagnate sul grembiule. A poco a poco era calato il silenzio assoluto. «Come possiamo esserle d'aiuto? Ha forse fame? Ma è scalza! Il pavimento di pietra è davvero freddo qui. Qualcuno sarebbe così gentile da procurare alla futura principessa di Galles delle pantofole?»

«Oh, non si disturbi» aveva risposto Diana allegra. Si era seduta sul bancone della cucina e aveva dato un'occhiata alle pentole. «A dire il vero, ho un po' di fame. Ha già pranzato?»

«Non abbiamo ancora avuto tempo» aveva risposto lo chef con esitazione.

Diana aveva annuito in segno di comprensione. «Oggi c'era il ricevimento della banda di fiati, giusto? Non avrà avuto un attimo di tregua.»

«Un po' di stress non fa male» aveva replicato l'uomo. Diana aveva percepito il suo disagio. Ma non ce n'era alcun motivo!

«Una piccola pausa non le farà certo male. Perché non facciamo uno spuntino assieme?» Gli aveva fatto l'occhiolino, era saltata giù dal bancone e aveva aperto uno degli enormi frigoriferi. «Che ne dice di un toast con burro? Semplice, ma deliziosissimo.» E prima che l'uomo se ne fosse reso conto, Diana ne aveva tirato fuori due fette dal pacchetto e le aveva messe nel tostapane. «Io sono Diana, e lei come si chiama?»

«David» aveva mormorato, guardandola come se non fosse sicuro di non stare sognando tutto. «David Adams.»

Una giovane aiutante aveva portato a Diana delle pantofole, che aveva accettato con gratitudine.

«Forza, non c'è nulla da vedere qui» aveva esortato i suoi assistenti. «Tornate tutti al lavoro, la cena deve essere servita in tempo.»

La cucina era già di nuovo in fermento, ma Diana non aveva mancato di notare che gli uomini e le donne continuavano a lanciarle sguardi furtivi. Sperava che nessuno si tagliasse un dito!

«Ha famiglia, David?» aveva chiesto al cuoco, un uomo sulla cinquantina.

«Sì, una moglie e due figli, Tom e Janine.»

«Immagino che sia abbastanza estenuante essere lo chef di palazzo, con tutte le cene e i grandi ricevimenti che si tengono di continuo. Deve lavorare molto, anche nei fine settimana. Non le manca la sua famiglia?»

«Sì, certo. Ma soprattutto i miei due figli sono incredibilmente orgogliosi che io lavori per la regina. E di questi tempi devi essere felice di avere un lavoro.»

Diana non conosceva molto bene l'attuale situazione economica o politica in Inghilterra. Carlo una volta le aveva detto che la disoccupazione era salita alle stelle sotto Margaret Thatcher.

Le fette erano saltate fuori dal tostapane. Diana ci aveva spalmato sopra una generosa quantità di burro, le aveva sistemate su un piatto e porte a David. «Buon appetito.»

Fu il primo pomeriggio in cui Diana si sentì davvero a casa nel palazzo. L'aiutante che le aveva portato le pantofole si chiamava Kate, scoprì in seguito. Era chiaramente innamorata del principe Andrea, perché sapeva molto bene che a lui non piaceva quando si formava una pellicina sul suo budino e che preferiva mangiare la bistecca al sangue. Andrea era molto prestante, dopotutto, quindi chi poteva fargliene una colpa?

«Ha di nuovo la testa tra le nuvole!» Lady Hussey riportò Diana al presente. «Devo informarla che prendersi delle confidenze con il personale è considerato un reato. È meglio che ne prenda nota all'istante.»

Regola numero uno, scrisse Diana sul suo taccuino interiore, *niente sogni a occhi aperti.*

Regola numero due: vietato divertirsi.

«Se la servitù finisce per abituarsi a mantenere rapporti informali o addirittura amichevoli con i membri della famiglia reale, allora deve essere punita con il licenziamento» disse Lady Hussey in tono severo.

«No!» esclamò Diana. «Sono stata io a cercare di stabilire un legame!»

«Allora si astenga dal farlo in futuro. Immagini cosa potrebbe succedere. Il cuoco potrebbe addirittura uscire dalle cucine per augurare buon appetito a Sua Maestà.»

A Diana non dispiaceva affatto l'idea. Ma preferì tenerselo per sé.

11

Diana si trovava in cima alla grande scalinata, che sembrava fatta apposta per scendervi in abito da sera. Intorno a lei tutto scintillava e brillava. La ringhiera dorata. Le decorazioni a muro. I sontuosi lampadari. Nella sua testa risuonava la voce ammonitrice di Lady Hussey: schiena dritta, petto in fuori, spalle in giù. E sempre con un sorriso stampato in volto.

La sua prima apparizione pubblica era alle porte. Avrebbe accompagnato Carlo a un ballo alla Goldsmith Hall di Londra, un evento di beneficenza per la Royal Opera House.

«Ti rendi conto che avrai gli occhi di tutti puntati addosso?» le aveva detto. «Addosso a te, la donna al mio fianco, l'imminente principessa di Galles, la futura regina d'Inghilterra.»

Di conseguenza, aveva avuto per tutta la notte la sensazione di essere fissata. Impossibile chiudere occhio.

Fece un respiro profondo, afferrò il suo vestito con una mano, posò l'altra sulla ringhiera e cominciò a muoversi. Era proprio come aveva immaginato. Carlo l'aspettava ai piedi delle scale. Rimase senza parole non appena la vide… non per l'emozione, come lei si accorse di punto in bianco, ma piuttosto per l'orrore.

«Che razza di vestito è?» fu la prima cosa che disse dopo aver ritrovato la voce.

«Il mio abito da sera» rispose incerta. «Non ti piace?»

«È nero.»

«Non è un bel colore?» Per lei il nero era il più elegante dei colori. Un colore indossato dagli adulti.

«Hai mai visto mia madre, mia zia o mia sorella in nero a un evento? No. E per una buona ragione. Il nero è il colore del lutto. Si porta ai funerali.»

Il sangue le salì alle guance.

«E ovviamente nessuno ti ha insegnato che non si deve sbandierare il proprio fascino.»

Il suo vestito era senza spalline e rivelava così un bel po' del suo ampio decolté, ma era esattamente ciò che lei trovava conturbante. E aveva pensato che Carlo l'avrebbe trovato altrettanto sensuale. A torto, pareva.

«Sei mai stata a una vera cena di gala?» chiese, rispondendosi subito da solo. «Probabilmente no. Altrimenti sapresti che gli abiti senza spalline di solito ti fanno sembrare come se stessi per fare un semicupio. Lady Hussey non ti ha detto niente su un guardaroba adatto?»

«No…» O forse sì, ma per l'ennesima volta Diana l'aveva ascoltata solo in parte.

Sentì le lacrime velarle gli occhi. «Ma ho solo questo vestito.»

Carlo sospirò in modo udibile e si strofinò gli occhi. Quando la guardò di nuovo, c'era qualcosa di quasi monellesco nella sua espressione. «Vabbe', allora non ti lamentare se tutti gli uomini non riusciranno a toglierti gli occhi di dosso. Adesso andiamo. Cerchiamo di trarne il meglio.»

Per tutta la sera si sentì terribilmente a disagio, esclusa e ridicola. Ma tanto che importanza aveva quel che provava? L'unica cosa che contava era l'idea che le persone intorno e la gente là fuori si facevano di lei. Se avesse sorriso, avrebbero pensato che stesse gestendo la serata con disinvoltura. Così aveva sorriso. Per puro miracolo era sopravvissuta alla serata senza ulteriori incidenti. Non era inciampata nel suo lungo vestito, né aveva fatto capire quanto fosse intimidita dai flash, né aveva detto niente di stupido. Il che forse era dovuto anche al fatto che non aveva proferito parola per quasi tutto il tempo.

Il giorno dopo non vedeva l'ora che le portassero i giornali. Già il primo riportava in prima pagina una sua grande foto in abito nero e solo una piccola in cui Carlo e lei erano ritratti insieme. «*Daring Diana – L'ardita Diana*» diceva il titolo. «*Con il suo abito ha letteralmente voltato le spalle alla tradizione, pur rimanendo audace e bella.*»

Non riusciva a credere alla sua fortuna. Doveva assolutamente mostrare l'articolo a Carlo, subito, sperando che non l'avesse ancora letto! Voleva vedere la sua reazione con i propri occhi!

Scalza, si affrettò lungo il corridoio. Un gruppo di servitori si disperse come polli spaventati. Si inchinarono e poi premettero la schiena contro il muro. «Un bellissimo buongiorno» gridò Diana con entusiasmo, e continuò a correre. Mentre si trovava davanti alla porta di Carlo, con il pugno chiuso pronto a bussare, sentì la sua voce ovattata. «Come puoi chiedermelo sul serio? Certo che provo ancora qualcosa per te.»

Di colpo sentì quanto facesse freddo nel corridoio e quanto fosse sottile il suo vestito.

Abbassò la mano.

Con chi stava parlando? Camilla?

Aveva capito bene?

Avrebbe dovuto chiedere spiegazioni a Carlo?

Ma poi lui avrebbe pensato che lei stesse origliando...

Con fare meccanico ritornò di corsa nella sua stanza. Gettò l'articolo di giornale nella spazzatura e si sdraiò sul letto, dove rimase immobile a fissare il soffitto.

Verso mezzogiorno, un maggiordomo bussò alla sua porta, dicendo che la limousine che avrebbe portato Carlo all'aeroporto era pronta. In qualche modo Diana riuscì ad alzarsi, scendere le scale e salire in macchina. Stava piovendo a dirotto. Le gocce scorrevano lungo il vetro seguendo percorsi a zigzag. Carlo disse che non vedeva l'ora di prendere il sole in Australia, e Diana pensò solo: *Come puoi farmi questo? Cosa dovrei fare ora? Come faccio a dimenticare quello che ho sentito?*

Le sue amiche non sarebbero state capaci di contenere il loro incredibile entusiasmo nel vedere la scena: un convoglio di limousine e furgoni neri che passava attraverso il cancello di massima sicurezza dell'aeroporto e si fermava davanti all'aereo reale. Era come essere in un film sulla mafia. Ma Diana si sentiva come anestetizzata.

Scendere. Salutare.

La pioggia batteva forte sull'asfalto, sulle ali dell'aereo, sul tetto della limousine e sull'ombrello con cui la riparavano.

«Hai la pioggia in faccia o stai piangendo?» chiese Carlo con stupore quando si trovò di fronte a lei. «È così terribile che ti lasci da sola?»

Diana annuì in silenzio. Aveva davvero paura del tempo che avrebbe passato senza di lui in quell'enorme palazzo. Tutto d'un tratto aveva di nuovo sette anni ed era accovacciata sui gradini di pietra nel vialetto della sua vecchia casa. Osservava le valigie che venivano caricate su un taxi. Sua madre si era fermata davanti alla portiera, le lacrime le rigavano il viso, eppure era salita sul taxi per dare inizio alla sua nuova vita con un altro uomo, lasciando Diana sola con il padre e i suoi fratelli. Prima o poi, tutto ciò che era bello e buono nella vita andava in frantumi. Aveva già dovuto imparare quella lezione.

«Hai parlato al telefono con Camilla prima?» domandò.

Per una frazione di secondo pensò di vedere qualcosa di simile al senso di colpa negli occhi di Carlo, ma forse era solo la sua immaginazione. «Sì, le ho chiesto di prendersi cura di te per un po' mentre sono via. Non conosco davvero nessuno la cui compagnia sia più divertente.»

Diana fece una smorfia.

Carlo la baciò sulla guancia, pizzicandole con fare giocoso i fianchi. «Mmm» mugolò stupefatto. «Certo che sei paffutella.»

Di colpo sentì un sapore amaro in bocca. *La regola più importante di tutte era: essere perfetti.*

Quando quella sera Diana arrivò al suo appartamento a Buckingham Palace, fuori era già buio pesto. Non era capace di fare nulla. Aveva la sensazione di fluttuare a pochi centimetri da terra. Ma non nel modo in cui si sentivano i nuovi innamorati, bensì come se stesse per precipitare da un momento all'altro. Tremava leggermente. Un domestico le domandò se avesse fame. No, grazie, non si sentiva bene. L'ennesimo pasto da consumare sola. Anche a casa ad Althorp le era capitato spesso, perché suo padre non aveva mai tempo. Il più delle volte si era limitata a servirsi direttamente dal frigorifero.

Ecco di cosa aveva bisogno in quel momento. Voleva riempirsi lo stomaco, spizzicare da una pentola con l'indice, leccare il piatto con la lingua, essere semplicemente disinibita in quell'enorme edificio dove c'era una regola per tutto. Forse allora si sarebbe sentita un po' come a casa.

Il palazzo dormiva. La morbida moquette nel corridoio attutiva i suoi passi. Diana scese la scala a chiocciola fino al livello inferiore. In fondo alla cucina c'era una fila di alti frigoriferi che le rivelavano un vero e proprio paese dei balocchi. A cominciare dai vari paté agli arrosti freddi e ai bignè ripieni. Diana prese una delle tortine decorate con amore. La addentò. Chiuse gli occhi. Era come se qualcosa le fosse caduto di dosso con quel morso. Come se avesse ingoiato un po' del dolore che aveva nel petto. Ne voleva di più.

Sotto le tortine c'erano diversi vasetti di crema alla vaniglia. Assaporò a malapena quel dolce, perché lo trangugiò troppo alla svelta. Un secondo vasetto. Era pura golosità, pura frenesia, un'ebbrezza fin troppo impetuosa perché esistesse un modo per frenarla. Era un lasciarsi andare, un prendere fiato.

Finché si sentì male e poi sopraggiunse il senso di colpa. Come aveva potuto perdere così il controllo?

Certo che sei paffutella.

Doveva sbarazzarsi di tutti quei dolciumi. Nel suo appartamento si inginocchiò davanti alla tazza del gabinetto e si mise in bocca l'indice e il medio. Tutto il suo corpo si contorse per lo sforzo, finché le tortine e la crema non le risalirono per l'esofago e non vomitò. Era ripugnante e doloroso, ma le fece anche bene, la prova che era lei ad avere il controllo di se stessa. Un trionfo che fu inebriante finché non si accasciò per terra, troppo esausta per sentire o anche solo pensare a qualcosa.

12

«Non vedo l'ora di ammirarti nel tuo abito da sposa!» sospirò Carolyn al telefono. «Di sicuro sarà un sogno!»

«Come in una favola» rispose Diana.

Era seduta con il telefono sull'ampio davanzale interno a guardare il cielo grigio. Sentire le voci delle amiche le faceva male.

«Ti accompagna la regina alle prove?» s'intromise Virginia, anche lei alla cornetta insieme a Carolyn. «Oppure la principessa Anna?»

«Be', finora ci sono stata sempre da sola» replicò Diana. «Ma va bene così.»

«È vero che ci sono dei passaggi segreti che collegano Buckingham Palace al palazzo di Westminster e a Clarence House?» chiese Virginia. «E che c'è un tunnel che collega il palazzo con una delle stazioni della metropolitana?»

Diana si mise a ridere. «Terrò gli occhi bene aperti.» Si sentiva della musica in sottofondo. Erano inequivocabilmente i primi accordi di *Tainted Love* dei Soft Cell. «Uscite ancora oggi?» chiese.

«Sì, c'è questo nuovo bar che ha aperto in Brick Lane che vogliamo vedere.»

«Sembra fantastico.»

Quanto invidiava le amiche. Non poteva più camminare per strada senza essere assediata da fotografi o passanti. «Oddio, mi mancate, ragazze.» Avvolse il braccio libero intorno alle ginocchia piegate.

Le mancava fare la scema con le sue coinquiline. Scambiarsi i vestiti con loro, mettersi insieme lo smalto colorato alle unghie mentre spettegolavano sui ragazzi, mangiare corn flakes con la cioccolata, portare il pigiama per tutta la domenica, fare scherzi telefonici o semplicemente vagare senza meta per Londra, ascoltando il rombo delle auto che passavano quando le strade erano bagnate dalla pioggia e brillavano d'argento alla luce del sole al tramonto. Ma non poteva confessarlo alle sue amiche. Né che aveva costantemente la sensazione di fare qualcosa di sbagliato. Di non essere all'altezza. Quante ragazze sognavano di vivere a Buckingham Palace? E lei invece se ne stava alla finestra ad abbandonarsi alla più profonda tristezza.

«Anche tu ci manchi tantissimo» rispose Carolyn. «Torneremo a trovarti molto presto.»

«Sì, sarebbe bello.» Ma la sensazione sorda nel petto le suggeriva che le ragazze non avrebbero messo in atto la loro promessa tanto presto.

All'inizio non vedevano l'ora di farle visita. «Oh, mio Dio, siamo davvero a Buckingham Palace! Potremmo imbatterci nella regina!» Ma si erano rese conto quasi subito che in genere non vi era traccia né della regina né della famiglia reale in generale. Invece, c'era sempre un servitore con un'espressione seriosa sullo sfondo. Naturalmente le sue amiche non avevano osato lasciarsi sfuggire neanche una battuta.

«A proposito, la nostra vicina ti saluta. Sua figlia ha fatto un disegno di te, la sua principessa preferita» riferì Carolyn.

«Porgile i più cari saluti anche da parte mia.»

Diana aveva avuto più contatti con i vicini nel suo vecchio condominio che con i suoi futuri suoceri. D'altro canto che cosa si aspettava? Non si trattava certo di una famiglia normale che la sera, a tavola, caricava affamata i piatti di lasagne, dove tutti parlavano insieme e poi litigavano per il posto migliore davanti alla televisione. Se Carlo sentiva il desiderio di pranzare con la madre, le faceva recapitare un invito da un fattorino, e la regina gli inviava la risposta con la stessa modalità. La stessa procedura veniva applicata anche al resto della famiglia.

«Sono sicura che oggi hai impegni importanti o vuoi rispondere alla posta dei fan» disse Carolyn. «Tanto adesso dobbiamo scappare, i ragazzi ci aspettano.»

Si promisero di risentirsi molto presto e poi Carolyn riattaccò. Diana posò il mento sulle gambe piegate. Si era immaginata tutt'altro per la sua vita a palazzo come fidanzata del futuro re. Ma presto tutto sarebbe andato meglio, cioè quando si sarebbe finalmente sposata con Carlo e sarebbe diventata membro della famiglia reale a pieno titolo. A quel punto si sarebbero trasferiti insieme in un appartamento a Kensington Palace, che

Diana avrebbe trasformato in un nido bello e accogliente per entrambi.

Notò che fuori era stato issato lo stendardo reale con gli stemmi del Galles, dell'Irlanda del Nord e dell'Inghilterra: un segnale che la regina era presente a Buckingham Palace. E come volevasi dimostrare, pochi istanti dopo arrivò una limousine. Elisabetta scese, si tirò su l'elegante abito e marciò con decisione sui tacchi bassi fino alle scale di pietra.

Magari la sua futura suocera avrebbe avuto il tempo per una tazza di tè? Diana riprese la cornetta dalla forcella e compose il numero del suo segretario privato. «Salve, sono Diana. Vorrei parlare con Sua Maestà la regina.»

«Se vuole aspettare qualche istante, la metto in collegamento.»

Un breve clic sulla linea. «La regina non è disponibile al momento. C'è qualcos'altro che posso fare per lei?»

Diana ci rifletté. «La principessa Margaret è per caso a palazzo?»

«Mi informo subito.»

Di nuovo quel clic.

Poi: «Purtroppo no. Vuole lasciarle un messaggio?».

«No, grazie.» Diana riagganciò.

Ci rifletté. Guardò la pioggia picchiettare sui ciottoli. Alla fine compose di nuovo il numero del suo segretario privato. «Vorrei contattare la signora Parker Bowles.»

Camilla arrivò con qualche minuto di ritardo. Diana stava già aspettando a uno dei tavoli nel cortile interno del ristorante francese. Si era seduta apposta nel cortile, perché dentro c'era odore di fumo di sigaretta. L'ambiente era molto raffinato: il meraviglioso modo di suonare del pianista, l'imponente tetto di vetro colorato che ricopriva il cortile, le palme esotiche, le decorazioni murali giocose che ricordavano lo stile liberty, la fontana con una formosa Afrodite al centro. *Certo che sei paffutella*, le parole di Carlo le si ripresentarono subito alla mente.

Giunse le mani in grembo e ascoltò il rilassante sciabordio dell'acqua.

Quando scorse Camilla all'ingresso del ristorante, si alzò dalla sedia. L'altra spense la sigaretta all'entrata e si diresse con decisione verso il tavolo, allargando le braccia come se lei e Diana fossero vecchie amiche. Indossava un tailleur semplice, il cui verde scuro ricordava il colore dell'erica scozzese. Diana, dopo essersi cambiata tre volte, aveva optato per un completo con bolero color crema dal taglio elegante. Ma non era lì per paragonarsi a Camilla. Era lì perché Carlo ci teneva molto a lei e aveva elogiato la sua attitudine ottimista e il suo incomparabile umorismo. Forse Diana avrebbe trovato in lei una buona amica che sarebbe stata al suo fianco.

«Che bello che ce l'abbiamo fatta» la salutò Camilla. Bacetto a sinistra, bacetto a destra. «Scusi il ritardo, ma i miei figli...» Sospirò.

Camilla aveva due bambini, come le aveva riferito Carlo: un maschio di nome Thomas, sette anni, e una femmina, Laura, di tre. Lei ne aveva trentaquattro.

«Comunque, muoio dalla voglia di vedere l'anello di fidanzamento!»

Diana sfoggiò con orgoglio l'anello, al centro del quale vi era incastonato un grande zaffiro circondato da quattordici diamanti in una montatura d'oro bianco di diciotto carati. Al prezzo di quasi ventinovemila sterline, era il gioiello più costoso che avesse, ma quello che le piaceva più di tutti.

Non appena si misero a sedere, il cameriere portò il menu. Diana dovette leggere i nomi di tutti i piatti tre volte per avere un'idea di cosa ci fosse dentro. *Foie gras de canard avec confit de citron. Velouté de homard avec sot-l'y-laisse glacés. Chateaubriand sur mousseline de noisettes et sellerie...*

«Spero che le piaccia L'Escargot» sentì dire Camilla.

«È la prima volta che vengo qui» confessò Diana.

«Be', allora era decisamente ora! Proprio come era decisamente ora che ci conoscessimo meglio. L'ultima volta che ci siamo viste è stato troppo tempo fa. Nella casa nel Wiltshire, giusto?»

«Sì, quando Carlo mi ha fatto vedere la sua tenuta di Highgrove.»

«Oh, mi lasci indovinare, non avrete mancato di ammirare quel cedro di duecento anni da cui è così affascinato.»

«Esatto.» Il modo disinvolto di Camilla fece sì che Diana si sciogliesse un po', e si lasciò sfuggire una risata.

«All'epoca gli avevo consigliato io di comprare Highgrove» continuò Camilla.

«Ah, sì?»

«Sì, l'immensa tenuta è perfetta per gli esperimenti agricoli di Carlo. Lì può coltivare in pace la sua frutta e verdura biologica.»

«Mi ha chiesto di occuparmi di arredare gli interni prima che ci fidanzassimo» rivelò Diana di getto. Perché si sentiva costretta a emergere? «Dice che ho un ottimo gusto.»

Si scambiarono dei sorrisi.

«La sua prima apparizione come fidanzata di Carlo è stata proprio un gran successo» disse Camilla, cambiando argomento. «Praticamente su ogni giornale o rivista c'era il suo bel viso… e l'audace scollatura!»

Il cameriere era già tornato per sapere se le signore avessero scelto. Camilla ordinò il *civet de lièvre*. «Oh, non è ancora pronta?» chiese a Diana.

«Prendo lo stesso» fece lei serrando la mandibola.

«Allora, a quanto pare, abbiamo gli stessi gusti. Le piace la lepre?»

In quell'istante Diana si pentì di non aver prestato maggiore attenzione durante le lezioni di francese o quelle di cucina a cui sua madre l'aveva iscritta. «Sì» rispose, tagliando corto.

«Le lepri sono belle e carine, ma questo non ci impedisce di prenderle di mira, no?» La voce di Camilla era già leggermente rauca per tutto il fumo. «Carlo ha avuto una fase in cui si rifiutava di cacciare.»

«Ah, sì?»

«Gliel'aveva consigliato uno dei suoi guru spirituali.

Una certa Zoe Sallis. A causa sua, è diventato anche un vegetariano per un breve periodo e ha smesso di cacciare. Le avrà senz'altro parlato di lei.»

«No, non ancora.»

«Davvero? È stato il suo caro vecchio amico Van der Post a fargliela conoscere, praticamente tutti i suoi guru li ha incontrati tramite lui. Ha questo lato filosofico, spirituale...»

«È molto più intelligente dei suoi coetanei» disse Diana.

«E gli piace rimuginare. Questo lo deprime molto. Spesso è difficile tirarlo su di morale. Non sopporta quando i media lo ritraggono solo come un eroe d'azione e un dongiovanni. Ma un lato positivo questi guru ce l'hanno...» Prese un astuccio dalla borsetta, l'aprì di scatto e tirò fuori una sigaretta. «Carlo finalmente mi perdona il fatto che fumo. In realtà era contrario, ma poi uno di loro gli ha fatto credere che fumare significa accendere la fiamma, il simbolo dello spirito.» Come a dimostrazione, accese la sigaretta e le fece l'occhiolino. Diana era quasi tentata di dirle che non sopportava il fumo, soprattutto quando mangiava, ma Camilla continuò: «Carlo è suscettibile a certe baggianate. Nel frattempo, però, i guardiacaccia del Gloucestershire gli hanno fatto capire che la tenuta dipendeva dai proventi della caccia, e Carlo si è adeguato. Comunque, a volte ho la sensazione che vada più d'accordo con gli anziani che con i suoi coetanei. Basta guardare le signore che lo aiutano ad abbellire i suoi giardini a Highgrove. Il giardino all'inglese, il roseto...».

«L'orto» interruppe Diana.

Camilla sfoderò un sorrisetto. «C'è Mollie Salisbury, la moglie sessantenne del sesto marchese di Salisbury. Rosemary Verey, sessantadue anni, la vicina. O Miriam Rothschild, settantatré anni, che indossa abiti ondeggianti e foulard abbinati ed è sempre circondata dal suo branco di cani da pastore scozzesi. Carlo ama le donne con esperienza.» Ora il suo sorriso aveva assunto qualcosa di frivolo. «Ha intenzione di andare a caccia a Highgrove?»

«No. Perché me lo chiede?»

Camilla scrollò le spalle. «Volevo solo saperlo.»

«Che comodo che la tenuta del mio fidanzato nel Gloucestershire sia a soli quindici minuti dal Wiltshire dov'è è tornata a vivere lei, vero?» disse Diana. «È stato senz'altro uno dei motivi per cui gli ha consigliato di comprare Highgrove, giusto?»

Camilla si appoggiò allo schienale della sedia, tirò una boccata di sigaretta e si soffiò via dal viso una ciocca della sua frangetta sbarazzina. I capelli le arrivavano all'incirca fino alle spalle, erano castano chiaro striati di biondo. «Sì, è stato uno dei motivi.»

Camilla non passava per una tipica bellezza. Era carina nella media, slanciata e aveva un seno abbondante, ma Diana poteva facilmente tenerle testa. Era piuttosto il suo modo di fare che la rendeva così attraente. Tutto di lei, il modo in cui accavallava con disinvoltura le gambe e si rivolgeva a Diana come se non fossero in un ristorante elegante ma in un cocktail bar, il modo in cui scrollava la sigaretta nel posacenere, il modo in cui scherzava con il cameriere come se fossero vecchi conoscenti... tutto questo emanava sex appeal. Accanto a lei Diana si sentiva come una bambina piccola.

Arrivò la lepre in salmì.

«E come prosegue il viaggio del suo fidanzato?»

«Ancora non l'ho sentito.» Diana prese in mano le posate. Non aveva affatto appetito.

«Oh, probabilmente adesso se ne sta seduto al sole a dipingere paesaggi marini e spiagge.»

«Carlo dipinge?»

«Sì, lo aiuta a non pensare a nulla. Una volta abbiamo dipinto insieme sul fiume Dee...»

«Dunque anche lei dipinge?»

«Sì, prima dipingevo quadri astratti, ma grazie a Carlo ho scoperto la pittura paesaggistica.»

«È sorprendente quanti punti in comune abbia con il mio fidanzato.» Diana si accorse da sola di quanto il suo tono fosse colmo di amarezza.

«Ci conosciamo da molto tempo. Dieci anni circa. Ci ha presentati un'amica in comune, Lucia Santa Cruz. Vivevo nel suo stesso condominio. Un giorno Carlo è venuto a trovarla per un drink e Lucia mi ha chiesto di unirmi a loro. Io e Carlo siamo subito entrati in sintonia. Dopodiché ci siamo incontrati di tanto in tanto, se non altro perché ha l'abitudine di giocare a polo.»

«Come suo marito?» chiese Diana.

Camilla sorrise, ma all'altra non sfuggì come il suo sguardo si fosse leggermente incupito. «Sì, come Andrew.»

Diana riuscì a malapena a mandare giù un boccone e fu sollevata quando alla fine vennero a portare via i piatti. Voleva solo tornare a casa e nascondersi sotto le coperte.

Ma c'era ancora il dessert... *crème brûlée.*

«Sono certa che la richiamerà presto» disse Camilla con falsa cordialità. «Avrà senz'altro parecchio da fare e, oltre a tutti i suoi doveri, sarà andato a trovare vecchie conoscenze. È così quando si è vissuto a lungo in un paese.»

«Carlo ha vissuto in Australia?»

«Sì, è andato a scuola lì per un po'. Oh, mio Dio, tesoro, ma di cosa parla con il suo futuro marito?»

«Pensavo fosse andato a scuola in Scozia. A Gordonstoun.» Diana spaccò con il cucchiaio la crosta di zucchero della crème.

«Sì, anche. A proposito, dai tempi del collegio ha preso questo vizio di fare docce fredde al mattino. Oltre al bagno caldo preparato da un domestico, naturalmente.»

Diana si soffermò. Prese fiato. Poi disse: «Dato che non ho ancora passato la notte con Carlo, non so se fa una doccia fredda la mattina. In effetti non l'ho quasi più visto da quando ci siamo fidanzati, in parte perché va a Highgrove ogni volta che può».

Qualcosa cominciò a ribollire in Diana. Avrebbe dovuto sbattere in faccia a Camilla che il suo tempo con Carlo era finito. Doveva farle capire che d'ora in poi sarebbe stata lei la donna al suo fianco. Ma rimase in silenzio. A scuola era stata addestrata a essere una moglie esemplare. Tutte quelle riviste le avevano insegnato come pettinarsi i capelli e quali vestiti indossare. Suo padre le aveva insegnato a fare sorrisi graziosi davanti alla macchina fotografica. Aveva imparato a non mostrare a nessuno quanto la rendesse triste il fatto che sua madre fosse stata bandita da casa e quanto si sentisse sola. Non aveva imparato a tenere fede ai propri sentimenti, solo a sopprimerli. Così prese una grossa cucchiaiata di *crème brûlée* con cui seppellire quello che provava. Cucchiaio dopo cucchiaio, finché non ne rimase più nulla.

Poi disse il più gentilmente possibile a Camilla: «Può scusarmi?», e si ritirò nei bagni del ristorante, dove vomitò tutto.

L'angoscia, la rabbia, l'amarezza che provava per l'amica di Carlo.

Lo spregevole protocollo reale che la teneva rinchiusa in una gabbia dorata.

E Carlo, a cui non fregava nulla di come stesse lei.

Rigurgitò persino i commenti della sua stilista Elizabeth Emanuel. «Ancora cinquantotto centimetri: la sua vita si è di nuovo assottigliata! Non posso mica stringere ogni volta il vestito. È improponibile! Non farò altre modifiche alle misure fino a poco prima del matrimonio.»

Quando Diana si lavò il viso e se lo asciugò, il suo sguardo cadde sullo specchio. Camilla non aveva voluto quell'incontro per diventare sua amica. Cercava solo un'occasione per scoprire se Diana fosse una rivale.

«Aspetta e vedrai, Camilla» disse. «Tu sei solo una donna del suo passato. Io, invece, sarò la donna che Carlo porterà all'altare. Sarò io quella a cui metterà l'anello al dito.»

13

Finalmente era giunta l'estate. Le aiuole di Buckingham Palace profumavano di tulipani e calendule variopinti. Diana aveva già temuto di non riuscire ad arrivarci, perché la noia che regnava a palazzo l'avrebbe uccisa prima. Aveva addirittura invitato regolarmente la sua insegnante di danza di un tempo, la signora Mitchell, a Buckingham Palace per riempire il suo tempo con qualcosa di significativo. Quanto amava ballare! Com'era bello abbandonarsi alla musica, lasciarsi trasportare dalla melodia!

Ogni tanto faceva una capatina dal signor Colborne, il segretario privato di Carlo. A Diana stava simpatico. Aveva conquistato il suo cuore quando con un sorriso malizioso le aveva detto: «Una volta sposata con il principe di Galles, si trasformerà in una bisbetica. Se vorrà sei ombrelli, avrà sei ombrelli». Preferiva mille volte questa franchezza in parte brusca al freddo fascino di corte.

Al momento il pover'uomo era stato incaricato di smistare la marea di regali di nozze che arrivavano ogni giorno. Magari Diana poteva dargli una mano e passare così un po' di tempo?

Bussò alla porta piano piano. Per non disturbare. Per

non essere di peso a nessuno. «Entri pure» si rallegrò il signor Colborne. «Buon compleanno in ritardo. Il primo luglio è stato il suo gran giorno, no?»

«Oh, è stato ormai un paio di settimane fa» rispose lei.

«Spero che abbia festeggiato per bene.»

«Sì» mentì Diana. Carlo era stato a Newcastle-upon-Tyne per una mostra sull'istruzione scolastica per disabili. Poi era volato a un ballo di beneficenza a Parigi e infine a Cardiff nel Galles per un progetto ambientale. Al momento si trovava a New York.

Il signor Colborne accettò volentieri la sua proposta di aiutarlo a smistare i regali. Dal primo pacco Diana tirò fuori un dipinto a olio assolutamente raccapricciante di un cane da caccia. «Ma cosa frulla in testa alla gente?» disse divertita.

Anche il signor Colborne rideva a fior di labbra, ma non si concesse altro.

«Mi racconti ancora del tempo che ha trascorso insieme a Carlo in marina» gli chiese.

«Non ne ha fin sopra ai capelli delle mie storie?»

«Al contrario! Carlo non mi racconta quasi nulla.» Anche perché si vedevano a malapena. «Invece mi piacerebbe saperne di più sul suo passato.»

«Oh, be'... Come ogni giovane ufficiale, il principe di Galles doveva tenere un diario di bordo. Ma invece di limitarsi a scrivere gli aridi fatti, riempiva le pagine con descrizioni fiorite di eventi, riflessioni o talvolta anche osservazioni pungenti. Era un diarista a dir poco ossessivo.»

«Tipico di lui! È sempre assorto nei suoi pensieri.»

«A essere sincero, non so come sia sopravvissuto alla vita in marina» si azzardò a dire il signor Colborne. «Ha avuto difficoltà ad adeguarsi allo spirito del servizio militare. Ha una personalità così forte.»

Diana annuì. «È vero.» Poi un portagioie non incartato attirò la sua attenzione. «Che cos'è?»

«Oh... ecco...» Il signor Colborne sembrava insolitamente nervoso. «Non...»

Diana prese in mano il cofanetto. «Sì?»

«... non doveva vederlo» fu tutto ciò che il signor Colborne riuscì a proferire.

All'improvviso le tornarono in mente le parole della madre: «*Non commettere lo stesso errore che ho fatto io*».

«Bene. Allora lo guarderò.» Diana aprì il cofanetto. All'interno c'era un braccialetto d'oro con un ciondolo di smalto blu su cui erano incise le iniziali F e G intrecciate fra loro.

Il mondo sembrò vacillare. *Non può essere. No. Ti prego, no!*

«Fred e Gladys» disse Diana sottovoce. Erano i soprannomi che Camilla e Carlo si erano dati a vicenda. Aveva già scoperto questo loro giochetto quando Carlo aveva mandato dei fiori all'amica malata. Avevano preso i nomi dal programma radiofonico *The Goon Show*, il preferito di Carlo, come le aveva spiegato con riluttanza.

«Quando glielo darà?» chiese.

Trattenne il respiro quando il segretario rispose: «Stasera, per quanto ne so», e quando riprese a respirare, la vista le si era offuscata.

Lasciò scattare il portagioie, che si chiuse. E rieccola, quella presa gelida che le stringeva il cuore. Quella sensazione che prima o poi sarebbe andato tutto in frantumi.

«Si sente bene?» chiese il signor Colborne preoccupato. «È diventata molto pallida.»

Cercò di fare chiarezza sui propri sentimenti. Provava apatia? Paura? Rabbia?

No. Vergogna. Si vergognava. Perché si vergognava? Del resto, non aveva fatto nulla.

«Tutto bene» rispose lei in modo meccanico. «Grazie mille, signor Colborne.»

Costrinse l'adrenalina a portarla fuori dalla stanza, all'aria aperta. Prese a correre, senza meta. Era letteralmente travolta dai propri sentimenti. Era come se dei tuoni rombassero in maniera nitida sotto la sua pelle. Un rombo fragoroso di rabbia ardente, disperazione amara, paura lancinante e dolore bruciante.

Quello che stava succedendo dentro di lei in quel momento la spaventava tantissimo. Qualcosa di così forte da distruggere la vita da favola che si stava costruendo. Aveva addirittura il potere di scardinare tutto il suo mondo.

Ma cosa fare?

Tenere il suo io più profondo sotto chiave, come aveva imparato a fare?

O dare libero sfogo al rombo del tuono e scatenare un temporale?

Il giorno dopo, la famiglia reale, a parte i principi Andrea ed Edoardo, si era riunita per una prova sotto le possenti volte della cattedrale di St. Paul.

«Carlo ha fatto del suo meglio per rendere questo matrimonio memorabile» si entusiasmò la regina madre, seduta sulla prima panca della chiesa. Nel suo completo color pesca, aveva l'aria felice come una Pasqua e anche Diana avrebbe in realtà dovuto sentirsi così. Dopotutto, presto avrebbe sposato l'amore della sua vita.

Alla sua destra, la principessa Anna sembrava di malumore, le gambe incrociate e le braccia conserte. Diana aveva saputo solo en passant del suo ennesimo litigio con il marito. Alla sua sinistra, la principessa Margaret dava l'impressione di non vedere l'ora di versarsi un bicchiere di whisky e accendersi una sigaretta nelle sue stanze private. Persino la nonna di Diana, Lady Fermoy, la dama di compagnia della regina madre, era presente, ma non faceva una piega e parlava solo quando le rivolgevano esplicitamente la parola.

«Ha scelto quasi tutta la musica» esultò la regina madre. «Una soprano neozelandese canterà un'aria, e ha anche invitato tre orchestre che sono sotto il suo patrocinio. Sarà per tutti una grande esperienza musicale ed emotiva.»

«Non vediamo l'ora» replicò il principe Filippo in tono secco.

Lui e la regina madre non avevano un rapporto molto intimo. In realtà questo non avrebbe dovuto riguardare Diana, ma le dava comunque fastidio. A casa c'era sempre stata tensione. Perché non si poteva andare d'amore e d'accordo almeno nella famiglia reale?

Diana non proferì parola. Se ne stava, come una sfinge, nel suo bell'abito accollato con le maniche lunghe sul posto designato per lei presso l'altare, in attesa. Dentro di sé era in subbuglio. Tutto il suo corpo era teso.

«Si può sapere dov'è finito Carlo?» chiese Elisabetta. «Non tollero i ritardatari.»

Diana stessa ci rimase di stucco quando di punto in bianco si ritrovò a dire: «Immagino sia ancora nel Gloucestershire».

Lo sapevano.

Sapevano che Carlo non riusciva ancora a lasciare andare Camilla, le loro reazioni ne erano una dimostrazione. La principessa Margaret aveva gli occhi sgranati. La principessa Anna sollevò l'angolo della bocca in un sorriso affettato che probabilmente significava: «Io ve l'avevo detto... Vedo guai in vista». Il principe Filippo si raddrizzò in tutta la sua altezza e le labbra della futura suocera formarono un «Oh» silenzioso.

Il rombo del tuono si fece più forte. Diana fissò Elisabetta, la quale trasalì appena. Probabilmente perché nei suoi occhi si vedevano dei lampi.

«A tal proposito, vorrei parlare con lei» disse. «In privato.»

«Adesso? Dovremmo prepararci per le prove» rispose Elisabetta con costernazione.

Diana si sforzò di parlare con voce ferma. «Ma è importante. Questo matrimonio...»

«Diana, non hai sentito?» la interruppe la nonna. Poi sibilò un po' più piano: «Devi imparare a frenarti».

Ricomponiti. Affinché gli altri non abbiano da ridire su di te e tu non li metta in imbarazzo.

Diana serrò le mani a pugno. Era come se qualcosa dentro di lei si stesse scatenando. E se fosse semplicemente venuta fuori la verità? Avrebbe potuto sperare di essere compresa e che gli altri le mostrassero un po' di empatia?

Le si strinse la gola. Se avesse pronunciato una sola parola, le lacrime avrebbero iniziato a sgorgare. Ecco perché girò i tacchi e se ne andò.

«Che le è preso?» le arrivò la voce di Elisabetta.

Non lontano c'era un'ala della cattedrale separata da un cancello in ferro battuto con decorazioni dorate. Vi si rifugiò. Le tremavano le mani. Doveva respirare profondamente. Sarebbe andato tutto bene. Del resto, stava vivendo il sogno di milioni di giovani donne. La sua famiglia era finalmente fiera di lei.

«Presto si calmerà. È solo l'emozione prima del matrimonio» commentò la regina madre.

Ricomponiti!

Che ci vorrà mai!

Ricomponiti e basta!

Come se fosse così facile quando qualcosa bolle e ribolle dentro di te. Ma come poteva riuscirci? Ricomporre quel che era già irrimediabilmente a pezzi?

La regina madre già non si preoccupava più per lo stato di salute di Diana. «Comunque, questo lieto evento è proprio ciò di cui il paese ha bisogno» dichiarò allegra. «È come quando è stato annunciato il vostro fidanzamento. Churchill aveva ragione quando disse che il vostro matrimonio avrebbe aggiunto un tocco di colore alla tetra Londra del dopoguerra. Il matrimonio di Carlo e Diana avrà lo stesso effetto.»

«Interessante come paragoni le politiche di Margaret Thatcher con il dopoguerra.» Il principe Filippo non seppe trattenersi.

Come sempre, la regina si sforzò di essere neutrale. «L'intenzione di mia madre non era certo quella di fare un paragone del genere. Ma sono d'accordo con lei su una questione: le persone desiderano qualcosa che le renda più allegre. Lo splendore del matrimonio imminente arriva giusto in tempo. E la stampa è entusiasta di Diana.»

«Perché è un'adorabile bambolina» commentò la principessa Anna in tono tagliente.

«L'invidia non è una virtù, Anna» la ammonì la regina.

«E allora? Mi dà comunque fastidio che basti uno sguardo dei suoi timidi occhioni da cerbiatta perché la stampa impazzisca, mentre io non ho mai ricevuto una tale attenzione per il mio impegno con il Save the Children Fund.»

«Non te la prendere, Anna» la consolò il padre. «Questo paese è afflitto dalla disoccupazione e dall'inflazione. Il popolo non vuole soffrire ancora di più leggendo dei bambini che muoiono di fame in Africa. Vuole una ragazza giovane e carina.»

Lady Hussey aveva spiegato a Diana l'attuale situazione politica della Gran Bretagna in una delle sue lezioni di preparazione a diventare principessa. Nel maggio 1979 Margaret Thatcher era stata eletta primo ministro del Regno Unito: la prima donna a ricoprire questa carica. Aveva messo in moto un programma di ripresa economica che comprendeva tagli alla spesa pubblica e l'indebolimento dei sindacati; inoltre, aveva aperto le porte a un'economia di libero mercato.

«Da parte mia, provo rispetto per lo spirito combattivo della signora Thatcher» disse la regina. «Sa come imporsi su tutti gli uomini del gabinetto.»

«In effetti, voi due avete molto in comune. A parte l'età, tutte e due gestite una nazione. Due donne al vertice del potere. Chissà se è un buon segno?» la punzecchiò Filippo. «Per inciso, è stata lei stessa a nominare tutti questi uomini nel gabinetto. Non sembra avere un'alta opinione del proprio sesso. Speriamo che il suo piano vada a buon fine. Per adesso la situazione rimane pesante.»

«Non si rivoluziona un paese da un giorno all'altro. Il cambiamento non può essere forzato.»

«A proposito di forzato» intervenne la principessa Margaret.

Diana vide attraverso le sbarre della grata come la regina si strofinava la fronte, esausta. «Adesso non ricominciare.»

«Abbiamo davvero intenzione di ripetere lo stesso errore più e più volte?» chiese Margaret. «Dobbiamo far soffrire altri due giovani?»

«Sei troppo drammatica, Margo.»

«Ma Carlo ha ancora l'altra in testa.»

Non c'era dubbio che si stesse riferendo a Camilla. Eccola di nuovo, quella sensazione come se fosse in bilico su un abisso. Forse era giunto il momento in cui finalmente qualcuno prendesse le sue difese, o almeno mostrasse un po' di comprensione per lei!

«O sei convinta che lui se ne stia per i campi di Highgrove con pala e vanga a occuparsi del roseto?» insistette Margaret. «È con lei. Diana lo sa. Perché pensi che voglia parlarti?»

«Sei di parte a causa della tua storia. Vedi qualcosa che non c'è» disse Filippo, mettendosi di scatto al fianco della moglie.

All'improvviso Diana si sentì sfinita. Sprofondò sulla panca di legno.

Jane, che era abbastanza ben informata sugli scandali di famiglia grazie alla posizione del marito a corte, le aveva raccontato della vita drammatica di Margaret durante il tè. A quanto pareva, la sorella minore della regina aveva avuto una relazione con Peter Townsend, un colonnello di sedici anni più grande di lei e sposato, che aveva lavorato come scudiero del re. Dopo il divorzio di Townsend, Margaret, allora ventitreenne, aveva combattuto invano per poter sposare l'amore della sua vita, ma questo desiderio le fu negato. E da sua sorella, la regina. Margaret non aveva avuto scelta. Aveva detto ufficialmente addio a Townsend in una lettera che lesse in lacrime alla radio nel 1955. Cinque anni più tardi sposò un civile, il fotografo delle star Antony Armstrong-Jones, al quale prima di convolare a nozze con Margaret fu dato il titolo nobiliare di Lord Snowdon. Questi introdusse Margaret nella scena artistica londinese. Anche dopo la nascita dei due figli, la coppia continuò a godersi la vita da jet set. Ma il loro matrimonio cominciò presto ad andare a rotoli. Tutti e due intrattennero delle tresche. All'età di quarantatré anni, Margaret si innamorò di Roddy Llewellyn, un giornalista di diciassette anni più giovane di lei. Il suo matrimonio con Lord Snowdon si sciolse nel 1978, ma l'amore di Margaret per Roddy non poté fiorire. Tre anni dopo l'uomo si sposò con un'altra.

Per Diana la storia di Margaret era solo un'ulteriore riprova del fatto che la vita poteva essere triste e ingiusta.

«Non potete accendere e spegnere i sentimenti a vostro piacimento» disse Margaret. «Quando vi entrerà in testa?»

«Come se i sentimenti romantici fossero una garanzia per il matrimonio» intervenne la principessa Anna.

«Ma sono almeno un punto di partenza auspicabile.» Margaret tossì.

«Ti sei fatta finalmente visitare?» Elisabetta sembrava preoccupata.

«Ancora no» borbottò la principessa.

«Margo!»

«Ora esco a fumarmi una sigaretta finché non inizia questo teatrino.»

Proprio quando si era alzata dalla panca, la porta della

cattedrale si aprì e la sagoma di Carlo si stagliò in controluce. A passo veloce arrivò lungo la navata. Il tacco delle sue scarpe colpiva il pavimento di piastrelle bianche e nere. Mentre camminava, controllò che i gemelli della camicia fossero ancora al loro posto. Era una sua abitudine, come aveva notato Diana. Carlo salutò la madre e la regina madre, poi il resto della famiglia, e alla fine chiese: «Dov'è Diana?».

«Se n'è andata senza dire una parola. Forse è fuori» rispose Elisabetta. «È una donna indecifrabile. Parla a malapena.»

«E ha sempre un'espressione cupa» aggiunse la principessa Anna.

«Vado a cercarla» disse Carlo.

Diana pensava che le sarebbe passato accanto, ma poi d'un tratto si fermò e gettò uno sguardo nell'ala laterale. «Lo sapevo. Ti allontani solo quel che basta per poter accorgerti ancora di tutto, vero? Come quando ci siamo visti la prima volta. A casa tua ad Althorp, mentre origliavi in galleria.» Le rivolse un sorriso dolce. «Ti hanno messa alle strette in mia assenza?»

Non riusciva nemmeno a sollevare gli occhi per guardarlo. «È stata la tua stessa assenza a mettermi alle strette. Sei stato di nuovo a Highgrove.»

Carlo esitò. Poi disse: «Lo sai quanto c'è ancora da fare lì. Il roseto e...».

«Hai visto Camilla.»

«Sì, è vero. Volevo il consiglio di una buona amica, perché sono preoccupato per te. Hai perso molto peso.»

La rabbia le ribollì dentro e la fece alzare dalla panca. «Smettila di trattarmi da stupida, Carlo!» sbottò. «Ho trovato il braccialetto che hai fatto realizzare per Camilla.»

Lui si guardò le punte delle scarpe di vernice. «È solo un pensierino.»

«Che assurdità! Regali alla tua ex amante un braccialetto con le vostre iniziali sopra. Come credi che la prenda?»

«Ultimamente Camilla ne ha passate tante. Volevo solo renderla felice.»

Se avesse continuato a rifiutarsi di essere sincero, allora glielo avrebbe chiesto direttamente. «La ami ancora?»

«È stata una delle mie amiche più intime» tergiversò «ma la nostra intimità è finita.»

«Non è una risposta chiara. Perché non hai portato con te la tua guardia del corpo a Highgrove? Perché volevi incontrarla indisturbato, ecco come stanno le cose!»

«Sì, volevo parlare con Camilla da solo» rispose Carlo con insistenza. «Ma le ho detto che è finita. Per sempre. E poi sono andato a Highgrove anche per prendere questo.» Carlo tirò fuori un astuccio dalla giacca. All'interno c'era un anello con sigillo. Sullo stemma raffigurato sopra c'erano tre piume circondate da una corona. «È il mio stemma, quello del principe di Galles. E tu sarai la principessa di Galles.»

Diana guardò l'anello. *Non fare marcia indietro*, si

ammonì, ma poi vide lo sguardo di Carlo, così caldo, supplichevole e profondo. La sua resistenza finì per sgretolarsi.

«Tredici volte, Carlo» disse. «Ti ho visto solo tredici volte da quando ci siamo fidanzati a febbraio. E spesso non eravamo nemmeno soli, ma erano presenti il tuo segretario privato, i membri del consiglio di amministrazione di non so quale organismo, servitori o la tua famiglia. Ti rendi conto di quanto siano state difficili le ultime settimane per me?»

«Mi dispiace» disse sottovoce. «Tendo a condurre un'esistenza un po' idiota. Mi occupo di troppe cose diverse e corro sempre in giro. Devo escogitare qualcosa per poter avere una vera vita famigliare. Con te.»

«Non fare promesse che alla fine non puoi mantenere.»

«Tutto questo è una novità anche per me. Ho cercato di accontentare tutti, e così ti ho trascurata. Mi dispiace, tesoro mio.»

Le prese la mano e le mise l'anello con il sigillo all'anulare destro.

Era molto più facile cedere che resistere.

«Devi sempre essere sincero con me» lo supplicò. «Ti prego.»

Una sensazione di calore e sicurezza la attraversò quando le prese le mani. «Lo sono. E sono anche fiero di te. Quando domani attraverserai la navata, io ti aspetterò all'altare» disse. «Provo talmente tanto per te. Ho bisogno di te.»

Quando tornarono insieme alle prove, Diana percepì che tutti la stavano osservando attentamente. Teneva gli occhi abbassati a terra per non dover guardare Gesù crocifisso. I riflettori delle telecamere installate l'abbagliavano.

Aveva ceduto troppo in fretta? Si sentiva leggera, come se le braccia le volassero via dopo aver trasportato qualcosa di molto pesante per un lungo tratto e averlo finalmente posato.

L'arcivescovo di Canterbury si schiarì la gola, distogliendola dai suoi pensieri. A quanto pareva era il suo turno.

«Io, Diana, prendo te, Carlo, come mio sposo, da ora fino alla fine dei nostri giorni» recitava il testo. «Prometto di amarti e onorarti, nel bene e nel male, in ricchezza e in povertà, in salute e in malattia, finché morte non ci separi.»

Per qualche istante regnò il silenzio.

Poi l'arcivescovo capì che Diana aveva concluso il suo voto nuziale. Lanciò alla regina uno sguardo interrogativo.

«Non manca qualcosa?» chiese Elisabetta.

«L'obbedienza, Sua Altezza Reale. La sposa non ha promesso obbedienza allo sposo» rispose l'arcivescovo esitante.

«Questo punto non mi sembra più al passo coi tempi» dichiarò Diana con tutta la sicurezza che riuscì a racimolare in quel momento, e poi si voltò. «Ecco perché vorrei saltarlo.»

Cosa avrebbe dato per avere la madre lì con lei ad assistere a tutti quegli sguardi scioccati! Per poco Diana non scoppiò a ridere.

Ma non era una barzelletta. Era la sua vita futura.

14

«Non posso» disse Diana con voce tremante. «Non posso sposare Carlo.»

Rannicchiata per terra nella sua camera, tra il letto e l'armadio, teneva il telefono all'orecchio.

All'altro capo della linea telefonica, Sarah tirò un sospiro profondo. «Be', ormai è troppo tardi, duchessa» replicò in tono secco. «La tua faccia è già stampata su tutti i souvenir.»

Le parole di Sarah furono come un pugno nello stomaco. Cos'altro aveva sperato Diana? Che la sorella dicesse qualcosa come: "Allora molla tutto! Qualunque cosa accada, ci sono io con te!"? Avrebbe dovuto immaginarselo che Sarah fosse ancora risentita. La sorellina era riuscita dove lei aveva fatto un buco nell'acqua: conquistare l'erede al trono. A prescindere, Sarah aveva ragione... Un'intera nazione aspettava con ansia il matrimonio.

La notte prima delle nozze, Diana fu portata a Clarence House. A dire il vero, il tutto si era svolto proprio come il giorno prima dell'annuncio ufficiale del loro fidanzamento. Solo che quella sera erano previsti fuochi d'artificio sopra Hyde Park per dare inizio all'indomani in grande stile.

Il cuore le martellava in petto. Lo sentiva addirittura nelle orecchie.

Controllati, cuore mio.

Prese le cuffie del suo walkman e ascoltò la cassetta che Carolyn le aveva portato durante la sua ultima visita. Partì *Empty Heart* dei Rolling Stones. Chiuse gli occhi, mosse i fianchi, poi le braccia, seguendo le note disinvolte della chitarra. Ma in lei ancora infuriava un'inquietudine. Se avesse continuato così, non avrebbe chiuso occhio. Così uscì dalla stanza lanciandosi in una danza, come faceva spesso ad Althorp. E persino se qualcuno l'avesse vista, non le sarebbe importato un bel niente!

«*An empty heart is like an empty life*» cantava Mick Jagger.

Al pianoterra c'era la sala della musica. L'aveva scoperta in una delle sue prime visite e se n'era innamorata. Era una stanza dal soffitto alto con colonne di pietra di marmo chiaro ai lati e diversi sontuosi lampadari. Diana spense il walkman e accese il giradischi. Risuonò *Sogno di una notte di mezza estate*. Non proprio di suo gusto, ma Carlo adorava Shakespeare. Inoltre per il balletto serviva la musica classica.

Come aveva imparato, Diana iniziò con un *port de bras*. «*Préparation*» sentì nella sua testa le istruzioni della sua insegnante di danza, la signora Mitchell. «*Demi-plié*... Solleva leggermente le braccia come una piuma, molto bello. Mantieni sempre la tensione nel corpo. Poi *relevé*, un po' di equilibrio in punta di piedi. Diana, concentrati!»

Chiuse gli occhi, fece un respiro profondo e poi ricominciò.

Ferma! Ma che stava facendo?

Era già arrivata al punto di fare quello che gli altri le chiedevano, anche quando era sola? Prima che se ne rendesse conto, staccò il disco e mise la cassetta di Carolyn nel registratore accanto. Le prime note di *Heart of Glass* dei Blondie l'inondarono subito di energia. Già le veniva più facile respirare. Non voleva seguire le istruzioni, voleva solo lasciarsi andare, abbandonarsi alle sensazioni che provava. Il vestito largo le danzava intorno alle caviglie. Si stava scaldando. Si tolse il foulard dal collo e lo gettò a terra con noncuranza.

Basta!

Basta pensare ai *plié* e *relevé*!

Basta con quelle stupide regole del protocollo che proibiva ai servitori di camminare in mezzo al tappeto rosso a pelo lungo, un privilegio concesso solo ai membri della famiglia reale o agli ospiti.

Basta col fatto che teiera, lattiera, toast e sale dovevano stare sempre allo stesso posto sul vassoio. Ogni cosa doveva essere perfetta, le eccezioni vietate!

Basta che tutti fossero addestrati a non sentire e a non vedere nulla. Che i domestici non avessero mai una parola di conforto per lei, anche se avevano notato benissimo quanto spesso piangesse.

Basta col palazzo, che era così enorme eppure sembrava una gabbia.

Basta con gli sguardi scioccati e preoccupati della famiglia reale quando Diana aveva insistito per cambiare il voto nuziale.

Basta! Bastabastabastabastabasta!

Era come se qualcosa dentro di lei si stesse liberando. Era in preda alla frenesia finché a un certo punto non si accasciò sul pavimento, sfinita.

Voleva Carlo. Quando pensava solo a lui, era piena di amore, struggimento e felicità.

Avrebbe fatto di tutto per essere una buona moglie.

Ma avrebbe obbedito soltanto al suo cuore, giurò a se stessa.

In quel momento, i fuochi d'artificio esplosero nel cielo sopra Hyde Park.

E poi giunse il giorno più bello della sua vita.

Diana era incapace di fare altro se non lasciarsi trasportare inerte dagli eventi. Come se non fosse lei a vivere quel giorno. Come se fosse in qualche modo staccata, da se stessa, dal suo corpo. Quel che sarebbe successo era inconcepibile. Il suo sogno stava per esaudirsi. La sua favola personale stava per avverarsi.

Era previsto che si alzasse alle prime luci dell'alba. Ma non era un problema, tanto era rimasta sveglia tutta la notte. Un paggio l'accompagnò nel camerino, dove la spinsero su una sedia e lentamente la trasformarono in una principessa delle fiabe. Un parrucchiere, un truccatore ed Elizabeth Emanuel, la stilista dell'abito da sposa, fecero in modo che fosse radiosa. Nello specchio con cornice dorata vide il volto di una donna giovane e bella. Era davvero lei?

Le fu permesso di alzarsi, l'avrebbero vestita, le dissero. Come una bambola, sollevò le braccia e quasi non si accorse di come la tiravano.

Non riusciva nemmeno a capire quel che sentiva. Se fosse felice, emozionata o intimidita da tutto quello splendore. Sapeva solo che tremava. Aveva la sensazione di essere inghiottita dall'abito eburneo da favola e dallo strascico lungo quasi otto metri. Innumerevoli paillettes di madreperla scintillavano sul suo velo ricamato a mano e sulla testa portava un diadema della famiglia Spencer tempestato di diamanti.

Ora l'avrebbero scortata alla carrozza.

Contò i passi, il che l'aiutò a rimanere calma. A un certo punto, dopo centoventi, perse il filo.

Il padre l'aspettava davanti alla carrozza. Nel vederlo tornò un po' coi piedi per terra. «Sei meravigliosa. Io...» Gli si incrinò la voce. Le lacrime gli brillavano negli occhi.

«Grazie, papà.» Lo abbracciò. Poi arrivò il momento di salire a bordo.

I sarti si erano accorti troppo tardi di non aver tenuto conto delle dimensioni della carrozza nel disegnare il voluminoso abito. Era quasi impossibile far entrare tutta quella stoffa nel veicolo reale. Per quanto Diana fosse stata cauta, il taffetà e il pizzo si stropicciarono durante il breve tragitto verso la cattedrale.

Attraversarono il Mall, il viale lussuoso di Londra. Lì da giorni la gente entusiasta cantava ed esultava, ma la folla era più grande di quanto lei avesse mai visto. Era difficile da comprendere... Così tanti che si rallegravano con lei, anche se non la conoscevano affatto.

In mezzo a enormi e moderni complessi di uffici, troneggiava la maestosa cattedrale, un capolavoro gotico che persino Diana, non proprio un'amante dell'architettura, trovò impressionante. E lì avrebbe camminato fino all'altare. Nel giro di pochi istanti.

Il cuore le palpitava.

La carrozza si fermò.

Sorrisi.

La portiera venne aperta. In qualche modo riuscì a scendere. A salutare.

E d'un tratto aveva già salito le scale ed era immersa nella penombra della cattedrale. Per fortuna, suo padre era accanto a lei e la condusse per la lunga navata fino all'altare. O forse era Diana a guidarlo. Si appoggiava pesantemente a lei. Due anni prima, a settembre, aveva avuto un'emorragia cerebrale e aveva ancora qualche difficoltà. Ma non era il momento di ripensare a quando era stato in coma per settimane e la matrigna Raine le aveva proibito di fargli visita. Si era sentita terribilmente sola. Ma da quel giorno in poi non avrebbe più provato quel sentimento. Da quel giorno in poi avrebbe avuto Carlo al suo fianco.

Vide Carolyn, Virginia e Anne. Tutte e tre si asciugavano gli occhi con i fazzoletti.

Vide sua madre che in qualche modo sembrava felice e infelice allo stesso tempo.

Accanto le sue graziose sorelle e il fratellino Charles, che a Diana mancava tantissimo.

L'odiata matrigna Raine, che sembrava essere caduta in un barattolo di vernice con quell'abito colorato a fiori, lo strato di fard fin troppo pesante e le labbra rosse.

Solo quando scorse Camilla tra gli ospiti, Diana si rese conto che l'aveva cercata con lo sguardo per tutto il tempo. Era vestita con un completo grigio chiaro e aveva il viso nascosto dal velo del suo cappellino.

Trionfante, Diana allungò il mento. *Sarò io la donna al fianco di Carlo. Darò alla luce i suoi figli, i futuri eredi al trono, e a poco a poco lui ti dimenticherà.*

Poi lo guardò. Con la sua presenza riempiva tutto lo spazio, l'intera cattedrale, l'intero universo. Era meraviglioso nell'alta uniforme blu da comandante della marina. Dimenticò tutta la sofferenza delle ultime settimane e degli ultimi mesi. Il cuore le traboccava di amore e ammirazione.

Ma sembrava anche lui esausto e smarrito mentre la aspettava da solo davanti all'altare. Aveva addirittura gli occhi leggermente arrossati, come se avesse pianto nella notte. Perché? Aveva paura come lei? Quanto avrebbe voluto correre da lui per abbracciarlo e consolarlo. Lei gli sorrise incoraggiante, ma lui non riusciva a vederla; il velo le copriva il viso.

Finalmente si trovò di fronte a lui. Carlo le sollevò il velo. Lei percepì il suo odore unico che sarebbe diventato la sua casa: dopobarba virile mescolato a pelle calda e ben curata, un accenno di brillantina tra i capelli e qualcosa che sapeva di libri seri, di esperienza, del mondo intero.

Insieme ci lasceremo alle spalle la solitudine, tentò di trasmettergli con lo sguardo. *Ci salveremo a vicenda.*

E in un battibaleno il viso di Carlo si illuminò.

In quel momento, Diana era certa di essere la ragazza più felice del mondo. Stava davvero vivendo una favola.

E non avrebbe mai permesso che qualcuno gliela rovinasse.

15

Lo yacht *Britannia* galleggiava dolcemente sul Mediterraneo. In lungo e in largo, nient'altro che acqua sfavillante. Cipro si ergeva in lontananza come un miraggio. Cosa non avrebbe dato per sbarcare, sedersi in un bel caffè, passeggiare in una via a fare shopping o scattare foto con Carlo davanti a qualche monumento! Ma non solo la stampa si sarebbe allora avventata su di loro. Quando erano arrivati al molo egiziano di Porto Said, avevano ricevuto una grande accoglienza. Quella stessa sera, il presidente del paese e sua moglie avevano cenato con loro a bordo. Diana era riuscita a malapena a tenere gli occhi aperti tanto erano state soporifere le conversazioni. Politica, politica, sempre e solo politica! Non aveva proferito quasi una parola.

Seduta alla toeletta in una vaporosa vestaglia bianca, si mise un delicato profumo al collo e ai polsi. Era pallida. Aveva vomitato la colazione. Alcuni giorni si infilava il dito in gola fino a quattro volte. Dopo si sentiva ogni volta svuotata, ma in modo piacevole, come se fosse completamente stremata a forza di ballare. Carlo non notava nulla di tutto ciò, perché passava la maggior parte del tempo a leggere i suoi libri seriosi. Già il secondo giorno della loro luna di miele, si era fatto spedire i romanzi del suo buon amico Laurens van der Post, un filosofo sudafricano. Ben sette volumi. Ogni giorno a pranzo leggeva dei passaggi di una lunghezza insopportabile, e poi lei doveva analizzarli insieme a lui. Per lo più Carlo finiva per analizzarli da solo, perché lei purtroppo si distraeva con facilità e lo stava a sentire a malapena. I gabbiani nel cielo, la tenda da sole che sventolava, le sue unghie... tutto ciò era di gran lunga molto più interessante! Pian piano Diana cominciò a odiare van der Post. Era la loro luna di miele, non una lezione all'università! Quando Carlo si sedeva davanti a lei e parlava delle disastrose conseguenze a lungo termine della biotecnologia o del crescente impatto dell'Islam sul mondo occidentale, a volte riusciva a stento a trattenersi dallo strappargli il suo stupido libro di mano e scaraventarlo in mare. Quell'impulso la spaventò a tal punto che afferrò la forchetta e si rimpinzò della *crêpe Suzette* con la crema all'arancia, o qualunque altra cosa lo chef John avesse ideato. Come poteva pensare una cosa del genere? Il suo matrimonio sarebbe finito come quello dei suoi genitori?

Inoltre, lei amava Carlo proprio perché era così colto. Ai suoi occhi era qualcosa come l'ultimo vero gentiluomo vivente. E comprendeva che fosse solo. Dentro di lui si nascondeva ancora il ragazzino che veniva salutato dalla madre con una stretta di mano dopo mesi di separazione, quando invece avrebbe desiderato solo un abbraccio sincero. Lo vedeva nello sguardo dolce e malinconico dei suoi occhi. Un ragazzo che aveva dovuto portare i polsini e quella scriminatura laterale sempre perfetta da quando aveva memoria, mentre il resto dei giovani vivevano come figli dei fiori. Insieme avrebbero sconfitto la solitudine. Lei gli avrebbe semplicemente dato tutto il suo amore.

Mentre si spazzolava i capelli, sprofondò nel ricordo della sua prima notte insieme a Carlo. Davanti a sé vedeva ancora lo stretto letto a baldacchino. Era lo stesso letto in cui la regina e il principe Filippo avevano trascorso la loro notte di nozze trentaquattro anni prima. Lei e Carlo erano rimasti per tre giorni nella residenza di campagna dei Mountbatten a Broadlands, isolati dal mondo, prima di imbarcarsi sul *Britannia*.

Quante volte Diana aveva immaginato la sua prima volta con le amiche! Avrebbe fatto male? Sarebbe stato romantico come nei libri di Barbara Cartland? *La sollevò, la posò sul letto e la fissò con desiderio negli occhi. «Stanotte farò di voi mia moglie» sussurrò prima di scoprirla lentamente.*

Alla fine, era stato alquanto scialbo. Carlo si era mosso un paio di volte sopra di lei, e poi tutto era finito abbastanza in fretta. Altro che passione ardente, sussurri d'amore o tenere carezze. La mattina dopo si era alzato dal letto alle prime luci dell'alba e aveva annunciato che sarebbe andato a pescare trote.

Forse Diana avrebbe dovuto sforzarsi di più? Essere più carina, più seducente. Si mise un rossetto un po' più discreto. Sciolse il fiocco di raso rosa alla scollatura del suo négligé e lasciò cadere i nastri. «Puoi farcela» si disse con coraggio.

Si alzò dalla sedia e uscì in veranda, dove Carlo stava facendo una delle sue cose preferite: scrivere un diario.

«Carlo, vieni da me e adempi ai tuoi doveri coniugali» disse nel tono più seducente possibile. Lasciò vagare le mani sulle sue spalle e sotto il colletto della sua camicia bianca, sbottonata un po' più del solito a causa del caldo.

«Subito» mormorò Carlo, assorto nei suoi pensieri.

Gli accarezzò il petto peloso. «Non puoi farlo più tardi?»

«Diana» sospirò Carlo, come se stesse parlando con una bambina.

«Ma mi avevi promesso che avremmo passato un po' di tempo insieme durante la luna di miele» replicò imbronciata. «Soli io e te, mi avevi detto. E ora siamo costantemente circondati da ospiti, ufficiali della marina, duecento membri dell'equipaggio, valletti, segretari privati, la mia guardarobiera e Stephen.»

Stephen Barry era il maggiordomo personale di Carlo e una spina nel fianco per Diana. Durante il loro fidanzamento, una volta non le aveva permesso di entrare nelle stanze private di Carlo a Buckingham Palace. «Sua Altezza Reale dice che nessuno può entrare. Gli ordini sono ordini» aveva risposto con freddezza, alimentando la diffidenza di Diana.

«Un panfilo come il *Britannia* ha bisogno di un equipaggio adeguato. O immaginavi che durante il giorno sarei stato al timone, mentre tu ci preparavi gli spaghetti in cucina?»

«E perché no? Non mi dispiace per niente come idea.»

Finalmente Carlo posò la penna. «Oh, Diana, ti prego! Non essere ridicola. Come se tu sapessi cucinare gli spaghetti. Tu stessa hai detto che nei corsi di cucina preferivi spizzicare dalle pentole degli altri piuttosto che mescolare zuppe.»

«Voglio solo mio marito tutto per me. Dopo la crociera, andremo direttamente a Balmoral.»

«È la tradizione. Ci andiamo ogni anno a fine estate.»

«Ma non si può rompere questa tradizione?»

«Diana, le tradizioni non si rompono. Altrimenti non sarebbero più tradizioni.»

La aspettavano sei lunghe settimane con tutta la famiglia: i suoceri, la regina madre, la principessa Margaret e i due figli, la principessa Anna, i principi Andrea ed Edoardo, oltre a innumerevoli amici e conoscenti o a qualche persona importante. Per quanto avesse sempre voluto passare del tempo con i suoi cari, così era esagerato. «Non avremo nemmeno un minuto per noi due.»

«Certo che lo avremo. Altrimenti ci ritaglieremo del tempo quando ci trasferiremo nel nostro appartamento a Kensington Palace. Lì saremo praticamente da soli.»

«Ma poi avrai mille impegni.»

Carlo aveva ricominciato a scrivere. Almeno la stava ascoltando? In un impeto di esuberanza, gli agguantò il diario e lo sollevò in aria.

«Si può sapere che fai?» la rimproverò.

D'un tratto Diana sentì un sapore amaro in bocca. Dalle pagine era caduta qualche foto. Si chinò per raccogliere gli scatti. «Tieni foto di Camilla nel tuo diario?»

«Non significa nulla» replicò Carlo in tono ammonitorio. *Non ricominciare*, intendeva in realtà.

«Come non significavano nulla i gemelli che hai indossato solo qualche giorno fa?» ribatté Diana adirata. Il sangue le ribolliva pericolosamente nelle vene. «Quelli con le due c intrecciate? Inseparabili e dissoluti come in un atto d'amore? Non prendermi per stupida, Carlo. Lo so che sono un regalo di Camilla!»

«Mi accusi di indossare innocui gemelli mentre tu ci provi con tutti i marinai e i cuochi in cambusa! Bazzichi addirittura le feste sottocoperta dell'equipaggio e ti metti a suonare il pianoforte in una stanza piena di uomini ululanti! Non credere che non me ne accorga.»

«Non ci provo con l'equipaggio! Mi godo la loro compagnia perché mi annoio!» strillò. Ed eccolo di nuovo... il rombo del tuono che ruggiva dentro di lei. «Non ti importa di me! Non ti ha nemmeno sfiorato il pensiero che chiamarla il secondo giorno della nostra luna di miele avrebbe potuto farmi soffrire!»

«Quando si tratta di Camilla, diventi paranoica!» sbuffò Carlo.

Diana si spaventò quando sentì quel suono uscirle dalle labbra. Metà urlo, metà ringhio. Doveva allontanarsi da lui prima di perdere del tutto le staffe. Gli sbatté la porta della camera da letto in faccia e la chiuse a chiave.

«Diana!» sbottò Carlo. Seguì un momento di silenzio, ma lo sapeva che lui era ancora lì. «È assurdo.» La sua voce si fece più dolce. «Vieni fuori e parlami come un'adulta.»

Diana si appoggiò con la schiena alla porta. Chiuse gli occhi.

Come poteva farle questo? Si fidava di lui. Era la sua casa. Il suo porto sicuro.

Era come quando si era resa conto, con una fitta di dolore, che suo padre non era un eroe, ma un semplice uomo come tutti gli altri. In passato lo rispettava. Lo ammirava. La sollevava senza alcun sforzo per farla stare sulle sue spalle larghe. E ai suoi occhi era l'uomo più intelligente del mondo. Ogni volta che gli faceva una domanda, lui aveva sempre la risposta pronta. *Chi era John Locke? Un uomo molto intelligente. Perché devo mettermi un vestito quando mio fratello può mettersi i pantaloni? Per farti sembrare ordinata e carina. Perché Adamo ed Eva sono stati cacciati dal paradiso? Perché Eva non è riuscita trattenersi e ha preso una mela dall'albero della conoscenza.*

E poi un giorno l'aveva sentito per la prima volta sbraitare contro la madre, e l'immagine del suo eroe si era incrinata.

Ma pur essendosi rifugiata, tremante e piangente, nel conforto dei suoi porcellini d'India a ogni litigio dei suoi genitori, ed essersi sentita tradita perché il padre non era colui che fingeva di essere, Diana aveva comunque fatto di tutto per meritare il suo amore. La domenica indossava sempre gli abiti più belli atteggiandosi davanti alla sua macchina fotografica.

E ora le toccava rendersi conto che Carlo non era il principe azzurro che aveva creduto. Perché aveva ancora in mente *l'altra*. Camilla.

Doveva sbarazzarsi una volta per tutte dell'ombra di Camilla, altrimenti sarebbe colata a picco. Ma come?

Si asciugò le lacrime dalla guancia con il dorso della mano.

Il suo sguardo cadde sulla rivista che giaceva sulla toeletta. Era l'ultimo numero di *Vogue*. La modella in copertina era snella, impeccabile, bellissima. Una donna che non era mai stata respinta. Conquistava il cuore di qualsiasi uomo.

E di colpo le venne un'idea.

«*C'est magnifique!*» esclamò estasiato Christian, mettendosi le mani sul cuore con fare teatrale. «Come sta bene questo colore sulla sua pelle vellutata! Come una pesca con la panna! E questo sguardo! Cosa non darei per averlo io!»

Era uno degli stilisti che sciamavano intorno a Diana come api operose. Tutte personalità frizzanti e allegre, praticamente l'opposto di quelle a palazzo.

Dopo la luna di miele, Diana aveva annunciato che si sarebbe consultata in fatto di moda. Era esplosa un'indignazione generale quando aveva rifiutato di collaborare con gli stilisti di Kensington Palace. Ma era stufa del gusto freddo e filisteo di quelle persone. Allora tanto valeva farsi vestire da nonna Fermoy!

Senza ulteriori indugi, aveva messo insieme una squadra con i trendsetter di *Vogue*. Avevano trasformato una delle eleganti redazioni di Hanover Square in un paradiso con i capi firmati più belli.

Era circondata da tessuti di seta, gioielli lucenti, cappelli variopinti e scaffali pieni di scarpe. Cosa c'era di meglio che indossare vestiti e abiti meravigliosi, provare diversi stili e così riscoprirsi?

Soprattutto Anna Harvey, la direttrice della redazione di moda, dimostrò un occhio eccellente per quali colori si adattavano a Diana e quali tagli lusingavano la sua figura sottile, le lunghe gambe e il seno pieno.

«A ottobre faremo un tour di tre giorni nel Galles, la nostra prima importante apparizione ufficiale come coppia sposata» le disse Diana. «Tutto deve essere perfetto... del resto, Carlo è il principe di Galles.»

Anna annuì. «Capisco. Troveremo qualcosa. Deve attirare l'attenzione su di sé, ma in un modo che non sia appariscente.»

«Non è un paradosso?» rise Diana. Paradosso: aveva ripreso la parola da Carlo.

«Cara, noi donne siamo il paradosso per antonomasia!» Anna fece girare Diana, che indossava un lungo abito da sera di seta chiara, verso il grande specchio. «È uno schianto. L'abito non fa altro che sottolineare ciò che la contraddistingue. Il bianco evidenzia la sua innocenza, ma il taglio è sofisticato e moderno.»

«L'importante è che mio marito mi trovi sexy» mormorò Diana, assorta nei propri pensieri.

«Come potrebbe non trovarla sexy?» Anna sorrise. «L'adorerà. Toglie il respiro. Una principessa moderna. Il popolo cadrà ai suoi piedi.»

Un giorno prima di partire per il tour del Galles, si ritrovò sul pavimento del bagno. Cercò di elaborare ciò che il dottore le aveva appena rivelato.

Era incinta.

Si aspettava che prima o poi sarebbe successo. Dopotutto, doveva pur dare alla luce il prossimo erede al trono. Ma non ancora!

Non può essere, pensò. *Ho solo vent'anni.*

Si stava ancora barcamenando con estrema difficoltà nel ruolo di moglie.

E di principessa.

Andare a vivere a Kensington Palace fu la goccia che fece traboccare il vaso.

Si ingozzava di cibo più volte al giorno, dopodiché si metteva un dito in bocca per vomitare.

Con molta probabilità suo marito la tradiva.

Era allo stremo delle forze.

Come poteva crescere un bambino dentro di lei?

Non poteva nemmeno parlarne con le amiche per chiedere loro consiglio, perché né Carolyn, né Virginia o Anne erano mai state incinta. Non erano neanche sposate.

In conclusione, non c'era una candidata più inadeguata di lei per essere madre. *Non io. Per favore. Non ancora*, pensava, ma una sommessa voce interiore le sussurrava: *Invece sì. Tu.*

Sentiva il profondo desiderio di avere un figlio, di partorire e di crescerlo. Perché? Stava cercando così d'incatenare Carlo a sé? O aveva bisogno del calore di un bambino nella sua vita per non morire congelata nei palazzi troppo grandi e freddi?

Si alzò e gettò un'occhiata allo specchio, il viso rigato di lacrime, arrossato e gonfio. *Vuoi far crescere un bambino dentro di te? Ma se anche tu sei solo una bambina... Non sai niente di niente. Sei ridicola, lo dice anche tuo marito. Ti porti dietro questo dolore costante nel petto che ti devasta. Sii sincera con te stessa: lo sai benissimo che non puoi farcela nella vita.*

Allora perché sei così entusiasta di questo bambino?

La risposta era: perché lo amava già incondizionatamente.

E quindi sarebbe riuscita a far crescere suo figlio come una persona meravigliosa.

Già riusciva a vedere se stessa mentre gli cambiava il pannolino. Mentre gli leggeva le favole della buonanotte. Mentre lo portava a scuola. In giardino con in mano una torta di compleanno mentre il bambino soffiava sulle candeline e Carlo filmava la scena.

Voleva quella vita.

Ma la desiderava anche Carlo? Sarebbe stato al suo fianco se avesse avuto bisogno di lui?

La sera rimase per diversi istanti davanti al suo ufficio. E se non fosse stato felice come lei? Si immaginò che stesse scrivendo un discorso e che lei lo avrebbe disturbato. Poi si sarebbe esasperato per l'ennesima volta.

Diana tese la schiena. Era pronta a tutto. Bussò alla porta. «Entra» proferì Carlo. Già aveva capito dal tono della sua voce che in realtà non voleva essere infastidito.

Quando entrò, lui alzò lo sguardo dal foglio su cui stava annotando parole intelligenti. Si mise le mani sulla pancia e disse: «Sono incinta. Diventeremo genitori».

Carlo ci mise qualche istante a elaborare la notizia. Un sorriso si diffuse sulle sue labbra, divenne sempre più grande, si allargò fino alle orecchie, illuminandogli il volto come non mai. Allora capì che il suo paradiso consisteva di tutte le parole e le cose belle che facevano sorridere così tanto quell'uomo.

L'aveva già dentro di sé. «È vero? Quasi non ci credo. È… è una manna dal cielo.»

«Sì» bisbigliò lei e le loro mani si trovarono.

16

«Di solito le favole finiscono con il principe e la principessa che si sposano. In estate siamo stati tutti pervasi da questa sensazione. Ma la coppia perfetta d'Inghilterra continua a far battere i nostri cuori» dichiarava in estasi l'elegante conduttrice del notiziario mattutino.

«Soprattutto la principessa Diana ha incantato migliaia di persone al fianco del marito, il principe Carlo, durante il tour del Galles» aggiunse l'affascinante collega.

Diana vide se stessa in televisione, o meglio una versione completamente diversa di se stessa. Una versione felice e spensierata. La Diana sullo schermo prendeva la mano di una donna disabile e gliela stringeva con delicatezza.

«Avrà senz'altro freddo» diceva la donna.

«Non quanto lei, può starne certa» replicava la Diana della tv in tono compassionevole.

Un'altra immagine la ritraeva accovacciata davanti a una ragazzina con trecce adorabili mentre riceveva un mazzo di fiori. «*Diolch yn fawr*» pronunciava Diana.

«Non è commovente?» La presentatrice si mise una mano sul petto. «La principessa ha appositamente imparato l'espressione gallese per "grazie".»

Durante tutto il tour la gravidanza aveva estenuato Diana. Era stata malissimo! Come se non bastasse, aveva piovuto di continuo. Ma i fan sul ciglio della strada non sembravano aver notato quanto fosse pallida e indebolita. Aveva fatto tutto il possibile per far sì che Carlo fosse orgoglioso di lei! Aveva persino tenuto un intero discorso in gallese. Proprio lei, che in passato si rifiutava con veemenza di fare anche solo una particina parlata nelle recite scolastiche. Ma aveva per caso ricevuto una singola parola di elogio dalla famiglia reale? Ci si limitava unicamente a prenderne atto in silenzio. Soprattutto se si trattava di problemi. Si dava per scontato che prima o poi si sarebbero risolti da soli. Nel frattempo, Diana pesava solo una cinquantina di chili. E da settimane soffriva di insonnia. Quando poi dormiva, sognava Camilla.

Era stanca, stanchissima... trovava tutto arduo. Persino le cose più semplici, come alzarsi al mattino. Perché non poteva essere di nuovo sera? Allora sarebbe potuta rimanere semplicemente a letto.

«È così diversa dal resto della famiglia reale.» La voce del conduttore riportò Diana al presente. «La regina si presenta dignitosa e formale al cospetto della folla, il che le dona sempre un'aria da persona inavvicinabile. La principessa Anna sarà anche una sostenitrice dell'ente benefico per bambini Save the Children, ma è mai stata vista tenere in braccio un bambino nei suoi numerosi viaggi in Africa? Non che io sappia. La principessa Diana, invece, tocca i cuori della gente.»

«Il tour nel Galles è stata una delle ultime apparizioni

pubbliche della coppia» continuò la conduttrice. «Da un po' di tempo a questa parte, la vita della coppia perfetta attraversa un periodo di calma. Qualche settimana fa le foto dei paparazzi hanno finalmente rivelato il motivo: la principessa è incinta! Con una pancia visibilmente arrotondata, Diana si è divertita con suo marito alle Bahamas.»

Venne mandata in sovrimpressione una foto di lei, solo in bikini, con una pancia gonfia di cinque mesi. Altre foto mostravano Carlo e lei che si abbracciavano e si baciavano. Finalmente avevano avuto tempo l'uno per l'altra. Solo che non si erano resi conto che James Whitaker del *Daily Star* e il suo compare fotografo Ken Lennox se ne stavano acquattati sulla spiaggia con binocoli e teleobiettivi per scattare di nascosto le foto che erano poi apparse in grande sulla copertina della rivista.

«C'è solo una persona che non apprezzerà queste foto» continuò l'uomo. «La regina. È la prima volta che un membro femminile della famiglia reale viene fotografato in modo così intimo.»

Che non le avesse apprezzate era un eufemismo. Elisabetta era furibonda. Aveva anche rilasciato una dichiarazione che definiva "priva di stile" questa invasione nella privacy di sua nuora. «Quando ero incinta dei miei figli, la stampa non si sarebbe mai macchiata di una tale onta» si era incollerita. All'epoca, i giornali erano stati vaghi e si erano limitati a scrivere che era "in uno stato interessante". Nessuno si era azzardato a fotografare quello "stato".

«Non sembrano due novelli sposi nelle foto?» sospirò la conduttrice.

«Devo confessare che invidio Carlo» rise il collega. «Anch'io ho perso la testa per la principessa.»

Diana spense la televisione. Non riusciva proprio a capacitarsene. Com'era possibile che la gente là fuori la portasse nel cuore così incondizionatamente? Che ricevesse innumerevoli lettere da tutto il mondo? Era solo Diana, l'ex maestra d'asilo. L'unica differenza rispetto a prima era che la gente la chiamava "Ma'am" o "Sua Altezza Reale" e si inchinava davanti a lei.

Decise di andare a cercare Carlo. Quel fine settimana erano nel Gloucestershire, nella loro tenuta di campagna. Tentò di farsi piacere Highgrove perché lui amava tanto quella proprietà. Ma mentre aveva decorato con entusiasmo il suo nuovo appartamento a Kensington Palace, le era costata molta fatica farsi carico anche di Highgrove. Ciò nonostante, aveva fatto uno sforzo per dare alla residenza del XVIII secolo un'atmosfera accogliente e giovanile. Forse allora si sarebbe sentita più a suo agio. I corridoi e le nove camere da letto erano ora di un tenue rosa corallo, il salone di un fresco verdolino e il soggiorno di un amichevole giallo chiaro. Aveva fatto rivestire tutti i mobili imbottiti con del chintz chiaro. Nella sala d'ingresso c'erano tappeti orientali e le pareti del salotto ufficiale erano adornate da dipinti della collezione reale.

Era presto e forse Carlo si trovava ancora nel bagno confinante con la loro camera da letto. I lievi rumori di spruzzi indicavano che si trovava nella vasca. Proprio mentre stava per bussare, sentì la sua voce. «Anch'io sto contando le ore.»

Quel desiderio nelle sue parole... *No. Non di nuovo Camilla. Ti prego, no.*

«Qualunque cosa accada, ti amerò per sempre.»

Diana abbassò la mano.

Le gambe erano come gomma.

Non riusciva ad avere un pensiero lucido. Era tutto confuso.

In camera da letto si gelava. In effetti, era aperta la finestra.

Una sedia... doveva sedersi... in qualche modo si fece strada a tentoni verso il letto.

Non aveva idea di quanto tempo fosse passato prima che Carlo uscisse dal bagno con indosso solo le mutande. «Ah, bene che sei qui. Sulla mia scrivania ci sono delle lettere che devi firmare. E mia madre sta per venire a Highgrove insieme alla nonna. Non so proprio perché.» Allargò le braccia e, come dal nulla, apparve il suo maggiordomo che lo aiutò a infilarsi la camicia. «Forse vuole discutere del prossimo fine settimana al castello di Balmoral.»

«Non voglio tornare a Balmoral» mormorò Diana d'impulso. «Ci siamo appena stati.»

«Sii ragionevole, Diana. È la regina che lo desidera. Perché ti opponi sempre?»

Balmoral per lei rappresentava passeggiate forzate attraverso la brughiera scozzese seguite da un picnic in famiglia. Poi c'erano le estenuanti cene di gala con illustri signori anziani. La parte più straziante di quelle cene era ogni volta rimanere seduti a tavola finché i suonatori reali di cornamuse non avessero smesso di marciare intorno al tavolo suonando melodie tradizionali scozzesi; il segnale per le signore di lasciare i signori da soli con vino e sigari. Ma anche allora la fuga era impossibile, almeno non finché la regina non si fosse finalmente ritirata, il che di solito non avveniva fino a poco prima di mezzanotte. Il più delle volte Diana doveva tirare fino alle due del mattino ad ascoltare vecchie canzonette suonate dalla principessa Margaret al pianoforte.

Le stava simpatica Margo. Tuttavia facevano di rado qualcosa insieme, benché la sorella della regina sembrasse annoiarsi. Durante il giorno sedeva a volte da sola nella sua stanza per ore a incollare foto negli album. Ma a prescindere da tutto, non faceva altro che piovere. Persino le risate erano vietate a Balmoral! Ai Braemar Games Carlo si era permesso di fare una battuta. Mentre un gruppo di cornamuse suonava come sempre l'inno nazionale, si era chinato verso di lei e le aveva sussurrato: «È la nostra canzone». Diana era scoppiata a ridere. L'occhiata che la regina le aveva lanciato era furiosa.

«Sono esausta, Carlo, per tutti gli appuntamenti e gli impegni. Ho bisogno di riposo. E a Balmoral si congela. Quando voglio accendere il riscaldamento, tua madre mi dice di mettermi semplicemente due maglioni.»

«Dovresti stare attenta a quello che dici della regina» fece Carlo con sguardo severo, infilandosi i pantaloni che Stephen gli stava passando.

Ma ormai era troppo tardi, la diga si era rotta, impossibile arginare la fiumana di sentimenti. «Sono stanca di dover lavorare ininterrottamente. Come posso rilassarmi di fronte alla tua famiglia quando loro mi rinfacciano di continuo tutti i miei difetti?»

«È solo frutto della tua immaginazione.»

«Anche la tua relazione con Camilla è frutto della mia immaginazione?»

Non poteva più rimangiarselo.

Carlo la fissò a mo' di rimprovero. *Non ricominciare!*

Lei fece un respiro profondo. Cercò di dire nel modo più calmo e prudente possibile: «Ho sentito quello che le hai appena detto al telefono».

«Stephen, per l'amor di Dio, dove sono i gemelli?» apostrofò il maggiordomo. Poi si rivolse a Diana: «Non so di cosa tu stia parlando».

«Le hai detto che la ami!» Diana si sentiva sul punto di esplodere.

«Sei in preda all'isterismo!» La violenza del suo tono la fece trasalire. Ma sapeva già quanto potesse essere irascibile. Durante il loro ultimo litigio, aveva rotto il vetro della finestra lanciando una sedia per la rabbia.

«Sono stufo marcio delle tue continue accuse!» Si precipitò di nuovo in bagno per aggiustare il colletto della camicia allo specchio. «Ricomponiti e vedi di comportarti come una persona normale!»

Lo specchio era appannato dal vapore. Singole gocce correvano lungo il vetro come lacrime. Si sentiva odore di acacia, il bagnoschiuma preferito di Carlo.

Ricomponiti.

Impossibile. Non si rendeva conto di quanto fosse disperata? Qualcosa si sollevò dentro di lei con una potenza che la spaventò. Non riusciva quasi a respirare. «Non sono isterica! Vorrei solo che finalmente mi ascoltassi!»

Il suo sguardo cadde sul rasoio di Carlo. E all'improvviso lo prese in mano. Posò la lama affilata sull'avambraccio. Un attimo dopo il sangue le sgorgava dalla pelle. «Mi prenderai sul serio adesso?» si sentì dire.

Carlo era sul punto di sbottare con un commento maligno, ma poi si girò e notò il sangue che gocciolava sulle piastrelle bianche del pavimento. Il panico guizzava nei suoi occhi. Agguantò l'asciugamano e glielo premette sul braccio.

«Sono sola e infelice, Carlo» sussurrò lei.

Due respiri. Poi lui riacquistò la sua compostezza. «E io sono stanco dei tuoi continui drammi. Quello che cerchi di fare è solo un ricatto. Proprio come quando ti sei buttata giù dalle scale davanti alla regina. Sei talmente affamata di attenzione che sei addirittura disposta a fare del male a nostro figlio, l'erede al trono!»

Al che la lasciò lì.

«Dove vai?»

«Nel mio giardino!» sbraitò. «Stephen, si prenda cura di mia moglie.»

Un attimo dopo la porta della camera da letto si chiuse sbattendo.

«No, più a destra, lontano dal bosso» la voce di Carlo

risuonò forte in tutta la proprietà di Highgrove. «La mia destra, ovviamente!»

Diana lo vedeva sulla soglia della residenza a gridare istruzioni ai giardinieri attraverso un megafono. Tutto doveva essere esattamente come lo immaginava. Passava ore a vagare per la tenuta, controllando ogni filo d'erba, consultando libri o cercando ispirazione in altri giardini che lei doveva visitare con lui.

Lei era a letto ad accarezzarsi la pancia rotonda con la tv in sottofondo. Stavano trasmettendo *Vacanze romane.*

Ormai aveva finito con l'odiare i film d'amore. Quando li guardava in televisione, provava nostalgia e invidia, come se osservasse le foto di una festa a cui non era stata invitata. Cercava di convincersi che quelle storie romantiche fossero inventate e quindi non reali, ma sentiva comunque una fitta di gelosia. Con gli occhi lucidi ascoltò le confessioni smielate di Audrey Hepburn e Gregory Peck finché non riuscì più a sopportarle e spense.

Si alzò a fatica e si avvicinò alla finestra. Proprio in quel momento arrivò una macchina. Elisabetta e la madre erano in perfetto orario.

«Carlo» salutò la regina il figlio. Come poteva un abbraccio essere così rigido e formale? Era come se dicesse: *Facciamola finita in fretta.*

Lui prese le mani della nonna, che indossava un completo turchese con cappello abbinato e sontuosi gioielli di perle. «Nonna, come sempre sei vestita in modo impeccabile» la lusingò.

«Oh, mi fai sempre complimenti!» Ridacchiò e inclinò la testa. Spesso si comportava come una bambina, anche se aveva ben ottantatré anni.

«Non c'è tua moglie?» chiese Elisabetta.

«Non si sente bene.»

Diana si guardò la benda intorno al polso. Non poteva presentarsi così davanti ai loro occhi.

«Ancora? Che peccato» rispose Elisabetta.

«È molto sensibile» fece Carlo, rimanendo sul vago.

Diana si infilò le ballerine e, senza fare rumore, scivolò giù per le scale verso la sala da pranzo. Da adolescente, aveva spesso origliato i litigi dei genitori. Sapeva quindi come passare inosservata. Aveva il presentimento che la regina e la regina madre stessero facendo loro visita per un motivo ben preciso, e lei voleva sapere quale fosse.

Carlo condusse le due in terrazza, da dove si godeva di una vista spettacolare: si estendeva lungo un sentiero fiancheggiato da massicci arbusti dorati di tasso fino alla colombaia avuta in dono dal sultano dell'Oman.

«Hai creato un vero e proprio paradiso» si complimentò la regina madre, fiutando l'aria con gusto.

Diana doveva ammetterlo: aleggiava un profumo davvero meraviglioso nel giardino di Carlo. Qui si sentivano le rose, lì la lavanda, un po' più in là la salvia...

«Grazie» sospirò Carlo, poi raccolse una gerbera e la infilò nel cappello della nonna. «Vorrei che anche Diana potesse vedere tutto l'amore e il tempo che metto in questa tenuta.»

E lo vedeva. Percepiva tutto l'amore e il tempo che lui

metteva in Highgrove e desiderava che investisse altrettanto amore e tempo per occuparsi di lei. Era già tanto in giro! Carlo aveva fatto sistemare un roseto e un giardino all'inglese dietro la casa ricoperta di viti. Inoltre, aveva ridonato vigore all'orto circondato da mura che, nel corso del tempo, era diventato una vera giungla. Verdure, erbe e alberi da frutta vi crescevano in un'esplosione variopinta. Poi c'era il grande prato, dove lui seminava ogni sorta di fiori. «Voglio creare un'inondazione di fiori come nella *Primavera* di Botticelli» aveva detto. Enormi anfore vegetali e sculture di Carlo e di vari amici e mentori adornavano il giardino; tra cui naturalmente anche una scultura del suo stimatissimo Laurens van der Post.

«Tutto è basato sui principi del giardinaggio organico, e sono state usate miscele di fertilizzanti naturali a base di letame e compost di foglie» spiegò Carlo.

Diana compativa le due donne. Quante volte aveva già ascoltato quel discorso! Nemmeno Elisabetta aveva l'aria di esserne particolarmente colpita mentre la regina madre ascoltava con interesse e faceva domande.

«Le tecniche di coltivazione su scala industriale sono estremamente inquietanti e deprimenti» aggiunse. «Ho intenzione di introdurre razze rare di bestiame e di incoraggiare i miei lavoratori agricoli a usare cavalli e falci. Voglio abolire del tutto fertilizzanti artificiali e pesticidi.»

Inoltre, una delle sue consulenti botaniche, Mollie Salisbury, gli aveva consigliato di parlare con le piante. «Penso che rispondano» disse.

«Oh, Carlo, non essere ridicolo» replicò Elisabetta, smorzando il suo entusiasmo e scacciando un insetto che le ronzava davanti.

«Non è ridicolo!» sbottò lui «Le mie piante sono cresciute tantissimo perché gli ho detto io di farlo. Mi sento come un uomo in missione. Sono letteralmente guidato da un senso di urgenza.»

«Ah, sì?» Elisabetta inarcò le sopracciglia. «Che bello. Spero solo che così non dimentichi la tua vera missione.»

«Essere il futuro re.» Carlo fece un grande sospiro e strinse le mani dietro la schiena.

«E un bravo marito per tua moglie» aggiunse la madre.

«Ma Diana non dovrebbe essere un sostegno per me? Non dovrebbe darmi forza?» si lamentò Carlo. «Invece spesso si nasconde a letto tutto il giorno. Scoppia sempre in lacrime, tiene il broncio, se la prende con me di punto in bianco oppure...» Non continuò.

La regina madre lo prese a braccetto e gli diede un buffetto incoraggiante sulla mano. «È ancora così grave come mi hai scritto nella tua lettera?»

Carlo annuì. «È addirittura peggio. Un giorno penso che le cose stiano migliorando, solo per scoprire il giorno dopo che si è rinchiusa in se stessa ancora di più. Non la capisco proprio.»

«Sembra davvero estenuante» disse la regina madre.

Carlo riprese fiato e poi proseguì con più calma: «Ho tentato di rallegrarla. Ero convinto che le avrebbe fatto bene allargare i suoi orizzonti, così ho chiesto al preside di Eton di introdurla alla poesia e a Shakespeare, ma è stata fatica sprecata. Dal punto di vista intellettuale nulla sembra suscitare il suo interesse! A volte ho la sensazione che si opponga a tutto ciò che mi piace per puro dispetto. Perché non vuole andare a cavallo per farmi piacere?».

Il motivo per cui Diana si rifiutava di fare una cavalcata con Carlo era Camilla. Sapeva che non sarebbe stata una brava cavallerizza come l'amante di Carlo.

«E l'avversione che prova per Highgrove e Balmoral. Ho portato qui Diana perché pensavo che la natura le avrebbe fatto bene. Ha sempre detto di essere una campagnola. Ma invece non esce quasi mai di casa e si chiude dentro.»

«Forse la città l'attrae di più» ipotizzò Elisabetta. «Dopotutto è giovane e, per quanto ne so, tutti i suoi amici vivono a Londra.»

Aveva colpito nel segno. Londra era il suo habitat naturale. La metropoli era giovane e moderna e lì Camilla non poteva fare il bello e il cattivo tempo nel suo completo casual verde muschio. A Highgrove o a Balmoral Diana passava i lunghi pomeriggi bloccata nelle stanze soffocanti con il suo walkman, mentre Carlo andava a caccia alle nove e mezza del mattino in tweed grigioverde o passava il tempo a pescare o davanti al cavalletto a dipingere.

«Perché non invita qui nessuno di questi amici o non stringe nuove amicizie?» chiese la regina madre.

Carlo fece un gesto della mano con cui probabilmente intendeva: *E lo chiedi a me?* «È un mistero! Sembra avere in antipatia tutti i miei conoscenti. Ogni volta che ho ospiti, si siede a tavola con una faccia contrariata, parla a malapena e mi lancia occhiate torve.»

Come poteva essere altrimenti, dal momento che non le era consentito di sedersi accanto al marito? E Carlo non ci pensava neanche a violare l'etichetta. Invece Diana era delegata a stare in compagnia di rigidi aristocratici e ad ascoltare per ore le invettive del principe Filippo contro i malvagi sindacati o i resoconti proclamati a gran voce dalla principessa Anna sulla preda cacciata quel giorno. E non voleva invitare le sue amiche perché si vergognava. Per come stava affrontando male la propria situazione. Invece di essere traboccante di felicità durante la gravidanza, Diana si sentiva sopraffatta. Minuscola. Sola.

«Sii comprensivo con lei» Elisabetta cercò di placare Carlo. «Col tempo si ambienterà nella sua nuova vita.»

«Camilla dice che è la differenza di età.»

La regina madre annuì. «Sono d'accordo con lei. Diana è ancora molto giovane, mentre tu sei sempre stato più maturo della tua età.»

«La signora Parker Bowles dovrebbe occuparsi del suo matrimonio» disse Elisabetta. «Il tuo non la riguarda.»

«Non cominciare anche tu. Diana ha sempre da ridire per il mio legame con Camilla. Tutti i miei amici dicono che è in preda all'isterismo.»

«Parli degli amici del polo che conoscono te e anche Camilla da anni?» chiese Elisabetta. «Gli stessi amici che da tempo immemorabile vanno a caccia insieme a voi due?»

Carlo fece un respiro profondo. «Mi fido del loro giudizio. E non posso badare a Diana tutto il giorno come se fosse una bambina. Ho cose più importanti da fare.»

«Ma davvero? Dopo la mia visita qui, ho l'impressione che tutto ciò che ti interessa sia curare il tuo bel giardino... o il benessere di una certa signora Parker Bowles.»

Carlo ammutolì. Anche Elisabetta.

La regina madre guardò i due e scelse con cura le sue parole: «Per come la vedo io, state attraversando un momento difficile, sia tu che Diana. Ma non dimenticarti che dovete ancora conoscervi e abituarvi l'uno all'altra. Ogni matrimonio è difficile. Sapete che il mio amato Alberto, il re Giorgio VI – che Dio l'abbia in gloria – soffriva di un brutto difetto di pronuncia durante le sue apparizioni pubbliche. Aveva una grave balbuzie. L'ho messo allora in contatto con il logopedista australiano Lionel Logue, che lo ha seguito con successo fino alla sua ascesa al trono. In un matrimonio bisogna esserci l'uno per l'altra, qualunque cosa accada.»

Carlo rimase in silenzio per un attimo. Poi disse: «Forse anche nella nostra delicata situazione un esterno potrebbe garantire il miglior aiuto. Ecco perché ho deciso di mandare Diana da uno psichiatra a Londra».

«Uno psichiatra?» ripeté la regina madre, portandosi una mano alla bocca. Probabilmente non era quello che voleva ottenere con le sue parole.

«È proprio necessario?» domandò Elisabetta costernata.

«Non so come aiutarla in altro modo. Avevo già

chiesto al mio caro amico Laurens van der Post di occuparsi di Diana, ma si è chiusa in se stessa anche con lui.»

«Sarà solo uno stato d'animo momentaneo» disse Elisabetta. «Uno spiacevole effetto collaterale di una gravidanza estenuante.»

«Ma sono preoccupato per lei. Per nostro figlio.»

La regina teneva lo sguardo rivolto in avanti come un condottiero. «Nessuno nella nostra famiglia è mai stato in cura prima d'ora.»

«Non è vero. Zia Margaret...»

«Un'eccezione» lo interruppe la regina «perché era leggermente indebolita dopo l'ictus. Mandare la moglie da uno psichiatra mi sembra più l'atto di un marito che si sente in colpa.»

Carlo assunse un'espressione infelice. «Voglio solo il bene di Diana. Non so proprio cos'altro fare.»

«Ma davvero? Sai che non mi piace molto interferire negli affari altrui, ma in questo caso sono costretta a fare un'eccezione. Il matrimonio di tua sorella è in crisi. È solo una questione di tempo prima che la stampa ci si butti. Questo si riflette negativamente sulla nostra famiglia e, per estensione, sulla monarchia.»

«E la nostra reputazione risente ancora delle conseguenze scatenate dallo scandalo che ha circondato Edoardo...» ricordò la regina madre alla figlia e al nipote Carlo.

Edoardo era il fratello di Alberto, marito della regina madre. In realtà era lui l'erede al trono, ma aveva preferito sposare una donna americana divorziata due volte. Il governo britannico, tuttavia, non aveva voluto acconsentire al loro matrimonio, e così Edoardo aveva abdicato dopo soli undici mesi al potere.

«Mamma ha ragione» disse Elisabetta. «La monarchia ha già subìto un duro colpo. Ecco perché esigo che tu risolva i tuoi problemi coniugali.»

Carlo abbassò lo sguardo come se avesse capitolato.

«Non approvo, ma se pensi che sia meglio mandare Diana da uno psichiatra, non mi opporrò» concluse Elisabetta.

E così il destino di Diana era segnato.

Ben presto si ritrovò sul divano del dottor McGlashan, un conoscente di Laurens van der Post. Era stanca e nervosa perché era rimasta sveglia tutta la notte per esercitarsi in segreto su quello che poteva dire. O meglio, quello che avrebbe dovuto dire.

Era un divano bianchissimo; in generale tutto nello studio era molto luminoso, quasi sterile. Diana si sforzò di sedersi il più possibile in posizione eretta. Aveva le mani piegate in grembo. Davanti a lei, sul tavolo piatto, c'era un bicchiere d'acqua naturale, accanto un pacchetto di fazzolettini.

Il dottor McGlashan aveva preso posto di fronte a lei, su una poltrona di pelle bianca il cui sedile era già un po' consumato. Portava una cravatta colorata di cattivo gusto e un dopobarba aggressivo. Dietro di lui sporgeva uno scaffale pieno di libri e alla parete erano appesi dei diplomi incorniciati. Aveva le gambe accavallate, la penna in bilico sul taccuino di pelle posato sul ginocchio destro, pronto a fissare sulla carta Diana e le sue preoccupazioni, nero su bianco.

«Allora» disse con un sorriso, strizzando gli occhi come se il sole lo abbagliasse.

Parla con calma e sicurezza, si ammonì Diana. *Comportati da adulta.*

Gli raccontò di quanto Carlo fosse spesso freddo nei suoi confronti. Che aveva paura di perderlo, di perdere tutto ciò che le importava. Gli raccontò il sogno in cui vedeva una bambina seduta su dei gradini di pietra. D'un tratto qualcuno arrivava e tendeva una mano per aiutarla ad alzarsi, ma lei non lo riconosceva mai. Non sapeva nemmeno se la bambina alla fine avesse preso la mano.

La forza dei suoi sentimenti la inondò letteralmente, come se una diga si fosse rotta dentro di lei. Pianse senza sosta, senza riuscire a pensare con lucidità, senza riuscire a esprimersi. E la cosa la faceva arrabbiare. Era arrabbiata con se stessa per essere in quello stato, ma non sapeva come liberarsene.

Il dottor McGlashan fece un respiro profondo, espirò e disse: «Diana, è ben consapevole di essersi impantanata nel suo ruolo di vittima. In lei infuria questa rabbia che non sa dominare».

Era come se fosse rinchiusa in una teca di vetro. Da fuori la gente poteva vederla sbattere i pugni contro il vetro e urlare, ma non la sentiva. C'era qualcosa di sbagliato in lei, dopotutto?

Il dottor McGlashan brandì la penna e scrisse qualcosa nel taccuino. Dietro di lui erano appesi ben sei diplomi, Diana li aveva contati. «Le prescrivo un farmaco innocuo che metterà a tacere questi demoni incontrollabili che imperversano dentro di lei» disse.

La sera, dopo essersi preparata per la notte in bagno, Diana tirò fuori il sedativo dalla borsa. Carlo tanto per cambiare era chissà dove, comunque non con lei. Spinse una compressa fuori dal blister. Osservò la piccola pasticca bianca e rotonda sul palmo. Magari sarebbe stato davvero tutto più semplice. Magari adesso si sarebbe inserita nel sistema, sarebbe diventata un piccolo ingranaggio nella ruota reale, distribuendo sorrisi senz'anima, ma tutti sarebbero stati finalmente soddisfatti di lei.

Stranamente le sue stesse parole, che aveva confidato al dottor McGlashan, le risuonavano ancora nella testa. «C'è qualcosa che non va nella mia vita. Sono irrequieta e frustrata. Penso che la mia vita dovrebbe essere molto più bella. Nella mia immaginazione mi vedo sul letto con le mie amiche a rotolare morendo dal ridere. Mi vedo sotto la doccia a cantare a squarciagola l'ultima hit dei Duran Duran. Mi vedo saltellare fuori da un bar la sera leggermente brilla. E mi vedo baciata con passione da un uomo che mi desidera, da *mio* marito. Voglio ballare, cantare e ridere e ancora meglio se faccio tutte e tre le cose insieme.»

Pensava a tutti i bei vestiti appesi nell'armadio. Al cibo raffinato che poteva mangiare da piatti dorati. Ai letti a baldacchino dove dormiva di notte e ai tanti paesi che avrebbe visitato. Diceva a se stessa di dover essere grata.

Aveva una bella vita che innumerevoli donne le invidiavano. Era una pazza a desiderare qualcos'altro, a desiderare ancora di più. Qualcosa che forse non esisteva affatto, che veniva solo riprodotto nei film, in ipocrite storie hollywoodiane.

Ma poi incrociò il proprio sguardo nello specchio; un attimo dopo fece cadere la compressa nel lavandino e aprì l'acqua.

Diana. Non sei pazza, le diceva quello sguardo.

Sei una giovane donna affamata di vita. Hai tutto il diritto del mondo di puntare alle stelle.

17

1982

«Tutta l'Inghilterra in un delirio di trionfo patriottico» lesse Carlo dal giornale. «Dopo che le truppe britanniche sono riuscite solo pochi giorni fa a cacciare dalle isole Falkland gli argentini, che avevano occupato il territorio britannico senza preavviso, ieri, 21 giugno, è nato l'erede al trono inglese.»

Carlo, seduto su un lato del letto d'ospedale di Diana, passò il giornale alla madre, accomodata sull'altro. Naturalmente Elisabetta era stata la prima a essere ammessa nella loro stanza. «Grazie a Dio non ha le orecchie di suo padre» aveva dato libero sfogo al tipico umorismo secco dei Windsor.

Tutti avevano riso, sollevati, felici e completamente incantati da quel momento magico. Da lì in poi sarebbe andato tutto bene.

«Non riesco a capire perché sei dovuta andare per forza in ospedale per il parto.» Elisabetta non riusciva a metterci una pietra sopra. Il suo sguardo vagava per la stanza, sulla stampa economica di un dipinto paesaggistico, le tende sbiadite, le sedie di plastica. «Tutte le donne dei Windsor hanno partorito in uno dei palazzi reali. E nessuna ha mai avuto il parto indotto.»

Le pressioni della stampa avevano spinto Diana sull'orlo dell'esasperazione. Non si parlava d'altro ormai. «*La principessa Di soffre di nausea mattutina*»; «*Sarà un maschio o una femmina?*» e addirittura: «*La verità dietro il suo sorriso triste: la principessa Di soffre già adesso di depressione?*».

«È andato tutto bene» rispose lei esausta. Il parto era durato ben sedici ore e l'aveva portata al limite delle sue forze. Elisabetta non aveva di certo intenzioni cattive. Ma perché ora non poteva concederle un po' di pace?

Con uno sguardo colmo di beatitudine, Diana fissò il bambino che dormiva tranquillo sul suo seno. Eccolo lì, la sua manna dal cielo. Il suo miracolo, che era cresciuto in lei per nove mesi.

«Ti va di tenere William?» chiese a Carlo.

Per un attimo sembrò insicuro. «Sì...»

Diana gli mise il figlio tra le braccia.

Quando lo prese, le lacrime gli brillavano negli occhi, ma le trattenne con fare stoico. «Sono così grato di essere stato al tuo fianco per tutto il tempo.»

Anche gli occhi di lei erano lucidi. Ma in contemporanea si sentiva la gola stretta. *Se sei così grato di essere stato presente alla nascita di tuo figlio, perché ho dovuto implorare per farti assistere? Perché hai accettato con riluttanza di scendere dal cavallo da polo e fissare una data per l'induzione del travaglio?* Filippo aveva difeso persino il figlio. «Oh, Diana» aveva sospirato. «È inusuale che un reale maschio sia presente alla nascita.»

Lei non aveva ceduto. «Allora cambieremo le cose.»

Carlo teneva William come se potesse rompersi. «Io… mi sono sentito profondamente coinvolto nel processo di nascita» balbettò.

Il commento strappò una risata a Diana. «Oh, Carlo…»

«Be', gli impegni non aspettano.» Elisabetta si alzò dalla sedia. «Non appena Diana uscirà dall'ospedale, dovremo pianificare le sessioni fotografiche e il battesimo. Vi consiglio di godervi la calma prima della tempesta. Prima che ve ne rendiate conto, il periodo di tregua finirà e il vostro primo viaggio in Australia e Nuova Zelanda sarà alle porte.»

A Diana venne il voltastomaco. Già si vedeva circondata da una cerchia di rigidi consiglieri di Buckingham Palace che le suggerivano il carattere giusto da usare nei biglietti d'invito al battesimo.

Carlo aveva iniziato a canticchiare una ninnananna per William, ammirando le sue piccole dita. Venne travolta da una piacevole sensazione di calore.

«Vieni, Carlo?» chiese Elisabetta.

«Sì, certo, mamma.» Porse con cautela William a Diana, le accarezzò i capelli sudati e infine seguì la madre fuori dalla stanza d'ospedale.

Diana baciò il figlio sulla testa lanuginosa. Avrebbe fatto di tutto perché William trascorresse un'infanzia il più normale, affettuosa e amorevole possibile, giurò a se stessa. Anche se avrebbe dovuto tirare fuori gli artigli per ottenerlo.

18

«Carlo!» gridò Diana, mentre correva lungo il corridoio. Raggiunse il suo ufficio e bussò alla porta.

Non rispose nessuno, ma si sentivano delle voci. Con prudenza aprì la porta. Carlo era seduto alla scrivania, dietro di lui c'era Edward Adeane, il suo segretario privato.

«Che c'è?» chiese innervosito.

«Avevi promesso che ti saresti preso più tempo per William.»

Nessuno aveva minimamente preparato Diana a quanto sarebbe stato estenuante essere una madre. In qualche modo aveva dato per scontato che la sua vita sarebbe continuata più o meno come prima, solo all'interno di una famiglia appena formatasi. I primi tempi le sue amiche erano venute a trovarla. Ma di solito Diana era esausta, aveva macchie di latte sul suo bel vestito, non faceva la doccia, camminava per la stanza con William in braccio per calmarlo, o lo allattava, mentre Carolyn, Anne e Virginia parlavano con fare stoico del loro lavoro ed era ovvio che avrebbero preferito di gran lunga farsi un drink al bar con i colleghi alla sera. Non passò molto tempo prima che le amiche smettessero di farle visita. In un certo senso, le conveniva così. Le mancava semplicemente la forza di chiacchierare e ridere o persino di ascoltare.

Presto le cose sarebbero migliorate, si era detta, il periodo iniziale era difficile per tutti. Magari! Le cose invece erano addirittura peggiorate. Nel frattempo, aveva ripreso a soffrire di disturbi del sonno. Il che era assurdo perché William non la lasciava quasi mai dormire la notte. Si svegliava prima dell'alba, spossata e vigile allo stesso tempo. In qualche modo arrivava con molta fatica a fine giornata e si limitava ad annuire quando le si diceva: «Devi essere lì a mezzogiorno», o: «Ricordati che stasera...».

«Perché di notte non se ne può occupare la governante?» fu l'unico commento di Carlo.

«Perché sono io sua madre» rispose. «È compito mio consolare William quando non sta bene.» *E anche il tuo*, pensò.

Carlo aveva fatto il bagnetto al figlio un'unica volta. Da allora si vantava di quanto fosse un padre devoto. Il fatto che Diana avesse già sguazzato nella vasca con il piccolo un centinaio di volte non interessava a nessuno.

«La tua agenda è più fitta che mai!» esclamò con le braccia sui fianchi. «Devi annullare qualcosa.»

Non era sicura che Carlo l'avesse ascoltata; ad ogni modo lui non proferì parola. Non si azzardò nemmeno a distogliere lo sguardo dalla televisione.

Rispose il signor Adeane al suo posto: «Questo è escluso. Altrimenti l'opinione pubblica potrebbe avere l'impressione che il principe di Galles trascuri i suoi doveri».

«Quindi sta suggerendo che è meglio trascurare il figlio e la moglie?»

«È pur sempre il principe di Galles» sottolineò il signor Adeane, sporgendo il mento. «E dico solo che certi obblighi purtroppo hanno la precedenza.»

Non mi stupisco che lei sia uno scapolo incallito, pensò Diana.

Carlo sollevò la mano per esortarli al silenzio.

«Se verrà eletto, uno dei suoi primi doveri ufficiali sarà quello di dare il benvenuto al principe Carlo, alla principessa Diana e al piccolo principe William in Australia» disse il presentatore in televisione. «Questa prospettiva la riempie di entusiasmo?»

«Be', non la considero la cosa più importante che dovrò fare se verrò eletto» rispose l'intervistato. In una striscia apparve il suo nome: "*Bob Hawke, capolista del Partito Laburista Australiano*".

«Ho già avuto occasione di incontrare Carlo» disse il signor Hawke. «È un bravo ragazzo.»

«"Un bravo ragazzo"» lo scimmiottò Carlo. «Sono il futuro re!»

«Ma questo non cambia la mia opinione sul fatto che a un certo punto dovremmo staccarci dal cordone ombelicale della monarchia» continuò il signor Hawke.

«Chi è?» chiese Diana.

«Bob Hawke sta concorrendo alle prossime elezioni australiane contro il primo ministro in carica Malcolm Fraser» spiegò il signor Adeane.

«Che cos'ha contro di noi?»

Il signor Adeane arricciò le labbra come se avesse fatto una domanda particolarmente stupida. «Be', è un repubblicano. Ciò non va molto d'accordo con la monarchia.»

Carlo alzò gli occhi al cielo. «Non riesco a capire una parola.»

«Rispetto e ammiro molto la regina» sottolineò Bob Hawke «ma vorrei solo un capo di Stato che rappresentasse i valori e le tradizioni dell'Australia. Un capo di Stato che ci assomiglia, che parla come noi, che ragiona come noi. Un non australiano non eletto, con tutte le buone intenzioni, non appartiene a questo posto.»

Carlo si strofinò la fronte. «Spegni la televisione.»

Il signor Adeane fece come gli era stato ordinato. «A Canberra sono previste delle proteste contro l'alto costo del viaggio imminente» spiegò.

Almeno Carlo non sembrava ascoltare bene nemmeno lui. Aggrottò la fronte. «Sono andato a scuola nell'*outback* australiano per sei mesi, ho partecipato a marce campestri nel caldo soffocante, ho scalato vette e trascorso notti a contatto con la natura in un sacco a pelo. Mi sono innamorato di quella terra selvaggia. Come può dire che non conosco gli australiani?»

«Speriamo che non vinca le elezioni» disse il signor Adeane.

Diana avrebbe voluto essere d'aiuto. O almeno dire qualcosa di arguto, di incoraggiante! Ma non sapeva nulla di quel Bob Hawke o di quante probabilità avesse di vincere le elezioni.

A quanto pare però parecchie, perché pochi giorni

dopo divenne il nuovo primo ministro australiano. Non appena furono annunciati i risultati, Carlo e Diana ricevettero un invito da Elisabetta per un tè al castello di Windsor.

Proprio mentre entravano nell'anticamera, un giovane e affascinante uomo in uniforme da ufficiale di marina uscì di corsa dalla sala di ricevimento della regina.

«Andrea!» esclamò Diana. Con il suo modo di fare scanzonato, il fratello minore di Carlo di solito riusciva a rianimarla un po'.

Ma non quel giorno, perché era così sconvolto che di primo acchito non si accorse nemmeno di William che lei teneva in braccio. Ma poi di colpo il suo viso si illuminò. «Ehi, Di, ehi, little Wills!» Aveva adottato quei nomignoli da Diana. Fece un cenno al fratello maggiore. «Carlo.»

«Che piacere rivederti» disse allegra. La maggior parte del tempo era da qualche parte in mare, lontano da Buckingham Palace con tutte le rigide cene e i ricevimenti. Diana lo invidiava profondamente.

«Purtroppo devo andare. Dovrei essere sull'oceano Atlantico in questo momento. Ma se mia madre dice di voler vedere il terzo figlio, allora naturalmente si smuovono mari e monti per soddisfare il suo desiderio.»

«Risparmiami il tuo sarcasmo» lo rimproverò Carlo. «Faresti meglio a essere grato che hanno chiuso un occhio così a lungo sulla tua vita sregolata con tutte quelle ragazze dai facili costumi. Anche se sei solo al quarto posto nella successione al trono, rappresenti comunque la monarchia.»

Oh, ecco di cosa si trattava.

«Koo non era solo una tresca. Mi piaceva davvero.»

Il modo in cui Andrea lo disse scaldò il cuore di Diana. Koo era stata la sua prima relazione seria, come le aveva confidato una volta.

«Certo, del resto era una modella di nudo.»

«Attrice!» sbottò Andrea.

«Non è la stessa cosa oggigiorno?»

Andrea si afferrò la fronte e scosse la testa.

«Ho appena avuto questa discussione e non ho certo bisogno di averla di nuovo con te. Diana, mi ha fatto piacere vederti.» Dopodiché si allontanò in fretta.

«Che bello che oggi siate riusciti a venire» li salutò Elisabetta come se non fosse successo nulla. «Oh, avete portato William.» Il suo sguardo era più che eloquente e Diana, tanto per cambiare, desiderava già di poter scappare con Andrea in mare aperto.

«Non c'è da preoccuparsi, starà buono» promise. «A quest'ora di solito dorme.»

Almeno Filippo si intrattenne un po' con il nipote, accarezzandogli con l'indice le manine minuscole posate dolcemente sul petto di Diana.

«Hai suggerito ad Andrea di porre fine alla sua relazione con quella modella di nudo?» chiese Carlo a Elisabetta.

«Mi sono limitata a spiegargli che anche altre madri hanno figlie carine e, soprattutto, perbene» rispose lei, poi cambiò argomento: «Che ne dite di una passeggiatina?».

«Mi sembra un'ottima idea» si rallegrò Diana. Preferiva in ogni caso un po' di movimento, piuttosto che stare seduta tutta rigida insieme agli altri davanti a tè e pasticcini.

«Dirò alla signora Barnes di preparare la carrozzina.»

Poco dopo stavano camminando attraverso il parco curato del castello. La regina e l'erede al trono davanti, Filippo e Diana dietro. Era una bella giornata di marzo e tirava una bell'arietta fresca. Ma Diana conosceva il tempo di Londra e sapeva che il cielo a pecorelle avrebbe presto potuto portare pioggia. I corgi di Elisabetta le scodinzolavano intorno mentre William dormiva tranquillo, ignaro di tutto, nella carrozzina.

«Penso che la nostra passeggiata sia un'ottima occasione per parlare con calma del vostro primo viaggio oltreoceano» dichiarò Elisabetta.

Il tour sarebbe durato sei settimane e avrebbero visitato l'Australia e la Nuova Zelanda. Lo scopo principale era quello di convincere gli australiani scontenti e sempre più repubblicani a sostenere ancora la monarchia, come Diana aveva ormai capito.

«Il vostro viaggio imminente ci ha ricordato il nostro giro in Australia e Nuova Zelanda.» Quel tono colloquiale era insolito per Elisabetta. Ormai Diana conosceva la famiglia reale così bene da sapere che dietro a quasi tutti gli incontri in apparenza conviviali si nascondeva un tornaconto. «Ieri mi sono fatta portare un vecchio album di foto per ricordare i tempi passati.»

«Ci siamo stati nel '54, giusto?» chiese Filippo alla moglie, lanciando un bastoncino ai corgi che lo inseguirono subito. «Uno dei tuoi più grandi successi.»

«Uno dei *nostri* più grandi successi» ribatté lei. I suoi occhi brillavano estasiati.

«Non ho fatto molto» fece lui. «Il mio compito era ed è quello di metterti in risalto. Erano venuti tutti solo per vedere la loro bella e giovane regina.»

«A Sydney c'era un milione di persone» aggiunse Elisabetta non senza una punta d'orgoglio.

«Già, e li hai conquistati tutti. Il tour è stato un trionfo. E non solo dal punto di vista politico.»

Elisabetta annuì, si fermò e si voltò verso il marito. «Ci ha fatto anche avvicinare. Il viaggio è stato lungo e spesso molto faticoso, ma ci siamo riusciti perché abbiamo lavorato insieme come una squadra.» Guardò prima Carlo, poi Diana.

Per qualche istante calò il silenzio.

«Avrai senz'altro seguito i risultati delle elezioni parlamentari australiane» disse Elisabetta rivolgendosi a Carlo.

Ah, sì, pensò Diana, *ora sì che ci stiamo lentamente avvicinando alla questione.*

«Sì. Ha vinto Bob Hawke.»

«Una vittoria schiacciante, come si dice» aggiunse la regina. «Non fa mistero di volerci cacciare. La mia paura ora è che la sua scelta vi metta ancora più sotto pressione durante il vostro viaggio.»

«Non dovete preoccuparvi» disse Carlo.

Il sorriso di Elisabetta esprimeva il contrario. «È importante per me ribadire il ruolo significativo dell'Australia per il Commonwealth.»

Una cosa andava riconosciuta a Lady Hussey: era riuscita a far capire a Diana cos'era il Commonwealth delle nazioni, un'organizzazione libera di Stati sovrani formata principalmente dal Regno Unito di Gran Bretagna e Irlanda del Nord e dalle sue ex colonie.

«Se l'Australia dovesse decidere di andarsene...» Elisabetta fece una pausa drammatica. «... questo potrebbe avere un effetto sugli altri paesi membri del Commonwealth. C'è il pericolo che questa meravigliosa opera creata da mio padre si sgretoli.»

Carlo proseguì: «Sono mesi che pianifichiamo questo viaggio, mamma. Non c'è nulla che possa andare storto. Abbiamo sistemato tutti gli appuntamenti. Solo in Australia ci attendono quaranta voli interstatali. Certi giorni abbiamo fino a otto appuntamenti. Il nostro programma è rigoroso ed efficace, proprio come piace a te. Già il giorno del nostro arrivo visiteremo una scuola, dopo andremo direttamente a Ayers Rock e...».

«Subito dopo il lungo volo?» si intromise Diana. Stavolta fu lei a fermarsi. «E come facciamo con William?»

«Volete portare con voi il bambino?» Elisabetta guardò Diana come se fosse uscita di senno.

Il mento di Carlo affondò nel petto. Tirò un profondo sospiro. Annuì. «Esatto.»

«Per l'amor di Dio, vi rendete conto dell'importanza di questo viaggio?» sbottò Filippo. Era così sconvolto che spezzò per sbaglio in due il bastoncino che i corgi gli avevano riportato. «Evidentemente no, altrimenti non avreste avuto un'idea così stupida! Perché non puoi nemmeno chiedere un consiglio prima di decidere per conto tuo?»

«Diana ha insistito» disse Carlo piano.

William si era svegliato. Sembrava percepire la lite imminente e cominciò a piagnucolare.

Tuttavia Filippo non abbassò la voce quando si rivolse alla moglie. «È esattamente questo che intendevo quando ho detto: "Manda Carlo alle Bahamas per quanto mi riguarda, ma non in Australia e Nuova Zelanda". Questi paesi sono troppo importanti per usare la riserva.»

La regina aveva ancora una volta quel sorriso amichevole ma imperscrutabile da sfinge. «Non abbiamo portato i nostri figli con noi quando siamo andati in Australia nel '54.»

«Ma forse dal punto di vista strategico sarebbe saggio portare William» osò obiettare Carlo. Sembrava rimpicciolirsi sempre di più a ogni parola. «Gli australiani saranno entusiasti se stavolta torno non solo con una moglie ma anche con un figlio.»

Diana scosse la testa. «Non si tratta di come conquistare gli australiani. Si tratta del benessere di William.»

Il bimbo stava piangendo. Lei gli accarezzò la manina nella speranza che si calmasse.

«Un neonato dovrebbe essere perfettamente in grado di fare a meno di sua madre per un po', se riceve le cure ottimali di una governante» controbatté Elisabetta.

«Sempre che siano ottimali… non capisco perché avete assunto questa signora Barnes e non la fidata Mabel Anderson, che ha già cresciuto Carlo e anche i suoi fratelli e gode della nostra fiducia. Da quanto ho capito, la signora Barnes non ha alcuna formazione specifica. Si dice che non porti neanche l'uniforme al lavoro.»

«Apprezzo i suoi modi genuini» replicò Diana più calma possibile. «Mi ha fatto un'ottima impressione.»

«Be', in fin dei conti è una vostra decisione.» Ma poi la regina non poté fare a meno di chiedere al marito: «Ma ti è sembrato che abbia danneggiato i nostri figli non averli portati con noi quando siamo stati in visita in Australia e Nuova Zelanda?».

«Assolutamente no.»

In certi momenti, Diana avrebbe voluto dire a quei due ciò che doveva pesare sul cuore di Carlo. Il fatto che da piccolo naturalmente aveva sentito la mancanza del papà e della mamma quando stavano via per mesi e quanto fosse terribile per un bambino essere separato dai genitori, nonostante tutto l'amore e le premure che poteva fornirgli una governante. Questa non poteva sostituire i caldi abbracci di una madre e la sicurezza che un padre dava a un bambino. Ma se ne avesse accennato anche una sola parola a Elisabetta e Filippo, Carlo si sarebbe vergognato della sua presunta debolezza e l'avrebbe poi rimproverata. E così non aveva altra scelta se non rivolgergli uno sguardo colmo d'affetto, che lui evitò.

«Certo che no» continuò Elisabetta. «Perché dovrebbe far male a un bambino stare nel suo ambiente abituale, dove ha la sua tranquillità e ogni comfort di cui ha bisogno?»

«Un bambino ha bisogno soprattutto dei suoi genitori» replicò Diana. «E comunque è stato il primo ministro a proporci di portare William. Come potevo rifiutarmi?»

«Temo che sottovaluti ciò che vi aspetta. Servizi fotografici, balli di beneficenza, ricevimenti, partite di polo… Carlo conosce più che bene questa mole di impegni, ma per te è la prima volta. Hai solo ventun anni e…» Elisabetta si fermò un attimo. «E sei debilitata, a detta di tutti.»

Diana avvampò. Tutto dentro di lei si contrasse in modo convulso. «Sto bene. Non sono debilitata. E William ha bisogno di stabilità. Ha bisogno dei suoi genitori.»

«Stabilità?» ripeté la regina ridendo. «Come può il bambino avere stabilità quando deve viaggiare con voi per sei settimane attraverso l'Australia e la Nuova Zelanda? Come pensate di concentrarvi sul vostro lavoro?»

«William non viaggerà con noi per l'Australia» intervenne Carlo. «Starà in un posto sicuro con la sua governante.»

«Cosa?» Diana guardò Carlo con sgomento. «E dove?»

«A Woomargama» rispose lui. «In un allevamento di pecore nell'Australia centrale.»

Come volevasi dimostrare, aveva iniziato a piovigginare.

Elisabetta gettò un'occhiata al cielo e poi disse: «Quindi, per come la vedo io, William sarà comunque solo per la maggior parte del tempo. Perché non lo lasciate qui?».

«Perché voglio dormire sotto il suo stesso cielo stellato.» Diana avrebbe voluto mordersi la lingua. Ma era la pura e semplice verità, per quanto suonasse romantica.

Il principe Filippo scoppiò a ridere. «Vuole dormire con lui sotto lo stesso cielo stellato! È incredibile!» Scosse la testa per lo sconcerto. «Hai una vaga idea del viaggio che dovrete affrontare? Percorrerete quasi cinquantamila chilometri! Non puoi semplicemente salire in macchina e andare da William.»

Diana si vide seduta, sola e abbandonata, sui gradini di pietra di Park House a seguire con lo sguardo il taxi, che ormai era scomparso da tempo alla vista portandosi via sua madre. Non avrebbe mai fatto niente di simile a William. «Non salirò su quell'aereo senza mio figlio» disse. «Fine del discorso.»

19

1983

Ci vollero quasi trenta ore di viaggio per l'Australia, compreso uno scalo. Trenta ore in cui i pensieri di Diana giravano incessantemente intorno alle settimane successive. Un entourage di non meno di ventitré dipendenti doveva garantire che nulla andasse storto. Ma queste ventitré persone non sarebbero state in grado di impedirle di dire qualcosa di stupido in un'intervista o di mettere in imbarazzo Carlo o addirittura tutto Buckingham Palace! La famiglia reale aveva messo in chiaro quanto il tour fosse importante per il prestigio della monarchia. Diana aveva persino iniziato a mangiarsi le unghie, tanto era agitata.

Finalmente atterrarono a Alice Springs. Aveva ancora sulla lingua il sapore del caffè forte che aveva bevuto per essere pimpante quando sarebbero scesi dall'aereo. Niente le sembrava più paradisiaco di una vera stanza con una bella doccia e un grande letto dove poter dormire a lungo e profondamente. Puzzava un po' di sudore? In ogni caso aveva un leggero profumo di borotalco, perché prima sull'aereo aveva di nuovo cambiato in fretta William.

Il portellone dell'areo si aprì. Diana uscì dalla luce artificiale del velivolo sulla rampa, per poi essere inondata dal luminoso sole australiano. Sbatté le palpebre.

Pensava di essere un po' stordita dal lungo volo, ma erano solo i flash delle macchine fotografiche che le davano fastidio agli occhi.

«Centosettanta giornalisti e fotografi da Inghilterra, Germania, Francia e America seguiranno ogni vostra mossa» aveva sottolineato il signor Adeane per l'ennesima volta quando gli pneumatici dell'aereo avevano toccato terra. «Senza contare i giornalisti australiani.»

Sorrisi. Strette di mano.

«Benvenuti in Australia!» lì salutò gentilmente un uomo. Chissà chi era...

Il sole di mezzogiorno si rifletteva sull'asfalto caldo e Diana stava sudando sotto il colletto alto del suo vestito turchese. Di sicuro le sue guance si erano tutte arrossate in modo sgradevole.

Quel rumore. L'aereo, in sottofondo il rimbombo dei bauli del guardaroba che venivano scaricati, il clic delle macchine fotografiche... Da tutte le parti urla di giornalisti. *Diana! Dov'è il principino William? L'ha lasciato a casa, vero?*

D'un tratto la folla di giornalisti sobbalzò, come animali selvaggi a cui veniva lanciato un pezzo di carne. La signora Barnes scese dalla rampa dell'aereo con William e mise con delicatezza l'angioletto tra le braccia di Diana.

«Vogliamo una foto di madre e figlio!» gridò qualcuno.

Respirò a fondo il profumo della sua morbida pelle di neonato. Lo sguardo nei suoi occhi azzurri era così sbarazzino che lei si mise a ridere, anche se in realtà si sentiva a disagio. Forse era lei a dipendere da lui e non il contrario.

Ma tutto era troppo anche per William. Troppo rumoroso, troppo frenetico, troppo caldo... Cominciò a piangere.

«Dobbiamo andare» esortò Carlo.

La signora Barnes aveva già ripreso William ed era salita sulla rampa dell'aereo, nel cui ventre era scomparsa con lui. Quando l'avrebbe rivisto?

Qualcuno le esercitò una leggera pressione sulla schiena e la spinse verso la limousine nera che li stava aspettando. Diana entrò, sparendo dietro i vetri oscurati.

Mezzogiorno. Il sole era rovente. Ogni tanto un vento secco sollevava cespi dal terreno rosso crepato e polvere negli occhi di Diana. Il paesaggio sfavillava in lontananza. Un bicchiere d'acqua le sembrava la bevanda più deliziosa del mondo. Quando era stata l'ultima volta che aveva bevuto? Non ne aveva avuto il tempo. Non appena cambiati e rinfrescati dopo il lungo volo, erano subito ripartiti per una scuola a Alice Springs e poi direttamente per Ayers Rock.

«Questo piatto monolite che vedete davanti a voi nel deserto dell'Australia centrale è l'attrazione turistica più famosa del nostro paese e un luogo sacro per gli aborigeni» spiegò Scott con autorevolezza. Il giovane robusto con la barba lunga era la guida del tour.

Affascinata, ma anche intimidita, Diana osservò il nativo, in disparte rispetto a lei, che palesemente la contemplava di rimando. Aveva il petto nudo decorato con pitture bianche e nere. L'uomo anziano disse qualcosa in una lingua dal suono molto straniero. Diana guardò Scott in cerca di aiuto.

«Era pitjantjatjara, la lingua aborigena» spiegò. «Ha detto che a seconda della posizione del sole e del tempo, Ayers Rock appare in diverse tonalità, che vanno dal grigio-marrone al marrone, all'arancione e al rosso acceso.»

Cosa avrebbe dato Diana per poter parlare con l'indigeno, per chiedergli della sua cultura e delle storie oniriche che gli aborigeni associavano alla montagna sacra alta circa trecentocinquanta metri. Il suo sguardo era così saggio e benevolo, come se avesse una risposta a tutto nella vita. Ma evidentemente doveva accontentarsi di ringraziarlo con un sorriso per aver concesso il suo tempo a loro due, un principe e una principessa pallidi, sudati e viziati.

Il clic delle macchine fotografiche stava facendo impazzire Diana. La seguiva da tutto il giorno.

«Diana, le piace l'Uluru?» gridò uno dei giornalisti. Non riusciva nemmeno a distinguere i volti dietro tutti quegli apparecchi.

«Il cosa?» chiese.

Carlo si chinò leggermente e le sussurrò irritato: «È così che si chiama Ayers Rock nella lingua aborigena».

«Oh.» Sorrise a mo' di scusa. «È impressionante.»

«Cosa ne pensa dei costi esorbitanti del vostro tour australiano?» fece un altro giornalista.

«Ecco...» esordì. Come poteva pensare con lucidità quando uno sciame di mosche sembrava ronzarle in testa?

«Temo» rispose Carlo, perché la sua esitazione durava troppo a lungo, «che mia moglie non abbia molta dimestichezza con certe cose. D'altra parte, se avete domande sulle attuali tendenze della moda, sarà ben felice di rispondere.»

Poi fu il momento di scalare la montagna. Trecentocinquanta metri dovevano essere fattibili. Dopotutto, innumerevoli turisti si riversavano ogni giorno sul monolite, e anche Diana ce l'avrebbe fatta! Ma tremava all'idea.

Carlo, d'altro canto, era nel proprio elemento in tutto e per tutto. Conosceva l'*outback* australiano fin dai tempi della scuola e scalpitava per dimostrarlo. Per Diana era l'ennesimo mistero: tutti i membri della famiglia reale erano incapaci di mettere il dentifricio sullo spazzolino o di tirare fuori i vestiti dal guardaroba, ma quando si trattava di scarpinare per la brughiera scozzese o di scalare una montagna nel caldo torrido di mezzogiorno, erano robusti come stambecchi.

Perché aveva scelto proprio quello stupido vestito? «Stai scherzando?» le aveva chiesto Carlo quando era uscita dalla propria stanza d'albergo. Ormai dormivano anche in letti separati. «Hai intenzione di indossare un vestito bianco e delle ballerine nel deserto australiano?»

«La stampa sarà presente» ribatté difendendo la sua scelta di abbigliamento. «Voglio apparire carina.»

Carlo indossava l'uniforme beige di un ranger. Camilla si sarebbe probabilmente messa qualcosa di comodo, in toni semplici di marrone, oltre a robuste scarpe da trekking. Carlo aveva ragione in fondo. Cosa le era passato per la testa quando aveva scelto quel vestitino leggero? Con tutta quella luce sarebbe stato anche trasparente! Per di più, si gonfiava col vento, scoprendo la sottoveste e le ginocchia. Di sicuro, il giorno dopo, le foto delle sue gambe nude avrebbero tappezzato i giornali. Si sentiva la gola arsa e gli occhi secchi. Che catastrofe…

Il sudore le scorreva lungo la schiena. Acqua… Cosa avrebbe dato per averne un bicchiere! Le gambe le pesavano come piombo. Doveva solo riposarsi un attimo. Prendere un po' di fiato… Si mise una mano davanti agli occhi. Quanto mancava ancora? Sbirciò tra le dita. Oh, no, il punto panoramico era ancora lontanissimo! Com'era possibile che fosse riuscita a fare solo pochi passi?

«Carlo!» gridò. Per qualche istante ci vide doppio. Un Carlo che la guardava con aria di monito e insoddisfazione bastava e avanzava. Ma addirittura due?

«Che c'è?» chiesero entrambi.

«Ho le vertigini» rispose Diana.

Le andò incontro. «Manca solo un pezzetto.»

«Principessa Diana, non si sente bene?» domandarono i giornalisti.

«Ricomponiti» disse Carlo sottovoce. Sorrideva per le macchine fotografiche, ma la mandibola era serrata.

Ricomponiti.

Avrebbe fatto di tutto pur di non deludere Carlo. Fin troppo spesso aveva deluso le persone a cui teneva… a partire dalla sua semplice esistenza. *Non è un maschio! Che ci facciamo con un'altra femmina?*

Carlo doveva essere fiero di lei. Lei stessa voleva essere orgogliosa di sé. Ecco perché strinse i denti. Procedette passo dopo passo fino a raggiungere il punto panoramico.

«Il jet lag le sta dando fastidio, principessa?» chiese un giornalista quando finalmente erano tornati indietro.

«Un po' sì, ma è anche il caldo. Non mi ci sono ancora abituata» confessò. Aveva un sapore acido in bocca. Non osava nemmeno sorridere per paura di vomitare. Carlo non se ne accorse.

«Magari potrei avere un po' d'acqua?» si azzardò a domandare con cautela. Accettò con gratitudine il bicchiere che le veniva offerto. «Non credo di aver mai assaggiato un'acqua così buona» scherzò, e i giornalisti risero.

Lanciò un'occhiata a Carlo per vedere se anche lui stesse ridendo, se fosse contento di lei, ma la sua espressione era pietrificata. Indecifrabile. Tutta quella folla… Una diga che stava per rompersi da un momento all'altro e travolgerla con tonnellate d'acqua. Come faceva Carlo a stare così calmo sotto i riflettori e a fare il suo discorso?

«Mi sento un buon vecchio amico dell'Australia» echeggiò la sua voce sovrastando tutti quegli estranei a Newcastle. «Ormai sono passati ben diciassette anni da quando io, un *pom* inglese…»

La folla era entusiasta che Carlo sapesse prendersi in giro da solo. *Pom* o *pommy* era un appellativo scherzoso e talvolta maligno con cui gli australiani si riferivano agli inglesi.

«… ho avuto l'onore di vivere in questa nazione meravigliosa per sei mesi» concluse la frase.

Diana si sforzò di sorridere, ma in realtà aveva più voglia di seppellirsi la faccia tra le mani. Perché Carlo non sapeva essere altrettanto rilassato e autoironico con lei? Ogni sua parola veniva soppesata. Non le era nemmeno permesso di chiedere un bicchiere d'acqua, come aveva osato fare a Ayers Rock. Ancora una volta aveva infranto il protocollo, ecco perché Carlo era così arrabbiato.

Con Camilla era così spensierato come poco prima, mentre si crogiolava nella gloria? O si sfogava anche su di lei?

Quasi ventiquattr'ore su ventiquattro, innumerevoli telecamere seguivano tutti i loro passi. Ogni secondo doveva essere perfetto. Ogni. Stupido. Secondo. A volte la notte si svegliava di soprassalto, perché aveva l'impressione che ci fosse un obiettivo puntato su di lei. Per fortuna aveva solo un piccolo ruolo secondario, era la bella bambolina che rimaneva sempre sullo sfondo. Non sarebbe mai stata capace di stare sotto i riflettori come Carlo.

Si sforzò di ascoltare le sue parole. Conoscendolo, quella sera le avrebbe chiesto se le fosse piaciuto il suo discorso, e allora avrebbe dovuto essere in grado di citarne almeno una frase, cosa che lo lusingava particolarmente.

La sfiorò una brezza, ma prima che potesse goderne, sentì di nuovo il caldo opprimente. Trovava addirittura faticoso farsi aria con il ventaglio… Perché aveva scelto quella collana di perle così stretta? Inoltre aveva anche quel brutto mal di pancia. A colazione non era riuscita a mandar giù un solo boccone. Le era passato l'appetito quando il signor Adeane le aveva riferito tutto quello che c'era in programma per quel giorno. Se avesse continuato così, sarebbe morta in Australia.

Ricomponiti.

Finalmente. Carlo giunse alla fine. Tanti applausi. Grida di giubilo. L'aria sembrava vibrare… Come faceva qualcosa a essere così inebriante e scoraggiante allo stesso tempo?

Meglio concentrarsi. Si alzò dalla sedia nel modo più elegante possibile. La guardia del corpo la guidò verso una decappottabile d'epoca che l'avrebbe portata al suo prossimo appuntamento. Un'altra cosa che la faceva infuriare: si cercava di apparire affabili con il popolo, ma invece di cercare la vicinanza, si preferiva salutarlo da lontano a bordo di una macchina di lusso.

«*Diana, ci regali un sorriso!*»

«*Diana, il caldo le dà ancora fastidio?*»

«*Come sta William?*»

William… Il solo sentire il suo nome le faceva male. Le mancava così tanto…

Da qualche parte proveniva della musica.

Perché a Carlo quel rumore non dava fastidio? Perché le folle non lo spaventavano? Diana aveva la sensazione che venissero sempre più vicino. Le girava la testa. Avrebbe voluto buttarsi fuori dalla macchina. Si aggrappò al sedile. D'un tratto qualcosa volò verso di lei, atterrando sul suo grembo. Era solo un mazzo di fiori, eppure le tremava tutto il corpo. Carlo non si accorse di nulla. Continuava a salutare con gioia e allegria. Cos'aveva fatto di sbagliato?

Ricomponiti!

Sorridere, salutare, sorridere.

All'improvviso il suo mondo sembrò andare sottosopra e scoppiò in lacrime.

Un lampo di luce. Diana aprì gli occhi. Vide Ken Lennox abbassare la macchina fotografica. Una volta gli aveva portato una cioccolata calda a Capodanno come ringraziamento per averla salvata dall'invadente giornalista francese. Aveva un'aria turbata. La pressione nello stomaco di Diana aumentò. Aveva scattato una foto di lei che piangeva? Se l'immagine fosse apparsa nei media, Carlo sarebbe andato su tutte le furie, le avrebbe rinfacciato quanto fosse instabile, che stava danneggiando la Corona con i suoi piagnistei…

Scuotendo la testa, formò con le labbra due parole: «Per favore». *Per favore, non pubblichi questa foto.*

Ken Lennox esitò. Poi annuì e le rivolse addirittura un sorriso confortante.

Diana stava ancora metabolizzando l'incidente nell'auto d'epoca quando la sera finalmente arrivarono in hotel. Carlo e il signor Adeane avanzarono con risolutezza in testa. Le guardie del corpo li seguivano. E da qualche parte lì in mezzo c'era lei, sembrava la sua ombra, stremata e sola. La moquette dell'albergo attutiva i loro passi.

I due uomini parlavano del programma dei giorni successivi. Capiva solo frammenti di ciò che avrebbe dovuto affrontare l'indomani. «Alle nove avete un'intervista radiofonica, poi andrete a trovare i vigili del fuoco locali.»

Raggiunsero l'ascensore. Il signor Adeane premette il pulsante e continuò con quel tono arrogante e leggermente nasale che Diana detestava tanto: «C'è una partita di polo in programma nel pomeriggio...».

Come si era stufata del polo! Per ore rimaneva a bordocampo, sorseggiando la sua acqua e facendo noiose chiacchiere. Tempo sprecato... tempo che avrebbe potuto trascorrere con William.

«... Sua moglie, nel frattempo, sarà all'inaugurazione di un...»

Sua moglie sarà. Come se lei non avesse altra scelta. Come se fosse una pedina da spostare avanti e indietro sulla scacchiera come meglio credevano.

Portiere aperte. Salirono. Portiere chiuse.

Cosa c'è che non va in me? si domandò. Perché aveva scalato Ayers Rock quando stava quasi per crollare? Perché da giorni si affrettava da un appuntamento all'altro, anche se il suo corpo le diceva chiaramente che era al limite delle forze? Perché permetteva a Carlo di sparire subito nella propria stanza d'albergo per chiamare Camilla e rassicurarla su quanto gli mancasse?

D'un tratto si sentì dire: «Voglio andare da William».

Carlo la fissò con quello sguardo che spesso le rivolgeva ultimamente. Uno sguardo che a priori era infastidito e accusatorio. «Anche a me piacerebbe, ma non è qui.»

«Ma mi avevi promesso che l'avrei visto ogni quattro o cinque giorni» insisté Diana. «Secondo la spiegazione del signor Adeane, ho più l'impressione che dobbiamo continuare a correre da un posto all'altro.»

«Ti ho solo detto che avremo fatto del nostro meglio per soddisfare la tua richiesta. Ma era impossibile. Ora, invece di sei settimane di separazione, sono solo due.»

«Due settimane? No.» Diana scosse la testa. «Insisto per vedere William.»

«È impossibile» replicò Carlo in tono brusco. «I piani del nostro tour sono scolpiti nella pietra, non possiamo semplicemente scorrazzare per il paese a nostro piacimento.»

«Ma tu invece hai tempo per fare surf e giocare a polo! Com'è possibile che questo per te sia più importante di tuo figlio?»

«Sono solo uno o due pomeriggi. Ma tu ci chiedi di buttare a mare un piano che è in atto da mesi. Non siamo mica in vacanza. Ti rendi conto di quanto sia importante questo viaggio? Non solo per il Commonwealth, ma anche per me personalmente?»

«Ma non ce la faccio più, Carlo. Devo vederlo.» Se necessario, avrebbe implorato. Se necessario, sarebbe andata da William da sola l'indomani, anche a costo di salire su una bicicletta e pedalare per tutta la strada!

«Per l'amor di Dio, Diana!» sbottò. «Nel caso te lo fossi scordato, sei sposata con il principe di Galles! Così facendo, hai messo la tua vita al servizio della monarchia! E sapevi cosa ti aspettava. Nessuno ti ha costretta. Io, invece, non ho mai avuto altra scelta!»

«E ci sto provando! Ci provo a essere per te una moglie umile. Una bambola sorridente e affabile. Ma ho dei *sentimenti*, Carlo, e che tu ci creda o no, ho anche spirito e intelletto! Il più grande servizio che posso rendere alla monarchia è quello di essere una madre premurosa. Questo bambino, che un giorno sarà re, non deve sperimentare solo la freddezza dei cortigiani, che faranno di tutto perché sia sempre perfetto, come una macchina. Dovrebbe crescere in un ambiente amorevole e solo così William sarà un essere umano in carne e ossa quando salirà al trono.»

Calò il silenzio. La temperatura sembrava essere scesa almeno di cinque gradi. L'ascensore si fermò. Le porte si aprirono.

«Ed ecco perché esigo di rivedere mio figlio domani. *Nostro* figlio» disse Diana, uscendo dall'ascensore.

20

La jeep non aveva fatto in tempo a fermarsi che Diana era già saltata fuori dall'auto, aveva salito in fretta e furia i tre gradini di legno fino al portico, aveva aperto la porta a zanzariera e si era precipitata nella fattoria. «William!»

La domestica uscì dal salotto. «Sua Altezza Reale» disse sbigottita, facendo un piccolo inchino solerte.

«Little Wills» disse Diana senza fiato. «Dov'è? Voglio vederlo.»

«È insieme alla signora Barnes dall'altra parte della fattoria, dove ci sono le pecore.»

Diana corse fuori. Poi finalmente lo vide, William, il suo bambino, il suo piccolo miracolo, il suo centro interiore che la sosteneva, e il peso degli ultimi giorni fu dimenticato. Lo prese dalle braccia della signora Barnes e lo strinse a sé. Anche se si trovava nel bel mezzo del nulla in Australia, si sentiva come se fosse tornata a casa. «Eccoti qui, tesoro mio. Mi sei mancato così tanto.»

«William adora le pecore» raccontò la signora Barnes. «Ma questi fotografi sono davvero una piaga. Hanno assediato i dintorni e strisciano nell'erba nella speranza di ottenere una foto della fattoria o addirittura di William.»

Diana percepì un movimento alle sue spalle. Carlo era

salito sul portico, con le mani giunte dietro la schiena come al solito. Aveva un po' l'aria del visitatore di un museo che guarda un quadro e si commuove inaspettatamente. *Ma questo non è un quadro*, voleva dirgli. *È la realtà, basta osare fare un passo avanti e venire da noi.*

Diana gli tese una mano. *Vieni qui. Vieni da noi.*

Carlo abbozzò un sorriso dolce e si avvicinò, mentre la signora Barnes si ritrasse senza dare nell'occhio.

«Mamma e papà ti vogliono tantissimo bene» disse Diana a William.

Carlo guardò di nuovo verso il portico, ma troppo tardi. Diana aveva visto ormai le lacrime nei suoi occhi. «Domani potremmo fare un piccolo picnic» suggerì lui. «Come al castello di Balmoral. Solo che qui non saremo circondati da tutta la mia famiglia.»

L'angolo destro della sua bocca si sollevò in un sorriso divertito. Era divertito! Da quanto tempo lei non aveva suscitato in lui una reazione così bella!

«Che ne dici?»

«Sarebbe divino» sospirò.

William tra le sue braccia, Carlo al proprio fianco: era come se stesse vivendo il suo paradiso personale.

Il giorno dopo scelsero un luogo non lontano dall'allevamento di pecore, da cui si godeva una vista mozzafiato sulle dolci colline della vasta campagna. Ben presto si fece pomeriggio e il sole assunse un colore carico. Il cielo australiano brillava negli occhi di Carlo. Mostrò al figlio ogni cespuglio, ogni pietra, e rimase affascinato quando William fece un versetto di gioia. Finora William gattonava o riusciva a fare solo qualche piccolo passo con l'aiuto di Diana. Furono ancora più sorpresi quando all'improvviso mosse i primi passi impacciati.

«È incredibile!» esclamò Carlo. «È appena venuto al mondo e già cammina! Un talento naturale!»

Diana si svegliò nelle prime ore del mattino, perché l'aria fresca aveva ristretto il legno facendo scricchiolare e cigolare lievemente la fattoria. Si spostò fuori sul portico. Chissà che ora era a Londra?

Si accomodò su un dondolo di legno, respirò il profumo speziato della natura selvaggia e ascoltò il fruscio dell'erba e dei cespugli nel vento leggero. Si inebriò della vista del cielo stellato che si spegneva lentamente sopra di lei, cercò di conservare quel bagliore nel suo cuore, la calma, l'infinitezza...

All'improvviso qualcuno diede una spinta delicata al dondolo. «Bellissimo, vero?» disse Carlo alle sue spalle.

Annuì, assorta nei propri pensieri. «Come se fossimo le uniche persone al mondo. Niente fotografi. Niente folla.» Niente rigidi lacchè. Niente uomini freddi in abiti grigi. Niente Camilla.

Si voltò verso di lui e vide che indossava solo una leggera vestaglia. Per lei era ancora l'uomo più bello del pianeta.

«Volevo dire che...» Teneva lo sguardo fisso sui piedi nudi. «Il picnic di ieri... È stata una giornata molto bella.»

«Già» replicò Diana con un sorriso. «Wills dà sempre del filo da torcere, vero?»

«Direi proprio di sì.»

Era giunto il momento? Non potevano andare avanti così. Qualcuno doveva pur fare il primo passo.

«Carlo, c'è qualcosa che mi preoccupa. Vorrei parlarne con te.»

Lui incrociò le mani dietro la schiena. Annuì.

«Anch'io ho riflettuto molto. Ma inizia tu.»

«Molto premuroso da parte tua» le sfuggì. Non voleva essere maligna, ma nel frattempo si era creata un'atmosfera così tesa tra loro che Carlo si sentì subito attaccato.

«E con questo cosa vorresti dire?»

«Solo che sei abituato ad andare avanti per primo. A dare il la.»

Carlo si pizzicò in mezzo alle sopracciglia, come spesso accadeva quando era irritato. «È quello che prevede il protocollo.»

«Tiri sempre fuori il protocollo quando ti serve una giustificazione. Ma chi ha fatto questo protocollo, Carlo?»

«Generazioni e generazioni.»

«Queste generazioni hanno creato qualcosa che imprigiona le persone. Che non lascia spazio al calore e all'affetto.» Diana si fece forza. «Ti rendi conto di quanto lotto ogni giorno? Di quanto stia male?»

«Lo so» replicò Carlo. «Sei diventata pelle e ossa. Hai tentato più volte di farti del male. Ti sei buttata giù per le scale e ti sei tagliata. Ma non capisco cosa ti succede, perché sei così infelice.»

Si alzò. «Infelice? Mi sento come morta, Carlo! Devo essere efficiente ogni giorno, ma nessuno mi chiede come sto o ha una parola di elogio per me. Non sai cosa si prova.»

«Come puoi pensare sul serio che io non sappia cosa si prova?» scattò con rabbia. «La mia vita scorre così da sempre! Senza ringraziamenti, né riconoscimenti. Abbandonato. Non ti senti capita, ma anch'io provo la stessa cosa! Mi accusi di essere freddo nei tuoi confronti... ma tu ti rinchiudi in te stessa. Per giorni ti rintani nel letto o ti nascondi in bagno dove...» Non riusciva nemmeno a dirlo.

Il cuore di Diana ebbe un sussulto.

«Non pensare che non me ne accorga, Diana. Non riesco proprio a capacitarmene: hai tutto ciò che una giovane donna può desiderare. Ma invece di godertelo, fai del male a te stessa!»

«Sono grida di aiuto! Perché non mi consideri!»

«Ma io sono qui! Con te!» esclamò. «Cos'altro vuoi?»

«Voglio che tu mi dica che al tuo fianco non mi può accadere nulla. Che con te sono al sicuro. Ma per te sono come aria! Cosa posso fare per ottenere il tuo rispetto, il tuo tempo, il tuo amore? Come devo essere?»

«Sei al sicuro con me. Forse mi reputi ignorante e insensibile, ma non lo sono. Ho solo imparato ad adattarmi. Non sai cosa significhi crescere in una famiglia in cui non ti è mai permesso essere te stesso. Fare ciò che ti senti di fare. Fare semplicemente lo stupido ed essere giovane.»

«Allora parlamene! Posso aiutarti! Possiamo aiutarci a vicenda. Possiamo guarire insieme!»

«Svegliati, Diana! Questa non è la favola di cui tutti parlano. Questa non è nemmeno la vita normale! Siamo tutti pedine su una scacchiera che vengono spostate avanti e indietro.»

«Lo siamo solo se lo permettiamo.»

«Oh, ma per favore! So che pensi che io obbedisca ai miei genitori come un cagnolino. Ho l'impressione che tu mi veda come un uomo vecchio e noioso. Perché altrimenti non mostri alcun interesse per ciò che mi appassiona?»

«Perché tu fai tutte queste cose con *lei*! Perché nella tua vita sembra che io sia superflua!»

«Ancora Camilla?» sbuffò Carlo.

«Sì, certo, ancora Camilla! La chiami tutte le sere. Ti sei messo i suoi gemelli durante la nostra luna di miele! Hai addirittura portato delle foto di lei! Sei andato da lei subito dopo la nostra vacanza!»

«E anche se fosse!» esclamò Carlo. «Sono il futuro re, quindi le tresche sono d'obbligo!»

«È questo che ti ha insegnato il tuo adorato zio Dickie?»

«Tieni fuori Dickie da questo discorso!»

«Sai qual è la cosa peggiore?» continuò Diana. «Posso persino capirlo! Lei ama la caccia, ama la natura, ha il tuo stesso senso dell'umorismo crudo, è intelligente e matura e… è il mio esatto contrario in tutto. È come fatta apposta per te.»

Carlo la guardò come un cervo abbagliato dai fari di un'auto che gli viene incontro.

Diana sentiva il sapore del sale. Le guance bagnate dalle lacrime. Ogni muscolo del suo corpo era teso, il cuore le batteva forte. Tutto in lei voleva correre a nascondersi finché qualcuno non fosse venuto a cercarla. Ma non era più una bambina. Quindi fece un respiro profondo. «E dato che sembra perfetta per te e non riesci a staccarti da lei, mi chiedo: c'è posto per me nella tua vita, Carlo?»

Di' qualcosa, Carlo, per favore...

Ma lui rimase in silenzio.

Diana era in bilico su un precipizio. Vide negli occhi del marito come lottava con se stesso. La sua vita dipendeva da quel momento.

«Ti sto perdendo e non posso farci nulla» piangeva.

Eccolo di nuovo, quel dolore profondo. La certezza che prima o poi tutto si sarebbe spezzato.

«Temo di non essere molto bravo a mostrare le emozioni» balbettò.

Sempre meglio di niente.

Poi squillò il telefono.

«Sua Altezza Reale, telefono» disse il signor Adeane.

Non ora, per favore, no...

Il signor Adeane non specificò chi avesse chiamato. Ma non ce n'era bisogno. Sapevano tutti e due chi era al telefono: Camilla.

Diana ebbe un tuffo al cuore. Era come se il suo mondo si fosse fermato. Persino i suoni della natura selvaggia sembravano essersi zittiti.

Forse era per quello che sentiva in maniera così nitida le parole di Carlo, anche se lui parlava pianissimo. «Non adesso. Perché...» La guardò. «Perché voglio dire a mia moglie che…» deglutì «… che ho bisogno di lei. E che la amo.»

Ci volle un attimo perché Diana assorbisse ciò che il marito le aveva appena detto. «È la verità?»

«Sì» replicò Carlo. Sembrava sollevato. Come se avesse avuto paura di qualcosa per molto tempo, avesse finalmente osato buttarsi e si fosse liberato. «Ti ammiro. Sei di una bellezza radiosa e hai un cuore immenso. Incanti tutti, ovunque tu vada.»

«E io ammiro te» disse lei. «La tua intelligenza e le tue grandiose idee che tutto il mondo dovrebbe conoscere.»

Diana vide qualcosa brillare nei suoi occhi. «Ne ho tantissime altre! Ho molto spirito d'iniziativa, ma la regina non ne vuole sapere.»

«Ma io sì. Mi dispiace di non averti mostrato prima la mia ammirazione. Tu e William siete tutto quello che ho. Tutto ciò che è importante nella mia vita.»

Baciò Carlo. E lui ricambiò il suo bacio. All'inizio fu solo uno sfiorarsi di labbra, ma del resto non c'erano domestici in agguato, erano soli, così Diana osò mettergli una mano sul collo e avvicinarlo a sé. Con la lingua gli aprì la bocca e lo baciò appassionatamente.

Carlo, senza fiato, si staccò da lei. Insieme si sistemarono sull'ampio dondolo di legno, lui la tirò in grembo e lei appoggiò la fronte alla sua.

«Avremmo dovuto parlarci molto tempo prima» disse. «Così ci saremmo risparmiati tante discussioni, tante energie.»

Carlo annuì. «Sì, perché in realtà ci capiamo molto bene. Abbiamo bisogno tutti e due della stessa cosa. Sostegno, incoraggiamento, rispetto e stima.»

«E amore» aggiunse Diana.

21

Questa dunque era Sydney.

Diana abbassò il finestrino della limousine e allungò la testa fuori. La pelle d'oca le ricopriva le braccia. Quello doveva essere il Sydney Harbour Bridge di cui aveva parlato Carlo. Dietro si ergeva maestoso il teatro dell'opera che sembrava librarsi in aria con diverse vele. Quella mattina Carlo aveva tenuto un discorso al Circular Quay. La folla che era venuta a vederlo era stata travolgente. Ma Diana non aveva avuto più paura, perché lui prima l'aveva incoraggiata e, quando era possibile, l'aveva tenuta per mano. Si era persino divertita ad avvicinarsi alle persone alla fine del suo discorso, a stringere loro la mano, a scambiare qualche parola e ad accettare fiori ringraziando. Mai prima d'allora il popolo di un paese era stato così amichevole. Mai una città le era sembrata tanto esaltante. Mai l'aria salmastra della sera, che entrava nella limousine attraverso il finestrino aperto, aveva avuto un profumo così delizioso.

Stavano andando a un ballo di beneficenza. Il tramonto faceva scintillare tutto. L'acqua in movimento dell'oceano Pacifico. I grattacieli. Le finestre della grande nave da crociera ormeggiata in porto. Quanto era moderna e allo stesso tempo elegante la città! *Cosmopolita*, come avrebbe detto Carlo. Diana gli rivolse un sorriso. Lui lo ricambiò e le strinse con delicatezza la mano.

Non lo aveva mai guardato con così tanto affetto.

Fino al giorno prima, il viaggio era stato un vero inferno, ma alla fine le aveva regalato il paradiso.

Ecco perché la serata imminente aveva un'importanza cruciale. Voleva incantare Carlo. Fin dal loro breve soggiorno all'allevamento di pecore di Woomargama, i due tubavano come sposi novelli. Ripensò all'intervista radiofonica di quella mattina. Ai bambini dietro le quinte era stato concesso di far loro alcune domande.

«Il principe William ha un pupazzo preferito?» chiese una bambina.

«Oh, gli piace tutto ciò che fa i versetti» aveva risposto Diana con una risata.

Carlo si era chinato verso di lei, le aveva sussurrato qualcosa all'orecchio e l'aveva fatta ridacchiare ancora una volta. «Ah, sì, ha una balena che sputa palline come una fontana. Ma da quando siamo in Australia, è stata sostituita da un koala, da cui William non riesce proprio a separarsi.»

Ecco come ci si sentiva a essere innamorati. Diana credeva di saperlo già, ma no, era solo come se l'immaginava. Una speranza. Ora lo stava vivendo davvero.

«Che cosa le è pia... piaciuto di... di più in Australia?» Un bambino aveva letto la sua domanda da un foglietto in maniera un po' stentata.

«La gioia più grande per me è stata conoscere la gente

del posto» aveva risposto Diana. «Ci sentiamo così bene accetti.»

Dopo quell'intervista, Carlo l'aveva addirittura elogiata! «Sei meravigliosa» aveva detto. «Incanti tutti. Riesci a immaginare che quarantamila persone erano presenti al discorso di oggi? Mi piacerebbe chiamare mia madre e chiederle cosa ne pensa.»

Com'era bello ridere insieme. Forse, dopo il viaggio, si sarebbero lasciati Camilla alle spalle... Ecco perché si era cambiata innumerevoli volte per il ballo, prima di trovare finalmente l'abito giusto. Voleva essere perfetta per lui. A prescindere da ciò, la stampa intanto non faceva che parlare dei suoi abiti.

«Ancora non ci credo» aveva esclamato esasperata nella stanza d'albergo la sua dama di compagnia, Anne Beckwith-Smith, con le mani sui fianchi. «Ero sicura che i vestiti che avevamo messo in valigia sarebbero bastati... ma a quanto pare duecento abiti sono pochi. La folla è davvero insaziabile. Ogni giorno vogliono vederla con una mise nuova.»

Fu una serata da favola.

Un gustoso vino australiano che presto le circolò piacevolmente nelle vene. Le migliori specialità. Una band dal vivo che creava l'atmosfera. Durante la cena Diana non poté fare a meno di battere tutto il tempo il piede a ritmo di musica. Quando risuonò il dolce suono di tromba di *Can't take my eyes off you* di Frankie Valli, si mise dritta come un fuso sulla sedia: quanto amava quella canzone! Per poco non balzò in piedi per prendere d'assalto la pista da ballo, se necessario anche da sola!

«Posso?» le chiese Carlo.

Diana non riusciva a credere alla sua fortuna. «Non desidero altro!»

Lui la portò alla pista da ballo.

«Ops» fece, quando inaspettatamente la attirò a sé.

Le posò la mano in fondo alla schiena. Era elettrizzata.

Carlo sorrise. Non un sorriso superficiale, ma uno che diceva: *Vieni, cancelliamo tutto il resto. Siamo solo io e te.*

La condusse con abilità per il parquet. «*You're just too good to be true*» canticchiava. Il suo respiro caldo le sfiorava l'orecchio.

Diana ridacchiò. Aveva senz'altro le guance arrossate.

«Ora offriamo qualcosa alla gente, che ne dici?» scherzò, poi partirono le trombe e Carlo la fece volteggiare finché non le venne un leggero capogiro, ma non riusciva a smettere di ridere.

«*I love you, baby*» cantavano le tre donne sul palco.

Alla fine della canzone si fissarono intensamente. Lui le teneva ancora la mano intorno alla vita e a lei tremava tutto il corpo. Diana non si era ancora capacitata di quanto desiderasse la tenerezza, la vicinanza, l'amore… Voleva così tanto quell'uomo. Ma anche lui la voleva ancora?

Quando più tardi entrarono insieme nell'ascensore dell'albergo, l'aria continuava a crepitare tra loro.

«È stata una bella serata» disse Carlo con cautela.

«Trovo anch'io.» Ormai conosceva il fascino dei propri occhi azzurri e sperava che anche stavolta non mancassero di avere il loro effetto. Nel suo sguardo mise tutto quello che desiderava da lui.

L'ascensore fece un rumore e le porte si aprirono. Ed ecco le loro suite. Due persone, due letti.

Carlo gettò uno sguardo dietro di sé alla guardia del corpo che, come sempre, li aveva seguiti senza farsi notare. Tirò fuori le chiavi della sua camera dalla tasca dei pantaloni.

No! Ti prego, stiamo insieme stasera! Dammi la possibilità di amarti, Carlo!

Esitò. La guardò.

Mio marito. L'unico uomo che mai amerò.

Allungò la mano e lui la prese. Poi aprì la porta della sua suite, la portò dentro e la cinse tra le braccia. Si fusero insieme, la testa di lei contro il petto di lui, il cuore di lui che batteva contro la pelle di lei attraverso la camicia. Lei tremò, così come lui, leggermente, e per un po' rimasero semplicemente così. Poi si scostò per baciarla. La fronte, le tempie, le guance, le labbra e le scapole.

Lei gli allentò la cravatta. Via, via.

L'abito da ballo finì sulla moquette della camera d'hotel.

Quella notte era tutto ciò che aveva tanto agognato. Non c'erano aspettative, non c'erano speranze che potessero essere deluse, solo vicinanza, tenerezza e comprensione.

Da quanto tempo desiderava svegliarsi accanto a lui

al mattino, coperta solo da un lenzuolo bianco? Carlo al suo fianco, i capelli spettinati. Mormorare un "buongiorno", sorridere perché era così rilassata e in pace, respirare la fragranza della sua pelle coperta da una leggera patina di sudore, sentire la barba graffiarla con un brivido di piacere quando lo baciava, e il suo peso quando le rotolava addosso e lei d'istinto gli avvolgeva le gambe intorno.

Come avevano potuto fare a meno di una tale vicinanza per così tanto tempo?

«Non possiamo stare così per sempre?» gli sussurrò contro il mento.

«Sarebbe troppo bello per essere vero» rispose Carlo.

22

«Benvenuti!» Bob Hawke si avvicinò a Carlo e Diana con le braccia aperte. Accanto c'era la moglie.

Quando scese dalla limousine davanti all'elegante edificio chiaro, il cuore le batteva forte. L'incontro con il primo ministro australiano si svolgeva presso la Government House di Canberra, la residenza ufficiale del governatore generale dell'Australia, il rappresentante della Corona britannica.

Sperava proprio di non avere la mano sudaticcia. Era tesa perché Carlo in macchina aveva sottolineato per l'ennesima volta quanto fosse importante quell'incontro e quanto alta fosse la posta in gioco. Le voci che richiedevano che l'Australia diventasse una repubblica indipendente si facevano sempre più forti. Tutto il Commonwealth era sotto minaccia. «Se l'Australia dovesse ritirarsi, anche gli altri paesi potrebbero cadere come tessere di un domino. Se almeno questo Bob Hawke fosse un uomo di spessore, ma è un tipo sgradevole e cafone, noto per essere un gran bevitore. Si dice che abbia addirittura stabilito il record mondiale di bevuta veloce! Per me è un mistero come una persona del genere possa essere il leader di una federazione sindacale, e ancora di più come gli australiani abbiano potuto eleggerlo primo ministro.»

Oddio, cosa la aspettava? Per il resto del viaggio aveva immaginato il peggio. Sebbene avesse già visto il signor Hawke in televisione e sapesse che era magro, gli piaceva ridere e in generale sembrava un tipo coi piedi per terra, nella sua mente, a causa del quadro a tinte fosche dipinto da Carlo, si era fatta l'idea di un uomo con la pancia da birra e la puzza di sudore. E se si fosse scagliato contro la monarchia? E se avesse detto a Diana, papale papale, che con i suoi bei vestiti e i suoi gioielli preziosi non era altro che un costo inutile per il paese e che era del tutto superflua?

Il dopobarba del signor Hawke le ricordò un momento della sua infanzia, quando era stato abbattuto un albero nella tenuta di Althorp e l'aria profumava di legno appena tagliato. «Io sono Bob e questa è mia moglie Hazel» li salutò come se Carlo e Diana fossero una coppia perfettamente normale invitata al barbecue da un'altra coppia perfettamente normale.

«È bellissimo qui» disse Diana. «Grazie mille per l'invito.»

«A suo marito un tempo piaceva così tanto che voleva comprare tutto il terreno e diventare il prossimo governatore generale» scherzò Bob, poi si rivolse a Carlo. «Si ricorda la nostra piccola cavalcata di allora?»

Non era necessario essere sposati con il principe per capire quanto si sentisse a disagio. «Era solo un'idea passeggera.»

«Sua madre allora le aveva messo i bastoni tra le ruote, no?»

«La decisione l'abbiamo presa insieme» replicò Carlo.

«Comunque il tempo vola... di colpo sono passati dieci anni e ora è in compagnia di una moglie adorabile che incanta tutta l'Australia.» Bob le baciò appena la mano e le fece l'occhiolino. «Se fosse venuto solo suo marito» mormorò a voce bassa e con un sorriso malizioso, come se le stesse confidando un segreto «i miei desideri forse sarebbero stati esauditi e i giorni della Corona inglese sarebbero stati contati qui in Australia. Ma lei... è una vera e propria superstar reale.»

Diana sorrise incerta e d'un tratto sentì il sole bruciarle forte le guance. «Oh, spero di no. Le superstar sono sempre così terribilmente inavvicinabili.»

«E lei è una principessa alla buona» replicò, stringendole un po' troppo la mano.

«Mi limito solo ad avvicinarmi al popolo. È mio marito a tenere tutti i discorsi e rilasciare interviste» disse Diana, tentando di deviare l'attenzione su Carlo.

«E non deve fare nient'altro. È circondata da un'aura di magia. È questo il potere di una favola, carissima.»

Diana voleva domandargli cosa intendesse, ma Hazel la precedette. «*Darling*, che ne dice di una passeggiata in campagna? Sarebbe una bella occasione per conoscersi meglio.»

«È un'idea meravigliosa» disse Diana sollevata.

Mentre gli uomini camminavano davanti, lei si godeva il tempo con Hazel. Irradiava una piacevole calma e, sebbene non fosse una bellezza tipica, esercitava comunque un certo fascino. Per via della sua posizione subordinata di moglie di un politico in ascesa, aveva acquisito una sorta di dignità silenziosa.

«Come sta Little Wills?» chiese, sorridendo mentre guardava Diana rianimarsi dentro di sé. «Ho letto su uno di quei giornali di gossip che gli ha dato lei questo soprannome.»

«Little Wills ha mosso i primi passi» raccontò Diana con entusiasmo. «È stato semplicemente incredibile.»

«Lei sembra una madre meravigliosa.»

Diana sventolò la mano. «Grazie, ma non sono certo migliore di altre mamme. Ci sono giorni buoni e giorni cattivi.»

«Ero molto curiosa di conoscerla. Dal parrucchiere tutte le signore vogliono il suo taglio di capelli» rise Hazel. «Negli asili le madri e le maestre parlano di lei come di un modello da seguire, e in ogni negozio di provincia si trovano souvenir con il suo volto.»

«Presto la situazione si calmerà.» Diana abbassò lo sguardo sul sentiero di ghiaia. Stranamente non riusciva a rallegrarsi delle parole amichevoli di Hazel. C'era ancora qualcosa che le dava da pensare. Chissà se poteva domandarlo alla moglie del primo ministro.

Furono gli occhi di Hazel a darle la sensazione di potersi aprire con lei. Sembravano aver vissuto tutto ciò che era tragico, aver superato il dolore e la sofferenza passo dopo passo, fino a raggiungere un'elevata sensibilità e una straordinaria comprensione. «Vorrei farle una domanda, Hazel» esordì.

«Tutto quello che le passa per la testa, mia cara.»

«Che cosa intendeva suo marito quando ha detto: "Se fosse venuto solo Carlo in Australia, i giorni della monarchia sarebbero stati contati?"»

Avevano ormai raggiunto la riva del fiume Molonglo, dove le zanzare ronzavano sopra le acque mosse all'ombra di un alto albero. «Sa cosa significa *terra nullius*?»

Diana scosse la testa. «Purtroppo no.»

«Significa "terra di nessuno". È così che un tempo gli inglesi chiamavano l'Australia per giustificare il fatto di essersene appropriati... anche se in realtà era la terra degli aborigeni. Nel 1788 la prima flotta inglese è sbarcata a Sydney Cove. Per due lunghi secoli siamo stati asserviti alla Corona, incapaci di camminare con le nostre gambe.»

Diana era tesa. Dove voleva andare a parare Hazel? Non poteva farci niente se gli inglesi avevano colonizzato l'Australia. Ciò nonostante ne era infastidita, come se in fondo tutti gli inglesi fossero senza scrupoli e assetati di potere.

«Non mi fraintenda» continuò Hazel. «Mio marito non ha nulla contro la regina. Al contrario, la stima. Si limita a sottolineare che è strano che l'Australia abbia un capo di Stato che vive dall'altra parte del mondo ed è molto diverso da noi. Era sicuro che fosse finalmente giunto il momento e che la vostra visita avrebbe motivato l'Australia a camminare con le proprie gambe.»

Hazel guardò Diana. «E poi è venuta lei.»

«Temo di non riuscire ancora a seguirla del tutto...»

«Be', glielo posso spiegare con un esempio. Mentre suo marito dimostra mancanza di tatto e di fronte agli aborigeni di Ayers Rock indossa un'uniforme che lo fa sembrare un occupante inglese, lei è naturale e discreta nella sua mise con camicetta bianca, e arrossisce quando chiede un semplice bicchiere d'acqua. Ora sarò franca con lei, da moglie a moglie: il principe Carlo, con la sua riservatezza, rappresenta ai miei occhi il cliché della monarchia. Ma lei è la moglie perfetta, la principessa perfetta, la madre perfetta, e d'un tratto tutto il paese impazzisce.»

«È questo che intendeva suo marito quando ha detto: "Il potere di una favola"?»

«Più o meno, ma non sono del tutto d'accordo con lui. Può darsi che la sua storia abbia un che di fiabesco... la sua ascesa da maestra d'asilo a principessa. Ma ci vuole molto di più per toccare il cuore delle persone.»

«Temo che lei mi dia troppo credito. Non faccio altro che ricevere fiori, ringraziare e stringere qualche mano.»

«Ed è molto di più di quello che ha fatto la coppia reale. Sua Maestà, la regina Elisabetta, di solito si limitava a salutare dalla sua auto. Lei va dal popolo.» Hazel rimase in silenzio per qualche istante, e Diana percepì che stava lottando con se stessa. «C'è solo una cosa che mi preoccupa» disse alla fine.

«E sarebbe?» chiese la principessa.

«Be', come moglie di un politico, ho avuto la mia parte di esperienze. Suo marito mi dà l'impressione di voler essere lui al centro dell'attenzione.»

Diana non sapeva bene come replicare. «Come principe di Galles e futuro erede al trono, gli piace avere lo scettro in mano, è vero. Questo viaggio deve essere un successo.»

«Lo sarà, mi creda. La sua visita ha riportato il repubblicanesimo australiano indietro di anni. Ma non è merito dell'erede al trono. Perché è chiaramente la principessa di Galles ad aver conquistato il cuore degli australiani.»

Diana stentava a credere a quello che aveva sentito.

«Circa otto foto su dieci sui giornali ritraggono solo lei. Questo la dice lunga. Forse non lo sa, ma lei è una donna forte. E la sua forza non è fatta per fare da sfondo a suo marito, com'è forse il caso con il principe Filippo e la regina. Quei due sono un affascinante abbinamento di grazia e granito, e funziona. Ma per lei e il principe Carlo è il contrario. Lei sottolinea i suoi difetti. Mette in luce la sua mancanza di naturalezza, spontaneità e sensibilità.»

Era come se qualcosa non le andasse a genio, che fosse il caldo o l'odore che emanava il fiume o la vista dell'acqua marrone.

«Mi perdoni, all'improvviso è impallidita. Non volevo turbarla.» Hazel prese la mano di Diana. «Sono solo preoccupata. La vita a porte chiuse è spesso completamente diversa dalla versione che si dà al pubblico. E se la sua popolarità diventasse una trappola per lei?»

«Carlo saprà gestire la situazione» mentì Diana. Aveva già ricevuto più attenzioni del marito durante il loro tour nel Galles, motivo per cui lui era spesso arrabbiato la sera e aveva sfogato le sue frustrazioni su di lei. Abbassò la testa. «Allora che cosa devo fare?» chiese sottovoce.

«Immagino che si aspettino un basso profilo da parte sua.»

«Quindi dovrei tornare a essere invisibile» tradusse Diana, gettando un'occhiata a Hazel. «E se non lo volessi?»

«Allora temo» disse l'altra e un'ombra scura si stagliò sul suo volto, «che ne subirà le conseguenze.»

23

Era incredibile. C'erano persone a perdita d'occhio… venivano sventolate bandiere e sollevati striscioni colorati. Acclamazioni giungevano da tutte le parti, da destra a manca e persino dall'alto! Diana mise una mano sul cappello bianco, rizzò la testa e sbatté le palpebre perché i suoi occhi dovevano abituarsi a tutta la luce del sole che si rifletteva sui grattacieli. Grattacieli che sembravano fatti solo di persone. Salutavano dai balconi o dalle finestre e scandivano i loro nomi. Nel Galles avevano già affrontato folle sterminate di ammiratori, ma quel mare di persone era semplicemente immane. Non solo sulla terraferma, ma anche al porto si accalcavano sulle barche. Ma ormai quell'impeto non la intimoriva più. Era apprezzata. Amata. Da tantissima gente.

Nel frattempo Carlo si era allontanato di parecchio e, come gli aveva consigliato Diana, stringeva mani qua e là.

«Mi aspettavo già un gran numero di persone, ma tutta questa folla è inverosimile» sentì una conduttrice che parlava al microfono. «Il traffico in città si è completamente bloccato. Più di quattrocentomila persone sono in trepidante attesa di ascoltare dal vivo le parole della coppia erede al trono. Ma non c'è dubbio su chi la gente voglia davvero vedere.»

«È bellissima» esclamò la donna con gli occhi luccicanti. «Adoro il suo vestito!»

In realtà la sua mise azzurra con motivi di margherite bianche era semplice. Diana, che si era appena accovacciata per accettare un mazzo di fiori da una bambina, si raddrizzò. «Grazie, e a me piace il suo vestito!»

«Sul serio? Oddio, grazie!» La donna sembrava quasi non credere alla sua fortuna. «È molto diversa da come mi aspettavo. Non come si immagina una principessa."

«Perché neanch'io mi considero anzitutto una principessa, bensì una moglie e una madre» replicò Diana.

Ben presto non ce la faceva più a portare tutti i bouquet e ne diede alcuni a Carlo. «Sembra che io sia qui solo per portare i tuoi fiori» osservò.

Il suo cuore traboccava di gratitudine e amore per tutte quelle persone. Cercava di dedicare il maggior tempo possibile a coloro che erano nell'ombra: gli anziani, i timidi, i giovanissimi, i malati. Tutti sorridevano. Eppure scorse la frustrazione negli occhi di una giovane donna. La rabbia negli occhi di una madre. Il dolore negli occhi di un'anziana. Diana provò un profondo legame con quelle persone che soffrivano. Era come rinata perché almeno poteva dare loro una piccola gioia, anche se solo per qualche attimo. In presenza di tutti gli aristocratici e i politici arroganti con cui doveva sedersi a tavola così spesso, si sentiva stupida e insignificante. I presenti la ringraziavano quando scambiava solo poche parole con loro, senza rendersi conto che in realtà era lei a doverli ringraziare.

Anche Carlo percepiva quanto fosse unico e speciale quel momento? Che stava accadendo qualcosa di grandioso? Bastò uno sguardo per capire che qualcosa non andava.

Una donna gridò: «Siamo qui per sua moglie. Le dica di venire dalla nostra parte!».

Diana lo ammirava per come reagì con fascino, anche se immaginava quanto ne fosse rimasto ferito. «Le conviene chiedere indietro i soldi» scherzò con voce spenta.

La situazione peggiorò sempre di più. A un certo punto, non riuscì più a fare battute, infilò le mani nelle tasche dei pantaloni e prese a calci un sasso davanti a sé. «Mi dispiace molto, sarà qui tra un minuto. Dovete prima accontentarvi di me.»

Le vennero in mente le parole di Hazel. «La prego, faccia qualcosa» Diana supplicò il signor Adeane, il quale seguiva il suo superiore con uno sguardo mortificato. «Qualsiasi cosa pur di suscitare più entusiasmo per mio marito.»

Oh, no, cos'era stato? Qualcuno aveva fischiato Carlo! Si precipitò subito da lui, ma già le persone dall'altra parte esprimevano il loro disappunto e chiedevano che la principessa ritornasse. C'era da impazzire! Doveva avere il dono dell'ubiquità per accontentare tutti.

A quanto pareva Carlo aveva avuto un pensiero simile, solo che lo espresse in modo leggermente diverso rivolgendosi a bassa voce al signor Adeane: «Sono giunto alla conclusione che per me sarebbe più facile avere due mogli. Loro camminano ai lati della parata, mentre io sto in mezzo a dare istruzioni».

Una coltellata al petto.

Qualcosa cominciò a ribollire in Diana. Perché non era semplicemente contento per lei? Era stanca di cercare sempre di accontentarlo. Tanto non si accorgeva dei suoi sforzi.

All'improvviso la barriera non riuscì più a resistere alla pressione della gente. Gli uomini della sicurezza cercavano ancora di tenere tutte le persone lontane da lei, ma non c'era speranza. Un attimo dopo fu circondata dalla calca. Ma non aveva paura. Riusciva ad avvertire che le volevano bene sinceramente. Avevano buone intenzioni. Era come se fosse immersa in un mare di amore, affetto e ammirazione. «*Principessa Diana, lei è il mio punto di riferimento*», «*Ammiro il suo stile!*»

A stento riusciva a tenere il passo con gli autografi e i ringraziamenti. Il suo cuore palpitava di felicità.

Dov'era finito Carlo? Si mise in punta di piedi e lo cercò con lo sguardo. Quando i suoi occhi lo trovarono, trasalì. Il suo volto era pietrificato.

Ed eccolo di nuovo, il pugno di ghiaccio che le stringeva il cuore.

L'amore che la gente le stava dimostrando le sarebbe costato caro in privato.

«Come ti sei permessa?» sbottò Carlo, non appena ebbe invitato il signor Adeane e lei a raggiungerlo nella sua suite, chiudendo la porta alle loro spalle. «Perché mi stai facendo questo?»

«Che cosa avrei fatto di nuovo?» replicò lei. Gettò la borsetta sul letto, si tolse il cappello e si sfilò i sandali stretti. Le faceva male la schiena a forza di stare in piedi. Voleva solo farsi una doccia e lavare via la giornata faticosa.

Già in macchina la sua intuizione era stata confermata: ne avrebbe fatto un dramma. Carlo non le aveva rivolto neanche una parola; aveva preferito invece fissare fuori dai finestrini oscurati, rimuginando in silenzio.

«Qualcuno vuole farmi la cortesia di spiegare?» insistette.

Il signor Adeane si schiarì la gola e rispose al posto di Carlo: «Be', non le sarà sfuggito che il principe di Galles non è stato accolto con lo stesso entusiasmo con cui è stata accolta lei».

«Io sono il futuro re!» Carlo camminava su e giù per la stanza. «Il popolo dovrebbe acclamare me! Il tour dovrebbe essere mio!»

«Credevo fosse il "nostro tour"» ribatté lei.

«Il tuo compito era quello di sostenermi in questa delicata situazione, affinché un paese importante non voltasse le spalle al Commonwealth. Ma grazie a te, i miei discorsi non vengono nemmeno citati dalla stampa!»

Fece segno al signor Adeane, che prese il telecomando e accese a caso un notiziario. Una donna con un bambino in braccio stava dicendo alla telecamera: «Sembra una madre meravigliosa. Dà la sensazione che possa essere una buona amica, anche se fa parte della famiglia reale. È impossibile non amarla!».

«Adoro il suo stile!» esclamò un'altra. «È straordinario. Audace, ma sempre elegante e di classe.»

«Noti qualcosa?» Carlo serrò la mandibola.

«Sì. La gente dice solo cose belle.»

«È così spontanea» affermò una giovane donna. «Non è austera come il resto della famiglia reale.»

«Sei riuscita a mettere in cattiva luce la casa reale. Mi hanno fischiato!»

«E mi dispiace tantissimo, Carlo, ma non posso farci niente. Ho cercato solo di aiutarti!»

«Ma davvero? Ti sei pavoneggiata!» ruggì stringendo i pugni.

Diana non riusciva a credere a quello che aveva sentito. Era così ingiusto! «Non mi sono pavoneggiata, ho stabilito un legame con le persone! Grazie a me, la gente è venuta in massa agli eventi» ribatté adirata. «Sono entusiasti della coppia erede al trono! E così ti ho sostenuto nella tua missione di far tornare la monarchia nelle grazie dell'Australia.»

«Ora vattene» si limitò a dire Carlo. «Io e il signor Adeane dobbiamo decidere come procedere, in modo che non accada lo stesso disastro anche in Nuova Zelanda.»

Le diede le spalle e guardò fuori dalla finestra.

Come erano riusciti a giungere di nuovo a quel punto? Gli ultimi giorni erano stati colmi d'armonia, dopotutto... Un sogno che era scoppiato come una bolla di sapone.

«Carlo, ti prego!» lo implorò. «Parliamone in tranquillità! Anch'io, come te, voglio che questo viaggio sia un successo. Vuoi davvero ignorarmi, adesso? Abbiamo ancora due settimane intere davanti a noi.»

Ma lui rimase in silenzio. Non aveva altra scelta che ritirarsi sconsolata nella sua suite e sprofondare sul letto. Voleva solo che Carlo fosse orgoglioso di lei. Se non fosse piaciuta alla gente, avrebbe avuto altrettanti problemi. Qualunque cosa facesse, era sbagliata.

Sentiva il corpo di una pesantezza infinita. Era crudele quando Carlo la trattava come se non esistesse. Come se non valesse niente. Non ce l'avrebbe fatta a sopportare due settimane così. Avrebbe dovuto porgergli di nuovo le sue scuse? Le avrebbe accettate con un cenno che sottintendeva: «Meno male che sei rinsavita».

L'unico problema era che per poco aveva sperimentato quanto potesse essere bella la vita. Aveva leccato il nettare celeste e quel sapore dolce era ancora sulla sua lingua.

Non poteva più tornare alla sua vecchia versione che considerava l'abnegazione l'apice della femminilità.

Ma cosa fare?

Doveva finalmente confidare il suo dolore a qualcuno. E all'unica persona che aveva davvero qualcosa da dire a Carlo.

Elisabetta.

24

Ancora pochi minuti e poi sarebbero atterrati a Londra.

Carlo era seduto davanti a lei, ma non l'aveva guardata per tutto il volo, né aveva proferito parola.

In due, eppure da sola.

Diana cercò di trarre forza dal bagliore di Londra sotto di lei. La notte stava lentamente scendendo, ma la città resisteva con lo scintillio di innumerevoli luci. Stava sorseggiando il suo tè nero. Amaro e leggero. Su quanti aerei sarebbe ancora salita quell'anno? Cinquanta? Cento?

All'aeroporto li aspettavano due auto. Una per lei, una per Carlo. Evidentemente sei settimane senza Camilla erano state troppe. Adesso doveva gratificare di nuovo il suo ego a letto il più in fretta possibile. Diana si mise quasi a ridere. Ma poi Carlo l'avrebbe guardata di nuovo come se preferisse metterle una camicia di forza.

Non un abbraccio, non un saluto, nemmeno uno sguardo di rimorso.

«A Buckingham Palace, per favore» ordinò Diana all'autista della sua limousine. «Devo parlare con la regina.»

Si era convinta che fosse giusto disturbare Elisabetta a un'ora così insolita, anzi, la suocera avrebbe potuto addirittura preoccuparsi. *Tesoro, vieni a sederti, è successo qualcosa?*

Elisabetta era seduta sul divano e le luci del televisore le illuminavano il viso. Davanti a lei, su un tavolino, c'era un piatto con un avanzo di carote bollite e purè di patate. Due corgi dormivano ai suoi piedi, uno era sdraiato accanto a lei sul divano. Perché Filippo non era con lei? Aveva fatto la sua stessa fine, intrappolato in un matrimonio freddo e senza amore?

Elisabetta si pulì la bocca con un tovagliolo di stoffa, silenziò il televisore, spostò il tavolino, si alzò e infine sorrise, il tutto piuttosto lentamente, come per esprimere che Diana l'aveva disturbata mentre faceva qualcosa che era restia a interrompere. «Bentornata dal vostro primo viaggio oltreoceano.»

Diana fece un inchino. «Grazie, mamma.»

Nello sguardo di Elisabetta era balenata una sorta di inquietudine? O se l'era solo immaginato? «Mi ha proposto di chiamarla così, dopo il nostro matrimonio» aggiunse Diana per precauzione.

«Sì, certo.» Elisabetta indicò il divano. Lei stessa si sedette sul bordo, come se volesse rialzarsi da un momento all'altro. «La tua visita mi sorprende in un momento così insolito e subito dopo il vostro lungo viaggio. Devi essere esausta.»

Volgendo lo sguardo verso le mani piegate in grembo, Diana disse: «Non potevo più aspettare e dovevo parlarle subito. Ho bisogno di qualcuno con cui potermi sfogare. Sono disperata...».

«Disperata?» ripeté Elisabetta stupita. «Ma se il vostro viaggio è stato un gran successo!»

«Be', non è un successo se io e mio marito non ci scambiamo quasi più una parola.»

«Ma le foto che ho potuto vedere sulla stampa mostrano una coppia felice.»

«In pubblico, forse, sembriamo una coppia felice» spiegò Diana. «Ma in privato è tutt'altro.»

«Be', in privato alcune cose sono diverse da come appaiono.» Elisabetta inarcò le sopracciglia in segno d'intesa. «Mai dare retta ai pettegolezzi, ma ne ho parlato proprio l'altro giorno con la principessa Margaret, che come sai vive anche lei a Kensington Palace. Mi ha riferito, se devo dar adito alle voci... che ti procuri del male.»

Diana si sentì attaccata. Arrossì. Era come se avesse perso il controllo. Trattenne il respiro e tutto dentro di lei si contrasse in maniera convulsa.

Osservò la suocera. Avrebbe dovuto mentire a Elisabetta e proclamare che le voci erano completamente campate per aria!

Ma la regina considerava già il suo silenzio un tacito assenso. «Le tue condizioni pesano su Carlo.»

La conversazione aveva preso la piega sbagliata, le stava sfuggendo di mano... «Ma se da quando ci siamo fidanzati, Carlo mi tratta come se fossi trasparente! Si vede di nascosto con Camilla. Lei lo sa. Lo sapete tutti!»

«L'infedeltà è una deplorevole debolezza da sopportare e ignorare. Una temporanea distrazione.»

Aveva sentito bene? Elisabetta le stava chiedendo di

starsene con le mani in mano mentre Carlo andava a letto con un'altra? «Quindi pensa che sia giusto che lui mi faccia consapevolmente del male? Io ne sto soffrendo!»

«Stai soffrendo? Su cento foto scattate, novantatré mostrano solo te, la principessa radiosa. Carlo vuole solo un po' di riconoscimento. La stampa non l'ha considerato molto, mentre tu ti sei crogiolata nell'attenzione altrui.»

Non riusciva quasi a seguirla. «Non è vero. Non mi sono crogiolata nell'attenzione altrui. Mi sono sentita solo notata. Era come se le persone avessero percepito che avevo bisogno di essere tirata su di morale. Come se avessero un legame con me.»

«Come possono le persone là fuori sentirsi anche solo lontanamente legate a noi? Ti sbagli se pensi che capiscano la nostra situazione e provino qualcosa come comprensione o addirittura compassione per noi.»

«Non mi sbaglio. So quello che ho provato» ribatté Diana.

I loro sguardi conducevano una lotta silenziosa.

«Sono molto delusa da te, Diana. Invece di gioire per il vostro trionfo in Australia e Nuova Zelanda, non fai altro che lamentarti. E invece di chiederti se anche tu sei da biasimare per i vostri problemi coniugali, vieni da me e pugnali tuo marito alle spalle.»

Le parole di Elisabetta erano come acido. Non le aveva mai parlato in quel modo. «Non è mia intenzione pugnalare Carlo alle spalle.»

Per un attimo le venne in mente la pietosa idea di

gettarsi ai piedi di Elisabetta e supplicarla. *La prego, non capisce, sono a pezzi e voi tutti ve ne state lì a guardare!*

«Non chiedo molto» disse Diana. «Voglio solo sentirmi come se anch'io valessi qualcosa. Desidero solo un po' di calore e di affetto.»

«Ah» sospirò Elisabetta. «Tutta questa teatralità non è che una messinscena.»

Una messinscena. Una delle parole che la regina amava usare. Tutto ciò che aveva a che fare con le emozioni per lei era una "messinscena". Elisabetta si alzò dal divano e si lisciò la gonna del tailleur. Immediatamente anche i corgi balzarono in piedi e si misero a scodinzolare intorno alla padrona. Lei sorrise estasiata e accarezzò i vivacissimi cagnolini. Poi lo sguardo si posò sulla campanella posata sul vassoio. *Chiami pure il maggiordomo*, pensò Diana, *io non mi arrendo ancora. Ormai mi sono spinta troppo oltre.*

«Tutto ciò che voglio è appartenere a voi» implorò, alzandosi anche lei dal divano. «Mi piacerebbe tanto far parte di questa famiglia.»

«Tu fai parte di questa famiglia» replicò Elisabetta.

«Ma io mi sento più come… come se avessi solo un ruolo da svolgere. Come se non fossi più una persona viva.»

Elisabetta si fece dare la zampina da uno dei corgi. Persino con i suoi cani la regina era più affettuosa di quanto lo fosse mai stata con lei… «Se me lo chiedi, io ti vedo molto viva. Non so cosa speri di ottenere da me, Diana.»

Le lacrime le pizzicavano gli occhi. Si era lasciata alle

spalle un lungo e sconvolgente viaggio. Ora era ferita e sola. «Un po' di conforto sarebbe gradito.»

Fallo e basta, cos'hai da perdere? Quel che rimane del mio orgoglio, qualche briciola di speranza.

Si avvicinò a Elisabetta e la abbracciò. Per la prima volta da quando era entrata in quella famiglia, Diana sentì il corpo morbido della donna che portava il peso di un intero paese. Come qualcuno che stesse annegando, si aggrappò a lei.

Uno dei corgi abbaiò come se volesse proteggere la padrona. Elisabetta si irrigidì. Poi diede due buffetti sulle spalle di Diana. *Ora basta, lasciami andare.*

La consapevolezza che le stava facendo violenza colpì Diana come uno schiaffo. Spaventata, si ritrasse. Elisabetta si toccò i capelli.

Come aveva potuto credere seriamente che magari anche la regina desiderasse un po' di vicinanza e volesse aprirsi con lei? Questa era la donna a capo di un paese da quasi trent'anni. La donna che non si era nemmeno scomposta quando un folle adolescente di diciassette anni le aveva sparato sei colpi a salve durante una parata militare nel luglio del 1981. Nel giro di pochi secondi, aveva ripreso il controllo del cavallo, gli aveva accarezzato il collo e aveva proseguito.

Un anno dopo, alle sette del mattino, un disoccupato di trentun anni si era arrampicato su una grondaia a Buckingham Palace ed era entrato nella camera da letto della regina. Elisabetta era ancora a letto in attesa del suo tè mattutino. Si era alzata, aveva indossato la vestaglia e le pantofole e aveva detto con severità all'uomo: «Se ne vada da qui». Dato che non era comparso nessuno della sicurezza, si era seduta sul bordo del letto e aveva chiacchierato in tono educato con lui dei suoi problemi familiari per cinque minuti, finché non era finalmente arrivato un poliziotto.

«Portatelo fuori e dategli una sigaretta» aveva detto.

Elisabetta era di granito.

Tutte le donne della famiglia reale erano di granito.

Solo Diana non lo era.

«Mi dispiace averla disturbata a quest'ora» disse. «Meglio che vada.»

Poco prima di uscire dalla stanza, diede un'ultima occhiata a Elisabetta che aveva ripreso il suo posto sul divano. Le luci variopinte della tv illuminarono il suo viso. Era come se la loro conversazione non fosse mai avvenuta.

Allora si rese conto che la regina era forse la donna più sola del mondo. E che se qualcosa non fosse cambiato presto nella sua vita, avrebbe fatto la stessa fine.

Nel cuore della notte, Diana si ritrovò nella cucina di Kensington Palace, circondata da piatti vuoti su cui si stavano asciugando resti di budino alla vaniglia. Quel dolce aveva un qualcosa di confortante. Come se qualcuno la prendesse tra le braccia.

Più tardi, mentre si dirigeva con indolenza verso il suo appartamento, un rumore la fece fermare. Una porta si era chiusa? Con cautela diede un'occhiata al corridoio semibuio. Tirò un sospiro di sollievo. Era solo Margo, che sembrava avere una leggera sbornia. Almeno così suggeriva la sua andatura un po' ondeggiante. Come Diana portava le sue scarpe con i tacchi alti in mano.

«Beccata» rise Diana. «Quindi questa è l'entrata laterale segreta che usi per uscire di nascosto.»

«È l'unica a non essere videosorvegliata» confessò la diva. «Non vorrei che il personale avesse qualcosa su cui spettegolare.» Serrò le labbra, infilò la borsetta sotto l'ascella e si avviò verso le scale. Con una mano già appoggiata alla ringhiera, si fermò di colpo. «Non siete tornati a casa stasera dal vostro tour trionfale? Dove si è cacciato Carlo?»

Diana non dovette nemmeno dirlo. Margaret le lesse la risposta ovvia in faccia. «Capisco.»

«E io non ho altra scelta che fare la parte della sciocca ingenua che non sente e non vede nulla.» Anche se aveva appena mangiato del budino alla vaniglia, all'improvviso sentì un sapore amaro in bocca. «In pratica speravate che mi adeguassi, non è vero?»

«Sarebbe stata la soluzione più facile per tutti» rispose Margo in tono secco.

«Quindi devo piegarmi, come ha fatto Filippo. Come hai fatto tu. E se non fossi disposta a farlo?»

Lo sguardo di Margaret era un monito. «Non dimenticare chi sei. E con chi hai a che fare. Tu dipendi da noi.»

Per un breve istante Margaret permise a Diana di intravedere, dietro la facciata fredda e sarcastica, tutti i dolori, le perdite, le umiliazioni e le speranze infrante che la donna, un tempo bellissima, aveva sopportato nella sua vita. «Soccomberai» fece quasi con dolcezza.

Hazel Hawke aveva detto una cosa analoga a Diana. Ma sia lei che Margaret avevano dimenticato un dettaglio cruciale. Durante il viaggio in Australia e Nuova Zelanda Diana aveva scoperto quanto lì la gente la apprezzasse. Più di Carlo. Forse anche più della regina. Perché potevano identificarsi con lei. Solo grazie a lei il tour in Australia e Nuova Zelanda era stato un successo.

Ecco perché si fece forza. «Credo che abbiate commesso un errore concettuale. E se fossi io a collegarvi alla vita moderna? Colei che vi fa rimanere al passo coi tempi e rilevanti?» Si soffermò per lasciare che le sue parole venissero assimilate e poi disse: «E se fossi io a tenervi in vita?».

Parte seconda

25

1991

Sarebbe stata la sua rovina.

Rasentava il suicidio.

Ma che differenza faceva? Si sentiva comunque morta dentro.

Inoltre, nessuno avrebbe saputo che l'idea era stata sua. Avrebbe fatto la parte dell'inorridita, ormai era abbastanza temprata. *Almeno sotto questo aspetto mi sono adattata a voi.*

Guardò il registratore sul tavolo di fronte a lei. Quel piccolo e insignificante dispositivo avrebbe presto contenuto tutta la sua vita. L'aveva portato di nascosto a palazzo nella borsetta. Accanto c'era un foglio con delle domande, accuratamente battute a macchina. Di Noah. Uno pseudonimo. Dietro quel nome si nascondeva Andrew Morton, un giovane ambizioso giornalista che aveva già scritto di lei un paio di volte sul *Sunday Times*. A lui avrebbe aperto la porta per accedere al suo intimo più profondo e così avrebbe pubblicato la sua storia. La sua *vera storia.*

Gli articoli di Morton avevano dimostrato quanto fosse empatico e la guardasse più da vicino degli altri giornalisti, che in lei vedevano soltanto una bella bambolina tenuta nella bambagia. Un giornale americano lo aveva descritto come un "*notable author and historian*", un autore ragguardevole e uno storico. Da quella descrizione lei aveva formato l'acronimo Noah. Ma soprattutto, Morton era indipendente da Buckingham Palace.

Aveva già parlato del suo fidanzamento. Del fatto che la casa reale stesse cercando una vergine per l'erede al trono. Inoltre doveva essere carina e protestante e, naturalmente, provenire da una buona famiglia. Aveva confidato al registratore che Carlo era innamorato da anni di un'altra donna. Aveva confessato le sue grida d'aiuto: di essersi gettata dalle scale e di essersi inflitta delle ferite con una lametta.

Chi l'avrebbe mai detto, ma era una bella sensazione parlarne finalmente! Anche se le costava comunque un grosso sforzo rispondere alle domande di Morton nel modo più aperto e sincero possibile. Anche adesso il cuore le batteva forte, mentre premeva l'indice sul pulsante di avvio. Come se fosse una bomba e non un registratore.

Stai pugnalando la tua famiglia alle spalle. Chi sei diventata?

Ma non sapeva cos'altro fare. Stava affondando e mentre annegava, se ne stavano tutti a guardare senza muovere un dito.

L'ennesimo grido d'aiuto.

Stavolta la famiglia reale non avrebbe potuto ignorarlo.

Un intermediario le recapitava le nuove domande di Morton ogni volta che era possibile o gli faceva pervenire i nastri registrati. Come in un film hollywoodiano, per così dire.

Era domenica, il cielo era di un azzurro brillante. Il palazzo era deserto. Diana aveva comunque controllato più volte che non ci fosse nessuno in giro e aveva dato istruzioni alla servitù di non disturbarla nell'ora successiva.

Forza.

Premette il tasto di registrazione. Fece qualche respiro prima di iniziare.

«Da ragazza avevo tanti sogni. Ciò che desideravo di più era avere un giorno un uomo che si prendesse cura di me. Una figura paterna che mi sostenesse e mi incoraggiasse. Be'…

«Dopo il viaggio in Australia e Nuova Zelanda, Carlo e io abbiamo cercato di venirci incontro. Per un po' la situazione è miracolosamente migliorata e in qualche modo siamo riusciti ad avere Harry. Carlo aveva sempre desiderato un maschio e una femmina. Sapevo che sarebbe stato un maschio, perché l'avevo visto nell'ecografia. Gliel'ho tenuto nascosto. "Oddio" è stato il suo primo commento "è un maschio. E ha addirittura i capelli rossi". In quel momento qualcosa si è chiuso dentro di me.

«A malapena vedevo i miei amici. Mi vergognavo di invitarli a pranzo al palazzo. Mi sarei scusata in continuazione. Per il fatto che mio marito tanto per cambiare non si faceva vedere. Perché ero così esausta e non riuscivo a spiegarne il motivo… del resto, avevo tutto ciò che le donne sognano. A volte pensavo che un giorno sarei morta di solitudine.

«Ma poi... Poi è arrivata Fergie. E all'improvviso non sono stata più sola...»

26

1985

Fergie. Sarah Ferguson, in realtà, ma se la si conosceva era impossibile chiamarla Sarah, frizzante e ribelle com'era.

Di tanto in tanto si erano incrociate al polo, avevano chiacchierato un po', ma il loro rapporto non era diventato stretto. Le cose erano cambiate, tuttavia, in uno di quei pomeriggi interminabili, durante una delle partite di Carlo. Diana stava ammirando i cavalli che venivano nutriti e abbeverati a lato. La stampa presente non ne aveva mai abbastanza di Harry nei suoi pantaloncini alla zuava. D'altra parte era da prendere a morsi per quanto era adorabile. Diana lo portava in braccio quasi sempre. D'altronde non aveva nemmeno un anno. La signora Barnes spingeva la carrozzina, seguita con discrezione da due guardie del corpo. Con quel caldo i poverini dovevano di sicuro sudare nelle loro divise scure.

Diana cercò di bloccare i fotografi. Probabilmente non si sarebbe mai abituata ai paparazzi. E nemmeno alle guardie del corpo. La vista di William, che fissava incantato i fieri cavalli e gli ancor più fieri giocatori, il cielo limpido e il profumo dell'erba appena tagliata compensavano, almeno in parte, tutti quegli strapazzi. Avrebbe comunque preferito godersi il sole in bikini. Tutto il contrario delle signore raffinate, che si rintanavano come oche sotto il padiglione bianco per proteggere il loro nobile pallore.

Quando Diana andò a prendere una Coca-Cola per William, sentì quelle stesse signore sparlare di Fergie.

«Guarda quella rossa» disse una di quelle tipiche donne che pensavano di meritare un massaggio dopo una lunga giornata di shopping da Harrods. E mentre le loro schiene venivano massaggiate, si lamentavano che agli innumerevoli turisti doveva essere negato l'accesso ai grandi magazzini di lusso. Se non altro le rughe evidenti intorno alla bocca di quell'avvoltoio indicavano che aveva sempre da ridire su tutto. «Dalla capigliatura sembra che abbia preso la scossa» disse di Fergie. «Anche qualche chilo in meno non guasterebbe. Ma chi è?»

«Sarah Ferguson» riferì un'altra. Si scostò, allontanandosi da un raggio di sole che le si era pericolosamente avvicinato alla pelle.

«I suoi genitori non le hanno insegnato a vestirsi con buon gusto?»

«La madre la vedo difficile, è scappata in Argentina con l'amante, il giocatore di polo Héctor Barrantes.»

«Questo già la dice lunga sui suoi rapporti familiari. Allora non mi sorprende che la camicetta sia così attillata. Evidentemente sta cercando di seguire le orme materne.»

«Comunque sia, questa Sarah si gode la vita, a quanto pare. Dicono che si aggiri nei nightclub o negli après-ski come una gatta morta. Probabilmente nella speranza di accaparrarsi un ricco benefattore. Ha addirittura attraversato il Sud America da sola con lo zaino in spalla. Quale signora con stile e cervello fa una cosa del genere, scusate?»

Diana provò una profonda compassione per quella giovane donna vivace che esultava alla staccionata come se volesse prendere d'assalto il campo. Era in continuo movimento, come una palla di gomma, quindi neanche la treccia alla francese poteva domare la sua criniera. Fergie saltellava, salutava, incitava i giocatori e continuava a guardarsi intorno, ovviamente nella speranza di individuare un cavaliere tra gli spettatori. Come faceva Diana a condannarla?

«Guardate chi c'è laggiù!» disse più forte del necessario a William e Harry. «La nostra cara amica Sarah Ferguson.» Ora sì che le oche del padiglione sarebbero rimaste di stucco!

Fergie aveva sentito il suo nome e si era voltata. «Diana!» Il suo viso si illuminò, soprattutto quando vide i piccoli principi. Li coccolò tutti e due in modo così amorevole che Diana si ritrovò a pensare che avrebbe voluto essere abbracciata da Fergie.

Chiacchierare con lei era facile. Sembrava quasi di guardare la partita di polo con un'amica d'infanzia.

«Ho saputo per caso che hai viaggiato da sola attraverso il Sud America con il tuo zaino» si lasciò sfuggire Diana. Avrebbe voluto mordersi la lingua.

«Fammi indovinare: quelle oche frustrate laggiù hanno di nuovo sputato veleno su di me.»

Avevano semplicemente parlato di lei, mentì Diana.

«Che lo champagne gli vada di traverso» sibilò Fergie. «Sono stata in paesi che non sanno nemmeno dove siano sulla mappa.»

Una simile sicurezza era invidiabile.

«Io non credo che ne avrei il coraggio» ammise Diana. «Da sola, zaino in spalla, attraverso paesi di cui non parlo la lingua e la cui cultura mi è estranea.»

«Non dire così. Credimi, saresti sorpresa di quanto ti ci troveresti bene. Non bisogna lasciarsi scoraggiare dalle proprie paure.»

«La tua famiglia non si è preoccupata?» osò chiedere Diana.

«Magari.» Fergie tenne gli occhi puntati sul campo. «Certo che sei fortunata» sospirò all'improvviso. «Cioè, Carlo è un uomo così colto, affascinante e attraente. Sei riuscita ad accaparrarti lo scapolo più ambito d'Inghilterra.»

Diana pensò che fosse meglio non approfondire l'argomento. «C'è qualcuno nella tua vita che ti piace?» domandò invece.

«Intendi un uomo? Oddio, ma smettila!»

Diana sorrise divertita. Era scortese chiederlo?

Con un sospiro drammatico, Fergie si soffiò via una ciocca della frangetta spettinata dal viso e cominciò a raccontare di sua spontanea volontà. «La mia ultima relazione è stata una vera e propria catastrofe, eppure in qualche modo è durata tre anni. Era vedovo, aveva venticinque anni più di me e due figli adolescenti. Non fraintendermi, quei due mi facevano parecchia pena. Però erano dei mocciosi viziati. E per forza: del resto, la famiglia naviga nell'oro.»

Diana era curiosa. «Allora adesso ti piace stare da sola?»

«Sì.» Fergie annuì. All'inizio con convinzione, ma poi a poco a poco prese a scuotere la testa. «Sai, sono bravissima a stare da sola. Sul serio. Ma la verità è che vorrei vedere questa partita di polo con un uomo che mi ricorda di mettere il cappello da sole e che mi chiede se deve portarmi qualcosa da bere. Che mi sorride la mattina a letto e che mi dice che sono la donna più meravigliosa del mondo e che i miei capelli scompigliati e il mio viso assonnato mi rendono ancora più bella.»

La sua sincerità era così disarmante che Diana non poté fare a meno di prendere a benvolere quella donna, senza alcuna riserva. Mise un braccio intorno alle spalle di Fergie. «Finché non arriverà quel qualcuno, ti porterò io qualcosa da bere. E prima che tu te ne accorga, apparirà l'uomo giusto.»

E d'un tratto ebbe un'idea…

Diana era orgogliosa di se stessa. Tutto era andato esattamente come aveva immaginato. Si avvicinava la Royal Ascot: l'evento sociale dell'anno per eccellenza.

In apparenza poteva essere una semplice corsa di cavalli, ma in realtà si trattava di vedere ed essere visti. Tutto ciò che aveva a che fare con la Royal family, era ricco e bello si incontrava nel Berkshire, a circa due ore da Londra. Di solito Diana non sopportava eventi così superficiali, ma la Royal Ascot emanava un fascino molto speciale, al quale nemmeno lei sapeva sottrarsi. A prescindere, aveva un debole per la moda, e in effetti la Royal Ascot era una grande passerella. Le donne impiegavano settimane a mettere insieme le loro mise, il che, naturalmente, era in parte dovuto al fatto che – come di consueto negli ambienti reali – era prescritto un certo codice di abbigliamento. I vestiti dovevano essere discreti ed eleganti, ma alcune signore attente alla moda sapevano come compensare con cappelli stravaganti. La tesa larga era un must della moda, così come i nastri o i fiori variopinti. Ogni tanto le signore esageravano e portavano intere aiuole di fiori sopra le loro acconciature. Il copricapo di una giovane signorina consisteva addirittura in due enormi ali di farfalla fatte di piume blu!

Gli uomini dovevano indossare un completo nero con gilet, cappello e calzini, il che, date le temperature di giugno, imperlava di sudore la fronte di alcuni.

In totale, la Royal Ascot durava cinque giorni, ma era l'apertura a fare più clamore. Solo ospiti selezionati venivano invitati nell'area reale. I criteri di selezione erano una miscela imperscrutabile di status sociale, contatti, referenze e ambizioni. Diana aveva fatto in modo che Fergie ricevesse uno degli ambitissimi biglietti d'invito.

«Te ne sarò eternamente grata» disse Fergie, con le guance arrossate dall'emozione. Gli occhi le brillavano. Non ne aveva mai abbastanza dell'orchestra d'archi, delle tavole imbandite a festa e delle carrozze che avanzavano portando altri ospiti di spicco.

Si trovavano all'aperto, nell'area verde ben curata che si affacciava sull'ippodromo. Quando uno dei camerieri offrì a Fergie degli antipasti a base di aragosta su un piatto d'argento, lei lo ringraziò con timidezza e osò prenderne uno. Le prelibatezze sembravano tutte piccole opere d'arte.

«E la cosa migliore è che» fece Diana «a pranzo sarai seduta allo stesso tavolo di Andrea.»

Fergie era bella nel suo semplice abito color crema che Diana aveva scelto con lei per l'occasione. Sul cappello c'erano due fiori di stoffa rossa che si intonavano perfettamente ai suoi capelli luminosi.

Si sentiva aroma di profumi e lussureggianti decorazioni floreali e di tanto in tanto aleggiava con discrezione l'odore delle scuderie, dove si trovavano i magnifici cavalli, i cui muscoli fremevano sotto i mantelli lucidi. In breve, si fiutavano soldi. Un sacco di soldi. Era mezzogiorno e il sole ardeva in tutta la sua forza. Diana aveva le vertigini. Quella mattina aveva vomitato la colazione.

Ben presto Fergie diventò un po' brilla e non ebbe alcuna inibizione a sporgersi sempre di più sul tavolo dopo il pasto di cinque portate, finché a un certo punto lei e Andrea scansarono le decorazioni di candele bianche ed edera, tutto ciò che li separava inutilmente. Quella rossa sicura di sé sapeva esattamente in cosa consisteva il suo fascino. Metteva in mostra la scollatura, arricciava il naso pieno di lentiggini mentre ridacchiava, avvolgeva una ciocca di capelli intorno all'indice: tutti segnali di un corpo che flirtava come non mai. Mentre Andrea la imboccava di bignè e a malapena passava un millimetro tra uno e l'altro, Diana stava già pensando se ricordargli che la regina era seduta all'altro capo del tavolo. Ma era uno spettacolo troppo affascinante.

Il posto di Carlo era diagonalmente opposto al suo. Aveva la sua solita espressione concentratissima, seria, ma anche un po' abbattuta, tipica di chi si dispera per qualcosa. Un giovane anziano.

E d'un tratto Diana si sentì molto infelice. Perché Carlo non aveva mai flirtato con lei in quel modo? Perché tra di loro non c'erano mai state quelle scintille? E perché era stata troppo cieca per accorgersi che mancava qualcosa di fondamentale? Era stata di un'ingenuità disarmante, non sapeva nulla dell'amore. E sua madre l'aveva avvertita... Ma non si poteva fare nulla contro un cuore colmo di speranza.

All'improvviso vide dappertutto solo coppie felici. Sposi che assaggiavano insieme gli antipasti con reciproca intimità: «Non ti piacerà, tesoro, c'è la maionese», o innamorati che non si preoccupavano del cibo, ma avevano occhi solo l'uno per l'altra.

«Scusatemi un attimo.» Doveva uscire all'aria aperta, stare da sola e prendere fiato.

Si sentiva come ingannata da Carlo... *Ah! Alla fine te ne sei resa conto!*

Quel caldo opprimente... Sudava nel suo vestito color salmone, molto stretto in vita. Per fortuna, trovò un posto tranquillo all'ombra e lontano dal trambusto. Da lì vedeva solo i camerieri che si muovevano come api laboriose tra la cucina, la sala da pranzo e il giardino per fornire agli ospiti affamati degli stuzzichini freschi.

Nemmeno all'inizio della loro relazione Carlo aveva trovato il tempo per lei. Era così difficile amarla? Desiderava far sciogliere un uomo con il proprio sguardo. Voleva vedere nel luccichio dei suoi occhi che si struggeva per lei. Voleva che lui riuscisse a malapena a controllarsi, voleva farlo impazzire con i suoi baci!

Respiri profondi. Calmati, Diana.

«Ecco dove ti nascondi.» Fergie era apparsa accanto al guardaroba e la raggiunse. «C'è qualcosa che non va?»

«No, va tutto bene!» Sembrava invece fin troppo turbata. In un tono più controllato aggiunse: «Alla grande».

«Ho fatto qualcosa di sbagliato?» chiese Fergie preoccupata.

«No, anzi, sei andata benissimo. Andrea pendeva dalle tue labbra.»

Fergie fece un sorriso che andava da un orecchio all'altro. «Dici sul serio? È un uomo così disinvolto! Può sembrare banale, ma sono fermamente convinta che l'amore dipenda dai primi sguardi. Il primo incontro. È lì che si decide tutto. Il fatto che io e Andrea abbiamo giocato insieme una o due volte da bambini non conta. Conta solo il presente. E quello è stato perfetto.» Non riusciva a smettere di essere entusiasta.

«Amore!» sfuggì a Diana. «Temo che dovrai insegnare il significato della parola a questa famiglia.»

Vedere il sorriso di Fergie spegnersi le procurò una fitta al cuore, e si passò una mano sulla fronte. «Mi dispiace. Non so cosa mi sia preso. Dimentica quello che ti ho detto. Quando ti ho vista con Andrea, quanto siete dolci insieme, quanto ti adora, sono andata fuori di testa. Meglio che torni subito da lui. Andrea è meraviglioso, davvero. Credo che in mezzo a quel branco sia il mio preferito.»

Fergie prese la mano di Diana. «Ho osservato te e Carlo. Se la gente non sapesse che vi amate, sarebbe alquanto difficile capirlo.»

«Che ci amiamo? Carlo mi disprezza!» esclamò Diana. «Non fa altro che dire: "Stai sbagliando tutto. Sei isterica. Stai drammatizzando. Perché non riesci a gestire la situazione?"»

«E perché non riesci a gestire la situazione?»

Wow. Diana si aspettava qualche parola di conforto. I soliti luoghi comuni: *Su con la vita, andrà meglio.* Ma non quello.

«Vuoi sapere la verità?» si sfogò con Fergie. «Io... io ci provo! Ma questa famiglia funziona in maniera diversa. Non puoi paragonarla alle famiglie normali. Ci sono mine in agguato ovunque. Anna è arrabbiata con me perché non le ho chiesto di essere la madrina di Harry. Per orgoglio ferito non ha partecipato al battesimo, ma ha organizzato una festa parallela in cui ha invitato gli amici a una battuta di caccia nella sua residenza di campagna. E Filippo lascia la stanza non appena Carlo entra, tanto poco si sopportano a vicenda. Inoltre, io e Carlo litighiamo sempre più spesso e in modo così acceso che persino il suo segretario privato, il signor Adeane, si è dimesso. Non che la cosa mi dispiaccia. Ma la sua famiglia è al servizio della monarchia fin dai tempi della regina Vittoria. Il fatto che abbia gettato la spugna la dice lunga!»

Fergie non ne rimase scioccata. Quella donna era davvero temprata. «Sì, sembra snervante. Ma è quello che devi affrontare.»

«Più facile a dirsi che a farsi.»

«Non hai altra scelta. Questa è la tua vita. E, tanto per usare le tue parole, quel branco, con tutte le sue asperità, ti ha reso una donna forte e meravigliosa che organizza eventi di beneficenza e sostiene patrocini.»

Quello non era niente. «Anna è molto più impegnata di me» disse Diana.

«Smettila di sminuirti. Le donne di tutto il mondo traggono ispirazione da te. Ti ho conosciuta quando ti eri appena fidanzata con Carlo. All'epoca eri timida come un agnellino e non riuscivi a guardare le telecamere. E adesso? Ora sei la migliore esperta di pubblicità in assoluto. Sei un genio nel trattare con la stampa. Quindi approfitta di questo dono e sfruttalo al meglio per te stessa, invece di prestare sempre attenzione agli altri.»

Fergie aveva ragione. Non era più quella giovane ingenua che si lasciava spingere avanti e indietro sulla scacchiera a piacimento. Si alzava ogni giorno alle sette in punto, sbrigava la corrispondenza, spulciava giornali e riviste per tenere d'occhio l'opinione pubblica su di lei e per scoprire ciò che avrebbe potuto migliorare in futuro.

Adesso riusciva persino ad affrontare bene la costante raffica di flash. Percepiva quando aveva gli obiettivi puntati addosso e reagiva d'istinto.

Era giunto il momento di dimostrare la sua esperienza.

«Grazie» disse lei annuendo. «Dovrà cambiare finalmente qualcosa.»

27

Un'ultima occhiata allo specchio dell'anticamera del bagno. L'acconciatura era a posto, aveva dato una ripassata al suo delicato rossetto. Doveva andare a cercare il proprio posto a tavola, ascoltare la musica rilassante della banda della marina militare e chiacchierare con i convitati su quanto fosse distinta la sala con le sue colonne di marmo, i lampadari di cristallo scintillanti e il luminoso motivo a scacchiera del pavimento. Era alla cena di Stato alla Casa Bianca di Washington, ospite di Ronald e Nancy Reagan.

C'era addirittura John Travolta. Una vera star del cinema! Erano passati secoli da quando si accoccolava sul divano con Carolyn, Anne e Virginia a guardare *Grease* o *La febbre del sabato sera*. Il re della disco, con i capelli scuri e i tratti del viso marcati, le aveva mandate in visibilio con il suo movimento dei fianchi! Quell'epoca sembrava ormai appartenere a un'altra vita. Le sarebbe piaciuto tantissimo ballare con lui. Ma probabilmente si sarebbe coperta di ridicolo…

Non sminuirti sempre. Hai preso lezioni di danza per diversi anni. Sai quel che fai.

La porta si aprì e Nancy Reagan entrò nell'anticamera

della toilette. Diana ammirava la first lady che, pur essendo piccola e molto minuta, dava l'impressione di sapersi imporre senza problemi. Allo specchio, la moglie del presidente controllò che la sua elegante e raffinata acconciatura corta fosse ancora a posto e si ripassò le labbra con un rossetto discreto. Margaret Thatcher, con quel suo taglio di capelli antiquato, poteva prendere esempio da questa donna di classe!

Diana si rese conto di aver fissato con ammirazione la signora Reagan solo quando la first lady le sorrise. «Le dico una cosa» esordì. «Noi donne abbiamo tutto il diritto di farci belle, purché sia per noi stesse. Non esiste un uomo abbastanza attraente o interessante da dirci come apparire o cosa è bene per noi. Se mi fossi preoccupata soltanto di chi mi adora o mi trova carina, a mio marito potrebbe piacere forse guardarmi, ma non gli piacerebbe ascoltarmi. E ascoltarsi è il segreto di ogni buon matrimonio.»

«Ha ragione» replicò Diana, che aveva già sentito dire che Nancy era la più importante consigliera del marito. Se solo fosse stato lo stesso nel suo matrimonio... Forse anche lei avrebbe dovuto prendere esempio dalla first lady!

«Non si sente bene?» domandò la signora Reagan. «Sembra che ci sia qualcosa che la preoccupa.»

«Stavo solo pensando a una sua citazione che ho letto una volta su una rivista» rispose Diana. «Che la donna è come una bustina di tè. Non si può dire quanto è forte, fino a che non la si mette nell'acqua bollente.»

Nancy rise. «Oh, sono passati un paio d'anni da quando l'ho detto.»

«Mi ha ispirato.»

«Sono certa che anche lei è un'ispirazione per molte donne. Ed è così che dovrebbe essere. Noi donne dovremmo incoraggiarci a vicenda invece di ostacolarci.»

Diana provava sempre più ammirazione per quella donna. «Ho visto tutti i suoi film. *La prossima voce* mi è piaciuto moltissimo.»

Nancy Reagan era stata un'attrice. Già agli inizi della carriera aveva ottenuto un contratto con uno studio di Hollywood e quindi era stata finanziariamente indipendente fin da giovane.

«Ah, è stato il mio primo ruolo da protagonista! All'epoca conoscevo già mio marito, anche lui attore. Qualche anno dopo ci siamo sposati. Poi è diventato governatore della California e io mi sono adoperata per le organizzazioni di beneficenza e per sostenerlo... ma non ho mai smesso di rivestire un ruolo primario. Vale a dire di essere protagonista della mia vita.» Guardò Diana con attenzione. «E lei? Nella sua vita riveste un ruolo primario o secondario?»

«Io...» La domanda era tanto semplice quanto geniale e colpì Diana come uno sparo. «Temo di avere un ruolo secondario» rispose, scuotendo la testa perché lei stessa non riusciva a crederci. Com'era possibile che non fosse lei la persona più importante della sua vita?

«Allora dovrebbe cambiare le cose al più presto.»

Era esattamente il tipo di incoraggiamento di cui

aveva bisogno. «Signora Reagan, posso chiederle un favore?» chiese Diana.

«Tutto quello che desidera, cara.»

«Pensa che sia possibile ballare con John Travolta? Solo un ballo. Sarebbe un sogno che si avvera per me.»

Nancy le rivolse un sorriso complice. «Vado subito a chiederglielo. Sono certa che sarà un grande piacere per lui.»

Poi attese. E se John avesse rifiutato? O peggio ancora: se non ne avesse avuto voglia, ma si fosse sentito in obbligo?

Il dessert era appena stato consumato, quando Diana sentì all'improvviso una profonda voce maschile alle sue spalle chiederle: «Mi farebbe l'onore di ballare con me?».

Da un secondo all'altro, il cuore prese a palpitarle. Come quando aveva tenuto uno dei suoi primi grandi discorsi davanti a un pubblico nel Galles.

«Ma certo, molto volentieri» rispose lei, e solo allora riuscì a voltarsi verso John e a ricambiare lo sguardo. Era bello da morire.

Più di tutto le sarebbe però piaciuto fotografare l'espressione sconcertata di Carlo. Diana mise la mano in quella di John e si alzò dalla sedia.

Ormai era troppo tardi per tirarsi indietro, perché avevano già raggiunto la pista da ballo. Le coppie danzanti si spostarono e formarono un cerchio intorno a loro. Era quasi un momento magico… come in un film.

John le strinse con delicatezza la mano, sentendola di certo tremare. Sebbene le toccasse con molta cautela solo la parte bassa della schiena, come temendo di spingersi troppo oltre, lei lo percepì molto chiaramente in tutto il corpo. Che cosa le era preso? Comunque, quella sensazione era semplicemente meravigliosa! Come se il cuore stesse per scoppiarle! La banda della marina militare suonò le prime note briose di *You're the One that I Want*. Diana non riusciva a credere a quanto fosse fortunata: era proprio la sua canzone preferita di *Grease*!

Il ritmo le entrò immediatamente nelle vene. Bisognava essere già morti per non sentire l'entusiasmo che trasmetteva il pubblico. La stampa ci sarebbe andata a nozze! Riusciva già a vedere le foto sul giornale: lei nel suo lungo abito di velluto blu notte e John nel suo elegante completo nero mentre la conduceva abilmente sulla pista da ballo.

Per un attimo perse il ritmo perché le era caduto lo sguardo su Carlo. Sembrava proprio preso dallo sconforto. Di sicuro si sarebbe dovuta sorbire un rimprovero. Le venne la nausea. Ma poi, tutto d'un tratto, John la fece volteggiare. Ancora non riusciva a crederci. Se solo non ci fossero state tutte quelle persone rigide intorno a lei, avrebbe ballato in modo molto più esuberante!

No, non si sarebbe fatta scoraggiare dal cipiglio di Carlo. Non l'avrebbe più fatto!

La magia di quel momento si rivelò in tutta la sua forza. La musica, il pubblico intorno, il battito entusiasta delle mani a tempo: tutto questo passò in secondo piano. C'era solo lo scintillio dorato dei lampadari che in quel momento brillavano solo per lei. D'un tratto si sentì il cuore leggero, come se si fosse liberato di ogni zavorra, come se volesse spiegare le ali e lasciarsi fluttuare sopra il pavimento di marmo.

Partì un applauso fragoroso. Ritornò al presente. La canzone era finita. Si inchinarono e Diana lanciò baci alla folla.

Era incomprensibile per lei: come aveva potuto far dipendere la propria felicità da Carlo per così tanto tempo? Come aveva fatto ad accontentarsi di un ruolo secondario nella sua vita così a lungo?

A partire da quel giorno, le cose sarebbero cambiate.

A partire da quel giorno, avrebbe avuto il ruolo di protagonista.

28

1986

La facilità con cui le cose si svilupparono tra Fergie e Andrea lasciava interdetti. Era come in uno di quei romanzi kitsch di Barbara Cartland che Diana divorava in passato. I due si conoscevano a malapena, ma già erano fuggiti per un fine settimana in Scozia, dove trascorsero alcuni giorni romantici al castello di Floors. Una sera Andrea si era inginocchiato e aveva chiesto a Fergie di sposarlo.

«Pensavo che Andrea stesse scherzando!» raccontò Fergie a Diana al telefono. «All'inizio ho riso, ma poi ho capito che era serio. L'ho guardato e gli ho detto: "Se domattina sarai ancora dello stesso parere e riuscirai a ripetere la proposta, allora l'accetterò". E in effetti, la mattina dopo si è inginocchiato di nuovo.»

«Sono davvero felice che diventerai mia cognata!» disse Diana. «Non avrei potuto chiedere di meglio.»

Era già tarda sera. Diana si era svegliata al buio ed era tornata a casa al buio. La sua giornata era iniziata al mattino con qualche vasca in piscina. Poi era andata dal parrucchiere, aveva visitato il reparto oncologico di un ospedale, aveva pranzato con i membri del London City Ballet, di cui era patrocinatrice, e si era recata dal suo terapeuta. Per calmarsi dopo quella giornata colma di emozioni e di impegni, aveva praticato il tai chi per un'ora. Amava i movimenti lunghi e aggraziati di quest'arte marziale cinese, che univa armoniosamente mente, corpo e anima. Dopo una doccia, si era avvolta nel suo morbido accappatoio e ora non vedeva l'ora di accoccolarsi a letto.

Poi si ricordò di un fatto importante. «Un'altra cosa: non dire a nessuno del vostro fidanzamento, finché Andrea non avrà parlato con sua madre.»

Nessuno sapeva ancora della proposta. Avrebbe creato problemi, senza dubbio. Andrea aveva apparentemente trascurato di ottenere in anticipo la benedizione di Elisabetta, come era richiesto. Sembrava di essere in un'altra epoca.

«Negli ambienti di palazzo non si sa di chi ci si può fidare e di chi no» aggiunse Diana. «E i muri hanno le orecchie, lo scoprirai presto.»

Carlo e Diana abitavano negli appartamenti numero otto e nove sul lato nord di Kensington Palace. Era un po' come stare in un albergo di lusso, perché avevano il proprio maggiordomo, la governante, l'autista, i valletti, i cuochi, gli addetti alle pulizie e gli agenti di polizia. Le finestre si affacciavano su un parco privato cinto da mura, la cui pacifica tranquillità non faceva pensare che si trovasse al centro di una vivace metropoli. Nei mesi estivi, Diana amava prendere il sole lì. Ciò che non amava era il fatto di essere spesso osservata attraverso le tende dalla vicina ficcanaso, la principessa di Kent. A volte anche con il binocolo da teatro. Il più grande hobby della principessa di Kent – alias "*Princess Pushy*", la principessa invadente, come la chiamava in segreto Diana – era quello di infervorarsi con gli altri membri del palazzo. Insieme alla sua famiglia, viveva nell'appartamento numero dieci.

L'appartamento numero uno apparteneva alla principessa Margaret. Dopo la turbolenta relazione con Roddy Llewellyn, con il quale era stata fin troppo felice di abbronzarsi ai Caraibi, la sua vita aveva ormai preso una piega in gran parte tranquilla. Si alzava alle undici del mattino e si recava per prima cosa dal parrucchiere in Berkeley Street, poi, appena acconciata, andava a pranzo al Ritz con uno dei suoi amici omosessuali. Margo le stava simpatica, ma era pur sempre la sorella della regina, e Diana aveva l'impressione che la tenesse d'occhio.

A Kensington Palace c'era quindi un flusso costante di pettegolezzi. Meglio stare attenti a ciò che si diceva o faceva.

«Lo so» replicò Fergie. «Volevo solo raccontartelo. Del resto, sei mia amica.»

Una semplice frase. Eppure immensamente toccante. «E anche tu sei mia amica. Non appena sarà ufficiale, ti aiuterò a mettere insieme il tuo guardaroba. Ricordo molto bene quanto fossi sopraffatta allora.»

Ripensandoci a posteriori, si vergognava del completo indossato al fidanzamento. Come sembrava antiquata in quel vestito!

Fergie si profuse in ringraziamenti, poi riattaccarono.

All'improvviso Diana sentì un rumore. Pensava di essere sola nel suo appartamento, ma c'era ancora qualcuno? Forse una cameriera che stava rifacendo il letto? Sarebbe stata una catastrofe se Carlo avesse ascoltato la loro conversazione telefonica, perché di certo avrebbe fatto subito la spia alla madre sulla proposta di matrimonio spontanea del fratellino!

Il tappeto attutì i suoi passi. Con cautela, si avvicinò alla camera da letto da cui proveniva il fruscio. C'era qualcuno che ridacchiava?

Allora fu tutto chiaro. Sotto il copriletto spiccavano due colline sospette.

«Ma chissà dove si sono cacciati William e Harry?» rifletté ad alta voce. «Quanto vorrei adesso coccolarli a letto.»

Altre risatine adorabili.

Buttò indietro le coperte. «Ma che fortuna!» esclamò. «Eccoli qua!»

Si accoccolò subito tra i due angioletti. Se avesse amato un po' di più i propri figli, probabilmente ne sarebbe morta.

«Mamma» disse William di colpo triste. «Dov'è papà?»

«Papà è a Highgrove» rispose baciandolo sui capelli morbidi.

«Quando tornerà?»

«Non lo so.»

«Ci manca papà.»

Le parole di William le lacerarono il cuore. «Lo so» fece. «Anche a me manca papà.»

Tra lei e Fergie le linee telefoniche si erano surriscaldate. A quanto pareva, la principessa Margaret era ai ferri corti con la principessa di Kent. Princess Pushy era convinta che Margo avesse quasi avvelenato il suo amato gatto in una spietata campagna per sterminare gli scoiattoli del palazzo! Ma non era ancora niente: Fergie non si era accorta di quanto tutti fossero sconvolti? Girava voce che la principessa Anna avesse una relazione con uno degli scudieri della regina! Il che era un pettegolezzo molto succoso, perché Anna aveva tradito il marito con la sua guardia del corpo Peter Cross solo due anni prima. Di conseguenza quest'ultimo era stato trasferito. Era così che si risolvevano i problemi a corte.

Naturalmente, parlavano anche di continuo del matrimonio imminente: a luglio Fergie e Andrea si sarebbero sposati nell'abbazia di Westminster come duca e duchessa di York.

Anche gli altri membri della famiglia reale andavano d'accordo con Fergie. La regina chiacchierava con lei dei suoi amati corgi e nemmeno Anna riusciva a resistere al modo in cui Fergie si lasciava cadere su una poltrona a gambe larghe e si metteva a raccontare barzellette sconce.

Diana si sarebbe risentita con chiunque altro. Ma il fatto che tutti stessero prendendo in simpatia Fergie e che persino la stampa avesse di recente puntato gli occhi sul futuro membro della famiglia era come un'oasi di pace per lei. Un attimo di tregua. Inoltre, il fatto che le si fosse affezionata in così poco tempo doveva essere una conferma per la famiglia reale che la moglie isterica di Carlo non poteva essere poi così terribile, no?

Fergie portò un altro meraviglioso effetto collaterale: con i suoi chili di troppo sui fianchi e il suo modo di fare chiassoso e impacciato, era tutt'altro che perfetta... eppure era ben accetta, persino apprezzata. Quindi forse, dopotutto, era possibile sopravvivere negli ingranaggi reali senza dover lottare ogni giorno.

29

L'allegro cinguettio degli uccelli, l'odore del prato appena tagliato, la leggera dolcezza dei primi fiori che di tanto in tanto si diffondeva dalle aiuole…

Faceva ancora troppo fresco per camminare a piedi nudi, ma Diana non riuscì a resistere. Prese in mano le ballerine, sorrise al sole e fece un respiro profondo. Poi un altro ancora, perché momenti come quelli, in cui tutto sembrava facile, erano fugaci e quindi preziosi.

La primavera era la stagione più bella. *Vieni qui finalmente*, disse la sua gonna di seta che non vedeva l'ora di essere indossata. *Non ce la faccio più ad aspettarti.*

Fergie e lei avevano passeggiato un po' nel parco di Buckingham Palace per passare il tempo. L'amica stava aspettando Andrea, che partecipava a una riunione sulle celebrazioni militari per il loro matrimonio. Diana conosceva fin troppo bene quella eterna attesa e aveva quindi promesso all'amica di farle compagnia.

«Vieni, torniamo dentro» disse Fergie. «Altrimenti comincerò a sudare sotto il sole.»

A palazzo faceva freddo e una leggera pelle d'oca ricopriva le braccia di Diana, che però non era ancora pronta a indossare il maglioncino. Si accomodarono su uno dei gradini più bassi della scala che portava al primo piano per intercettare Andrea.

«Domani riparte» sospirò Fergie.

«Ti dà fastidio che viaggi così tanto?»

Fergie scrollò le spalle. «Certo, mi piacerebbe svegliarmi accanto a lui ogni mattina più spesso.»

Diana non ricordava l'ultima volta che si era svegliata accanto a Carlo.

«Ma non posso farci niente» continuò l'altra. «Ecco perché cerco di essere paziente. Come va con Carlo?»

«Oh, be'. Il polo. Highgrove. Camilla. A volte ha ancora tempo per i suoi figli» disse Diana, elencando tutto ciò che occupava la sua mente.

«Hai dimenticato di includere te stessa.»

«Non credo di essere molto importante per lui.»

Fergie viveva ancora completamente nella sua bolla romantica. «Ti ama. Solo che non sa mostrarlo.»

«Amore» replicò Diana, appoggiandosi con gli avambracci a un gradino dietro di sé. «Ti riferisci forse a quell'invenzione di cui si legge nei romanzi o che si vede nei film sdolcinati?»

«Questa acidità non ti si addice.»

«Hai ragione, tra non molto mi trasformerò in una vecchiaccia piena di rancore.»

Anche Fergie si allungò.

«Sai, forse alcune persone non sono fatte per l'amore» disse Diana, più che altro a se stessa. «Forse l'universo ha in mente qualcosa di completamente diverso per me.»

«Ah, e sarebbe?»

«Magari lo sapessi» rispose Diana.

«Non dovresti darti per vinta. Se Carlo ha una tresca da anni, allora anche tu hai lo stesso diritto di guardarti intorno e flirtare con altri uomini.»

«Non so nemmeno più come si fa a flirtare.»

Lo sguardo di Fergie diceva: "Non ti credo".

«E con chi dovrei provarci? Forse con Peter Settelen?» Era il suo insegnante di dizione, che aveva assunto per perfezionare i discorsi in pubblico. «Non credo proprio di poter andare in un bar a Londra, e qui a palazzo è così raro incontrare giovani attraenti e single.»

Fergie inclinò la testa. «E che mi dici della tua guardia del corpo, Barry Mannakee? Sembra che voi due ve la intendiate molto bene e...»

Diana mise subito una mano sulla bocca di Fergie. L'amica aveva ancora molto da imparare. In primis, che le pareti dei palazzi avevano occhi e orecchie. «Si prende cura di me e mi è vicino; di tanto in tanto mi incoraggia. E a volte, quando non ce la faccio più, mi offre anche una spalla su cui piangere. Nulla di più.»

Fergie non sembrava del tutto convinta, ma lasciò perdere l'argomento. «Va bene, ma non venirmi a raccontare che non credi più nell'amore. I tuoi occhi dicono tutt'altro.»

«Io...» Diana prese le ballerine da terra. Aveva voglia di letto, musica triste e budino alla vaniglia. Faceva malissimo ammettere a se stessi che forse quel treno era già passato. Che era ancora giovane, ma non sarebbe più accaduto niente di nuovo. Era intrappolata in un matrimonio senza amore.

«Cosa volevi dire?» chiese Fergie con tono dolce.

«Vorrei solo sapere come ci si sente» confessò Diana sottovoce.

«Come ci si sente?»

«Ad amare davvero. Voglio dire, amo i miei figli alla follia, darei la vita per loro senza alcuna esitazione. Ma questa è una cosa diversa. Vorrei sapere cosa si prova a essere assorbiti da un'altra persona, a donarsi completamente a lei, a lasciarsi andare e a fidarsi in maniera incondizionata.»

«Abbi ancora un po' di pazienza» cercò di rincuorarla Fergie.

Diana fece un sorriso stanco e si alzò dal gradino.

«Prima o poi arriverà qualcuno» aggiunse l'altra. «Te lo prometto.»

Da fuori giunse una brezza fresca che giocò con la gonna di seta di Diana.

All'improvviso dei passi.

In controluce Diana riuscì dapprima a distinguere solo la sagoma di un uomo. Sembrava avere fretta, ma quando la vide si fermò. «Sua Altezza Reale.»

Quella voce. Come cioccolata che si scioglieva. Il suo inchino fu profondo e rispettoso.

«Bella uniforme» commentò lei osservandolo.

L'uomo abbozzò un sorriso. «Grazie. Molto cortese da parte sua. Perdoni la mia fretta. Ma sono un po' in ritardo. La riunione militare» spiegò senza smettere di guardarla nemmeno per un secondo.

Quel sorriso prometteva leggerezza.

«Vada» disse.

S'inchinò una seconda volta e si affrettò a salire le scale per discutere dei preparativi del matrimonio. In cima, si voltò ancora una volta verso di lei.

Alla fine era scomparso, mentre Diana era ancora lì, confusa e in qualche modo agitata.

«Ora ne hai la prova» le arrivò la voce di Fergie come da lontano.

«Di cosa?» chiese, quando la confusione nella sua testa si dissolse e si rese conto di non avere idea di chi fosse quell'uomo.

Fergie rise. «Be', che sai flirtare!»

30

Per ore rimaneva seduto sul suo letto e la consolava dopo l'ennesima lite tra lei e Carlo.

Per lei era stato più un amico che una guardia del corpo, un male necessario che la seguiva ovunque andasse.

Le mancavano i suoi caldi occhi marroni. La sua spontaneità.

Gli voleva davvero molto bene. Così tanto che una volta aveva persino bevuto il tè con lui nel suo salotto privato.

Eppure – o forse proprio per quel motivo – Barry Mannakee era stato semplicemente trasferito, senza nemmeno avvertire Diana.

Le trombe presero a suonare. Lei trasalì per lo spavento, ricevendo prontamente un'occhiataccia da parte di Carlo. Era così assorta nei propri pensieri che aveva persino dimenticato dove si trovava: all'apertura del Parlamento! Cerimonia in cui si dava formalmente inizio al nuovo anno parlamentare.

Ogni volta Diana oscillava tra lo stupore infantile e la noia mortale. Da un lato, l'apertura del Parlamento era una sorta di annuale appuntamento clou della regina, ma dall'altro era uno spettacolo politico stantio e coriaceo, con vecchi in lunghe toghe e strane parrucche bianche. Le origini risalivano al XVI secolo, come Carlo le aveva spiegato una volta. Diana avrebbe voluto rispondere: «E da allora evidentemente non è cambiato nulla». Tutta la cerimonia consisteva in un'eterna sequenza di "Così è sempre stato e così sempre sarà"; alcuni rituali erano più piacevoli, altri meno.

Il tutto iniziava con un solenne corteo in carrozza, la famiglia reale andava da Buckingham Palace a Westminster salutando i curiosi sul ciglio della strada. Dopo il suo arrivo, Elisabetta entrava nell'edificio del Parlamento da un ingresso separato, la *Sovereign's Entrance,* e spariva subito a cambiarsi nel guardaroba. Fin lì tutto bene, per oggi avevano già fatto quella parte.

Un mormorio si levò dalla folla quando la porta si aprì e uscì Elisabetta. Diana rimaneva a bocca aperta ogni anno quando la vedeva nelle sue vesti reali. Al posto del diadema sul suo capo aveva ora l'*Imperial State Crown*. La corona pesava quasi un chilo: quattro diademi incastonati di diamanti, perle, zaffiri, smeraldi e rubini e curvati ad arco si congiungevano sopra la calotta di velluto viola. Quattro paggi, che dovevano essere tutti più bassi della regina, portavano il suo lungo manto bordato di ermellino.

E mentre Diana non riusciva a smettere di guardare Elisabetta, in testa le ronzava un'unica parola: maestosa. Nella sua postura eretta e dignitosa, era convinta di vedere tutti gli scandali da cui quella donna aveva protetto la propria famiglia come uno scudo. Nella sua espressione seria e saggia, distingueva gli alti e bassi attraverso i quali Elisabetta aveva guidato il Regno Unito. Nei suoi occhi c'erano gli sforzi che aveva compiuto per mantenere in vita la monarchia. Fu allora che Diana si rese conto che tutto il lustro della giornata – l'abito tempestato di diamanti, lo strascico color porpora, la corona – era solo una cornice per sottolineare la dignità, la saggezza e la leadership di Elisabetta. Colma di riverenza fece un inchino quando la regina le passò davanti.

Elisabetta guidò il corteo attraverso la Royal Gallery, un'imponente sala con dipinti a tutta parete. Ovunque brillava l'oro, tanto da rimanerne quasi abbagliati, e il soffitto era così alto che Diana aveva un po' di vertigini. Passarono accanto a centinaia di ospiti, tra cui alcuni capi di Stato di lontani paesi del Commonwealth, e infine entrarono nella House of Lords, la Camera dei lord, una sala altrettanto pomposa ma buia, con rivestimenti in legno antico che emanavano un profumo persistente. Ai lati c'erano diverse file di panche imbottite di pelle rossa, piuttosto comode, destinate a ospiti selezionati. In realtà, mancava solo un grande schermo, e la sala, con la sua morbida moquette, sarebbe sembrata quasi una sorta di accogliente cinema. Piena di grazia, la regina prese posto sul suo trono. Filippo era seduto al suo fianco, mentre Carlo e Diana si sistemarono un po' in disparte nei posti designati, simbolo della prossima generazione in attesa.

Ora bisognava coinvolgere i membri della House of Commons, la Camera dei comuni. Quel compito spettava al cosiddetto *Black Rod*. Come voleva la tradizione, al povero usciere veniva dapprima sbattuta la porta in faccia. Quindi bussava tre volte sull'anta della Camera dei comuni con la sua mazza nera, che dava il nome al suo ufficio, sempre sullo stesso punto come accadeva da secoli, motivo per cui ormai c'erano segni di usura evidenti. Alla fine al *Black Rod* veniva permesso di entrare per annunciare che Sua Maestà la regina stava aspettando la Camera dei comuni.

Ora arrivava la parte preferita di Diana: mentre si recavano alla Camera dei lord, i comuni facevano un gran rumore. Si atteggiavano un po' da ragazzi pestiferi. Cosa avrebbe dato Diana per poter partecipare! Lo scopo della gazzarra era quello di dimostrare che in realtà erano i comuni a contare, nonostante tutto lo sfarzo della monarca. La Camera dei lord, tuttavia, doveva rimanere in piedi ad ascoltare il discorso della regina. Quest'ultimo veniva scritto dal governo, Elisabetta si limitava a leggerlo con la sua voce cristallina e soave.

Quella era la parte noiosa, purtroppo, e non ci volle molto perché la mente di Diana tornasse a vagare. Gettò uno sguardo furtivo a Carlo. E se ci fosse stato lui dietro il trasferimento di Barry Mannakee? Forse. Non era da escludere. Barry era un uomo attraente…

Concentrati!, si ammonì. Dopotutto, era un momento importante per la suocera!

Lasciò vagare lo sguardo sugli ospiti e si soffermò sulla principessa Margaret. Margo era sempre stata all'ombra della sorella maggiore. Era stata costretta a rinunciare al suo grande amore. Era segnata dalla vita, ma rimaneva comunque bellissima e irradiava dignità e forza almeno quanto la sorella Elisabetta che sedeva sul trono. Non lontano, Diana scorse Fergie, che aveva cercato di compensare il proprio dolore con i dolci durante il terribile divorzio burrascoso dei suoi genitori. A scuola era stata presa in giro per essere in sovrappeso, ma non aveva mai perso il suo sorriso permanente e le sue allegre lentiggini, e con i suoi capelli rossi era radiosa come la regina. In effetti, c'era qualcosa di maestoso in tutte quelle donne, pensò Diana. Si meritavano tutte una corona.

Fergie si azzardò a sbadigliare dietro la mano. Quando si rese conto che Diana l'aveva colta in flagrante, le fece l'occhiolino maliziosa. E d'un tratto non fu più così difficile sopportare la cerimonia con tutte le sue polverose tradizioni. Era incredibile la differenza che faceva avere un'amica che capiva la sua situazione.

Con Fergie a fianco, si sentiva quasi invincibile. Diana non si era mai goduta così tanto un viaggio in carrozza come quello per tornare dal palazzo del Parlamento a Buckingham Palace. Mai le persone dietro le transenne l'avevano salutata con un tale entusiasmo, mai era stata accolta con tutto quel calore dal personale del palazzo, i cui volti altrimenti erano così inespressivi. Il risonante mormorio degli ospiti invitati in onore di Elisabetta non le sembrò affatto gravoso, ma anzi piuttosto allegro, e i corridoi non le parvero più così infiniti mentre si dirigeva verso la sala delle feste insieme a Fergie. Rideva di una storia che l'amica le stava raccontando.

«Comunque, ho rubato le chiavi della Porsche di questo tizio insistente e ci ho fatto un giretto. Lui non se n'è accorto.»

«Che coraggio» replicò Diana. Si sentiva bella e forte mentre raccoglieva il lungo abito per scendere le scale... poi all'improvviso distinse il suo nome in una conversazione.

«Come osa Diana pugnalare Elisabetta alle spalle in questo modo?» sibilò la regina madre. «Quella nuova acconciatura...»

Diana si fermò. Fece segno a Fergie di stare zitta.

«Oggi i fotografi hanno puntato l'obiettivo quasi solo su di lei con quel nuovo moderno taglio corto.» Era Margo. «Domani spazzerà via la regina dalla prima pagina del *Times*. Eppure era il grande giorno di Lilibet!»

Il sorriso di conforto di Fergie non raggiunse Diana.

Qualcosa in lei cercava di spingerla ad andare avanti: *Affronta le due vipere. Subito!*

Ma non ci riusciva. D'un tratto era profondamente esausta. Come paralizzata.

E non sentiva nulla. Assolutamente nulla.

Perché non era furibonda? Delusa? Frustrata? Dov'era il rombo del tuono di una volta?

E ora: niente.

Riuscì a malapena a mettersi in fila fuori dalla sala del banchetto e a farsi condurre dalla festosa orchestra alla tavola imbandita. Lì prese il suo posto, che era da qualche parte, ma non accanto a Carlo. Masticò meticolosamente il filetto di manzo, in modo che non le facesse tanto male quando dopo l'avrebbe vomitato.

«Tutto bene?» chiese Fergie, seduta accanto a lei, in tono compassionevole.

Diana non aveva quasi pronunciato parola. «Sì. Certo.»

Ferma!, disse d'un tratto la voce dentro di lei. *È proprio quello che tutti hanno sempre voluto da te. Se soffri in silenzio e dici che stai bene, gli rendi le cose facili. Ma per te sono infinitamente più difficili. Ti toglierai tutta l'aria fino a soffocare la fiamma che hai dentro. Finché non sentirai più niente e alla fine scomparirai.*

All'improvviso Diana si ritrovò a dire a Fergie: «Tagliamo la corda».

«Cosa?» Lo sguardo dell'amica si diresse verso Elisabetta, ma la regina era impegnata in altra conversazione.

«Devo andarmene da qui» ripeté Diana.

«Ma dove?»

«Non importa. Allora, che ne dici? Vieni con me?»

Fergie esitò. «Certo» rispose infine.

Diana se ne infischiava che lasciassero i loro posti senza permesso. Appena fuori dalla vista, si sfilò le scarpe dai tacchi alti, raccolse l'abito da ballo e corse a piedi nudi lungo il corridoio. Confidava che Fergie avrebbe fatto lo stesso, e così fu. Era come se qualcosa si dispiegasse dentro di lei, espandendosi sempre di più fino a spezzare le catene intorno al suo petto.

«E adesso?» chiese Fergie già col fiatone.

Diana era su di giri. «Ho un'idea...»

Dieci minuti dopo erano sedute nella Daimler della regina madre, Diana con un berretto da autista sul nuovo taglio corto. Accese il motore.

«Sei sicura che...?» chiese Fergie.

«... che non ci metteremo nei guai? Oh, credimi, ci finiremo se ci beccano. Dobbiamo solo non farci prendere. Ma chi verrebbe a saperlo? A parte l'autista, ma gli abbiamo detto che avevamo il permesso della regina madre. E infatti ci faremo un giretto.»

E poi schiacciò l'acceleratore. Con impeto uscì dal garage e andò a tutta birra per il parco. L'aria fredda novembrina entrava dai finestrini aperti, ma lei sentiva caldo lo stesso.

Frastornata, Fergie scosse la testa, rise, mise un braccio fuori dal finestrino, lasciò che la brezza le scompigliasse i capelli e gridò: «Sei pazza!».

«Anche Carlo l'ha detto spesso. Solo che lo intendeva come un insulto. Quando lo dici tu, suona come un complimento.»

«Perché lo è.»

Dopo un po' Diana notò che Fergie aveva freddo. Fermò l'auto per alzare il finestrino. Davanti a loro c'era l'enorme palazzo con innumerevoli luci accese.

«Cosa non darei per potermi lasciare alle spalle i cancelli del palazzo e guidare senza una meta» pensò Diana ad alta voce.

«Potremmo almeno fare un po' di baldoria per Londra» suggerì Fergie.

«Sarebbe bello! Una volta ho osato fare una passeggiata senza avvisarli in anticipo. Volevo solo uscire un attimo. Hanno mandato un'intera squadra di polizia a cercarmi. Posso farne a meno stasera.» Inspirava ed espirava profondamente, ma non aveva ancora la sensazione di ricevere abbastanza ossigeno. «Avrei dovuto chiedere prima alla regina madre come il mio parrucchiere poteva tagliarmi i capelli» disse in tono ironico e Fergie scoppiò a ridere.

«La cosa brutta» continuò «è che non mi scandalizza nemmeno la scarsa considerazione che la regina madre e Margo hanno di me. Il risentimento e l'invidia fanno quasi parte del bon ton qui. Si dice addirittura che la regina madre fosse gelosa della propria figlia quando Elisabetta è salita al trono.»

«L'altro giorno mi ha invitata a prendere un tè e mi ha detto come vestirmi sul biglietto d'invito» raccontò Fergie. «Non posso semplicemente mettermi quello che voglio?»

Il sorriso di Diana era un misto di incoraggiamento e commiserazione. «Come moglie di Andrea non potrai mai più fare quello che vuoi. Qui tutto va come desidera l'istituzione.»

D'un tratto Fergie parve molto triste. «Me ne sono accorta al nostro matrimonio. Mio padre voleva fare un discorso, ma gli è stato gentilmente consigliato di lasciar perdere. Sono certa che sarebbe stato divertente.»

Diana cercò di trovare parole di conforto, ma: "Su con la vita, presto sarà più facile" sarebbe stato solo un commento vacuo, così disse: «Temo che alla fine ti abituerai». Le sue parole lasciarono un sapore amaro. *Perché andare sempre a cozzare contro le sbarre della propria gabbia? Perché non accetti la tua situazione e basta?* Ma questa amarezza non era in realtà espressione del fatto che non voleva ancora rassegnarsi alla sua situazione? Qualcosa in lei sembrava intuire che in realtà sarebbe stato molto più bello, in un luogo senza sbarre, telecamere di sorveglianza e sguardi scontenti. Un luogo dove ci fosse calore. Solo che non sapeva come arrivarci. E questo la rattristava.

«A cosa devo abituarmi?» chiese Fergie.

Era un'ottima occasione per risollevare l'umore. «Per esempio, mi ci è voluta un'eternità per abituarmi alle manie di Carlo. Non riesce nemmeno a mettere il dentifricio sullo spazzolino, deve farlo il suo maggiordomo.»

Il piano funzionò, Fergie rise.

«Non guarda nemmeno l'orologio» continuò Diana «ma si fa dire l'ora dal suo maggiordomo. Ricordo ancora il giorno in cui questo ha dovuto correre avanti e indietro innumerevoli volte perché a Carlo non andava bene neanche una camicia. Gli ho chiesto perché non ci pensasse da solo, sarebbe stato più facile. Ha risposto: "È per questo che pago quell'uomo!". Oppure ti sei mai accorta che Elisabetta spegne i termosifoni per risparmiare? A prescindere se si abbia freddo o meno. Ma l'importante è che i suoi amati corgi abbiano un cuoco personale che gli serve manzo e coniglio fresco.»

«Del resto, è lei la regina!»

Dopodiché non riuscirono più a contenersi.

Quando si calmarono di nuovo, Fergie disse: «Quando saremo al comando, ci sbarazzeremo di tutto questo, di tutta questa rigidità».

«Stai preparando una rivoluzione?»

«Essere una ribelle è meglio che colare a picco, no?»

«Allora siamo ribelli?» chiese Diana.

«Certo. E non ci lasceremo abbattere.»

E all'improvviso la sentì di nuovo, quella scintilla nel petto. Non era mai scomparsa del tutto. Ardeva solo di nascosto nel profondo.

Ma ora, in quel momento, in quella Daimler che odorava di vecchia pelle, si ricordò che anche lei aveva il suo orgoglio. Che aveva il diritto di essere felice e appagata.

«Resteremo amiche per la pelle» promise Fergie.

Diana sbatté le palpebre per trattenere le lacrime. Le erano già venute per le risate o le avevano velato gli occhi adesso? «Sarebbe fantastico.»

«Sembra che tu non mi creda.»

«Ma no, sono solo preoccupata. So come vanno le cose. Prima o poi ti influenzeranno e…»

«E io mi opporrò» obiettò Fergie. «Perché io e te abbiamo le stesse cicatrici. Tutte e due abbiamo sofferto molto a causa del divorzio burrascoso dei nostri genitori. Ci capiamo.»

D'un tratto le cicatrici sul suo cuore non sembravano più tragiche o gravi. Al contrario. Senza di loro, non avrebbe stretto quel legame unico con la giovane donna seduta in macchina accanto a lei. Il che le ricordò il pensiero che aveva avuto durante l'apertura del Parlamento. «Sai che ti dico? La corona che oggi era sul capo di Elisabetta è dopotutto solo un oggetto. Dorato e tempestato di diamanti, certo, ma pur sempre un oggetto. Ciò che conta davvero è la corona che ognuno porta.»

«Tutte noi portiamo una corona?» replicò Fergie in tono divertito. «Non me ne sono mai accorta.»

«Ma è così. È solo che non riesci a vederla. E non dobbiamo mai permettere che questa corona ci venga tolta. Da nessuno.»

Fergie sembrò rifletterci per un po'. «Ti ringrazio» disse alla fine. «Per tutto. Non ero niente quando ci siamo conosciute, e grazie a te ho sposato l'uomo più meraviglioso del mondo.»

«Non ho fatto altro che presentarvi.»

«Hai fatto molto di più. Hai tolto la mia corona dal fango, l'hai lucidata e l'hai messa di nuovo sulla mia testa. Ma la cosa più importante è che non hai detto a nessuno che una volta era per terra.»

Il cuore di Diana divenne leggero e caldo, ma allo stesso tempo si palesò un'altra sensazione, un vago dolore nel petto, la consapevolezza che tutto sarebbe finito prima o poi. La consapevolezza di quanto fosse fragile il mondo.

Sperava che le lasciassero almeno l'unica amica che la vita aveva messo nella sua gabbia dorata, pensò.

31

1991

Quando ripensava a quel giorno dell'apertura del Parlamento era quasi di nuovo lì, nella vecchia Daimler, al volante sul morbido sedile di pelle, convinta di poter sentire la ghiaia scricchiolare sotto gli pneumatici, di sentire il freddo vento contrario e di vedere lo scintillio ardente negli occhi di Fergie. Mentre rispondeva alle domande di Andrew Morton, riviveva tutti quei ricordi. Da un lato, faceva male, ma dall'altro era esaltante mettersi così del tutto a nudo. Ogni volta la sua anima si sentiva limpida e cristallina, come l'aria fresca dopo un temporale.

Premette il pulsante "pausa" del registratore e bevve un sorso d'acqua. Si sentiva la gola secca a forza di parlare.

Fergie non era l'unica persona che era entrata inaspettatamente nella sua vita e l'aveva stravolta. Ma quella parte della storia non l'avrebbe registrata nella cassetta.

Si alzò dal divano e andò alla libreria. Il suo indice scorreva sui dorsi ruvidi dei libri seriosi di Carlo e si soffermò su un tomo di Laurens van der Post. Lo tirò fuori, lo aprì e la trovò ancora lì, ben custodita: una foto. Ritraeva lei e James. Tra loro un trofeo, che lei gli aveva consegnato dopo una partita di polo. La sua squadra aveva vinto. Col senno di poi, pensò di avere avuto un aspetto carino quel giorno, ma all'epoca era infastidita dal fatto di non essersi messa più in ghingheri. Indossava una semplice gonna estiva bianca e una maglietta nera a pois bianchi. Si era congratulata con James e gli aveva stretto la mano. Allora non aveva idea che lui la desiderasse tanto quanto lei. Era pur sempre il suo maestro di equitazione! E inoltre di tanto in tanto giocava a polo contro suo marito!

Ma le bastò guardare la foto per sentire subito di nuovo l'attrazione che c'era stata tra loro fin dal primo istante.

La prima volta che aveva parlato con James, che gli aveva parlato *davvero*, era stato al cocktail party della sua dama di compagnia Hazel. Anche se non le piaceva molto truccarsi, aveva passato un'eternità davanti allo specchio. Ricordava alla perfezione come si era tirata le calze velate su per le gambe, si era infilata l'attillato vestito da cocktail color crema, si era spruzzata un pizzico del suo delicato profumo sul collo e sul décolleté. Tutto solo per lui, anche se non sapeva nemmeno con certezza se sarebbe venuto.

Chiuse gli occhi, all'improvviso sentì come da lontano una rilassante musica di pianoforte e si immerse nel ricordo di una serata che aveva portato la sua vita in una direzione del tutto nuova…

32

1986

Con la massima disinvoltura possibile, Diana domandò alla dama di compagnia Hazel chi avesse invitato al suo cocktail party. Aveva sperato di sentire il nome Hewitt. Nel frattempo facendo delle ricerche aveva scoperto chi fosse il capitano sconosciuto che una settimana prima era stato trasportato a Buckingham Palace da una brezza primaverile, lasciandola senza fiato. Quando il suo nome non era venuto fuori, si era sorpresa a pensare di fingere un mal di testa o un raffreddore la sera della festa e di disdire. In effetti, d'un tratto si sentiva un po' fiacca...

«Ti viene in mente qualcun altro?» chiese Hazel.

Diana la considerava molto più una confidente che una dama di compagnia, quindi le aveva proposto di rinunciare alle formalità. «Chiamami semplicemente Diana» le aveva detto. Anche se quell'atteggiamento amichevole causava fastidio soprattutto alla regina madre.

Fece finta di doverci pensare. «Che ne dici di quel gentile capitano? Com'è che si chiamava?»

«Il capitano Hewitt?»

«Sì, proprio lui. Sta facendo molto per il matrimonio di Fergie e Andrea. Sarebbe giusto invitarlo per ringraziarlo.»

Le labbra sottili di Hazel accennarono un sorrisetto che era però eloquente. «Certo. Gli manderò un invito oggi stesso.»

Quella sera Diana lo vide per prima quando entrò nella sala.

In quel momento lei era davanti al pianoforte a coda nero con altri ospiti e ascoltava incantata il pianista. *Sogno d'amore* di Liszt, che Diana conosceva grazie a Carlo. Bisognava riconoscerglielo: aveva risvegliato in lei la gioia per la musica classica. Il giovane pianista tirava fuori così tanta nostalgia dai tasti che il cuore le divenne pesante.

Come per magia, i suoi occhi furono all'improvviso attratti dalla porta a battenti aperta. Là, dove prima non c'era nulla, apparve un uomo. Il capitano Hewitt. Si guardò intorno e sembrò valutare la stanza. Lei lo fissò e valutò la propria vita.

Ogni fibra del suo essere diceva: *Eccolo.*

Lui la guardò, inarcò le sopracciglia e le sorrise.

Le sorrise.

Un semplice sorriso. E il cuore le batté all'impazzata.

L'uomo cominciò a muoversi in direzione del bar. La sua andatura era così eretta, così virile. Indossava di nuovo l'uniforme, il che lo rendeva incredibilmente attraente. Diana si dovette sforzare per non fissargli il fondoschiena.

«Sta benissimo, non credi?» sentì all'improvviso Hazel dire accanto a lei.

«Di chi parli?»

Era impossibile ingannare Hazel. Non rispose nemmeno alla domanda di Diana. «Ha ventisette anni, quindi due più di te.»

Diana sorrise. In quale altro modo avrebbe potuto reagire?

«Proviene da una famiglia di ufficiali, ha frequentato un prestigioso collegio e si muove con disinvoltura ai margini dei circoli di corte» riassunse Hazel per Diana.

«Non stento a crederlo, infatti dà un'impressione tanto atletica quanto colta.»

«Ed è attraente, no? Trovo che abbia un particolare carisma. Si dice che sia galante e senza complicazioni nei rapporti. Il che non si può certo dire di tutti gli uomini.» Probabilmente era un riferimento a Carlo. «Sembra uscito da un libro di fiabe. È stata una buona idea da parte tua invitarlo.»

«Da buona padrona di casa, dovresti andare ad accogliere l'uomo fiabesco» disse Diana. *Finiscila! So esattamente cosa stai combinando!*

«Ed è esattamente quello che farò» rispose Hazel, sbattendo le ciglia con fare innocente. «Ti va di accompagnarmi?»

Assolutamente no. Era già abbastanza imbarazzante che fosse così palese il suo tripudio ormonale. Anche il signor Hewitt si era accorto che non riusciva a togliergli gli occhi di dosso? Doveva ricomporsi; del resto, non sapeva nulla di quell'uomo. Solo che era un capitano della caserma Windsor e non portava la fede. Forse aveva una ragazza e non vedeva l'ora di lasciare quel noioso cocktail party, andare a casa sua e infilarsi a letto con lei.

Tornò a fare chiacchiere innocue con gli altri ospiti. Solo che stavolta nella stanza c'era un uomo che le rendeva impossibile concentrarsi.

D'un tratto Hazel condusse il signor Hewitt dritto verso di lei. Nel giro di pochi secondi, il battito cardiaco le si accelerò.

«Posso presentarti il capitano Hewitt?» chiese Hazel.

«È un enorme piacere per me.» Il capitano fece un inchino profondo.

Diana si ritrovò consapevole di ogni arto del proprio corpo, e all'improvviso si sentì impacciata. La testa come svuotata. *Ricomponiti*, pensò, *hai messo al mondo due figli e hai tenuto discorsi davanti a centinaia di persone!*

Ma poi finì tutto quando le baciò la mano senza interrompere il contatto visivo. Era quasi impudente, perché la fece arrossire, e lui lo sapeva bene.

«Capitano Hewitt, che piacere rivederla» disse Diana.

Sentiva caldo. Stava bruciando. Il sudore le bagnava già la sottoveste.

Da perfetta padrona di casa, Hazel aveva subito pronto un argomento di conversazione. «Il signor Hewitt adora giocare a polo.»

«Ogni tanto gioco anche contro suo marito» disse il signor Hewitt a Diana.

«È un cavallerizzo eccellente» esclamò Hazel.

Il capitano Hewitt fece il modesto. «Esagera. E lei?» si rivolse di nuovo a Diana. «Le piace cavalcare?»

«Una volta lo adoravo» raccontò. «Spesso andavo a

cavallo a Sandringham. Ma un giorno il mio pony si è imbizzarrito, sono caduta e mi sono rotta un braccio. All'epoca avevo nove anni. Da allora non mi sento più a mio agio in sella. Però vorrei vincere la paura. Penso che lei sappia quanto tutta la famiglia reale ami andare a cavallo.»

Il suo corpo flirtava di propria iniziativa. Quel battito di ciglia, quel sorriso ammaliante... da dove era venuto fuori tutto d'un tratto?

«Come capitano delle truppe di Sua Maestà, le scuderie sono di mia competenza. Se vuole, posso darle lezione in caserma.»

«Sarebbe disposto? Ma non deve sentirsi obbligato. Di certo avrà molto da fare.»

«Per lei troverò il tempo. Ne sarei onorato» replicò. Era affascinante, bisognava riconoscerlo.

«La chiamerò» disse lei, rivolgendogli il più incantevole degli sguardi.

«Ne sono felice.» Sorrideva come una star del cinema.

«Anch'io» fece Diana, ma nel suo caso suonava più come una resa. Aveva ceduto inesorabilmente al suo fascino.

33

Mentre varcava il grande cancello rosso della caserma di Windsor, dove il signor Hewitt l'aspettava in uniforme davanti alla luminosa statua della regina Vittoria, e il suo cuore sussultava, capì che la prospettiva di impressionare il marito con le lezioni di equitazione e di battere Camilla non aveva nulla a che fare con ciò che desiderava veramente da James.

L'uomo era completamente stregato dalla sua Jaguar decappottabile verde muschio. «Pensavo fosse disponibile solo a due posti.»

Dio, persino la Jaguar era modellata sui gusti di Carlo, si rese conto all'improvviso e dolorosamente, mentre contemplava James che ammirava a sua volta l'auto. Aveva lo stesso colore verde dell'Aston Martin di suo marito e i sedili erano rivestiti in pelle e Harris Tweed.

«L'ho fatta convertire per portare con me i bambini» replicò. «Naturalmente a palazzo non hanno gradito, ma io adoro troppo quest'auto per abbandonarla, e anche i miei figli la adorano.»

La guardò come se cercasse di decifrarla. «Madre devota, icona di stile e ribelle allo stesso tempo, giusto?»

Era abituata alle lusinghe, ma quando venivano da lui,

colpivano Diana dritto nell'addome. Si fissò gli stivali da equitazione lucidati a specchio per nascondergli le guance arrossate.

«Allora, non perdiamo tempo» disse lui.

Il signor Hewitt era un ottimo istruttore di equitazione. «Eccellente, principessa» continuava a lodarla. «Per come la vedo io, in realtà non ha bisogno di lezioni.»

«Dev'essere stata la sua presenza a farmi sentire di nuovo al sicuro in sella» fece lei.

Incredibile quanto fosse rilassata con lui. In nessun momento si sentì in dovere di dire qualcosa di stupido o di colmare un silenzio imbarazzante. Quando lui parlava di lunghe cavalcate in mezzo al nulla, lei all'improvviso capiva cosa ci fosse di così meraviglioso, e quando lui parlava di giocare a polo, il suo vecchio entusiasmo per questo sport si riaccendeva. Ma dopo un po' l'attenzione di Diana si spostò sui movimenti delle sue labbra, che di solito erano sorridenti. Anche la sua pelle pallida con le numerose lentiggini era affascinante. Come se un artista avesse detto: «Perfezioniamo questo volto aggiungendovi qualche tocco raffinato qua e là». Se solo avesse avuto anche lei le lentiggini, ma forse non avrebbe più trovato le sue così ammalianti.

La tensione che crepitava tra loro divenne innegabile quando lui le mise una mano sulla vita. Avvenne per riflesso, quando Diana stava per smontare e perse l'equilibrio.

Il signor Hewitt si ritrasse subito. «Attenta, principessa» disse, come se intendesse sottolineare ancora una volta che voleva solo salvarla da una caduta, niente di più.

Il contatto la fece trasalire, ma non perché la mettesse a disagio. Al contrario, tutto in lei gridava: *Ancora*. Era perché non sentiva un uomo da tanto tempo? Almeno prima aveva passato una notte con Carlo ogni tre o quattro settimane, ma non riusciva nemmeno a ricordarselo.

«Grazie mille per avermi dedicato del tempo» disse alla fine della lezione.

«È stato un piacere, e lo dico con tutta sincerità.» Le prese la mano, le diede un bacio e, chissà come, riuscì a far passare in secondo piano tutto ciò che lo circondava: il maneggio con il terreno sabbioso, il cavallo sbuffante che voleva essere nutrito e abbeverato come ricompensa, l'edificio di mattoni sullo sfondo con le sue finestre alte e strette, davanti alle quali stava marciando una fila di soldati. Percepiva ormai soltanto lui, il suo viso dal fascino irresistibile, il suo piacevole profumo di dopobarba, le sue mani leggermente ruvide.

«Principessa» disse in segno di saluto.

Lei raccolse tutto il suo coraggio. «Quando siamo solo noi, mi chiami pure Diana.»

Un sorriso sbieco gli si allargò sulle labbra. Le teneva ancora la mano. «James.»

«Allora, James» disse lei. *Oddio, l'ho chiamato col suo nome.* Onde d'urto le attraversarono il corpo. «Vorrei mostrare la mia riconoscenza. Come potrei farti un piacere?»

Non si aspettava nulla, replicò, era un onore per lui

darle lezioni di equitazione. «Inoltre qualcosa ci guadagno. Mia madre ti adora ed è orgogliosa di me come non mai, da quando sa che ti do lezioni» scherzò.

«Allora salutala da parte mia. Comunque, mi piacerebbe ricambiare. Che ne dici se ti invito a cena a palazzo?»

«Non ti offendere, ma di solito cerco di evitare i palazzi. In segreto li chiamo "i luoghi dei lunghi corridoi e dei sussurri".»

Si rendeva conto di quanto lei pensasse esattamente la stessa cosa?

«Mi piace questa espressione» disse. «Posso prenderla in prestito?»

«Solo perché sei tu.» Socchiuse gli occhi contro il sole pomeridiano obliquo. «Sono fatto per la semplicità della campagna piuttosto che per i palazzi lussuosi.»

«Allora devi assolutamente venire a trovare me e i bambini nella nostra tenuta di campagna a Highgrove. È a poco più di un'ora di distanza da Kensington Palace. William e Harry ne sarebbero senz'altro felici.»

Aveva saputo nascondere a se stessa ciò che si celava dietro quell'offerta. Le fu chiaro solo quando lui lasciò vagare lo sguardo nel vuoto chiedendo: «E tuo marito non ha niente in contrario?».

«È spesso in viaggio.» Osò dire spaventosamente.

«Non ci sono lunghi corridoi a Highgrove in cui si sussurra?»

«Alcuni sì, ma almeno i muri non hanno tanti occhi.»

Vide la sua mandibola serrarsi. «Sembra allettante» disse. «Allora ci vediamo lì sabato prossimo?»

«Prima devo dare un'occhiata alla mia agenda.» Tutta scena. Sapeva di avere tempo. Aveva chiesto al suo segretario privato di tenerle il più possibile liberi i fine settimana successivi. Per le sue lezioni di equitazione, come aveva sottolineato lei stessa. Ma così avrebbe potuto temporeggiare con James ancora un po'. Inoltre avrebbe avuto un motivo per telefonargli e sentire la sua voce.

Quel giorno non fu nemmeno triste di andarsene da James. Era addirittura felice di sfrecciare via con la sua Jaguar, perché così avrebbe potuto pensare a lui. Non si era mai sentita tanto viva. Voleva semplicemente uscire nel mondo, sentire la brezza, essere felice, godere di questa leggerezza. Voleva subito iniziare a essere la nuova persona che era diventata quel pomeriggio.

Non appena la porta del suo appartamento a Kensington Palace si chiuse dietro di lei, fu assalita dai dubbi. Tutte le ore e i pomeriggi futuri con James, che aveva immaginato con i colori più vivaci durante il viaggio di ritorno e che non vedeva l'ora di trascorrere, scoppiarono come bolle di sapone. *Ma quanti anni hai?*, si rimproverò. *Sedici? Ti affezioni alle persone troppo in fretta. Del resto, cosa sai di lui?*

Che i suoi capelli erano ben rasati sulla nuca e aveva delle belle mani. Che era tenero. Qualcuno che accarezzava il collo di un cavallo con una tale delicatezza doveva essere un amante attento! Si vergognò del fatto che vederlo l'avesse fatta fremere.

Vedi, non sai niente di niente. Lo dipingi nella tua

mente con i colori più sfavillanti che ci siano, ma alla fine è solo un uomo che russa di notte e ha i calzini bucati.

Avrebbe continuato a fingere di non sapere di essere sola nella sua vita coniugale. Fino alla fine dei suoi giorni avrebbe fatto finta di non sapere che qualcosa non andava. E se avesse pensato a James, allora avrebbe represso i sentimenti che le sorgevano. Non avrebbe mai lasciato Carlo, avrebbe sempre mantenuto il suo amore per lui. Era una madre. Ed era la principessa di Galles. Aveva una responsabilità. Avrebbe messo da parte i suoi sentimenti per James come una fastidiosa influenza che prima o poi sarebbe passata.

Fergie aveva abbastanza energia per tutte e due. Quando Diana disdiceva perché era esausta o si sentiva schiacciata dai propri compiti e doveri, l'altra non mollava. «Non è accettabile! Si è giovani una volta sola. Forza, andiamo in giro per Londra e cerchiamo di seminare le guardie del corpo.»

Era un bene che la distraesse. Aveva bisogno di una persona così nella sua vita. Soprattutto perché Diana ormai aveva ben poco a che fare con le sue amiche di un tempo. Si vergognava troppo del fatto che aveva tutto, davvero tutto nella vita, eppure non riusciva a essere felice.

Fergie capiva la sua situazione. E si raccontavano tutto. Era meraviglioso avere un'amica con cui non si avevano segreti.

Ma... c'erano alcune cose che nemmeno Fergie sapeva. Un segreto era che dopo quasi ogni pasto spariva in bagno per infilarsi un dito in gola.

Il secondo segreto era che non smetteva di pensare a un uomo attraente in uniforme. Le era impossibile trattenersi. Quando si svegliava al mattino riusciva appena a stirarsi, che già le ronzavano in testa domande su domande che avrebbe voluto fare subito a James, ma non osava. Come beveva il caffè? Aveva una canzone preferita? Andava d'accordo con i fratelli?

Ogni giorno alle sette in punto si alzava come al solito per sbrigare la corrispondenza. Era il suo rituale. La prova che aveva la propria vita sotto controllo. Che aveva *se stessa* sotto controllo. Aveva costruito il tipo di vita che ci si aspettava da lei. Era brava in quello che faceva. Era una brava moglie, madre, figlia, protestante, principessa... Ma mentre ascoltava l'elenco degli appuntamenti dal suo segretario privato, un'irrequietezza carica di tensioni l'attanagliava di continuo.

E poi quel sabato l'auto di James si fermò nel vialetto di Highgrove. Lui scese e il suo sguardo le pompò nuova vita nelle vene. E si rese conto che non aveva assolutamente nulla sotto controllo.

«Pronta a prendere le redini?» chiese lui.

E lei rispose: «Non vedo l'ora».

James le fece molte domande durante la cavalcata, come se non si stancasse mai di scoprire qualcosa su di lei. La maggior parte riguardava la sua infanzia. «Non devi rispondermi se non vuoi» disse.

«Non mi disturba. Trovo persino salutare parlare del passato.»

Carlo non le aveva mai chiesto tutto questo.

Raccontò a James della sua bellissima madre Frances, con le gambe da modella, che aveva appena venticinque anni quando aveva avuto Diana, la terza figlia. Che il suo primo ricordo era l'odore della plastica calda della carrozzina. E gli raccontò della separazione dei genitori. Aveva sei anni, era seduta immobile e silenziosa sull'ultimo freddo gradino di pietra davanti a Park House, aggrappata alla ringhiera di ferro tornita, mentre intorno a lei c'era un sostenuto viavai. Sentiva le valigie riposte nel bagagliaio di un'auto e sua madre che attraversava la ghiaia scricchiolante del cortile, la portiera che sbatteva, il motore che si accendeva e il veicolo che si allontanava e spariva attraverso i cancelli.

Mentre percorrevano un antico ponte romantico, la cui pietra era annerita dalle intemperie, lei gli chiese: «In che senso il mio matrimonio con Carlo sarebbe simile a quello dei miei genitori?». Prima il capitano aveva fatto un'allusione del genere.

«Be', avevi detto che tuo padre aveva dodici anni più di tua madre, e Carlo ha...»

«Tredici anni più di me» completò la frase di James. «Con quanta attenzione mi ascolti.» Le piaceva. Parecchio. «Mia madre aveva quindici anni quando ha conosciuto il suo futuro marito, io ne avevo sedici.»

«Tua madre ha preferito vivere in città come te. Anche se sostieni di amare la campagna per farmi piacere.»

«È la verità.»

La distesa pittoresca la riempì di una calma profonda, quasi meditativa. Lasciò vagare il suo sguardo sui dolci pendii del paesaggio, su cui si stendeva una nebbia magica in quelle prime ore del mattino. Qua e là pascolavano alcune pecore. In passato, la natura era stata spesso il suo rifugio dalle liti dei genitori. «Mio padre voleva a tutti i costi un erede maschio. Dopo le mie due sorelle, è diventato impaziente» gli confidò. «Ha preteso che mia madre si sottoponesse a diversi esami per scoprire perché non poteva avere figli maschi. Finalmente il suo desiderio si sarebbe avverato... ma John, come volevano chiamarlo, non è riuscito a sopravvivere. Appena nato è stato portato fuori dalla stanza. Mia madre piangeva, urlava, implorava di poterlo vedere, ma non glie l'hanno permesso. Undici ore dopo è morto. Qualche mese più tardi, è rimasta di nuovo incinta. Ma ha avuto un aborto spontaneo di cui non ha mai parlato al marito. Un anno dopo sono nata io, una cocente delusione per mio padre. Un'altra femmina. Sono dovuti passare altri tre anni prima che mia madre gli desse finalmente un figlio maschio, mio fratello Charles.»

Guardò James. «I miei genitori hanno avuto un matrimonio orrendo e hanno affrontato un divorzio terribile. E poi mia madre ha perso la custodia dei figli. Probabilmente anche mio padre aveva delle relazioni, ma in tribunale hanno infierito su di lei, perché aveva lasciato il marito per un altro uomo. Mio padre aveva più soldi, più potere, più influenza. Quando mia madre se n'è andata, un'ombra immane è calata su di me e i miei fratelli.»

Fecero una pausa sotto un vecchio tiglio, stesero la coperta da picnic che si erano portati dietro e vi sparsero sopra formaggio, uva, pane bianco e prosciutto. Si sentiva solo il lieve gorgoglio del ruscello che serpeggiava davanti a loro e il rumore dei cavalli quando strappavano ciuffi d'erba dal prato. E sebbene il suo cuore fosse leggero, era anche triste perché l'uomo accanto a lei non era Carlo.

Il sole del mattino faceva emergere come per magia pigmenti dorati nei capelli color rame di James. Avrebbe potuto guardarlo per sempre. L'aspetto affascinante era anche che non si abbronzava, ma gli aumentavano solo le lentiggini.

Quando lui si accorse che era abbagliata dal sole, scivolò un po' di lato per ripararla. Lo fece con disinvoltura, come se non fosse niente, ma Diana lo notò comunque.

«Posso?» chiese James all'improvviso. «Hai un ciglio sulla guancia.»

Le si avvicinò lentamente, come se volesse darle il tempo di rimetterlo al suo posto. Tremava con ogni fibra del suo essere. Era alla sua mercé, impotente. Con una cautela che le fece formicolare tutto il corpo, le posò l'indice sulla guancia e infine le presentò il ciglio. «Puoi esprimere un desiderio.»

È il tuo corpo che desidero, notte dopo notte. Voglio il tuo profumo sulla mia pelle. Come il giorno in cui hai lasciato la tua giacca nella stalla e io l'ho presa e l'ho indossata di nascosto nella mia camera da letto. È stata la prima volta che mi sono concessa di immaginarti sdraiato vicino a me, nudo, con la tua pelle sulla mia.

Tre respiri.

Uno. Non si era accorta di quanto profumasse la pelle scaldata dal sole. Alzò lo sguardo, osando arrendersi al suo.

Due. Aveva persino le lentiggini negli occhi, qualche pagliuzza verde nell'iride marrone chiaro, a seconda di dove fosse il sole. Gli contemplava il volto come se gli piacesse quello che vedeva.

Tre. Soffiò via il ciglio. Espresse il suo desiderio.

Ma James spezzò l'incantesimo schiarendosi la voce e dicendo: «La tua guardia del corpo…».

«Chi…? Ah, già.» Si spazzò via alcune briciole invisibili dai pantaloni da equitazione. «La prossima volta resterà a casa. Mi sento al sicuro e protetta con te. Non ho bisogno di lui quando sei con me.»

Il petto del capitano si gonfiò leggermente, il suo sguardo si oscurò per il desiderio, eppure si alzò dalla coperta e le porse la mano per aiutarla ad alzarsi. Diana aveva difficoltà a nascondergli la sua delusione.

«Vuoi cenare ancora con noi?» si azzardò a chiedere.

«Non voglio creare problemi» rispose lui.

«Non succederà.» E quando vide il suo sguardo, aggiunse: «C'è anche Hazel, la mia dama di compagnia».

Dopo cena James si sedette accanto al letto di Harry e William e raccontò loro una storia della buonanotte che parlava di cavalieri su destrieri bianchi e di gesta eroiche.

«Sei anche tu un cavaliere?» chiese Harry con gli occhi spalancati.

«È il nostro cavaliere personale» rispose Diana al posto di James, baciando Harry sulla fronte. «Ora chiudete gli occhi, tutti e due. Sogni d'oro. Domani faremo colazione insieme.»

«Quei due sono meravigliosi» disse James più tardi, quando erano soli e Diana gli versò dello scotch.

«Già. Significano tutto per me. Senza di loro, non sono niente.» Si sedette accanto a lui sul divano, girò il busto, gli porse il bicchiere, mise una mano sullo schienale e accavallò le gambe, il tutto in una sequenza elegante e seducente che aveva copiato dalle attrici di Hollywood.

Ma lui guardò dietro la sua facciata. «Cosa ti turba?»

«Mi rattrista vedere quanto William e Harry soffrano per la costante assenza di Carlo» gli confessò. «Di recente, il suo segretario privato lo ha implorato di passare più tempo con i figli, dato che anche la stampa ha notato che non si occupa quasi mai di loro. "Almeno ci provi!" l'ha supplicato.» Diana fece girare lo scotch nel bicchiere. «Alla fine hanno inscenato un servizio fotografico e Carlo ha interpretato il ruolo del padre amorevole. La cosa che mi ha fatto più male era vedere quanto William e Harry fossero felici di passare del tempo con il padre.»

«Cosa posso fare per metterti di buonumore?» le chiese.

Ci rifletté per un attimo. «In effetti c'è una cosa che mi renderebbe felice.»

«Tutto quello che vuoi.»

Diana diede sfogo al fascino del proprio sguardo. «Mi faresti fare un giro della caserma? Per ora conosco solo il maneggio e la cosa più emozionante che ho visto nel cortile è stato un carro armato.»

In realtà intendeva dire che conosceva solo i luoghi in cui James la chiamava "principessa" e si inchinava a lei con fare formale, perché c'erano sempre soldati in giro.

«Nella caserma non c'è molto da vedere. Non è un posto per una signora» disse.

«Ah, no?» Alzò il mento e inarcò le sopracciglia con aria di sfida. «Allora non sono una signora. Dopotutto sono stata al quartier generale degli Special Air Services a Hereford e l'ho trovato molto interessante.»

Era stupefatto. «E cosa ci facevi lì?»

«Un corso di guida. Un corso di guida "omicida", come l'ho definito in segreto. Voglio essere preparata nel caso dovessi essere inseguita in auto. Ho anche imparato come comportarmi in caso di attacco terroristico o di tentativo di rapimento. Mi hanno lanciato petardi e fumogeni nella macchina, l'esercitazione doveva essere la più realistica possibile. Ho anche seguito l'addestramento alle armi.»

«La regina lo ha organizzato per te?»

«Oh, no, ci ho pensato da sola.»

Lui la contemplò e poi disse: «Sei davvero molto diversa da come mi aspettavo».

«Ti aspettavi una bambolina superficiale?»

«A essere sinceri sì.»

«È ciò che la maggior parte delle persone pensa di me. Sono solo consapevole della mia situazione. I membri della famiglia reale vivono in costante pericolo. Nel giro di poco tempo, sono stati sferrati due attacchi a Elisabetta. E la principessa Anna è stata quasi rapita una volta e addirittura nel Mall, quindi a pochi metri da Buckingham Palace. Ho delle responsabilità. Come futura regina, ma soprattutto come madre di due bambini.»

«E va bene» si arrese alla fine. «Ma non aspettarti troppo. Non voglio sentire lamentele quando ti annoierai.»

Come avrebbe potuto? Avrebbe conosciuto la sua vita quotidiana, come dava istruzioni nella sua elegante uniforme, avrebbe visto il letto in cui dormiva.

Quella notte sognò di fuggire con lui per costruirsi una nuova vita in un luogo remoto. La mattina dopo si svegliò, fece una doccia fredda e pensò: *Sei sposata con l'erede al trono, sei madre di due splendidi bambini e vivi in magnifici palazzi.* Mentre si avvolgeva l'asciugamano, si pettinava i capelli bagnati e si guardava allo specchio, si disse: *Forse in un'altra vita.*

Non era strano?

Come se ne avesse più di una a disposizione.

34

In caserma, l'andatura di James era ancora più eretta, ancora più virile.

Diana voleva sapere dove pranzasse.

«Nella mensa degli ufficiali.»

«Non potremmo mangiare lì insieme? A forza di camminare, mi è venuta fame.»

«Certo.» Il "ma" era chiaramente nell'aria, ma allo stesso tempo lo conosceva abbastanza bene da sapere quanto fosse restio a rifiutarle qualcosa. «Ma non immaginarti un ristorante. È una stanza con diversi tavoli lunghi con sopra bottigliette di maionese e ketchup e piani di lavoro appuntati a una bacheca. Da mangiare abbiamo *fish and chips* o toast con fagioli al forno.»

«Credimi, per me il massimo del lusso è sedermi davanti alla tv con pane tostato e fagioli al forno e guardare il mio programma preferito. Per favore, mi piacerebbe molto.»

James non aveva minimizzato, eppure lei era felice e beata. Erano già passate le due e si trovavano da soli nella mensa degli ufficiali. Diede ordine alla sua guardia del corpo di aspettare fuori. *Sono pronta a prendere le redini, James.*

Lui le raccontò che fin da ragazzo sognava di diventare un maggiore. All'inizio era tutta orecchi, ma a un certo punto non poté fare a meno di ammirare le sue labbra, i sottili solchi su di esse, le lentiggini comparse sul suo bel viso a causa delle numerose cavalcate con lei. Le piaceva, perché era come se avesse lasciato un segno su di lui in quel modo.

Probabilmente sospettava che non fosse più concentrata del tutto, ma la scusò con un lieve sorriso. «Adesso sai com'è la mia vita quotidiana. Ma la tua com'è?»

Non voleva che lui sapesse quanto si sentisse sopraffatta e insicura, quindi gli parlava solo degli agi. Com'era liberatorio ballare nelle grandi sale e che il cuoco di Kensington Palace le lasciasse del budino alla vaniglia nel frigorifero quando rincasava la sera dopo un evento faticoso. Allora aveva di nuovo dieci anni e non sapeva ancora nulla di bigodini, diete o quello stupido protocollo.

«Ce l'hai fatta davvero» disse James.

«A fare cosa?» replicò.

«Ogni giovane donna non ha forse sognato di sposare il principe di Galles? Di vivere in un palazzo dove ogni suo desiderio si avvera, di indossare abiti bellissimi, viaggiare per il mondo e vivere di caviale e aragosta?»

Diana si chinò in avanti, portando il viso vicino al suo. «Ma tutto questo non mi rende felice.»

«E cosa ti rende felice?» Era una novità che James si spingesse così oltre.

Prima di rendersi conto di ciò che le stava accadendo, si avvicinò ancora di più. «Lo sai bene.»

La stessa paura che provava lei si accese negli occhi di lui. James si guardò alle spalle, ma erano ancora soli. Rise con imbarazzo, scosse la testa, si passò le mani tra i capelli, il tutto così velocemente che era difficile stargli dietro. «Non sei esausta? Anche stamattina ti sarai alzata alle sette per sbrigare la tua corrispondenza.»

Si era ricordato anche di questo, quindi.

«Oggi addirittura alle quattro» replicò lei.

«Alle quattro? Oh mio Dio! E perché mai?»

«Tu che dici?» *Perché non ho chiuso occhio. Perché pensavo solo a te.*

Gli piaceva quando lei inclinava leggermente la testa e lo guardava dal basso. Ogni volta gli ci voleva un attimo per rispondere, perché era impegnato a sorridere raggiante. «Diana» sussurrò lui.

Le piaceva quando pronunciava il suo nome. Dalla sua bocca sembrava un pericolo. Come se dovesse controllarsi per non… già, per non fare cosa?

«Diana…» disse di nuovo, ma dietro quella parola lei sentì la sua resistenza crollare. «Tu…» esordì.

«Io cosa?» lo sfidò.

«Capisco perché tutta l'Inghilterra sia ai tuoi piedi… Mi stai rendendo le cose molto difficili.»

«Difficili?» fece. «Preferirei impossibili.»

Gli mise una mano sul viso e gli passò il pollice sul labbro inferiore. *Tutto è possibile*, pensò all'improvviso, spaventata. Ora c'erano solo lei e lui e quel momento che doveva assaporare appieno, altrimenti se ne sarebbe pentita per tutta la vita, ma forse avrebbe provato rimorso anche se l'avesse fatto... troppo tardi, perché d'un tratto le labbra di lei furono sulle sue.

Si lasciò avvolgere dalla sensazione del suo tocco. A poco a poco, travolse tutto il suo corpo.

«A un civile come me non è permesso toccare i membri della famiglia reale» disse lui con voce roca. «Inoltre, come capitano, sono al servizio della regina.»

Lo baciò una seconda volta. Avrebbe voluto trattenersi come lui, ma la passione, di cui aveva dovuto fare a meno per tutti quegli anni, esplose in lei con forza. Avvicinò la bocca e lo baciò appassionatamente. Avrebbe voluto salirgli in grembo, se non fosse stato per il tavolo! Con quel bacio cercò di esprimere con sincerità, quasi in maniera brutale, tutto ciò che desiderava da lui, mentre percepiva che era ancora distante.

«Ne sei sicura?» le disse a fior di labbra. «Se ci beccano, allora...»

Non lo lasciò finire. «Non sono mai stata così sicura in vita mia. Mi dai forza. Mi rendi felice. Ho bisogno di te.»

«E per te vale la pena di rischiare qualsiasi cosa» replicò lui. «Persino la mia stessa vita.»

35

Le undici meno cinque di sera.

La pioggia scrosciava sulla finestra, tamburellando sul selciato del cortile di Kensington Court. Diana amava il sole, ma a volte anche i giorni di pioggia avevano il loro fascino. Accese una candela al profumo di vaniglia, si avvicinò alla finestra e cercò di distrarsi con le gocce che scendevano a zigzag lungo il vetro. Fatta eccezione per il bagliore dorato dell'illuminazione esterna, era notte fonda. Il preludio di Bach emanava una leggera nostalgia e speranza.

Come una macchina fotografica che rimette a fuoco, all'improvviso vide il suo volto riflesso nella finestra. Stava per commettere un grosso errore? Avrebbe dovuto fare marcia indietro? Non era ancora troppo tardi. Non appena l'auto si fermò, James sgattaiolò nel palazzo attraverso l'ingresso laterale non sorvegliato e aprì la porta dell'appartamento che lei aveva lasciato solo socchiusa: non sarebbe riuscita a resistere, neanche per sogno.

In ogni millimetro quadrato della sua pelle sentiva che stava per diventare un'adultera. *Neanche il tuo innocente vestito azzurro può nasconderlo!*

Tutto in lei era volto a sedurre. La biancheria intima

di pizzo. Il profumo delicato. Le gambe appena depilate. L'eyeliner sulle palpebre. L'accenno della sua sottoveste di seta, che emergeva provocante sotto la scollatura. Non indossava gioielli; avrebbero solo disturbato.

I suoi pensieri giravano in tondo.

Non era mai andata a letto con un uomo diverso da Carlo.

Aveva venticinque anni e non sapeva nulla dell'amore romantico. Amava Carlo, ma lui non la ricambiava, e quindi quell'amore non era vero. A un certo punto, dopo la nascita di Harry, aveva rinunciato a lottare per il suo affetto. Semplicemente non sapeva più come. Non ne aveva più la forza.

Senza accorgersene era andata alla deriva lungo la strada della sua vita, e all'improvviso James aveva incrociato il suo cammino e le aveva fatto mancare il terreno sotto i piedi. Con lui si sentiva come inebriata. Si librava in un'altra sfera.

Il pendolo batteva le undici di sera. William e Harry dormivano profondamente. E sperava che rimanessero così. Prima o poi uno dei due si sarebbe intrufolato nella sua stanza per accoccolarsi contro di lei. Ogni tanto capitava. Si sarebbe chiusa a chiave finché James non se ne fosse andato.

Il ticchettio della pioggia venne soffocato dalle voci. «Chi c'è in macchina?», «Non riesco a vedere nulla!», «Qualcuno si è nascosto sotto una coperta!»

Quei fastidiosi paparazzi. Erano sempre più invadenti. Avevano iniziato ad appostarsi fuori dai cancelli del palazzo fino a tarda notte. Aveva ordinato a James di nascondersi sotto una coperta nell'auto che gli aveva mandato, per non essere riconosciuto. Nemmeno il personale di sicurezza doveva avere nulla di cui spettegolare.

I fari gialli illuminarono il cortile. Una figura scura balzò fuori dall'auto, si diresse verso l'ingresso laterale e in un attimo scomparve all'interno di Kensington Palace.

Lei si aggiustò di nuovo i capelli. Mandò una preghiera verso il cielo. *Dio, per favore non odiarmi.*

Il cuore le saltava ancora fuori dal petto.

Nonostante la porta fosse solo socchiusa, lui bussò dolcemente. Poi entrò.

Eccolo lì. Scarpe scamosciate. Pantaloni beige. Camicia candida. Sopra un trench marrone scuro.

Le sorrise. Un sorriso che esprimeva quanto avesse desiderato questo momento. Diana non aveva mai visto un sorriso del genere.

E allora capì che si sarebbe arresa incondizionatamente a quell'uomo.

James chiuse la porta dietro di sé.

Ancora cinque passi e poi sarebbe stato con lei. L'avvolse tra le braccia. Si fusero l'uno con l'altra, si assorbirono a vicenda. Gli mise la testa sul petto, ascoltò il battito del suo cuore, respirò il suo profumo, di pelle calda, dopobarba e qualcos'altro che le ricordava aria fresca ed erba bagnata di rugiada: il profumo della libertà. Tremava. Desiderava così tanto quell'uomo!

Si districò da lui e lo guardò negli occhi. *Ti prego, salvami*, sembrava dirgli.

Lui la baciò. Prima con delicatezza, poi con urgenza. Il corpo di lei si trasformò in cera sotto le sue mani. Assaggiò la pioggia sul suo viso, sentì le gocce del suo cappotto che le bagnavano il vestito. Così la sua pelle calda si rinfrescò.

«Promettimi che non mi lascerai cadere» bisbigliò. «Promettimi che ci sarai sempre per me.»

«Sempre» giurò.

Lei si sbottonò la scollatura del vestito fino a scoprire il pizzo della sottoveste e guidò la mano di lui verso lo sterno. Di nuovo James abbassò le labbra sulle sue e lei lo avvolse tra le braccia come se non volesse mai lasciarlo andare.

«Non sono mai stata con nessuno che non fosse mio marito» disse mentre lui la baciava.

«E io non sono mai stato con nessuna come te. Sei la donna più bella che abbia mai visto. Quegli occhi azzurro intenso molto più belli nella realtà che nelle foto o in televisione. La tua pelle luminosa. Mi fai uscire di senno. Ti adoro. Voglio prendermi cura di te e renderti felice.»

Si arrese a lui con ogni fibra del suo essere.

Il suo vestito azzurro sulla moquette.

Il letto a baldacchino.

La sensazione di vivere.

36

1987

La luce variopinta scivolava sul mare di persone sotto di lei, su innumerevoli mani che battevano al ritmo della batteria. La vista era elettrizzante. La chitarra elettrica iniziò a suonare. Bastarono poche note e fu chiaro quale canzone sarebbe seguita. *Rebel Rebel.* La folla era quasi incontenibile.

Diana avrebbe voluto saltare dal suo posto e cantare a squarciagola. Idolatrava Bowie! Quando l'aveva incontrato al concerto Live Aid due anni prima, aveva faticato a non perdere la calma come una vera groupie. Se questo musicista unico le avesse concesso qualche minuto, non sarebbe riuscita a trattenersi e gli avrebbe parlato di quanto la sua musica significasse per lei, che i suoi testi le davano energia quando tutto diventava insopportabile e si sentiva debole, inutile e semplicemente patetica. All'epoca indossava un innocente abito azzurro. Oggi sfoggiava pantaloni di pelle nera, un blazer di raso nero e una comoda maglietta bianca sotto.

Il maggiore David Waterhouse si chinò verso Diana e disse qualcosa, ma era impossibile capirlo. Si indicò le orecchie, scuotendo la testa. David rise. Con i suoi occhietti cordiali, Diana l'aveva preso subito in simpatia ed era diventato un amico. Erano presenti anche il visconte David Linley, figlio di Margo, e due dame di corte. Quindi era in buona compagnia. Allora perché aveva ancora la sensazione di fare qualcosa di proibito? Non osava quasi applaudire a tempo di musica. Come se Elisabetta in persona fosse seduta accanto a lei e la condannasse in silenzio. Il protocollo aveva svolto un buon lavoro. Oppure la sua preoccupazione era dovuta al fatto che non aveva chiesto a Carlo o alla regina il permesso di partecipare al concerto? L'avrebbero solo dissuasa. E ormai non era più una bambina! Come avrebbe mai potuto imparare a prendere decisioni da sola se doveva affidarsi all'opinione e ai consigli degli altri per ogni inezia?

Il suo sguardo cadde su un gruppo di giovani donne poco distanti da lei. Portavano jeans sfilacciati e magliette così corte che si poteva vedere l'ombelico. Ballavano senza ritegno. Di certo non avevano chiesto a nessuno il permesso di partecipare al concerto di Bowie. Diana era completamente incantata. *E tu? Sei seduta al tuo posto come se fossi all'opera. Ti metti il guinzaglio da sola.*

David Bowie cantava: «*Rebel rebel, how could they know?*».

Cosa c'era di male a dondolare il piede? E già che c'era, a battere anche le mani? Allora si poteva addirittura anche ballare un po'. Ma quando si balla, si deve anche cantare. Diana dimenticò tutte le persone intorno a sé, dimenticò la stampa e cantò e ballò lanciando le mani in aria. Era come se la musica fluisse attraverso il suo corpo.

Ma che problema c'era? I giovani andavano ai concerti e festeggiavano, e lei era giovane! Dopotutto, non faceva nulla di male.

Quando si buttò sul letto nel cuore della notte, era completamente esausta, sudata e spettinata, ma era comunque una sensazione meravigliosa. Di sfuggita pensò che doveva spogliarsi, che indossava ancora i pantaloni di pelle e la maglietta, ma non ce la faceva a rialzarsi. Gli occhi le si erano già chiusi e un attimo dopo si addormentò.

Il giorno dopo William avrebbe compiuto cinque anni. Avrebbero festeggiato a Highgrove, perché Diana sperava che Carlo potesse unirsi a loro quando il figlio avrebbe scartato i regali nell'amato giardino del padre, tra profumati cespugli di salvia, arbusti di gelsomino e alberi di gelso nero. Neanche per sogno! Carlo preferì giocare a polo.

In cambio, però, James aveva accettato con gratitudine l'invito a festeggiare con loro. Non aveva solo un regalo per William, ma anche uno per Harry: due uniformi da bambino in cui i due erano incredibilmente carini. «Venite così a trovarmi in caserma» disse.

Affinché nessuno facesse storie per la presenza di James, Diana aveva invitato anche Fergie e Hazel. Nel frattempo, si rammaricava un po' che lui fosse venuto, perché dopo il concerto del giorno prima le mancava una bella dormita. In realtà, avrebbe avuto intenzione di trovare un posto all'ombra e di soffrire in silenzio, ma Fergie era piena di energia e propose di giocare a nascondino.

Diana si semplificò la vita. Si nascose sotto la rosa rampicante sul muro di casa, sollevò il viso verso il sole e chiuse gli occhi. Il dolce profumo dei fiori e del caffè fresco che si diffondeva attraverso la finestra inclinata della cucina le entrò nel naso, e all'improvviso sentì anche un piacevole accenno di dopobarba che riconobbe subito. Un corpo riscaldato dal sole la spinse contro il muro della casa. Assaggiò il bacio di James, sentì la mano di lui che saliva sulla sua coscia. Il suo corpo si infiammò all'istante. Trasalì forte.

«Sempre al suo servizio» mormorò lui, mordicchiandole il lobo dell'orecchio.

«Benissimo, perché ho molto da recuperare.»

Le loro labbra si incontrarono. Un rumore la riportò al presente. «Non è appena passata un'auto?» pensò ad alta voce.

Le portiere si chiusero con un colpo secco. Carlo aveva cambiato idea?

«Sua Maestà la regina, Elisabetta II...» fu annunciato poco dopo.

Porca miseria. Diana sperava che Elisabetta le avrebbe concesso un periodo di grazia fino al suo ritorno a Londra. Era pur sempre il compleanno di William.

«... in compagnia di Sua Altezza Reale, la duchessa di York.»

Oh, no. Anche la regina madre. Non prometteva nulla di buono. Per fortuna, gli occhiali da sole e il cappello di paglia le nascondevano le occhiaie.

Affinché nessuno sospettasse nulla, fece andare avanti

James per primo. Lei stessa entrò nella casa di campagna dall'ingresso di servizio, si lisciò il vestito nel corridoio, si guardò allo specchio con la cornice dorata sopra il comò: le sue labbra erano leggermente gonfie e c'era un luccichio nei suoi occhi, ma per il resto non si notava altro di strano. «Ma che bella sorpresa!» esclamò, quando si affacciò alla terrazza.

Dopo un inchino riverente accennò un bacio sulle guance delle due.

«Ho pensato che forse mio nipote avrebbe gradito una visita nel suo giorno speciale» disse Elisabetta.

«Vedo che state festeggiando con un bel gruppetto di ospiti selezionati» osservò la regina madre, guardando James che spalmava la crema abbronzante sul viso di Harry. «Non disturbiamo, spero.»

«Siamo contenti che siate venute» rispose Diana.

Non era nemmeno una bugia, William e Harry erano entusiasti che la nonna e la bisnonna mangiassero la torta con loro. Quante volte Diana aveva desiderato festeggiare i compleanni in una piccola e intima cerchia familiare! Il fatto era che ormai conosceva bene quella famiglia. Elisabetta e sua madre erano lì per un motivo specifico che non aveva nulla a che fare con il compleanno di William. E già sospettava cosa si celasse dietro la loro apparizione.

«Io e la mamma non venivamo qui da tanto tempo» disse Elisabetta, lasciando vagare lo sguardo sul magnifico giardino. «Saresti così gentile da farci fare un giro?»

Diana gettò uno sguardo inquieto verso il cielo. Nell'ultima ora, le nuvole si erano sempre più addensate.

Un temporale estivo era nell'aria. Ma Elisabetta non ne voleva sapere delle sue preoccupazioni. «Oh, solo una piccola passeggiata» aggiunse. Faceva un caldo piuttosto soffocante, e sua madre respirava già a fatica.

Erano appena arrivate alle sculture in marmo di Carlo e Laurens van der Post quando la regina madre rimase senza fiato e dovette sedersi sulla panchina in pietra sotto un'arcata di rose.

«Vuoi riposarti un attimo anche tu?» chiese Diana a Elisabetta.

«No, grazie. Ho una cosa da chiarire con te e preferirei farlo in piedi. L'esperienza dimostra che si è più veloci.»

Se solo non fosse stato così afoso…

«Mamma è stata così gentile da tagliare e conservare un articolo di giornale» disse Elisabetta.

Fu il segnale per la regina madre. Dalla borsetta estrasse un ritaglio del *Daily Express*, che dispiegò e consegnò alla figlia, la quale a sua volta lo presentò a Diana come una prova. La foto di copertina mostrava una Diana ridente che punzecchiava l'amica Lulu Baker con un ombrellino arrotolato al Royal Ascot. «*Troppo frivola*» recitava il titolo.

Era coinvolta anche Fergie, aveva persino incitato Diana, ma la regina non doveva saperlo per forza. Era sufficiente che una di loro venisse rimproverata.

«Ho pensato che ti sarebbe piaciuto saperlo» disse Elisabetta. «Almeno in questo articolo si parla di te.»

«Grazie, ma lo conosco già» replicò Diana. Era scoppiata in lacrime dopo averlo letto.

Ma non l'avrebbe fatta franca così facilmente.

«Anche ieri sembra che tu abbia passato una serata emozionante» disse Elisabetta, facendosi consegnare un altro articolo da sua madre. Stavolta la foto mostrava Diana in pantaloni di pelle attillati, stretta tra due uomini attraenti. «Mi risulta che non sia stato l'unico concerto a cui sei stata di recente.»

Le nuvole si facevano sempre più scure. Si stava preparando un bel temporale.

«Ma non è che io vada molto spesso ai concerti» rispose Diana, togliendosi il cappello da sole dalla testa per ventilarsi un po'. «Mi ha fatto bene. Mi sono divertita. E non è successo niente di che. I giovani vanno ai concerti.»

«Ma tu non sei una giovane donna che può divertirsi a suo piacimento. Come principessa di Galles e futura regina hai una posizione particolare.»

«Eppure sono una giovane donna come tutte le altre.»

«Nemmeno io ho mai avuto la possibilità di essere giovane. Avevo venticinque anni quando mio padre è morto e sono salita al trono. Sono sempre stata consapevole del mio ruolo e delle responsabilità che ne derivano. A parte la tua posizione, come donna sposata non dovresti andare in giro di notte con due uomini.»

«Uno di questi due uomini è il figlio sposato di tua sorella. E il signor Waterhouse non è altro che un amico fidato. Come puoi rimproverarmi l'amicizia con questi due uomini, mentre Carlo...»

«Non si tratta certo di Carlo» si intromise la regina madre. Non permetteva che si dicesse nulla di male del suo amato nipote.

Avvampò. Ed ecco di nuovo il rombo sotto la pelle, quel formicolio… come se qualcosa di potente si stesse preparando dentro di lei.

«A quanto pare, con il tuo comportamento sembri voler attirare l'attenzione della stampa» continuò Elisabetta. «Tuttavia, questo ha lo spiacevole effetto collaterale che quegli avvoltoi si avventano anche sulla vostra vita privata. Carlo è un pessimo padre, dicono. Il vostro matrimonio mostrerebbe delle crepe. Le persone là fuori leggono questi resoconti e pensano di sapere esattamente tutto di noi. Per questo motivo la famiglia reale ha sempre mantenuto una certa distanza con il pubblico. Siamo sempre amichevoli, ma non siamo amici con le persone là fuori. Non ho nemmeno acconsentito a una biografia su di me.» Fece una pausa eloquente. «Vogliamo solo consigliarti di smettere di fare la starlet.»

«Non faccio la starlet!» si difese Diana. «Soffro per la continua pressione della stampa! Mi fa paura!»

«Ma davvero? Allora è un mistero per me quale sia lo scopo delle tue mise sfarzose, se non quello di attirare i paparazzi» intervenne di nuovo la regina madre. Aveva tirato fuori un fazzoletto dalla borsetta e si era tamponata la fronte.

«Ripeto: la tua posizione di principessa di Galles comporta delle responsabilità. Ti suggerisco di occupartene finalmente.» Elisabetta annuì una volta, come faceva sempre quando pensava che tutto fosse stato detto.

«Sono certa che ci avete già pensato» disse secca Diana.

Si era alzato il vento. Diana vide Fergie sulla terrazza che raccoglieva dei tovaglioli che erano stati soffiati via dal tavolo.

«Esatto» sentì dire la regina. «Se è il pubblico quello che cerchi, sarebbe utile continuare a espandere il tuo impegno nella beneficenza.»

«Gli eventi a cui ho partecipato finora sono stati tutti ospitati da marchi di lusso» le ricordò Diana. «Sono stata usata solo come arma per le pubbliche relazioni. Non è quello che voglio. Non sono interessata a scattare foto idonee per la stampa con gli amministratori delegati. Voglio essere sul campo.»

«Allora prendi come esempio Anna o Carlo, che hanno creato le loro fondazioni.»

Diana si irrigidì. «In realtà c'è una cosa di cui vorrei occuparmi.» Dentro di sé prese la rincorsa. «Aids.»

«Aids!» esclamò la regina madre, ansimante.

Elisabetta guardò la madre con la fronte aggrottata dalla preoccupazione. Quando fu sicura che non sarebbe svenuta, disse: «È fuori discussione. È troppo pericoloso».

«Non è vero. Non contraggo l'Hiv se mi trovo in una stanza con persone affette da Aids. È proprio questa superstizione che dobbiamo finalmente sfatare nella testa della gente!»

«Ho già sentito dire che hai conoscenti di un certo ambiente.» Elisabetta sporse il mento.

«Per esempio, quel ballerino di danza classica malato di Aids» fece la regina madre. «Non è...?» Non riusciva nemmeno a dirlo.

«Gay?» Diana non si sarebbe stupita se i suoi occhi le avessero scoccato una saetta.

Le faceva una rabbia infinita il fatto che ci fossero ancora così tanti pregiudizi nei confronti degli omosessuali! Aveva qualche amico gay, la maggior parte dei quali conosciuti nel mondo della moda. Amava la loro spensieratezza. Per non parlare del fatto che poteva divertirsi con loro senza che le voci di corridoio tornassero a scatenarsi sui giornali.

«Attraverso le mie conoscenze, ho scoperto che finora nessuno ha trattato questo argomento tabù» si giustificò. «Queste persone non sono semplicemente malate, sono emarginate.»

«Un motivo in più per dedicarsi a un'altra attività di beneficenza» ribatté Elisabetta. «Per questa malattia non c'è nemmeno speranza di guarigione. Perché non puoi abbracciare qualcosa di meno cupo? Perché non scegli qualcosa di cui le persone là fuori amano leggere e non qualcosa che le ripugni?»

«Gli orfanotrofi, per esempio» suggerì la regina madre.

«Quindi dovrei fare quello che ognuno in questa famiglia ha sempre fatto, in modo che tutto rimanga come prima e non cambi mai nulla.»

Lo sguardo di Elisabetta si fece glaciale. «Questa immunodeficienza semplicemente non è decorosa. Si tratta di...»

«Sesso?» Diana completò la frase.

«Ambiguità sessuale.»

La regina madre non riusciva più a guardare Diana e teneva gli occhi fissi sulla statua di Carlo. «Non a caso chiamano questa malattia la "peste dei gay".»

«Spero di essere stata chiara» disse Elisabetta. «La principessa di Galles e futura regina d'Inghilterra non dovrebbe essere in contatto con quelle persone.»

Diana voleva andarsene, ma aveva raggiunto il punto di ebollizione – ovvero sin dal momento in cui aveva visto James per la prima volta e ogni fibra del suo essere aveva detto: *Vuoi di più dalla vita.* Stavolta non si sarebbe arresa. «Anche il pregiudizio è solo una gabbia in cui viviamo volontariamente per non dover provare nulla, imparare nulla e sapere nulla. Chi giudica gli altri non è disposto ad allargare i propri orizzonti di esperienze e a crescere. Chi giudica gli altri, in questo modo delude se stesso.»

Elisabetta inarcò le sopracciglia. «Devo dire che non mi piace la tua natura ribelle. Ho notato che sei sempre più incline a non rispettare il protocollo.»

«Ti alzi da tavola anche se la regina non ha ufficialmente finito di cenare, o addirittura ti assenti del tutto dalla cena» concordò la regina madre. E fu allora che uscì la frase: «Dovresti prendere Fergie come esempio».

All'orizzonte grigio e nero, la tensione nell'aria si scaricò sotto forma di fulmini scintillanti. Uno spettacolo mozzafiato.

«Temo di non poter tener conto delle vostre riserve. La mia decisione è incrollabile. Desidero impegnarmi nella lotta contro l'Aids. E ora scusatemi, mio figlio oggi festeggia il suo compleanno» tagliò corto Diana.

Mentre saliva le scale di marmo che portavano alla terrazza, si sentì più forte che mai. D'un tratto si rese conto di una cosa fondamentale: quel tuono caldo ed elettrostatico che sentiva rimbombare sempre più spesso sotto la pelle era lei stessa.

Era come se si fosse scatenata una valanga. Ovunque: *Fergie è una vera ragazza di campagna. Fergie è sempre di buonumore. Prendi Fergie come esempio.*

«Perché non puoi essere un po' più simile a Fergie?» le disse Carlo qualche giorno dopo, quando lei si lamentò per le vertigini durante una cena e chiese di potersi alzare.

«Allora perché non ti sei sposato Fergie? La conoscevi già allora» ribatté Diana stanca. «Ah, già, i suoi genitori non hanno un soldo e si vede da lontano un miglio che ha un bel caratterino. Con me pensavate che fossi una biondina dolce e ingenua. Be', avete avuto sfortuna.»

Le probabilità che Carlo andasse su tutte le furie o che reagisse con assoluta indifferenza stavano al cinquanta e cinquanta. Ma lui era già stato con Camilla, quindi il suo ego era stato appena gratificato, la pressione allentata. Pertanto si limitò a pronunciare un gelido: «Stai perdendo di nuovo la testa».

A poco a poco, le chiamate di Fergie divennero più rare. Sempre più spesso non aveva tempo o annullava spontaneamente. Stava succedendo qualcosa e Diana aveva il vago sospetto di cosa si trattasse. Era terrorizzata dall'idea di perdere l'amica. Fergie era il suo piccolo diamante grezzo. Con lei poteva essere se stessa senza temere di venire giudicata.

Iniziò a osservarla. A indagare. Per fortuna non fu difficile, perché c'era un'agenda settimanale con una panoramica degli appuntamenti dei singoli membri della famiglia. Allora trovò conferma, in bianco e nero, di ciò che in segreto aveva già ipotizzato: Fergie andava e veniva dalla regina madre per il tè. E non solo, veniva invitata di tanto in tanto anche da Elisabetta.

Questo non significa che Fergie piaccia di più, cercò di rassicurarsi.

Ma in realtà era esattamente quello che significava.

Aveva il presentimento che stesse per abbattersi una catastrofe.

37

La limousine si fermò davanti all'ospedale Middlesex di Londra.

Diana si passò le mani sul vestito. Erano fredde e umide. Aveva scelto appositamente il modello blu scuro con le spalline larghe per apparire sicura di sé. Forse anche lei si sarebbe sentita così. *So quello che faccio*, doveva esprimere la sua mise.

E se dicessi qualcosa di stupido?

E se offendessi queste persone che soffrono da tempo e che hanno un disperato bisogno di sostegno e finissi per peggiorare ulteriormente le loro pene?

E se non gli piacessi? E se mi vedessero come la bambolina reale, la starlet interessata solo all'attenzione?

Patrick, il suo segretario privato, le fece coraggio. «Ce la farà, Sua Altezza Reale.»

E se la regina avesse ragione e la stampa mi facesse a pezzi?

La donna trasalì per lo shock quando una mano sbatté contro il finestrino oscurato della limousine. «Diana, è consapevole del rischio a cui si sta esponendo?»

«Principessa, in quanto madre responsabile, come giustifica la sua visita a un reparto di Aids?»

Diversi agenti di polizia spinsero i giornalisti dietro la barriera.

«Sia semplicemente se stessa» cercò di incoraggiarla Patrick.

Essere semplicemente se stessi. Facile a dirsi.

Prese un bel respiro. Aprì la portiera. Almeno poteva contare sul fatto di reagire sempre alla luce delle macchine fotografiche con un sorriso. Era come un riflesso. *Non mostrare a nessuno come sei veramente. Gli piaci solo se fai un bel sorriso.* Una folla di fan si era radunata e l'acclamava con poster e magliette con il suo volto stampato sopra. Li ringraziò mandando loro dei baci. Si fermò di nuovo per un momento e guardò da sopra le spalle, con un piede leggermente in avanti: quella posa era molto vantaggiosa nelle foto.

Poi, finalmente, le fu permesso di fuggire al riparo dell'ospedale.

Un bel respiro.

In un secondo momento, la porta girevole alle sue spalle sputò fuori un piccolo sciame di cronisti di corte che avevano avuto il permesso di partecipare all'appuntamento. Una serie di infermieri e medici li accolsero. A un tratto il suo allarme interno passò dal giallo al rosso. Medici. Uomini molto intelligenti. Uomini che salvavano vite.

Si diresse difilato verso la prima infermiera che stava per fare un inchino, ma troppo tardi, Diana le aveva già preso la mano e la stringeva come se non volesse più lasciarla. Stava sudando.

«Sono un po' nervosa» confessò alla donna. «Vi ammiro tutti molto per il vostro lavoro.»

La giovane donna sgranò gli occhi. «Grazie...»

Diana le chiese come si chiamasse – Nicole – e da quanto tempo lavorasse nel reparto. Nicole cominciò a parlare, grazie a Dio! All'inizio lentamente, ma poi sempre di più, e di colpo era un fiume in piena. «Ho un figlio di due anni, si chiama Marc. Io e suo padre viviamo separati, al mio ex non importa nulla di suo figlio. Quando lavoro, mia madre si prende cura di lui. Di notte mi dà spesso del filo da torcere.»

In poco tempo, questa giovane donna aveva affrontato tre argomenti che Diana conosceva bene. Le raccontò delle sue notti insonni da neomamma e tirò un sospiro di sollievo quando fece ridere Nicole. La sensazione di essere un corpo estraneo stava lentamente diminuendo.

La seconda infermiera si chiamava Mary. Aveva un'aura molto piacevole e tranquilla. «Sono trent'anni che lavoro in questo ospedale» spiegò.

Qualcosa nel modo in cui lo disse indusse Diana ad ascoltare più attentamente. «Ho sempre sognato di trasferirmi dov'è soleggiato. Ma il mio lavoro è qui, e il mio lavoro è la mia vita.»

«Allora abbiamo qualcosa in comune» ribatté Diana. «Mia nonna materna, Lady Cynthia Spencer, girava per il Northamptonshire con la sua sgangherata Morris Minor distribuendo pacchi alimentari ai bisognosi. Le persone come noi traggono forza dalla possibilità di aiutare gli altri. È il nostro sole personale.»

Si sentì subito in notevole imbarazzo per quello che aveva appena detto. *Il nostro sole personale. Persone come noi.* Senz'altro Mary era cento volte più stressata di lei. Mentre Diana era seduta dal parrucchiere, l'altra somministrava flebo, aiutava i pazienti a fare la doccia o a mangiare. E lei diceva "noi"!

Mary la fissò, qualcosa cambiò nel suo sguardo. Stava sorridendo. Non in modo condiscendente, come temeva Diana, ma con gratitudine.

Scambiò poi qualche altra parola anche con gli altri infermieri. Alla fine fu il turno del medico curante. «Attualmente ci sono dodici pazienti nel nostro reparto» spiegò il dottor Adler. «Può incontrarli tutti, ma solo uno accetterebbe di essere ripreso, e solo di spalle alla telecamera.».

«L'ultima cosa che voglio è costringere qualcuno a fare qualcosa.» Provava un estremo rispetto per l'uomo alto con il camice candido. Tutta la sua postura era tesa, accavallava le gambe e stringeva le mani davanti all'addome.

Il dottor Adler annuì. «Grazie per la sua comprensione. Sa, la malattia è ancora fortemente stigmatizzata. Ci sono molti pregiudizi nei confronti dei malati di Hiv. Nella mente della gente, l'Aids è una malattia che colpisce gli omosessuali e l'infezione avviene durante i rapporti sessuali. Tutti argomenti che le persone non riescono a gestire particolarmente bene.»

«A chi lo dice...» mormorò sottovoce. Per fortuna il dottore non l'aveva sentita.

«Allora, per prima cosa le faccio vedere il reparto.»

Attraversarono l'accettazione.

«Le persone evitano ogni contatto con i pazienti affetti da Hiv» continuò il dottor Adler. «Ciò è dovuto alle false informazioni e alle voci che circolano sulla malattia. Si dice che si possa essere contagiati solo da un abbraccio o da una stretta di mano.»

«Quanto deve essere terribile per queste povere persone essere escluse dalla società. E questo solo perché la gente si rifiuta di guardare più da vicino la questione. Quando ciò di cui hanno veramente bisogno è sostegno, compassione e calore.»

«Speriamo che la sua visita al nostro reparto faccia la differenza.»

Raggiunsero una delle stanze dell'ospedale. «Qui è ricoverato Aaron» disse il dottor Adler. «Ha accettato di parlare con lei davanti alle telecamere.»

Aaron era alla finestra quando entrò. Riconobbe il nervosismo nei suoi occhi. Vedeva la paura, il dolore, la speranza, tutti gli alti e bassi che attraversava giorno dopo giorno. E prima di rendersene conto, lo raggiunse e gli tese la mano. Lui la accettò sbalordito.

«Ciao, sono Diana» disse.

«Aaron» replicò lui.

«Probabilmente ho la mano fredda, scusa.» Arrossì. «Ho spesso le mani fredde.»

Poi Aaron sorrise e Diana decise di fare del suo meglio per strappargli qualche altro sorriso quel giorno.

Si sedettero, lui dava le spalle ai cameramen. Aveva

notato la maglietta che indossava: *Coronation Street*. «È la mia soap opera preferita» commentò allegra.

«Davvero?» si stupì. «Non mi sono perso nemmeno un episodio!»

«La scena del parrucchiere in cui Fred viene cacciato è stata esilarante! Anche la faccia di Anne!»

«Ho riso a crepapelle!»

Aaron aveva alcune altre scene preferite che conosceva a menadito. Diana si piegò in due dalle risate. «Sei bravissimo a imitare i personaggi!»

Erano riusciti a ritagliarsi la loro piccola isola privata nella confusione circostante. Parlarono anche dell'Aids e di cosa significasse convivere con la malattia. Della sensazione di essere esclusi dalla società. Della solitudine, della paura, del pregiudizio, ma anche della speranza.

«Allora, adesso vado a salutare gli altri pazienti» disse Diana dopo un po'.

Si era già alzata dalla sedia, ma si rimise a sedere quando vide il bagliore negli occhi di Aaron. «Grazie» replicò. «Grazie per essere qui oggi. Per averci notato. Per averci fatto sentire che non siamo esclusi.»

«Nessuno dovrebbe essere escluso» fece lei. «È una sensazione crudele.»

Il giorno dopo, lei e Patrick guardarono in tv il servizio sulla sua visita in ospedale.

«Mi considero una persona più o meno di larghe vedute e priva di pregiudizi» diceva il dottor Adler alla telecamera «ma sono rimasto piuttosto sorpreso dalla disinvoltura con cui la principessa si è avvicinata ai pazienti. Si poteva letteralmente sentire un tabù infrangersi.»

Nicole fu la successiva a intervenire: «È la combinazione di bellezza, grazia, umanità e una gentilezza quasi magica a renderla così unica. È davvero qualcosa di molto speciale».

«Ha un carisma molto particolare» commentò entusiasta Mary. «Parlare con lei è stato come essere toccati da una luce speciale. È difficile descriverlo.»

«Un grande successo» la elogiò Patrick, ma lei lo sentì a malapena.

Perché aveva temuto così tanto la visita all'ospedale Middlesex? Non aveva paura di contrarre l'Aids. Era spaventata perché era solo una giovane ingenua, cresciuta in un bellissimo castello di vetro. Che non aveva idea di nulla. Che dormiva in morbidi letti a baldacchino e non riusciva a decidere quale gioiello d'oro indossare al mattino. Che forse non era nemmeno del tutto a posto con la testa, se si credeva a Carlo e ai suoi amici. Come avrebbe potuto affrontare queste persone la cui vita era molto più tragica della sua?

Ma allora perché aveva provato così tanta compassione per i pazienti del Middlesex?

Perché sapeva cos'era il dolore. Aveva sofferto per anni per la separazione dei suoi genitori. Era stata esclusa dalle persone che amava. Aveva rinunciato a se stessa e per anni aveva guardato allo specchio qualcosa che stava lentamente morendo dentro di lei. Anche i suoi sentimenti erano giustificati. Ma soprattutto avevano stabilito un legame con le persone in ospedale. E questa connessione aveva trasformato il suo dolore in qualcosa di magico.

In un *noi*.

38

Era così facile essere innamorata di James.

Perché la chiamava la sera e voleva sentire come fosse andata la sua giornata.

Perché ricordava i nomi dei compagni di scuola di William e Harry e li aiutava a fare i compiti.

Perché con lui poteva essere se stessa.

Ecco perché aveva accettato di incontrare i suoi genitori.

Gliel'aveva chiesto en passant, come se non fosse niente di importante: «Cosa ne dici se andiamo via insieme per un fine settimana? Potremmo stare a casa dei miei. Vivono abbastanza appartati, ai margini di un piccolo villaggio. Lì avremmo la nostra pace. Ma capirei se non te la sentissi di incontrarli».

Diana aveva sfoderato un gran sorriso. «Mi farebbe un immenso piacere. Sono sicura che tua madre ha qualche storia divertente sulla tua infanzia!»

Ricordò con orrore quando si era trovata per la prima volta faccia a faccia con la famiglia di Carlo a Balmoral. A posteriori, avrebbe dovuto interpretare meglio gli sguardi penetranti con cui la regina, la regina madre e il principe consorte l'avevano incessantemente squadrata.

È docile? Si sottometterà alla Corona? Ci permetterà di rinchiuderla nella gabbia del protocollo? Quanta tremarella aveva prima del test di Balmoral, su cui all'epoca Sarah l'aveva avvertita! Anche i genitori di James l'avrebbero messa alla prova?

Calmati, si fece coraggio. *Questo è solo un normale incontro per conoscerci.*

Ma non era poi così normale. Perché, a parte il fatto che c'era un'auto nera parcheggiata vicino alla recinzione da cui la sua guardia del corpo osservava tutto da vicino, lei era sposata e i genitori di James lo sapevano. A meno che non fossero abbonati a nessun quotidiano e non fossero usciti di casa negli ultimi anni.

Mentre apriva la porta che conduceva al variopinto giardino, ripercorse nella sua mente l'elenco di argomenti di conversazione comprovati che aveva elaborato il giorno prima con Hazel. *La decorazione è davvero incantevole. Avete arredato da soli la casa? Che profumo delizioso in cucina! Deve assolutamente darmi la ricetta.* Tutto nell'accogliente cottage – il vecchio tetto di paglia, le tendine arricciate alle finestre, gli stivali di gomma davanti alla porta, l'insegna colorata che recitava "Casa dolce casa" – suggeriva che il suo mal di stomaco era infondato. Lì tutti erano i benvenuti.

Diana suonò il campanello della porta d'ingresso. Neanche un secondo dopo le aprirono. «Eccoti qui» la salutò James. La scintilla nei suoi occhi diceva: «Sono così felice di vederti».

Una donna piccola e paffuta, con cardigan, collana di

perle e riccioli appena acconciati, apparve sullo sfondo e fece un inchino profondo e riverente. «Altezza Reale, è una gioia straordinaria per me.»

«La prego, mi chiami semplicemente Diana.»

«Sarebbe un onore. Io sono Shirley. Prego, faccia come se fosse a casa sua.»

Diana l'aveva già presa in simpatia.

«Che cos'hai con te?» rise James, facendo un cenno verso le borse che stava portando.

«Pensierini» rispose. «Sai benissimo quanto amo fare regali.»

Per James aveva una spilla da cravatta tempestata di diamanti e due maglioni, per sua madre una bella sciarpa di seta e un discreto braccialetto di perle, e per suo padre due bottiglie di vino australiano.

«James, ho preparato la stanza degli ospiti per la principessa... per Diana» si corresse Shirley. «Sii così gentile da portare su la sua valigia.»

Un attimo dopo, mentre sistemava la biancheria intima nel cassetto che Shirley aveva preparato per lei, James disse: «La mia stanza è proprio accanto alla tua. Quindi di notte potrebbe capitare che io sbagli porta e finisca sotto le tue coperte». Si sdraiò sul letto. Le piaceva quanto fosse rilassato. Non lo aveva mai visto così in caserma, a Highgrove o a Kensington Palace, dove si erano incontrati finora.

«Ti aspetto con impazienza.»

Nel pomeriggio, lei e James fecero una lunga passeggiata sulla spiaggia. Diana si godeva la sabbia fredda sotto i piedi nudi, il vento che faceva svolazzare la sciarpa e giocava con i suoi capelli. Quando tornarono a casa, il camino era acceso e sul tavolo c'erano tè e tramezzini ai cetrioli ad attenderli. La sera in cucina pelarono insieme le patate per la *shepherd's pie* e la madre di James raccontò storie sulla sua infanzia, che Diana assorbì come una spugna. Dopo cena insistette per lavare i piatti, così che Shirley potesse finalmente rilassarsi.

«Questo è un sogno che si avvera» sussurrò sulla guancia di James di notte. «Oggi mi hai dato la sensazione di essere una persona normale. Pelare le patate con te e tua madre, mangiare insieme ai tuoi genitori e lavare i piatti dopo: non avrei potuto immaginare niente di meglio.»

Il chiaro di luna filtrava tra le tendine arricciate, riversandosi sul suo corpo nudo. Con la punta delle dita James sfiorò le sue curve, i suoi seni, la sua vita, i suoi fianchi. Non si era mai sentita così bella, così desiderabile.

Il suo sorriso pericoloso la scosse con un piacevole brivido. «Alcune cose più belle mi vengono in mente.»

«Ah, sì?» Lo fissò con il suo sguardo seducente.

«Sarò felice di mostrartele» replicò James, baciandola con una passione che le tolse il fiato.

Il mattino seguente Diana fu svegliata da profumo di dolci, tintinnio di piatti, voci volutamente sommesse e infine scricchiolii di scale.

Sbatté le palpebre, si stirò lasciandosi andare al piacere come un gatto e godendosi il caldo solletico del sole mattutino. Proprio nel momento in cui James spinse con il piede la porta della sua stanza, lei si alzò a sedere nel letto. Lui teneva in equilibrio un vassoio con caffè forte, *scones* appena sfornati e marmellata. «Buongiorno, Sua Altezza Reale. Che ne dice di una colazione a letto?»

«Un'idea divina» sospirò. «Devo essere in paradiso. Mi hai portato persino il giornale! Quanto bene mi conosci già!»

Ma la sensazione di felicità svanì in un battibaleno quando vide una sua foto con diversi sacchetti. «*Dove vanno a finire tutti i soldi*» lesse il titolo ad alta voce. «È stato reso noto che la principessa solo per i suoi recenti tour di shopping in Italia ha speso 100.000 sterline.»

James, che nel frattempo aveva posato il vassoio ai piedi del letto e si era raggomitolato accanto a lei, le baciò i capelli scompigliati. «Se la prendono sempre con te.»

«Perché la gente pensa che non mi interessi nient'altro che lo shopping? Ogni anno ho più di duecento apparizioni in pubblico. Ma a questi eventi si aspettano che sembri la modella inglese più elegante che ci sia. Tuttavia non ho in mente solo questo.»

«Ci si aspetta che tu lo faccia, perché nessun altro in questa famiglia è affascinante anche solo la metà di quanto lo sei tu» la lusingò James.

Posò la testa nell'incavo del suo collo. «Tuttavia ho spesso la sensazione di non essere altro che un prodotto.»

«Allora mostra alla gente là fuori la vera Diana! Dimostra loro che c'è di più in te!»

«La vera Diana...» ripeté a bassa voce.

Ma com'era la vera Diana? Si definiva in base a chi amava e a chi serviva. Era madre, moglie e principessa. Ma ciò che era le veniva sempre tolto. L'uomo che amava era con un'altra. La famiglia reale non si interessava a lei. E alla gente là fuori piaceva a volte di più, a volte di meno, a seconda di come la stampa ne parlava. Di conseguenza viveva costantemente nella paura.

Doveva trovare una vita indipendente. Cosa la rendeva viva? Chi era la persona che si nascondeva dietro i suoi ruoli di moglie, madre e principessa? Non aveva mai avuto la possibilità di trovare le risposte a queste domande. Era così giovane quando si era sposata ed era diventata una principessa. Sua madre aveva avuto ragione quando l'aveva ammonita da Harrods. Non rimpiangeva la sua vita finora, ma era giunto il momento di scoprire chi era.

Il protocollo le prescriveva come comportarsi, il suo segretario privato le leggeva ogni mattina quali appuntamenti doveva rispettare, le riviste di moda le dicevano quanto dovesse essere snella e come vestirsi, e la sua cultura le aveva inculcato in cosa credere. Persino la sua astrologa la guidava con le sue divinazioni! Tutte queste persone le dicevano come essere, tutte volevano qualcosa di diverso da lei e Diana si era abituata ad affannarsi per cercare di soddisfare tutti. Ma la tragedia era che trovavano sempre un motivo per condannarla. C'erano troppe aspettative nei suoi confronti, troppe opinioni su di lei, tanto che era semplicemente impossibile accontentare tutti, o anche solo le persone che la circondavano. Non avrebbero mai avuto una visione oggettiva di lei.

E a poco a poco, con tutte le regole, gli obblighi, i consigli e le norme sociali che le venivano instillati ogni giorno, aveva dimenticato di fidarsi del suo intuito e si era invece lasciata guidare. Eppure da bambina lo aveva sempre seguito! Si teneva in equilibrio sui muretti, danzava nei corridoi e diceva quello che le passava per la testa. Oggi trascorreva la sua vita dando retta alle indicazioni degli altri. Invece voleva prendere decisioni da sola, come donna libera, che provenivano dal suo intimo e non dovute a un condizionamento.

L'unico problema era che non sapeva come.

«Non sei solo bella, Diana, ma irradi calore come nessun altro» disse James con entusiasmo.

«Lo dici tanto per dire.» Con fare giocoso gli lanciò il cuscino.

«Sei proprio insolente!» Anche lui afferrò il suo, e prima che lei se ne rendesse conto, erano nel bel mezzo di una battaglia di cuscini. Diana strillava di gioia finché una delle federe non scoppiò e innumerevoli piume vorticarono per aria.

«Oh, no!» rise, premendosi una mano sulla bocca in segno di rimorso.

Lentamente le piume caddero sul letto. Uno spettacolo magico.

E d'un tratto, non riuscendo a spiegarsi il perché, un ricordo si affacciò al suo occhio interiore. Era a Calcutta, in un ospizio gestito da Madre Teresa. Le suore cantavano per lei. Una profonda esperienza spirituale. Alla fine della canzone, tutte erano rimaste sedute tacendo per qualche minuto. Silenzio assoluto.

All'epoca Madre Teresa non aveva mancato di notare quanto quel momento avesse toccato emotivamente Diana. «Dedica un po' di tempo a te stessa ogni giorno. Allora saprai» aveva citato il Dalai Lama.

Diana non aveva capito cosa volesse dirle quella donna gentile e saggia.

Finalmente comprese.

Rimani in silenzio, prendi del tempo per te stessa e ascolta il tuo intimo. Lascia che il disordine nella tua testa affondi a terra. Allora saprai cosa devi fare.

Aveva creato il caos dentro di sé per accontentare tutti. Non voleva che il disordine si depositasse come quelle piume sul letto per non dover affrontare la verità.

Appena tornata a Londra dal meraviglioso weekend con James, decise di tentare un esperimento. Ogni giorno si prendeva del tempo, si sedeva a gambe incrociate sul pavimento della sua camera da letto, chiudeva gli occhi e respirava profondamente e consapevolmente. All'inizio ebbe difficoltà. Ogni pochi secondi era distratta dai rumori del palazzo, pensava a cosa avrebbe indossato per la cena con il presidente francese o sentiva all'improvviso il bisogno di mettersi lo smalto sulle unghie dei piedi.

Ma dopo qualche settimana riuscì a sprofondare un po' di più nella propria calma. Sentiva il suo respiro, sentiva il suo sangue scorrere e a un certo punto nemmeno quello. A un certo punto sprofondò così tanto da scoprire un luogo molto al di sotto della sua superficie tormentata. Lì era tranquillo e silenzioso. Lì non c'erano voci estranee, solo la sua. E quella voce diceva: *Tu vuoi aiutare la gente.*

E fu esattamente ciò che disse al suo segretario privato il giorno dopo. «Non voglio solo aiutare raccogliendo donazioni durante eleganti balli. Non voglio essere una principessa che si vede solo sullo schermo della televisione. Voglio essere sul posto. Voglio parlare con la gente. Voglio sapere le loro storie. Voglio stringere loro la mano, abbracciarli e confortarli.»

Concluse: «Voglio essere una principessa del popolo».

39

1991

Si accomodò sulla sedia davanti alla toeletta e si guardò allo specchio. Non c'era traccia delle guance paffute che aveva da giovane. Alla sua destra aveva rossetti e ombretti di tutti i colori, alla sinistra oli fragranti, profumi e salviette struccanti. Davanti a lei, un foglio con nuove domande di Andrew Morton che quel giorno un messaggero le aveva consegnato in segreto. Domande sul suo futuro e su quello dei figli. La lucina del registratore brillava di rosso. Le sue parole venivano registrate.

«Uscirò da questo sistema e aiuterò la gente di strada» disse. «"La gente di strada"... Questa espressione mi ripugna, suona così superba. Ma non mi piacciono più le apparizioni glamour. Non mi fanno sentire a mio agio. Preferisco fare qualcosa con le persone.»

Estrasse una salvietta umida dalla confezione e si tolse il trucco. Nel mentre, il suo sguardo cadde su una foto incorniciata di William in uniforme scolastica e le si scaldò il cuore. Non poteva essere più orgogliosa del suo ragazzo sensibile e intelligente.

«Vorrei che William avesse una vita più facile come futuro re, un giorno» continuò. «Non voglio che lui e Harry si nascondano in questo castello di vetro. Ecco perché li porto nei rifugi per senzatetto. Voglio che imparino che non tutti hanno la fortuna di avere una vita privilegiata come la loro. Voglio che comprendano i sentimenti delle persone, le loro insicurezze, le loro paure, le loro speranze e i loro sogni. Voglio che vedano che esistono davvero persone che dormono per terra.»

Fuori era già notte fonda. Era reduce da una cena con Elisabetta, Filippo, la regina madre e Carlo, oltre ad alcuni ospiti della casa. Che strano era stato sedersi a un tavolo con loro, quando a casa avrebbe parlato di queste persone e l'avrebbe registrato su un nastro per poi far avere il materiale a un giornalista. Si sentiva come una traditrice. Ma poi Carlo era andato a Highgrove, da Camilla, e lei sapeva perché doveva fare quel passo.

«Se potessi scrivere la mia sceneggiatura, mio marito se ne andrebbe con Camilla e lascerebbe a me e ai bambini il compito di portare il nome del Galles fino al momento in cui William salirà al trono. Carlo preferirebbe comunque fare il contadino in Italia, come ha detto una volta. E da sola potrei fare questo lavoro molto meglio. In questo modo non mi sentirei sempre alle strette.»

Un rumore. C'era qualcuno? Presto fece sparire il registratore in uno dei cassetti. Non osava nemmeno respirare.

Ma era solo il vento che aveva fatto sbattere qualcosa contro il vetro della finestra. Eppure il suo cuore batteva all'impazzata. Se l'avessero sorpresa, probabilmente sarebbe stata rinchiusa in una delle antiche prigioni di Londra per il resto della vita.

Forse era meglio finirla lì per oggi. Aveva già messo un dito sul pulsante di arresto quando le venne in mente un'altra cosa.

Si osservò il viso allo specchio. Struccato. Naturale. Semplicemente così com'era. Questo era il modo in cui si piaceva di più. In passato aveva sempre creduto di essere bella e seducente solo con rossetto, cipria, kajal e mascara. Almeno era ciò che le pubblicità e tutte le riviste che lei e Carolyn avevano un tempo divorato le avevano fatto credere. Ormai si truccava solo quando ne aveva voglia. La vera bellezza veniva da dentro, l'aveva ormai capito.

«Credo che la mia strada sarà diversa da quella degli altri membri della famiglia» disse. «Non vedo l'ora di percorrerla, passo dopo passo...»

40

1987

«Rimettete il comò al posto di prima» disse Diana ai due domestici.

Prima erano sparite qua e là le sue foto incorniciate, poi erano stati sostituiti dei quadri e ora quella sfacciata si era presa la libertà di spostare il comò del salotto! Non c'era alcun dubbio su chi facesse la padrona di casa in assenza di Diana: Camilla.

Sapere che l'amante di Carlo era stata lì la faceva quasi impazzire. Come se qualcuno le stesse lentamente recidendo i nervi con una lima. Terrore psicologico allo stato puro. Come se Camilla fosse ancora lì in agguato da qualche parte con un sorriso crudele e la osservasse attentamente. Come se sentisse ancora il suo profumo. Vedere le sue impronte sugli oggetti. Aveva mangiato da quella forchetta? Aveva bevuto da quel bicchiere? Era seduta al tavolo al posto di Diana, di fronte a Carlo, o si erano messi vicini in modo da potersi toccare in qualsiasi momento? L'avevano fatto sul divano? Camilla di notte indossava vestaglie di seta? A volte l'immaginazione le giocava brutti scherzi e non vedeva più se stessa nelle foto di famiglia, ma Camilla con le mani sulle spalle di William e Harry.

Le veniva da vomitare.

Quando Carlo notava che lei spariva in bagno per molto tempo dopo aver mangiato, si limitava a dire: «Che peccato per la bella cena. Uno spreco».

«Chi è stato?» sentì suo marito urlare all'improvviso attraverso il suo amato, ma da lei odiato, megafono. Quindi era da qualche parte in giardino.

Era giunto il momento.

«Scusatemi» disse Diana ai due domestici più en passant possibile. «Torno subito.»

Come sempre, quando c'era la minaccia di una lite, Highgrove House sembrava di colpo deserta. Tutti i dipendenti si erano messi al riparo. Solo una cameriera, che lavorava lì da poche settimane, stava fuggendo rapida su per le scale. Fuori Diana sorrise a Harry e William, che avevano appena sguazzato felici in piscina e ora erano sdraiati sul materassino gonfiabile con le facce tese. A Olga, che era su una sedia in terrazza a fare le parole crociate, fece segno in modo discreto di tenere d'occhio i figli. Aveva licenziato Barbara Barnes, che l'aveva accompagnata durante il suo viaggio in Australia, due anni prima. Tra loro si era creata una crescente tensione, perché lei era diventata troppo possessiva nei confronti dei suoi due tesori.

Trovò Carlo vicino allo stagno. Aveva qualcosa in mano. Avvicinandosi, confermò ciò che aveva già intuito: si trattava di una delle sue amate piante acquatiche.

«Chi ha strappato le mie piante dallo stagno?» aggredì la moglie.

Diana pensò che fosse meglio attenersi alla verità. «È stato un incidente. Il capitano Hewitt era in visita con il suo Labrador. Il pallone è caduto in acqua e il cane l'ha inseguito, strappando alcune piante nella sua esuberanza.»

Carlo guardava la pianta come se fosse un animale morto. «Quindi questo capitano era di nuovo qui.»

«Sì, lo sai che dà regolarmente lezioni di equitazione a me e nel frattempo anche ai bambini. William e Harry lo trovano simpatico.»

Il silenzio di Carlo era insopportabile. Diana cominciò a giustificarsi inutilmente. Tutto, ma non quel silenzio accusatorio!

«Il signor Hewitt è riuscito a togliermi la paura dei cavalli. Non è meraviglioso? E di sicuro non è più spesso qui di Hazel, Fergie o altri ospiti. A parte...»

«Non cercare di prendermi in giro, Diana» la interruppe Carlo. «So che lo scorso fine settimana hai mandato via la tua guardia del corpo per stare indisturbata con Hewitt!»

Era sull'orlo di un precipizio.

Quante volte aveva pensato a frasi adatte a una situazione del genere. *Cosa devo rispondere quando mio marito mi affronta perché ho una relazione?*

E ora la sua testa era come svuotata.

Doveva negarlo?

Dare libero sfogo alle lacrime che stava per versare e chiedere scusa?

No. Forse l'avrebbe fatto prima, ma quei tempi erano ormai passati.

Inclinò la testa e giocò con il fuoco: «Adesso vuoi darmi una lezione morale sull'adulterio? Non essere ridicolo, Carlo».

«Ho chiuso un occhio abbastanza a lungo!» Lasciò cadere la pianta a terra e alzò l'indice. «Ma che il suo cane distrugga il mio giardino è troppo!»

«Allora, se lo sapevi già da un po', perché la gerarchia di palazzo o Scotland Yard non hanno fatto alcuno sforzo per tenere James lontano da me? Proprio come tenete sempre lontano da me tutto ciò che potrebbe rendermi felice.»

«Adesso ti comporti di nuovo da isterica.»

Tese le spalle e disse con voce ferma e calma: «Non sono isterica solo perché voglio vivere una vita libera e piena come te».

«Non rivedrai più quel capitano» le ordinò Carlo.

«E che cosa avete intenzione di fare? Volete togliere James di mezzo, come avete fatto con Barry? È una coincidenza che proprio la guardia del corpo che apprezzavo di più, che mi era diventata amica, sia stata trasferita da un giorno all'altro, senza aver commesso alcun errore. E pochi mesi dopo è morto.»

Nel corso del tempo si era affezionata sempre di più a Barry Mannakee. Il suo trasferimento l'aveva profondamente turbata. Pochi mesi dopo era deceduto.

Carlo la guardò scioccato. «Hai completamente perso la ragione! È stato un tragico incidente in moto.»

Forse aveva ragione, forse stava davvero uscendo di senno. Ma Barry era un ottimo pilota…

«Ah, sì?» Anche lei alzò la voce. «Vi conosco. Se qualcuno non vi va bene, deve sparire. E comincio a chiedermi quando capiterà a me!»

Poi lo sguardo di Carlo cadde su qualcosa alle spalle di Diana. Si voltò e vide William. Aveva in mano uno dei braccioli di Harry. Lottava contro le lacrime.

«Ecco, vedi cosa stai facendo con il tuo comportamento.» Carlo diede una pacca sulla spalla di William. «Non piangere, ragazzo mio.» A Diana disse: «Per quel che riguarda il capitano Hewitt, mi sono espresso molto chiaramente. Non lo rivedrai mai più». Dopodiché se ne andò.

Diana si inginocchiò davanti a William e lo avvolse stretto tra le sue braccia. «Certo che puoi piangere» fece lei. «Le lacrime non sono un segno di debolezza. Sono solo espressione dei sentimenti.» William non sarebbe cresciuto con la convinzione di dover reprimere le proprie emozioni. Gli avrebbe fatto solo male. Non doveva diventare un altro freddo mattone nella fortezza della monarchia.

«Non rivedremo mai più James?» chiese William.

«Certo che lo rivedremo! Papà non dice sul serio.» Finché Carlo avrebbe continuato a incontrarsi con Camilla, lei avrebbe continuato a vedere James.

«Mi fa paura quando litigate» disse il bambino con gli occhi lucidi e la voce sottile.

Gli scostò una ciocca di capelli dal viso. «Va tutto bene, tesoro.»

Ma era una bugia. Niente andava bene, e William lo sapeva.

Aveva già capito che sua madre a volte si rinchiudeva in bagno.

Aveva sentito Carlo e lei litigare fin troppo spesso.

Lei voleva proteggerlo dal dolore, infondergli sicurezza, essere un esempio per i suoi figli, ma l'insegnamento che gli stava elargendo era tutt'altro: far finta di niente era meglio che essere sinceri.

41

Quanto aveva odiato Diana il castello di Balmoral! Le alte porte che li imprigionavano per sei settimane eterne. La pioggia costante. Quel terribile motivo scozzese che era persino sui tovaglioli. I suonatori di cornamusa che li accompagnavano a cena tutte le sere. Quell'odore di mobili antichi e di muri freddi. Carlo che scompariva la mattina presto per pescare il salmone e si ritirava la sera per parlare al telefono con Camilla. E c'erano sempre ospiti in casa!

Ma ultimamente Diana si era innamorata della Scozia. Del suo paesaggio aspro, selvaggio, magico. *Sentiva* la natura lì. Il panorama risvegliava in lei qualcosa di forte, di tempestoso. Voleva fare esperienze, voleva scatenarsi, ridere, fare confusione… tutto tranne che giocare di nuovo a carte con la regina madre o ascoltare le canzonette di Margo! Domandò a Fergie se volesse fare baldoria nella cittadina. Oppure un giretto con la cabriolet? Forse da qualche parte vicino c'era un concerto? Ma sempre più spesso Fergie rispondeva: «Non è il momento, forse domani».

Quel giorno Diana aveva osato non presentarsi a colazione. Ma parlare di caccia di prima mattina le dava il voltastomaco. Quando scese le scale, verso le undici, il castello sembrava deserto. Era la sua occasione! Si mise fuseaux e body e si infilò le scarpette per danzare nella sala da ballo. *I Wanna Dance With Somebody* di Whitney Houston le scorse subito nelle vene.

A mezzogiorno ancora nessun segno di vita. Dove si erano cacciati tutti quanti?

Solo verso le tre si udì finalmente del trambusto. Elisabetta e compagnia non si sarebbero fatti di certo mancare il sacro tè pomeridiano! Diana si avvicinò alla ringhiera del primo piano e guardò l'ingresso. Vide per primi i corgi scivolare con le zampe bagnate sul freddo pavimento di pietra. Ma erano anche gli unici ad avere il permesso di precedere Elisabetta.

«Amo i cani. Soprattutto i corgi... sono troppo buffi.»

Era davvero Fergie a parlare? Diana sapeva già che le piacevano i cani, ma in quel momento suonava ipocrita.

«Sono pienamente d'accordo con te» rispose Elisabetta. «Da quando ho memoria, ne ho sempre avuto qualcuno che mi gironzolava intorno.»

«Ho sentito che ti interessa anche il torneo equestre a ostacoli?» La regina madre lasciò che un maggiordomo la aiutasse a togliersi l'impermeabile, le guance arrossate dall'aria fresca.

«Sì, molto. I tornei dell'Hampshire sono i più impressionanti, a mio parere.»

«Quanto hai ragione» replicò la regina madre. «Sono lieta di sapere che anche i giovani sono interessati a questo sport.»

«Fergie si interessa di ogni genere di cose particolari, vero?» prese la parola Filippo. «Insisto per fare un giro in calesse con te, Fergie. Se qualcuno qui sostiene di seguire il mio sport preferito, allora devo verificare.»

A quanto pareva, erano andati tutti insieme a fare una gita. Ma a nessuno era passato per la mente di chiedere a Diana se volesse unirsi a loro.

D'un tratto si sentì congelare nei suoi fuseaux sottili e nel body a maniche corte.

Aveva lottato per così tanto tempo per diventare un membro di quella famiglia. Un membro che fosse sinceramente amato e apprezzato e non solo tollerato. Da quando era entrata a far parte della famiglia reale, Fergie era stata la prima persona a cui si era sentita davvero vicina. Che l'aveva capita. Ma quella giovane donna lì all'ingresso... non era lei. Era la nuora perfetta che tutti avevano sempre desiderato, ma che Diana non era mai stata.

Fergie rimase indietro. «Andate avanti, vi raggiungo subito.» Aspettò che tutti sparissero, poi all'improvviso alzò lo sguardo verso Diana. «Non fare quella faccia» disse. «Pensavano che tanto non ti andasse di fare una passeggiata nella brughiera.»

«Sarebbe stato comunque carino chiedere.» Cercò di non sembrare troppo accusatoria. «Chissà, forse sarei venuta anch'io. O almeno avresti potuto dirmelo, così non avrei avuto la sensazione che volessi tenermi nascosto qualcosa.»

«Avevo paura che mi avresti giudicata» ribatté Fergie.

«Per cosa dovrei giudicarti? Per esserteli ingraziati, anche se hai sempre da ridire su di loro o li prendi in giro alle loro spalle?»

«E allora? È solo tanto per parlare. Sai, Elisabetta, Anna e sì, anche tuo marito, sono tutte persone immensamente intelligenti e affascinanti. E lo sai anche tu. Ma a te piace il ruolo della principessa addolorata, ed è per questo che non permetti più a nessuno di avvicinarsi a te. Sei sempre in disparte. A loro sembri inavvicinabile.»

«Te l'hanno detto loro?»

«Non proprio.»

«Quindi sì. Allora concordi con loro mentre arranchi per ore nell'erica.»

«Ecco, la vedi come una brutta cosa, mentre a me piace camminare nella brughiera! Mi piace Balmoral! Mi piace quando tutto si ricopre di brina in inverno, quando profuma di erica e torba. Ma tu non gli dai nemmeno una possibilità!»

«Perché a qualcun altro piace camminare nell'erica.»

«Oh, Camilla. Sai che ti dico? Anch'io la trovo simpatica. Le poche volte che l'ho incontrata al polo o alle feste è stata alla mano. Mi piace il suo umorismo e...» Si trattenne dal proferire altro.

«E cosa?»

«Ed è normale.»

«Normale» ripeté Diana.

«Accanto a te, vengono i complessi di inferiorità! Sei idolatrata. Attiri costantemente l'attenzione su di te! Solo quando non ti va bene e hai bisogno di una pausa, allora mandi avanti me.»

«Parli davvero di me? Mio marito mi disprezza. La sua famiglia e i suoi amici mi considerano isterica e instabile.»

«Ma la gente là fuori ti ama! Diana, la superstar della Royal family.»

«Sai che soffro di essere considerata per come mi vesto. Sotto la stoffa c'è una persona.»

«Una persona bellissima! Guardati con il tuo fisico da modella! A volte mi sembra che tu sia alta tre metri, tanto sei carismatica e presente. Come una star del cinema. Accanto a te mi sento un elefante! I tabloid continuano a paragonarmi a te. Purtroppo a nessuno importa che la piccola e paffuta Fergie non sia sposata con l'erede al trono e che quindi abbia a disposizione un budget molto più ridotto. Devo contare ogni centesimo! La cosa peggiore è che non ti accorgi nemmeno di attirare l'attenzione su di te. Quando finalmente mi sento in forma e carina, arrivi tu e indossi calzini a pois bianchi e rossi con scarpe rosse e tutto il mondo impazzisce perché Diana, la creatrice di tendenze, ha ancora una volta fissato nuovi standard a una partita di polo!»

Solo allora il suo sguardo si posò sullo spesso abito di tweed verde muschio di Fergie. «Quindi ultimamente preferisci adattarti a loro.»

Diana ripensò al periodo in cui aveva disperatamente cercato di fare proprio questo. Per tanto tempo aveva inseguito un ideale: l'ideale della principessa perfetta, della moglie perfetta, della nuora perfetta... in generale, della donna perfetta. Una donna come nelle riviste patinate. Aveva dato per scontato che quelle meraviglie della femminilità, con la loro chioma lucente, la pelle pura e le labbra sensuali, esistessero davvero. Che quelle donne non fossero solo belle, ma anche di successo, popolari, serene, sicure e coraggiose. E naturalmente tutte fortunate in amore e con magnifiche famiglie. Aveva fatto di tutto per diventare come una di quelle opere d'arte viventi. E questo l'aveva quasi distrutta.

«Mi sto adattando, e allora?» replicò Fergie. «Sai una cosa? Elisabetta mi sta molto simpatica. È intelligente e ho la sensazione di poter imparare molto da lei. È come la madre che non ho mai avuto.»

Lo faceva apposta? Fergie gettava di proposito sale sulla ferita di Diana?

«Una volta hai detto che eravamo ribelli» disse Diana sottovoce. «Tu e io.»

Fergie abbassò lo sguardo sulla punta dei suoi stivali di gomma. «Ma, a lungo andare, ribellarsi è piuttosto estenuante. Soprattutto quando si è soli come noi. In fin dei conti, ribellione e adattamento hanno le stesse radici. Entrambi vengono fatti in risposta alle direttive altrui. Solo che è più facile adattarsi.»

«No, invece» replicò Diana con un fil di voce. «Reprimere se stessi, alla fine, ti costerà più energia. Credimi, so di cosa sto parlando.»

Quella sera si ritrovò davanti alla tazza del water. Vomitò

la *mince pie* e il budino al caramello che aveva ingurgitato prima.

Rigettò tutto ciò con cui l'avevano cibata da quando aveva imparato a sfoggiare sorrisi adorabili alla macchina fotografica del papà. Rigettò la sua educazione nobile, che le dava continuamente la sensazione di essere stupida e inconsapevole. Rigettò le generazioni di donne perfette che l'avevano guardata con sorrisi vacui dalla galleria degli avi di Althorp e che le avevano insegnato a essere ubbidiente e ingenua. Rigettò le tradizioni polverose e l'ipocrita doppia morale dei Windsor, rigettò tutte le donne che non voleva emulare, a cominciare dalla madre, dalla nonna, dalla matrigna per arrivare alla principessa Margaret o persino alla regina... Rigettò l'ingannevole matrimonio del secolo. Rigettò il suo vecchio io impacciato, credulone e inguaribilmente romantico, che aveva tanto sperato in una favola. Rigettò il suo io ribelle che era alla perenne ricerca di qualcosa e alla fine si sentì del tutto svuotata.

Dalla sua stanza telefonò a James. La sua voce, forse, l'avrebbe riempita di nuovo di un po' di vita. L'avrebbe incoraggiata, le avrebbe detto che sarebbe stato sempre lì per lei, ma quando le domandò come stesse, lei rispose: «Tutto bene».

Dici che va tutto bene, ma non è vero. Il tuo disturbo alimentare potrebbe ucciderti un giorno. Lo sai. Ma quello che stai reprimendo è che, continuando a ingoiare i tuoi sentimenti, sei già mezza morta.

Si sdraiò a letto con la tv accesa, mentre Fergie sedeva

in allegra compagnia con Elisabetta e gli altri, a chiacchierare di quanto fosse bella una giornata all'aria aperta e di quanto fosse succulenta la tradizionale torta scozzese Dundee. Stavano trasmettendo *Colazione da Tiffany* con la meravigliosa Audrey Hepburn. Com'era splendida e facile la vita in quelle commedie di Hollywood. E quanto era falsa. Il pubblico rimaneva incantato dal viso perfetto di Holly Golightly, dal suo stile e dalla sua stravaganza. Poco importava che si fosse sposata all'età di quattordici anni e che ora lavorasse come prostituta. Non molto tempo fa Diana aveva letto il romanzo di Truman Capote e ne aveva tenuto a mente una citazione: «*È meglio guardare il cielo che viverci. Uno spazio così vuoto; così vago. Solo un posto dove va a finire il tuono e le cose scompaiono*».

Per quanto voleva continuare a dare una falsa immagine di sé e a sentirsi sempre più sola? Doveva offrire alle persone la possibilità di farsi un'opinione sulla vera Diana.

Era giunto il momento di essere finalmente onesti.

Carolyn la baciò su entrambe le guance. «Finalmente ce l'abbiamo fatta. È passato troppo tempo da quando ci siamo viste.»

Si erano incontrate nel loro caffè preferito, che aveva angoli accoglienti con grandi cuscini e dove la cameriera ti chiamava "tesoro" e ti regalava una seconda porzione di panna. Con il maglione largo e i jeans casual Diana sperava di non essere riconosciuta, ma desiderava troppo andare in un luogo del passato dove tutto era stato bello.

Carolyn osservò Diana con attenzione. «Sembri esausta, anche se sei appena stata in vacanza a Balmoral.»

«Alcuni la chiamano vacanza, altri tortura» scherzò lei in tono fiacco.

Carolyn annuì, come se sapesse esattamente di cosa stava parlando Diana. «Una vacanza con tutti i parenti non è certo divertente. E del resto, hai due bambini di cui prenderti cura.»

Diana si sforzò di sorridere. Chiacchierarono per un po' del marito di Carolyn, William, e dei lavori di ristrutturazione della casa, a causa dei quali l'amica non poteva trattenersi a lungo. Nessun problema, disse Diana, tanto aveva molto da fare, ma all'improvviso le vennero le lacrime agli occhi, come se non potessero più aspettare di sgorgare.

Carolyn le prese le mani. «Ehi, Di, che c'è?»

Era troppo difficile. Come se volesse dare fuoco a tutta la sua vita fino a quel momento e lasciarla andare in fiamme. Per qualche attimo, Diana non emise alcun suono. Ma poi si sentì dire: «Non sto bene. Sono al capolinea».

«Tesoro, raccontami.»

«Ho tutto quello che una giovane donna può desiderare, eppure sono profondamente triste. Non ce la faccio proprio. Anzi, mi sto addirittura autodistruggendo.» Poi arrivò la parte più difficile. «Adesso mangerò un po' di torta, sparirò in bagno, mi infilerò un dito in gola e vomiterò tutto.» Si vergognava talmente tanto. Chi poteva mai infliggere a se stessa una cosa del genere?

«Perché non me l'hai detto prima?» chiese Carolyn.

«Chi vuoi che desideri una principessa a cui manca qualche rotella?»

Non le sfuggì lo sguardo fugace che l'amica lanciò all'orologio da parete sopra la lavagna con i tipi di torta.

«Devi andare, vero?»

Allora era stato tutto inutile. Si era aperta con qualcuno e per cosa? Per essere di nuovo sola.

«Oh, William è in grado di gestire gli operai da solo. E non morirà di fame. Ho tutto il tempo del mondo per te. Ordiniamo un'altra tazza di tè.»

Un peso enorme si sollevò dal cuore di Diana. «Mi sembra un'ottima idea.»

Carolyn fece un segno alla cameriera e poi si voltò di nuovo verso l'amica. «Perché non mi hai detto prima che c'era qualcosa che ti turbava?»

«Volevo essere invulnerabile» rispose Diana. «È più facile fare la parte di quella forte, anche se alla lunga ci si stanca.»

Le raccontò che Carlo la vedeva solo come un peso. Che era invidioso di quanto il popolo l'amasse. Che aveva una relazione con Camilla e che non gli importava nulla che Diana fosse a pezzi. E che a Buckingham Palace non la prendevano sul serio.

Diana fissò Carolyn. «Sei la mia più vecchia amica. Forse addirittura la mia unica vera amica.»

L'altra fece il giro del tavolo, si sedette accanto a Diana e la abbracciò. Che bella sensazione.

«Sono felice che tu me l'abbia detto. E mi dispiace di

non esserci stata prima per te. Avevo già intuito una cosa del genere. L'ultima volta che abbiamo mangiato insieme, sei sparita in bagno per un bel po'. Ho fatto qualche ricerca. Quando vomiti il cibo, ti riempi per poco con una sensazione di euforia che crea dipendenza. Ecco perché i bulimici hanno gli stessi sbalzi d'umore dei tossicodipendenti.» Si mise una mano sul petto e sembrò di colpo molto turbata. «Avrei dovuto parlarne con te molto prima. Avrei dovuto darti una mano. Ma pensavo che tu avessi abbastanza persone al tuo fianco.»

Diana assaporò il sale sulle labbra. «Non avevo nessuno.»

«Ci sono io per te. Insieme ce la caveremo. Troveremo qualcuno che possa aiutarti.» Con delicatezza le strinse la mano. «Ti senti meglio ora che ti sei confidata con me?»

«Come se qualcuno mi avesse allentato le catene intorno al collo e potessi respirare di nuovo un po' più liberamente.» Accennò addirittura un sorrisino. «E tu sei sicura che non ti abbia spaventata con la mia confessione? Vuoi ancora essere mia amica?»

«Di, ti ammiro per il tuo coraggio e sono felice che tu mi abbia raccontato tutto. Sei l'amica più divertente, affettuosa e amabile che ho. Non mi arrendo facilmente con una persona del genere.»

«Grazie» disse Diana.

«No, grazie a te» replicò Carolyn.

Quante volte si era guardata allo specchio e aveva pensato: *Da oggi ti farai valere! Da oggi qualcosa cambierà nella tua vita!* Quando aveva dichiarato guerra a Camilla. Quando si era opposta a Elisabetta e aveva visitato i malati di Aids in ospedale. Dopo le tante liti con Carlo…

Ma purtroppo non era così facile essere forti, soprattutto se non lo si era mai imparato. Più volte aveva subìto battute d'arresto, più volte qualcosa l'aveva spinta a terra e lei si era sentita di nuovo debole e patetica. Un continuo avanti e indietro.

Confidandosi con Carolyn, si era liberata di un grande fardello. Sentiva che stavolta qualcosa si era davvero mosso dentro di lei. Iniziò a riposare di più e ad allenarsi più regolarmente. Ma soprattutto trovò finalmente il coraggio di cercare un terapeuta. Qualcuno di cui si fidava, che aveva scelto di sua spontanea volontà e che Carlo non le aveva imposto.

La porta si aprì, il dottor Maurice Lipsedge entrò, si sedette sull'ampia poltrona di pelle di fronte a Diana e accavallò le gambe. Nessun taccuino, nessuna penna stilografica che potesse catturarla su carta in bianco e nero. Solo lui e il suo sguardo chiaro, intelligente e diretto. Le chiese: «Quante volte ha tentato di uccidersi?».

Stava ancora pensando a che domanda inaudita fosse, ma poi si sentì dire: «Quattro o cinque volte».

Il dottor Lipsedge l'aiutò a ritrovare la sua autostima. Le diede dei libri in cui si parlava di persone che provavano sentimenti simili ai suoi. *Sono io, non sono sola*, pensò. Una sensazione meravigliosa!

«Mi odiavo così tanto che non credevo di essere abbastanza brava» gli disse in una seduta. «Pensavo di non essere abbastanza brava per Carlo, di non essere una buona madre. Non ho mai smesso di avere dubbi. Essere vivi è molto più facile per gli altri che per me, almeno così sembra. Come se ci fosse un segreto della vita che io non conosco. Come se stessi sbagliando tutto.»

Il dottor Lipsedge la guardò e disse: «Quello che prova è assolutamente normale. I sentimenti sono fatti per essere provati. Anche quelli più difficili. Sono ciò che la rendono un essere umano. Non è possibile fare tutto bene nella vita. Se c'è quindi davvero un segreto, credo sia quello che lei fa tutto bene, a modo suo; solo che a volte fa male».

Fino a quel momento Diana non sapeva che tutti i sentimenti dovessero essere vissuti. Pensava che il suo compito fosse quello di essere felice. Che il dolore, l'afflizione e la sofferenza dovessero essere messi a tacere, ignorati o mandati giù. Quel giorno imparò che tutti i sentimenti facevano parte dell'essere umano e che poteva sopravvivere anche a quelli negativi. Ogni volta che aveva pensato di non poter più sopportare la sua situazione, si era sbagliata. Probabilmente non si sarebbe mai liberata di questa sofferenza dell'anima che l'accompagnava già da tanti anni, ma non ne avrebbe avuto più paura, e ciò le bastava.

Imparò che poteva usare questa sofferenza dell'anima per crescere. Doveva resistere alla tentazione di reprimere i propri sentimenti e quindi di spegnersi. Solo così si sarebbe evoluta.

42

1988

Era sempre così con i brutti presagi.

Aveva davvero una strana sensazione allo stomaco o era solo irrequieta perché era stata costretta a letto negli ultimi due giorni a causa dell'influenza e voleva finalmente uscire all'aria aperta e tornare sulle piste?

Provò a consultare uno dei manuali che il dottor Lipsedge le aveva consigliato, ma alla fine della pagina non sapeva cosa avesse letto. Voleva scrivere una cartolina a sua madre, raccontarle che lei e Carlo erano a sciare con alcuni amici a Klosters, in Svizzera, e alloggiavano in uno splendido chalet in mezzo alle montagne, ma il suo sguardo cadeva sempre fuori.

Le mancavano William e Harry che erano affidati alla loro bambinaia a Kensington Palace. Per il resto, era una giornata radiosa. Aveva saputo gestire un appuntamento con ottanta giornalisti e aveva persino scherzato con Fergie come se non fosse successo nulla tra loro. Fergie… A Diana bastava guardare la cognata per capire che qualcosa la opprimeva. Troppo spesso aveva dovuto fingere di essere di buonumore, sapeva distinguere un sorriso vero da uno falso. E a volte, quando Fergie non si sentiva osservata, gettava la maschera. Sotto, sembrava vuota.

Come una persona che avesse cercato disperatamente di essere brava, di inserirsi, e che intanto nel farlo avesse perso se stessa.

Fergie si trovava fuori in terrazza, avvolta in uno spesso cappotto di lana, con le mani appoggiate sul ventre ormai visibilmente arrotondato, e guardava pensierosa il paesaggio innevato e le imponenti montagne che svettavano davanti all'accogliente chalet.

Diana mise da parte la stilografica, prese il suo cappotto dal gancio e la raggiunse fuori. «Piuttosto freddo.» Il suo respiro si addensò in una nuvola biancogrigia.

L'altra si limitò ad annuire. Aveva il labbro inferiore tutto spaccato perché continuava a rosicchiarlo.

«Mozzafiato, vero?» fece Diana, guardando le imponenti muraglie di neve.

«Come se queste montagne ti sorridessero e dicessero: "Chi sei tu? Esistiamo da migliaia di anni. Cosa hai intenzione di fare contro di noi?"»

Diana infilò le mani nelle tasche del cappotto. Come poteva tirare su la cognata? Cosa le sarebbe piaciuto sentirsi dire quando era così triste?

«Vedo che c'è qualcosa che ti turba» esordì. «Sono sempre disponibile ad ascoltarti. Ma capisco anche se non vuoi parlarne con me.»

Ci volle un po' prima che Fergie rispondesse. Parlò lentamente, come se dovesse prima capire da sola cosa la affliggeva. «Sono incinta di cinque mesi e finora Andrea è come se non si fosse accorto della gravidanza. Non ha idea che non riesco quasi a dormire, che ho sempre la nausea, che mi sento sopraffatta. Quando torna a casa, parla solo del suo servizio in marina. Poi lascia che la madre lo elogi per le sue gesta eroiche e, prima che me ne accorga, se ne va di nuovo. E io… esisto. Tutti si aspettano che dia alla luce il figlio di Andrea, che svolga il mio ruolo di moglie e futura madre, ma nessuno è interessato alla persona che c'è dietro.»

«A me importa della persona che c'è dietro» disse Diana con tutto il calore che riusciva a raccogliere in quel freddo paesaggio innevato.

«Sei l'unica, in questo gruppo di persone rigide, che abbia mantenuto la sua umanità. Mi dispiace che…»

«Fa lo stesso» l'interruppe Diana. «Mettiamoci una pietra sopra.» Riusciva a leggere negli occhi di Fergie quanto fosse dispiaciuta. Inoltre, la sua sensazione allo stomaco si era ripresentata… «Dove sono Carlo e gli altri?»

«Si godono questa giornata da sogno sulle piste. Non ti preoccupare. Carlo è in ottima compagnia. Con lui c'è uno sciatore locale, una guardia del corpo e il signor Palmer-Tomkinson, un ex olimpionico.»

Erano presenti anche la moglie di quest'ultimo, Patti, e il maggiore Hugh Lindsay, ex scudiero della regina e amico di Carlo e Diana.

«Che cos'è questo rumore?» pensò Fergie ad alta voce. «Un elicottero?»

Eccola di nuovo, quella sensazione che il mondo fosse fragile. Che tutto ciò che era bello e buono potesse finire da un secondo all'altro. Si sentiva le ginocchia deboli.

Ricomponiti!, disse Diana a se stessa. *Non pensare sempre al peggio.*

D'un tratto i suoi sensi reagirono in modo estremamente sensibile. Percepiva addirittura il silenzio che regnava nello chalet. Eppure le sue guardie del corpo avevano appena riso giocando a carte! C'era qualcosa che non andava.

In quel momento risuonò la sirena in paese.

Diana chiamò il suo segretario privato. «Patrick, che succede là fuori?»

Lo trovò in cucina, con il telefono in una mano e il cellulare di lavoro nell'altra.

«Me lo dica. Che succede?» lo esortò.

«Non ho ancora informazioni precise e non voglio inutilmente...»

«Patrick, sputi il rospo!»

Pausa. Poi disse: «Finora sembra che il principe di Galles sia stato travolto da una valanga».

Il mondo si fermò.

Patrick continuò a parlare, la sua bocca almeno si muoveva, ma era come se lei fosse dietro una parete di vetro attraverso la quale non penetrava nulla. Poi, all'improvviso, come se Diana stessa venisse travolta da una valanga, la forza delle sue parole la colpì in pieno.

Era stato annunciato un allarme valanghe, ma il gruppo non si era fatto intimorire. A quanto pareva, due persone erano rimaste sepolte. Le autorità avevano confermato che Carlo, il principe di Galles, era tra i dispersi.

Poco dopo un aiutante di campo riferì la terribile notizia: «Uno del gruppo è morto. La vittima è un uomo, per ora si sa solo questo».

No. Nononononono!

Non poteva essere. Carlo non era morto. Era semplicemente impensabile. William e Harry non potevano perdere il padre così all'improvviso…

Non sarebbe sopravvissuta.

Anche se spesso l'aveva resa infelice, era pur sempre il suo grande amore. La sua casa. Ne avevano passate tante insieme. Grazie a lui era diventata la donna che era. Sapeva tutto di lei. E lei sapeva tutto di lui. Ed è per questo che sapeva anche che la amava e che aveva bisogno di lei. Quando le regalava una collana tempestata di diamanti o un braccialetto d'oro, era il suo modo di dimostrarle quanto fosse importante per lui. Si erano solo persi, ma sapeva che avrebbero potuto ritrovarsi! E non lo aveva nemmeno salutato come si deve. Aveva addotto come scusa l'influenza per non doverlo baciare davanti agli altri. Non l'aveva nemmeno abbracciato…

Fergie le preparò un tè, che Diana teneva stretto. Sentiva il ticchettio dell'orologio. Una valanga. Non c'era alcuna possibilità. Era una questione di secondi. Erano forze primordiali. Nessuno sopravviveva.

Poi, finalmente, squillò di nuovo il telefono. Alzò subito la cornetta. Era Carlo. «Grazie a Dio, sei vivo!» esclamò Diana. «Come stanno gli altri?»

«Patti è in terapia intensiva.» Sentì Carlo respirare. Poi disse: «E Hugh è morto».

Premette una mano tremante sulla bocca. «Sua moglie Sarah è incinta di sei mesi.»

Di nuovo silenzio all'altro capo della linea.

«Dove sei ora?» proferì Diana. «Vengo subito da te.»

«Sono in ospedale. Ma ti prego, resta dove sei. C'è già abbastanza agitazione. Devo informare la regina. Ci vediamo dopo.»

Riattaccò.

Diana premette la cornetta sullo sterno. Era come paralizzata. Il panico delle ultime ore, il sollievo per il fatto che Carlo fosse vivo, il dolore per il loro amico… Era troppo. Era al di là di ogni comprensione. Le gambe minacciavano di cederle.

Ce la farai, disse una voce dentro di lei. *Sei forte abbastanza.*

All'improvviso, qualcosa dentro di lei sussultò. Guardò Patrick e si sentì dire: «La prego, si occupi del trasferimento della salma a Londra. Penso che sia nell'interesse di tutti tornare a casa entro domani. Mi occupo io delle valigie del maggiore Lindsay.»

Solo a tarda sera trovò il tempo di rassicurare James al telefono. Evidentemente aveva cercato di contattarla più volte, come le aveva riferito Patrick. «Carlo mi ha raccontato che all'improvviso c'è stato un boato, poi si è staccato un lastrone di neve a circa cento metri di altezza e in un attimo si è trasformato in un'enorme valanga» disse, ancora incapace di crederci. «In qualche modo l'istruttore di sci è riuscito a portare Carlo, la sua guardia del corpo e Palmer-Tomkinson fuori dalla zona di pericolo, ma Hugh e la signora Palmer-Tomkinson erano leggermente più in alto. Non hanno avuto alcuna possibilità. Le masse di neve li hanno travolti e li hanno trascinati a fondo. Carlo ha detto che era come se tutta la montagna si fosse abbattuta sulla valle.»

«Che cosa orribile» fece James.

«Già. La morte è qualcosa di così definitivo. Riesci a immaginare cosa significhi essere divisi e non potersi nemmeno dire addio? Avevo tanta paura per Carlo. E se oggi l'avessi perso?»

Era talmente presa da quell'idea che si accorse del silenzio all'altro capo del filo solo dopo qualche attimo. «Ci sei ancora?»

«Sì, sono contento che il principe di Galles stia bene. Ma soprattutto sono sollevato di sapere che sei illesa. Non puoi immaginare quanto fossi preoccupato quando ho sentito della valanga al telegiornale.»

«Mi dispiace, James. Che insensibile che sono. Avrei dovuto chiamare prima, ma...»

In quel momento suo marito entrò nel salotto dello chalet, dove Diana si era ritirata. «Carlo!» esclamò. «Devo riattaccare» si rivolse di nuovo a James, ma un attimo dopo aveva già riagganciato il telefono e abbracciato il marito. Aveva ancora nelle ossa la paura provata per lui e se ne sarebbe liberata solo sentendolo contro di sé. «Come stai? È tutto così orribile...»

Carlo si districò dal suo abbraccio. «Ho perso un amico. Come dovrei stare?»

Lo comprendeva. Soffriva terribilmente, si rodeva dal

dolore. E lei sospettava che si sentisse in colpa, perché era stato lui a voler sciare a tutti i costi, allarme valanghe o meno. Ecco perché reagiva con una tale veemenza. Di certo non lo avrebbe lasciato solo in quello stato, ma l'avrebbe superato insieme a lui.

«Vorrei stare da solo adesso» disse senza riuscire nemmeno a guardarla.

«Lascia che ci sia io per te» supplicò Diana. «Cerchiamo di esserci l'uno per l'altra!» Aveva un rapporto più stretto con Hugh rispetto a Carlo ed era altrettanto profondamente addolorata, ma non glielo disse, non aveva importanza ora. «Non parlerò, te lo prometto. Ti prego.»

«Diana, devo riflettere. Non posso preoccuparmi del tuo stato d'animo ora. Se vuoi davvero aiutarmi, lasciami in pace.»

Anche sul jet che li riportò a casa il giorno dopo, Carlo voleva stare per conto suo. Sembrava terribilmente solo, come se si fosse smarrito da qualche parte nel suo cupo mondo di pensieri. Diana avrebbe voluto esserci per lui, ma Carlo sembrava non accorgersi di lei. Perché non le permetteva di consolarlo? Non si può superare da soli una cosa così terribile. Gli avrebbe dato tutto il suo amore e il suo calore, se solo lui glielo avesse concesso. Si sarebbero stretti l'uno nelle braccia dell'altra, avrebbero sentito quanto fosse fragile la vita e promesso di non lasciare mai più che qualcosa si intromettesse tra loro. Ogni secondo trascorso insieme era un dono. Perché se lo erano sempre dimenticati?

Atterrarono.

Pioveva. O forse il cielo stava piangendo perché una tale ingiustizia era incomprensibile. Uno stormo di corvi si levò dai boschi scuri che confinavano con la base dell'aeronautica militare di Northolt, alle porte di Londra. C'era odore di asfalto bagnato. Un carro funebre era già pronto. Sarah, la moglie di Hugh, stava aspettando lì accanto. Sembrava un fantasma. Diana vide il suo ventre visibilmente arrotondato e fu colta da un'ondata di dolore così intensa che il suo istinto si fece sentire. Ma una voce interiore le ricordò: *Sei forte abbastanza. Ce la puoi fare. Resta qui.*

Non c'era assolutamente nulla che potesse dire per tirare su di morale Sarah in una situazione del genere. Così l'abbracciò semplicemente e cercò di infondere tutto il suo calore e il suo amore in quella stretta. La bara venne trasportata sul carro funebre con gli onori militari. Guardare tutto questo richiedeva senz'altro una forza quasi sovrumana per Sarah, pensò Diana. Non poteva farcela da sola.

«Ci sono io per te» le disse prendendole la mano. «In qualsiasi momento. Se vuoi, vieni prima a casa con noi. Mi prenderò cura di te.»

Sarah annuì. «Grazie.»

Quando scesero dalla limousine a Kensington Palace, Diana disse a Sarah di entrare intanto e si voltò. Carlo era rimasto seduto in macchina.

«Che cosa hai intenzione di fare?» chiese.

Abbassò lo sguardo. «Vado nel Gloucestershire.»

«Ovvio. Sono sicura che lei saprà come tirarti su di morale.»

Carlo fece segno all'autista. Il domestico chiuse la portiera dell'auto e la limousine si allontanò.

Sorprendentemente, la notizia che il marito sarebbe andato da Camilla non la colpì come al solito. Era sopravvissuta a quei due terribili giorni. E senza il sostegno di Carlo. Aveva attraversato le fiamme. Ogni tanto aveva pensato di bruciare per questo dolore. Ma non era crollata. Oggi era stata persino un sostegno per Sarah.

Era a prova di fuoco.

43

1991

«Dopo aver deciso di oppormi esplicitamente alla Corona con il mio impegno per l'Aids, la tragedia di Klosters è stata un altro punto di svolta» confidò Diana al registratore che aveva davanti.

Tuttavia, anche a distanza di tre anni, lo shock le rimaneva attaccato alle membra. Si versò dell'acqua dalla caraffa che era pronta sul tavolo e ne bevve un sorso. L'aveva agitata parlare dell'incidente della valanga, rituffarsi nelle ore di angoscia e di incertezza e nel profondo dolore per la morte dell'amico. Aveva bisogno di aria fresca. Dopo aver aperto la finestra, inspirò ed espirò profondamente un paio di volte.

Il suo sguardo cadde sull'orologio a pendolo. Il messaggero sarebbe arrivato da un momento all'altro, avrebbe preso la cassetta registrata e avrebbe consegnato nuove domande da parte di Andrew Morton. Sul registratore brillava ancora la lucina rossa; era ancora in funzione.

«Mi sono resa conto di quanto fosse fragile la vita» disse assorta nei suoi pensieri. «All'improvviso, le continue discussioni con Carlo sembravano prive di significato. Stavamo solo complicando le cose… Più che mai, ero pronta a lavorare sul nostro matrimonio. Lui, invece, continuava ad allontanarmi. Voleva sempre litigare. James mi è stato di grande sostegno in quel periodo. Ha cercato di non farmi capire quanto gli facesse male quando stavo con Carlo. Allo stesso tempo, non mi ha mai chiesto di divorziare. Sapeva che era impossibile. Anche Fergie e Andrea erano sempre più in crisi.»

Dalla finestra vide un giovanotto che si dirigeva verso l'edificio in bicicletta. Con fare amichevole salutò una guardia che attraversava la piazza, la quale ricambiò. Ormai a palazzo conoscevano James abbastanza bene. Andava e veniva da Diana per il tè. James Colthurst. Un altro James, solo che questo lei lo conosceva da molto più tempo del capitano del suo cuore. Erano già amici quando Diana e le sue compagne vivevano ancora in Coleherne Court. Nel frattempo, era diventato un medico rispettato. Facendo stridere i freni, si fermò davanti all'ingresso, smontò e scomparve nel palazzo.

James Colthurst era il suo messaggero. Sembrava così innocente con la sua vecchia bicicletta, gli occhi da cerbiatto e la valigetta nel cestino appeso al manubrio. Invece in quella stessa valigetta, ben nascosto in uno scomparto segreto, trasportava materiale esplosivo: la sua vera storia.

Aveva sempre immaginato la consegna come in un romanzo giallo: James si recava in bicicletta sul posto dove lasciare la busta, una panchina del parco o una cassetta postale. Morton era già appostato da qualche parte ben nascosto, pronto a impossessarsene.

Tornò subito quella sensazione oppressiva. Era davvero la cosa giusta da fare? Si sentiva sporca ogni volta che svelava tutti quei dettagli intimi.

Diana premette "pausa" sul registratore e lo fece sparire tra i cuscini del divano. Un attimo dopo, il maggiordomo annunciò James.

«Che bello che ce l'hai fatta!» si rallegrò.

Bacetto a sinistra, bacetto a destra.

«È già passato un mese, vero?» aggiunse.

«Troppo tempo!» Posò la valigetta sul pavimento davanti all'alta credenza a muro con le finissime porcellane e allungò le braccia sopra la testa in modo da far scrocchiare le scapole. «Ma anche tu sei sempre in giro per il bene dei poveri e dei malati.»

«Proprio come te» replicò lei. «In quanto medico rispettato non fai nient'altro.» Come al solito, puzzava un po' dopo una lunga e faticosa giornata di lavoro e la sua camicia era leggermente stropicciata. Diana si sentì subito in colpa per usarlo ancora per i propri scopi, nonostante la sua stressante vita quotidiana di medico.

Tè e tramezzini ai cetrioli erano già pronti.

«Le dispiace lasciarci soli?» fece al suo maggiordomo Harold Brown. «Io e il mio amico abbiamo molto da raccontarci. E ci possiamo versare il tè da soli.»

Harold annuì e si ritirò.

«Il tuo maggiordomo mi ha davvero chiesto: "Che motivo ha oggi per farle visita?"» disse James.

In un attimo Diana si innervosì. «E tu cosa gli hai risposto?»

«Ho alzato le spalle e ho detto: "Be', ho fame"».

Diana si mise a ridere, ma era ancora un po' inquieta. «Credi che sospettino qualcosa?»

James indicò con un gesto della mano i capelli già radi, gli occhietti affettuosi, la camicia bianca, i pantaloni sgualciti e infine le scarpe di vernice appena lucidate. «Ti sembra che stia facendo qualcosa di proibito?» Le fece l'occhiolino. «Al massimo stanno sospettando che abbiamo una relazione.»

Diana arrossì ed evitò il suo sguardo. Gli voleva bene e si sentiva profondamente legata a lui, ma era solo un amico.

Con determinazione James si servì dei tramezzini ai cetrioli. «Muoio davvero di fame! Oggi i pazienti mi hanno tenuto molto occupato. Tu hai qualche novità?»

In realtà sottintendeva: «Hai una nuova cassetta registrata?».

«Sì.» Per sicurezza, si diede un'altra occhiata alle spalle per assicurarsi che ci fosse veramente via libera e poi osò tirare fuori il registratore dai cuscini. James era spesso presente quando lei raccontava del suo passato. Le rendeva le cose un po' più facili. Se qualcuno l'avesse sentita parlare, non sarebbe stato così strano. Del resto, era una visita ufficiale ed era consuetudine chiacchierare con gli ospiti.

«Allora spara» disse James, prendendo un altro tramezzino e appoggiandosi allo schienale.

Diana iniziò la registrazione. «L'incidente della valanga a Klosters ha avuto su di me un altro effetto. Ho sentito di avere abbastanza forza per essere presente per le persone in situazioni di bisogno. Ho deciso di approfittare della mia posizione di principessa di Galles e di dedicarmi a cose più importanti, come ad esempio la lotta all'Aids, un tema che mi stava molto a cuore. Ho deciso di costruire la mia immagine di principessa di Galles e, senza ulteriori indugi, ho pianificato il mio primo viaggio oltreoceano da sola. Volevo dimostrare che non ero solo una ragazza glamour attenta alla moda, ma che potevo anche occuparmi di questioni serie. E quale città migliore di New York per farlo...»

44

1989

«Scordatelo» decise Carlo. «Il tuo viaggio a New York non è stato discusso con me in anticipo.»

Erano nella sala riunioni di St. James's Palace. Entrambi i loro stúdi si trovavano lì. Alle spalle di Carlo c'era una parete di libri seriosi. Dietro di lei, una luminosa facciata di alte finestre. Ai lati di Diana sedeva la sua piccola squadra di quattro consulenti. Ai lati di Carlo, la sua squadra di ventitré. Un muro impenetrabile di uomini in abito grigio che la guardavano come se non fosse del tutto sana di mente. Tra loro bicchieri, bottigliette d'acqua e snack che nessuno toccava.

Era da mettersi le mani nei capelli. Diana desiderava avere maggiore libertà, ma dipendeva dalle entrate del ducato di Cornovaglia. E queste entrate erano controllate da Carlo e dalla sua squadra di esperti. Anche il suo studio privato era finanziato così. Ciò significava che il marito aveva sempre l'ultima parola in materia finanziaria. Tutto, dalla presenza obbligatoria alle sue riunioni di pianificazione fino all'organizzazione di viaggi congiunti all'estero o a quella dello studio, veniva concordato con lui e dipendeva quindi dai suoi sbalzi d'umore. E sempre più spesso Carlo trascinava i loro litigi alle riunioni.

Ma non si sarebbe lasciata sottomettere. «Infatti ne sto parlando con te adesso» disse. «E poi è stato il governo a richiedere la visita.»

Carlo unì le punte delle dita. «Ma questo non significa che tu debba andare a New York senza tuo marito.»

«Preferirei fare questo viaggio in tua compagnia, in effetti.»

Carlo ammutolì. Osservò a lungo i gemelli della sua camicia. L'importante era non doverla guardare.

Al suo posto intervenne il segretario privato. «Il principe di Galles teme che questo viaggio la stanchi troppo. In soli quattro giorni ha svariati appuntamenti.»

«Ce la posso fare.»

«Ah, sì?» sibilò Carlo. «Dimentichi quanto sei instabile. A parte questo, nel tuo narcisismo ed egoismo, accetti di abbandonare qui i tuoi figli soli e tristi. Tu non sai niente di niente! Infliggerai danni enormi alla Corona! Fallirai!»

Diana si svegliò di soprassalto. Presto sarebbero atterrati, annunciò il pilota. Si era assopita? Non c'era da stupirsi, si era alzata al buio quella mattina. Aveva preparato la borsa. Si era messa un vestito pulito. Deodorante. Rossetto. Tacchi alti. La sua grande valigia era già stata caricata il giorno prima.

Sollevò l'aletta parasole del finestrino.

New York.

Un mare di grattacieli scintillanti, uno più grande dell'altro. L'orizzonte si illuminava di un rosso intenso, come se il sole si stesse dissanguando. Diana cercò di cogliere questa bellezza mozzafiato, ma la vista non riuscì a penetrare nel suo cuore. Stava affrontando il primo grande viaggio ufficiale come principessa di Galles. La sua prima impresa autonoma.

Alla fine anche Carlo si era reso conto dell'importanza di questo viaggio. Ecco perché aveva ceduto. Avevano cancellato solo alcuni appuntamenti e accorciato la permanenza di un giorno.

Le parole di Carlo riecheggiavano nella sua testa all'infinito. «Fallirai.»

Diana sentì su di sé lo sguardo del suo segretario privato, seduto in diagonale di fronte a lei. Cercò di scrollarsi di dosso il ricordo di quella terribile lite. «Cosa scrive la stampa della mia visita?» voleva sapere.

Come tutti i dipendenti della famiglia reale, Patrick cercava sempre di mantenere un'espressione neutra, ma di tanto in tanto lasciava trapelare compassione o affetto quasi paterno, come in quell'istante. «La maggior parte dei giornali si aspetta che i suoi acquisti facciano notizia. Temono anche manifestazioni della comunità irlandese-americana contro la monarchia e lei, dopotutto, rappresenta la Corona. Ma...» alzò l'indice «il *New York Post* l'ha soprannominata "la madre del welfare".»

Si seppellì il viso tra le mani. Fu colta dai brividi. «Tutti si aspettano che io fallisca!» pianse. In che cosa si era cacciata? Questo viaggio sarebbe stato troppo per lei. Le era stata concessa solo una squadra di cinque persone, tra le quali non c'era nemmeno un parrucchiere.

Vorrà dire che ti farai tu i bigodini ogni mattina!

Sarebbe venuta orrenda in tutte le foto. Avrebbe messo in imbarazzo la Corona.

Non sarà così. Ce la farai. Il tuo viaggio avrà successo e finalmente otterrai l'approvazione di Carlo.

Solo mezz'ora, di più non avrebbe avuto per rinfrescarsi dopo l'atterraggio. Presso l'Equitable Center si svolgeva un cocktail in onore del marchio di abbigliamento britannico Dawson International. Diana strinse innumerevoli mani, ebbe più o meno la stessa conversazione per tutta la serata, solo con persone diverse: quanto fosse di un'eleganza straordinaria la sua mise, composta da una sofisticata blusa viola e da una semplice gonna nera. E come stavano i bambini?

Il giorno dopo furono scortati da diverse auto della polizia attraverso il Lower East Side di Manhattan, la zona in cui nessuno dei ricchi e famosi capitava. L'area ospitava molti immigrati: africani, italiani, ebrei e irlandesi, giunti a New York nella speranza di vivere il sogno americano.

La gente del posto era in visibilio. Salutavano dagli stretti balconi, si piegavano pericolosamente oltre i parapetti, si arrampicavano sulle scale antincendio per vedere meglio. Uscivano dai tabaccai e dai negozi cinesi incitando e applaudendo. Gli autisti scendevano dai tipici taxi gialli per vedere cosa stesse succedendo. Un gruppo di giovani interruppe la partita di basket e corse verso l'alta recinzione che delimitava il campo sportivo.

«Oh, mio Dio, è la principessa Diana!» gridò una donna dalla pelle scura. Con una mano spingeva un passeggino, con l'altra portava una pesante busta della spesa. Altri due bambini le saltellavano intorno.

«Ehi, principessa!» esclamò un ragazzo con i pantaloni bassi, un berretto con la visiera e uno skateboard sotto il braccio.

Una donna corse addirittura a fianco della limousine per un breve tragitto. «Ti vogliamo bene, Diana!»

Lei non ne aveva mai abbastanza di quel trambusto variopinto. Risuonava forte musica hip hop, a pochi isolati di distanza una sirena della polizia si era messa a ululare, i bambini giocavano in un cortile attraversato da panni stesi e cavi. C'era una bicicletta arrugginita a cui era stato rubato il sellino, poco più avanti la vetrina di un negozio di snack era stata sfondata e rattoppata con un telone di fortuna. Le persiane abbassate erano tappezzate con immagini coloratissime, alcune delle quali erano vere e proprie opere d'arte. Si sentiva un odore speziato di hot dog, un po' più in là di spazzatura, profumo a buon mercato e gas di scarico delle auto…

Le sarebbe piaciuto uscire e passeggiare per le strade, immergersi in quell'atmosfera. Naturalmente sapeva quanto fosse ingenuo e pericoloso e che le sue guardie del corpo non glielo avrebbero mai permesso. Questo non aveva nulla a che fare con la New York mondana che le era stata servita su un piatto d'argento il giorno prima, dove tutti avevano le stesse facce da lifting, indossavano le stesse marche, avevano le stesse opinioni.

Raggiunsero l'Henry Street Settlement, un'agenzia di servizi sociali.

Patrick dichiarò: «Dato che ci vivono anche vittime di violenza domestica, la cui posizione deve rimanere strettamente segreta, per una volta non ci sarà la stampa sul posto».

Diana tirò un sospiro di sollievo. «Una benedizione!»

Essere costantemente circondati da telecamere che riprendevano ogni sua parola e ogni suo passo era come fluttuare a pochi centimetri da terra. Ma non in modo piacevole, piuttosto come se potesse precipitare da un momento all'altro. Ma ora, senza i giornalisti invadenti, si sentiva al sicuro e ancorata. Così poteva concentrarsi del tutto sulle persone che le venivano presentate dall'associazione.

Vide la gratitudine negli occhi di un senzatetto, la cui più grande felicità era tenere tra le mani una ciotola di zuppa calda. Vide il dolore e la rabbia negli occhi di una donna che era stata picchiata dal marito. Vide la vergogna negli occhi di un uomo che non sapeva come nutrire i suoi tre figli. Vide la fatica negli occhi della direttrice, che sacrificava quasi ogni giorno della propria vita per aiutare la gente del posto. Negli ultimi anni, Diana aveva spesso avuto la sensazione di essere sola al mondo con il suo dolore, rinchiusa in una gabbia dorata. Parlare con le persone accolte e ascoltare le loro storie la faceva sentire parte di una comunità, anche se le loro vite non avrebbero potuto essere più diverse.

Il contrasto fu ancora più lampante quando poco dopo la sua limousine si fermò davanti al magnifico edificio della Brooklyn Academy of Music, dove era stata invitata a una serata di gala. La Welsh National Opera eseguiva *Falstaff*. Pensò a Carlo e il suo cuore si fece pesante. In passato era stato al suo fianco.

«Tutto bene, Sua Altezza Reale?» chiese Patrick.

Riuscì ad abbozzare un sorriso. «Sì. Certo.»

«Scusi se mi permetto, ma è splendida. Stasera la donna più fotografata al mondo stabilirà un nuovo record.»

Il suo abito era firmato Catherine Walker, una delle sue stiliste preferite. Era di seta bianca argentata con delicati motivi dorati. Con esso Diana portava un bolero abbinato. «Grazie, Patrick.»

Era una sciocchezza, ma sperava comunque che Carlo avrebbe visto delle foto di lei con quel vestito sulla stampa. Del resto avrebbero fatto senz'altro il giro del mondo, dal momento che quella serata era il clou del viaggio. Il suo cuore romantico immaginava Carlo aprire il giornale davanti alla sua tazza di tè mattutina e, ammirando una foto di lei, morire dalla voglia di vederla.

Magari, intervenne la sua parte razionale. Era più probabile che ogni titolo positivo alimentasse la sua invidia. Come avrebbe mai potuto conquistare l'approvazione del marito?

Dopo l'esibizione ci fu il suo ingresso trionfale: tutti gli invitati si erano riuniti nella grande sala e la guardavano scendere dalla scala di marmo. *Ora non inciampare*. Con gratitudine accettò i fiori che le bambine in adorabili abiti bianchi le porgevano. Si fermò. Lanciò uno sguardo timido alla folla. Fu come se l'intera sala avesse trattenuto il respiro per un momento. Le sembrava di crescere con tutta la luce che si riversava su di lei. Innumerevoli fotografi. Più di un centinaio, come aveva detto Patrick. Rivolse loro il suo sorriso più incantevole, che sperava avrebbe colpito Carlo dritto al cuore. All'improvviso, tutta la luce sembrò esplodere come una stella, proprio quando le telecamere cercarono di catturare quel momento magico. Il lieve scatto degli otturatori ricordava una marea di farfalle che prendevano il volo, sbattendo le loro delicate ali.

Per quanto quel momento avesse generato euforia, il resto della serata fu terribilmente artificiale. Dalle star e starlet ritoccate che cercavano disperatamente di mettersi in mostra, alle chiacchiere lusinghiere con politici o dirigenti d'azienda, ai suoi sorrisi amichevoli che presto le fecero male.

«Che spreco di tempo» brontolò Diana al telefono di notte. Aveva chiamato James, da lui erano appena le sei del mattino.

«Cerca di dormire» suonò stanco all'altro capo del filo.

«Hai ragione. Domani dovrò essere in forma. Visiteremo il reparto Aids dell'ospedale di Harlem. Patrick dice che l'interesse della stampa sarà grande. Finora solo pochi politici vi si sono recati, e certamente nessuno della famiglia reale inglese.»

«Sono sicuro che andrai alla grande. Non conosco nessuno così affettuoso come te. E la sera salirai sull'aereo e presto potrò finalmente stringerti di nuovo tra le braccia.»

Era così immensamente grata di avere James nella propria vita. Era un uomo meraviglioso. La incoraggiava, la faceva sentire bene, la ammirava... tutto ciò che avrebbe voluto da Carlo. Ma non era il padre dei suoi figli.

Il giorno dopo, la dottoressa Margaret Heagarty, primaria di pediatria, li ricevette di persona. Era una donna robusta, con capelli corti grigi e occhi che avevano visto molto. A Diana non sfuggì l'espressione di scetticismo che attraversò per poco il volto della dottoressa mentre le stringeva la mano in segno di saluto. Diana aveva optato per una mise seria ma anche alla moda. La scelta dell'abito le garantiva un'attenzione maggiore da parte della stampa, un vantaggio che doveva sfruttare. Il suo completo era rosso vivo e aveva ampie spalline, sotto indossava una semplice camicetta bianca. Aveva contornato gli occhi con un kajal azzurro. Avrebbe dimostrato però alla dottoressa di essere qualcosa di più di un bel manichino.

«Meglio non perdere tempo.» La dottoressa Heagarty si stava già allontanando a grandi passi. «Venga, venga.»

Insieme attraversarono l'accettazione. Ormai Diana conosceva bene l'odore tipico di disinfettante, cibo della mensa e malattia. L'unica cosa fastidiosa era l'orda di giornalisti che le tallonava. Quando la sua guardia del corpo chiese agli uomini un po' di distanza, questi si limitarono a spostarsi dall'altra parte. Come uno sciame d'insetti.

Si fermarono davanti alla stanza numero settantanove. Sulla porta erano appesi disegni fatti dai bambini. Uno mostrava un sole sorridente e a Diana venne subito in mente Harry, che di recente aveva dipinto due soli su un quadro con gli acquerelli: «Quando un sole si prende una pausa, l'altro lo sostituisce. Così è sempre bello!» aveva esclamato allegro.

«Speriamo che la sua visita contribuisca a ridurre i pregiudizi nei confronti dei pazienti affetti da Aids» disse la dottoressa con una mano già sulla maniglia.

«È quello che vorrei» replicò Diana.

Prima di entrare si voltò di nuovo verso i reporter. «Signori, posso ricordarvi che le telecamere intimidiscono molto i bambini? Per favore, tenetelo a mente.»

Nella stanza c'erano quattro piccoli pazienti. I due maschietti e le due femminucce la guardarono con occhi spalancati, timidi, incerti, ma anche curiosi.

«La maggior parte dei bambini ricoverati qui sono orfani» sentì dire la dottoressa accanto a sé. «E nessuno vuole adottarli.»

Che cosa orribile! «Perché hanno l'Aids?»

«Sì, per via dello stigma» rispose la dottoressa.

Diana non riusciva a crederci. «Ma i bambini hanno bisogno di amore e affetto!»

La dottoressa annuì, come per dire: «Certo, ma cosa possiamo farci?».

Diana avrebbe voluto adottarli lei stessa, tutti e quattro. Come non affezionarsi a quella bambina con il viso da bambola, gli occhi di cioccolato e il sorriso timido? O al bambino dalla pelle scura e col pigiama ormai troppo piccolo? O quello nel letto accanto, gli occhi arrossati e gonfi, come se avesse pianto. Le si spezzò il cuore all'idea che nessuno abbracciasse quei bambini. Che nessuno comprasse loro dei giocattoli. Che nessuno preparasse loro del budino la domenica e raccontasse loro storie la sera.

Si sedette sul bordo del letto di uno dei bambini, i cui occhi erano così profondamente tristi. «Ho due figli, il più piccolo ha circa la tua età» disse. «Si chiama Harry, e tu come ti chiami?»

«Tom» rispose il bambino timido.

«A volte faccio battaglie di cuscini con Harry. Poi gli faccio il solletico finché non si arrende.»

Tom accennò un sorriso. Qualcosa nei suoi occhi si illuminò: la fantasia. Per quello Diana amava i bambini così tanto. Si poteva capire come immaginavano i racconti nei colori più variegati. Il modo in cui Tom teneva la bocca leggermente aperta e ascoltava con molta attenzione ciò che lei diceva, elaborandolo subito nella sua fantasia, le scaldava il cuore, ma la rendeva anche triste. Tom non avrebbe dovuto immaginare cosa significhi scherzare con una madre amorevole. Questo avrebbe dovuto far parte della sua vita.

«È più o meno così» disse Diana, solleticando la pancia del bambino. Si contorse ridacchiando e scalciò con le gambe. Le lacrime furono dimenticate.

I piccoli tendevano a oscillare tra infelicità e felicità, per il semplice motivo che volevano sopravvivere. L'aveva osservato spesso e ogni volta si domandava se anche nel suo matrimonio fosse così. Ogni volta che Carlo le rivolgeva un sorriso o uno sguardo affettuoso, lei vi si aggrappava disperatamente dimenticando la solitudine, la frustrazione, lo sconforto.

Anche gli altri bambini ridacchiavano. La dottoressa Heagarty rise compiaciuta e anche i giornalisti non poterono sfuggire alla magia della risata di un bambino. Proprio come doveva essere! I bambini dovevano ridere. Dovevano avere qualcuno che facesse loro il solletico e li coccolasse. E prima che se ne accorgesse, abbracciò il piccolo. Avvertì il momento in cui Tom si lasciò andare tra le sue braccia. Avvertì quanto avesse bisogno di quella vicinanza. Si aggrappava a lei come se avesse dovuto recuperare tutti gli abbracci che gli erano mancati e farne scorta.

«Un abbraccio non costa nulla, è ecologico e richiede una formazione minima» disse alle telecamere quando si staccò da Tom.

Diana trascorse il resto della giornata a coccolare tutti i bambini del reparto, a ridere con loro, a raccontare storie, a parlare di William e Harry, a mangiarci e a giocarci assieme. La camicetta bianca di Diana si macchiò presto col sugo che era stato servito per pranzo e i suoi capelli si spettinarono, perché una bambina ci aveva messo un fermaglio. Faceva lo stesso, l'importante era che quel giorno le pareti dell'ospedale non erano state così grigie.

45

James aveva cercato di dissuaderla. «Davvero vuoi farti questo? Insomma, è pur sempre il quarantesimo compleanno della sorella di Camilla. Non riesco a immaginare niente di più noioso.»

Diana era seduta alla toeletta e pensò a quale rossetto sarebbe stato adatto. Doveva essere un colore delicato, il suo abito rosso fuoco era già abbastanza appariscente. «Fa parte della mia terapia. Il dottor Lipsedge mi ha detto di affrontare le mie paure se voglio sconfiggere completamente la bulimia.»

«Ma questa festa sarà piena di amici leccapiedi di Carlo e Camilla, tremendi e arroganti, che…»

«Che mi hanno dichiarato psichicamente instabile e isterica?» terminò la sua frase. «Immagino che tu abbia ragione. E naturalmente ci sarà anche la leader di quell'orribile cricca di Highgrove, la signora Camilla Parker Bowles.» Diana fece un sorriso malizioso. «Ma se dimostri a un rottweiler di non avere paura di lui, lo fai solo innervosire.»

Camilla era il fantasma che la perseguitava giorno e notte. Il tarlo che scavava nel legno delle sue pareti e che alla fine avrebbe fatto crollare tutto. Era l'immagine di una donna perfetta con la quale si confrontava costantemente. E doveva essere perfetta, altrimenti perché Carlo non riusciva a starle lontano?

Era giunto il momento di scrollarsi di dosso quel fantasma.

La festa di compleanno si svolgeva a Ham Common, vicino a Richmond Park. Quando la limousine si fermò davanti a Ormeley Lodge e un maggiordomo aprì la portiera, Diana si ricompose per un attimo. Il cuore le martellava in petto. *Oddio, che ci faceva lì? Era davvero impazzita?*

Fece un respiro profondo. Rivolse una preghiera al cielo. Si raccolse l'abito lungo fino ai piedi. Scese. Si sentiva della musica jazz briosa. Salì la scala di pietra illuminata finché non arrivò di fronte all'imponente edificio in mattoni rossi. Un secondo maggiordomo la accolse e la condusse dentro. Si fermò all'ingresso della sala da ballo per avere una visione d'insieme dei quaranta, al massimo cinquanta invitati, tutti molto più vecchi di lei.

«Diana» fece Annabel. Era identica alla sorella Camilla, solo che aveva il naso un po' più grande e i lineamenti più marcati. Diana le augurò buon compleanno e scambiò con lei qualche parola cortese. Per tutto il tempo, Annabel la guardò come se sospettasse che ci fossero dei guai in arrivo.

La cena era già finita, erano passati alla parte più informale, si erano seduti con un gioco di società e un buon bicchiere di scotch, facevano battute spinte e se ne vantavano davanti agli altri. Quanto era stufa Diana di questa cricca arrogante! Era stata invitata per educazione, senza dubbio, ma nessuno si aspettava che venisse davvero, lo vide dalla reazione di alcuni ospiti. Si scostarono e in quel modo le fecero inconsciamente strada verso le scale che portavano al seminterrato. Quindi Carlo e Camilla erano lì?

Di colpo Annabel la intralciò. «Oh, Diana, non andare laggiù.»

«Voglio solo salutare mio marito» replicò lei, superando la sorella di Camilla.

Al piano sotto era molto più intimo. Il fumo di sigaretta aleggiava nell'aria e avvolgeva le coppie che ballavano al ritmo della musica leggera del pianoforte. Tra questi anche Carlo e Camilla, che si cullavano l'una nelle braccia dell'altro. Avevano entrambi gli occhi chiusi, quindi solo dopo un po', quando le conversazioni intorno a loro si spensero, si accorsero che qualcosa non andava.

«Diana!» esclamò Carlo quando la notò. «Che ci fai qui?»

«Sono stata invitata.» Poi si rivolse a Camilla: «Posso parlarti per un attimo? A quattr'occhi?».

L'altra annuì. Uscirono all'aria fresca. Era febbraio e riusciva a vedere il suo respiro davanti a sé; faceva freddissimo, ma un tale fuoco le bruciava dentro da non farle sentire nulla.

Si guardarono negli occhi.

Sette anni. Per sette anni era stata presa per una stupida. Le avevano continuato a mentire giorno dopo giorno e a un certo punto non era più valsa la pena di fingere. Le veniva da piangere. Ma poi si accorse del tremolio negli occhi di Camilla. Era forse paura? Sì, il fantasma aveva paura!

E all'improvviso lo spettro si dissolse. Camilla non era migliore o più degna d'amore. Lei stessa era intrappolata in un matrimonio fallito. Compensava la sua frustrazione con innumerevoli sigarette che le facevano invecchiare la pelle. La relazione con Carlo le infondeva un po' di fervore, ma non era l'amore della sua vita. Altrimenti non avrebbe rifiutato la proposta di matrimonio che lui le aveva fatto prima che Diana entrasse nella sua vita. Oppure le era stato semplicemente chiaro che a palazzo non avrebbero mai acconsentito a un matrimonio tra il futuro re e lei, una donna divorziata?

E Carlo? Forse la amava, ma era più probabile che amasse solo il modo in cui lei lo adorava e gratificava il suo ego. In realtà non sapeva cosa fosse l'amore, non l'aveva mai imparato. In fin dei conti, la relazione con Camilla era solo il suo modo di ribellarsi alla gabbia in cui si trovava. Di compensare il peso che gravava sulle sue spalle. «Il mio problema più grande è che non so davvero quale sia il mio ruolo nella vita. Al momento non ne ho. Ma in qualche modo devo trovarne uno» aveva confidato a Diana una notte in Australia, quando erano stati più vicini che mai. Finché Elisabetta era sul trono, lui era il principe in attesa.

Diana sporse il mento. Disse: «Siamo chiaramente in tre in questo matrimonio, è un po' troppo affollato».

Camilla serrò le labbra sottili.

«So benissimo cosa sta succedendo tra te e mio marito. Non sono nata ieri. Ma io sono la moglie di Carlo e la madre dei suoi figli. Ho anch'io dei sentimenti che sono stati calpestati per anni. Questa storia deve finire. Combatterò per il mio matrimonio, perché la mia famiglia è la cosa più preziosa che ho. Non me la lascerò togliere. Quindi, se hai un minimo di decenza, stanne fuori.»

Non c'era nient'altro da dire. Si girò sui tacchi. Lasciò Camilla senza parole.

Quella notte Diana pianse come non aveva mai pianto prima.

La mattina dopo si svegliò come una persona nuova. Come se una delle catene che le rendevano difficile ogni passo si fosse allentata. Era riuscita a fare qualcosa che temeva da anni. Finalmente si era scrollata di dosso il fantasma.

46

«Cos'hai detto a Camilla?» pretese Carlo il giorno dopo.

«Le ho detto che ti amo» rispose Diana. Solo che l'aveva formulata in modo un po' diverso.

Lui annuì, assorto nei pensieri. «Che mi ami...» disse. *Qualunque cosa significhi.*

Sulla sua fronte apparvero solchi profondi. Si rigirò senza sosta l'anello con il sigillo che portava al dito. Cosa gli passava per la testa? Per il resto della giornata si ritirò nel proprio studio. Una volta Diana osò bussare alla porta e dare un'occhiata. Era seduto pensieroso sulla vecchia poltrona di pelle. Non si accorse nemmeno della sua presenza.

Divenne irrequieta. Aveva l'impressione che lui le sfuggisse. Come sabbia che scorreva tra le dita. Cosa avrebbe dovuto fare? Parlarne con lui? E se non volesse sentire la risposta? *Meglio non sapere nulla. Chiudere occhi, orecchie e bocca.*

Il giorno dopo Elisabetta invitò lei e Carlo al castello di Windsor per il tè. Quella donna aveva davvero un sesto senso per capire quando qualcosa non andava! Carlo rimase in silenzio per tutto il tragitto. Mai prima di allora il viale era sembrato a Diana così lungo e tetro.

Era febbraio, i castagni sul ciglio della strada erano spogli.

Si sedettero nell'anticamera del salone e attesero di essere chiamati. Era una giornata di tempesta, fuori il vento ululava e la pioggia sferzava contro gli alti vetri delle finestre. Diana si strofinò i palmi umidi delle mani l'uno contro l'altro. Di sfuggita le venne in mente il consiglio che suo padre le aveva dato uno o due anni prima: «Devi sforzarti di più, altrimenti vincerà Camilla».

Non si era sforzata forse abbastanza? Era troppo presa da se stessa? Avrebbe dovuto chiedere a Carlo più spesso cosa gli passasse per la testa? Come in Australia?

Proprio quando stava per dire qualcosa, l'orologio a pendolo suonò le tre. Dopo neanche un secondo, la porta si aprì. «Sua Maestà la regina e il principe consorte sono pronti a ricevervi» disse un maggiordomo. Quindi c'era anche Filippo. Era un segno buono o cattivo? Diana lo apprezzava. Non era rigido come il resto della famiglia. Si lasciava quasi sempre sfuggire un commento disinvolto, anzi sarcastico, in parte persino inopportuno. Ma sapeva anche essere severo e intransigente.

Diana fece un inchino educato e li baciò entrambi sulle guance. «Madre» disse. «Padre.»

Presero posto.

«Grazie per essere venuti» esordì Elisabetta, incrociando le mani in grembo. «Vi ho chiesto di venire qui per un motivo preciso. Forse potete già immaginare di cosa si tratta. La stampa parla sempre più spesso del vostro rapporto teso.»

Filippo accavallò le gambe. «È del tutto normale che in un matrimonio ci siano delle difficoltà di tanto in tanto. Prima o poi passeranno e vi faranno addirittura avvicinare.»

Come al solito quando era presente il padre, Carlo teneva gli occhi rivolti a terra. «E se le cose non fossero così per noi?» disse con aria esausta. «Se i problemi fossero troppo radicati? Se fossimo semplicemente troppo diversi?»

Elisabetta allungò il mento. «L'esperienza mi insegna che c'è una soluzione a ogni problema.»

E questa soluzione il più delle volte è fare come se il problema non esistesse, pensò Diana.

Carlo reagì con aria di sfida. «Ho fatto del mio meglio per questo matrimonio. Tutto quello che potevo. E soffro…»

«Ne dubito, però» lo interruppe Elisabetta in modo insolitamente brusco. «Siamo noi a soffrire perché dobbiamo sopportare le vostre continue lamentele. Sei un uomo viziato che si lamenta sempre, e sei sposato con una donna viziata che si lamenta sempre. Invece di risolvere i vostri problemi, tutti e due vi divertite al di fuori del matrimonio.»

Oddio, a quanto pareva addirittura la regina era a conoscenza della sua tresca! Diana si sentiva letteralmente sprofondare.

«Vi suggerisco di darvi un contegno e di apprezzare finalmente i privilegi di cui godete» proseguì. «Dovete imparare a scendere a compromessi e a essere meno egoisti. Per il bene della monarchia, dei vostri figli, del paese e del suo popolo. Il fallimento del matrimonio di Anna è già stato abbastanza grave.»

Un impiegato aveva rubato quattro lettere di contenuto privato dalla borsetta di quest'ultima e le aveva inoltrate al *Sun*. Si scoprì che le righe romantiche provenivano da un certo comandante Tim Laurence, uno degli scudieri reali. Da quando la loro relazione era venuta alla luce in quel modo increscioso, Anna viveva separata dal marito, con cui era sposata da ben diciannove anni.

Elisabetta non aveva ancora finito con loro. Parlava chiaramente, senza mai incepparsi, come se leggesse da una pagina invisibile. «Tutti i nostri matrimoni riflettono l'integrità della Corona. Se mostrano crepe che minacciano la sua esistenza, alla fine anche la monarchia verrà messa in discussione. Ecco perché una cosa così importante come il matrimonio del futuro monarca non deve semplicemente fallire.»

Lasciò che le sue parole suscitassero il loro effetto.

Carlo serrava visibilmente la mandibola.

«Ora voglio chiedervi una cosa e pretendo da voi la massima sincerità.» Guardò prima Carlo e poi Diana. «Uno di voi due non dà più valore a questo matrimonio?»

Diana sentiva il suo cuore battere.

D'un tratto i bei ricordi le passarono davanti come un film.

Vide Carlo chiederle nella cameretta dei bambini del castello di Windsor, le orecchie arrossate, se volesse diventare sua moglie.

Mentre l'aveva aspettata all'altare, quest'uomo unico, intelligente e un po' scontroso che l'aveva fatta ridere così spesso con il suo umorismo. Il suo cuore sbocciò alla vista di lui.

Quanto erano stati felici in Australia, lontani dal protocollo e da Camilla. Sentiva il profumo della prateria, percepiva la natura selvaggia e sconfinata, ascoltava il vivace ciangottio di William, assaporava i baci di Carlo... Erano stati una famiglia.

Era la vita che desiderava. Non ci avrebbe mai rinunciato.

Carlo si raddrizzò sulla poltrona e alzò l'indice, come spesso faceva quando aveva qualcosa di importante da annunciare. «Be', ci ho pensato a lungo» disse. «Sono giunto alla conclusione che...»

No!, di colpo qualcosa si risvegliò dentro di lei.

Tutti la guardarono perplessi. L'aveva detto ad alta voce? «Io credo ancora in questo matrimonio. Con tutto il cuore» proruppe lei. Le lacrime le scorrevano sulle guance.

Per diversi agonizzanti attimi, Carlo non emise alcun suono. In quel momento sembrava estremamente vulnerabile. Poi alla fine disse: «Ma ci torturiamo solo a vicenda. Ho bisogno di Camilla nella mia vita e inoltre tu stai frequentando un altro uomo».

«Mi sentivo sola, ma questa non è una scusa. A volte si capisce cos'è importante nella vita solo dopo averlo quasi perso.» Lo guardò. «Come quella volta a Klosters, quando c'è stata la valanga e ho avuto paura che tu fossi...» Non riuscì nemmeno a dirlo. «Tu sei l'uomo che ho scelto. Abbiamo avuto due figli meravigliosi. So di averti causato sofferenza e dolore, come tu ne hai causato a me. Ma so anche che insieme possiamo riuscire a superare i nostri problemi. Per la monarchia. Ma soprattutto per William e Harry.» Gli prese la mano e gliela strinse con delicatezza. «Dacci un'altra possibilità, Carlo. Al nostro matrimonio, alla nostra famiglia e al nostro amore.»

«Bene» disse Elisabetta allegra, come se avessero appena parlato del meteo dei giorni successivi. Sole, temperature moderate, nessuna pioggia in vista. «Allora avremmo chiarito tutto.»

«Ma io...» fece Carlo. Elisabetta tuttavia si era già alzata.

Il suo sguardo esprimeva che non era disposta a tollerare nemmeno una nuvola di pioggia. «Se un giorno vuoi diventare re, allora ti consiglio di iniziare finalmente a comportarti come tale.»

Filippo annuì in segno di assenso, poi si alzò anche lui per seguire la moglie come al solito.

Carlo ci mise qualche secondo a riprendersi. «A nessuno interessa cosa ho da dire?»

Fu Filippo a fermarsi e a guardare il figlio come se non capisse dove volesse andare a parare. «Non vedo cos'altro ci sia da aggiungere.»

47

La vita era bella.

Lo sapevano anche i Beatles che nella loro canzone raccontavano come dopo un lungo e freddo inverno fosse finalmente tornato il sole.

«*Here comes the sun, do, do, do*» cantavano William e Harry sul sedile posteriore della Jaguar di Diana.

Le facce felicissime dei due nello specchietto retrovisore la facevano ridere. Anche lei si mise a cantare a squarciagola. «*And I say it's all right.*»

Quanto tempo era passato da quando li aveva visti così felici? Quando gli aveva detto che avrebbero trascorso il fine settimana con il padre a Highgrove, si erano precipitati nelle loro stanze per mettere in valigia i giocattoli. Aveva chiesto al segretario privato di Carlo di tenere un fine settimana libero nell'agenda del marito il più presto possibile, e lui non aveva avuto niente da obiettare. Era stato facile! Perché non l'aveva fatto molto prima? Aveva detto a James che non potevano più incontrarsi. Il suo telefono allora non aveva smesso di squillare, ma aveva incaricato il maggiordomo di non passarglielo.

Carlo era l'uomo che aveva scelto un tempo. Era il suo principe azzurro. Era pronta a perdonarlo e a lasciarsi il passato alle spalle. Rimproverargli per sempre la sua relazione non faceva che opprimerla. E da quel momento in poi sarebbe stato lontano da Camilla, così aveva dovuto promettere alla madre. Anche lei aveva commesso degli errori in passato. Ma molto più importante era ciò che avrebbe portato il futuro. Insieme avrebbero salvato il loro matrimonio.

Era una giornata incredibilmente calda e bella per la fine di febbraio. Così bella da farle dimenticare che, come sempre, la sua guardia del corpo la seguiva con la propria auto. Il cancello della tenuta si aprì e lei guidò lungo la strada tortuosa, passando davanti al prato, che presto sarebbe stato punteggiato da fiori di ogni tipo: papaveri, margherite, primule, arniche e bistorte... Un pomeriggio dell'anno prima Carlo aveva portato i ragazzi a fare un giro in giardino e aveva insegnato loro tutti i nomi delle piante, ed evidentemente qualcosa le era rimasto impresso. Mai la tenuta le era sembrata più bella. La rugiada sulle foglie brillava alla luce del sole. I primi germogli annunciavano l'arrivo della primavera. C'erano ronzii e cinguettii ovunque.

Aveva appena parcheggiato l'auto nel vialetto quando William e Harry erano già saltati fuori per cercare il padre in casa. Il corridoio profumava di rose fresche che si ergevano in rigogliosi bouquet sui comò e sui tavoli lucidati a specchio. Era esattamente come l'aveva immaginato. Avrebbe ancora ringraziato il maggiordomo Paul Burrell, responsabile del suo benessere a Highgrove. Le aveva promesso con fermezza che quel fine settimana sarebbe filato tutto liscio. Dalla cucina proveniva una fragranza di vaniglia. La tavola della sala da pranzo era già splendidamente apparecchiata con petali di rosa e corone di bacche di vischio rosso a forma di cuore. Sì, era un po' pacchiano, ma neanche Carlo poteva opporsi a un po' di romanticismo, no? Solo due piatti, solo lei e Carlo. Voleva fare una cena a tu per tu. Voleva che si guardassero negli occhi e si innamorassero di nuovo.

Diana dovette solo seguire le voci concitate dei bambini. Trovò Harry e William nel giardino d'inverno, dove stavano saltando intorno al padre euforici. A quanto pareva stava leggendo, perché si era tolto gli occhiali tenendo in una mano un libro la cui copertina indicava un contenuto piuttosto astruso.

«Sono stato il più veloce di tutti nella mia classe» raccontava William entusiasta. «E non ho avuto affatto le vertigini!»

«Tutto suo padre» disse Carlo ridendo con orgoglio.

«Tuo padre non gioca solo a polo» fece Diana, unendosi alla sua famiglia. «È un vero campione. Sa anche fare windsurf, sciare e una volta ha persino fatto paracadutismo.»

A Carlo si gonfiò il petto d'orgoglio. «Sì, sono un amante dell'avventura.»

La sera ordinò a Paul di accendere altre candele nella sala da pranzo che avrebbe dovuto brillare e risplendere. Il tutto doveva essere accompagnato dalla romantica e malinconica musica per pianoforte di Chopin, con la quale Carlo amava rilassarsi. La seducente scollatura posteriore del suo delicato abito rosa e un po' di profumo avrebbero fatto il resto.

Oddio! Era nervosa come la prima volta che le aveva chiesto di accompagnarlo all'opera, e per tutta la sera la nonna Ruth era rimasta incollata al suo fianco!

Respira!

Scese le scale e attraversò il corridoio. Si sistemò di nuovo il vestito.

La porta a battenti della sala da pranzo era spalancata. Carlo era alla finestra, con le mani strette dietro la schiena. Si voltò, e il suo primo pensiero fu: *È lui. È mio marito.*

Sorriso imbarazzato e un po' timido. Orecchie rossissime. Lo sguardo più intelligente e caldo che avesse mai visto. Incredibile quanto amasse quest'uomo. Da morire.

Carlo non sapeva dove mettere le mani. Le infilò nelle tasche della giacca, per poi stringerle immediatamente stavolta davanti all'addome. «Sei ancora la donna più bella che abbia mai visto» disse.

Diana inclinò la testa e diede libero sfogo alla forza d'attrazione dei suoi occhi. «E tu riesci ancora a farmi arrossire.»

Sentiva un tuffo al cuore ogni volta che Carlo rideva.

Questo le fece capire quanto ormai avvenisse di rado.

«La decorazione è proprio...» Cercò una parola educata.

«Pacchiana, puoi anche dirlo» rise lei. «Ma dopotutto, oggi è il 24 febbraio.» Lui non sapeva di cosa stesse parlando, ce l'aveva scritto in faccia. Ecco perché aggiunse: «L'anniversario del nostro fidanzamento».

«Certo.»

Non importava. *Ingoia il rospo.* L'ultima cosa che voleva era rovinare l'atmosfera di quella splendida serata.

«Porti la cravatta che ti ho comprato» cambiò argomento. Si avvicinò a lui e gli aggiustò il colletto della camicia bianca.

«Hai pur sempre dei gusti eccezionali.»

Sorrise compiaciuta. «Non lo sapevamo già da quando ti ho visto per la prima volta?» Lasciò che le sue mani vagassero sulle sue spalle. «È passato troppo tempo dall'ultima volta che abbiamo ballato insieme. Eppure adoriamo ballare tutti e due.»

«Come potrei rifiutarti qualcosa con quello sguardo?»

Si accoccolò con il viso sul suo petto, ascoltò il battito del suo cuore, percepì il calore che emanava. Rimasero lì abbracciati. Un notturno di Chopin risuonava in sottofondo. Diana perse la concezione dello spazio e del tempo. Sarebbe andato tutto bene. Carlo non l'avrebbe lasciata.

Ma da un secondo all'altro, i suoi sensi furono vigili. C'era qualcosa di diverso, ma non riusciva a capire cosa.

Quel fine settimana dimostrò che aveva ragione. Che Carlo la amava, anche se non riusciva a esternarlo e le aveva persino causato sofferenza per anni. Quel fine settimana dimostrò anche che non tutto era perduto. Anzi, al contrario. Era più felice e sicura di sé di quanto non lo fosse stata da tempo.

Domenica mattina giunse il momento dei saluti. Fecero colazione insieme, dopodiché Diana sarebbe partita per Londra con i bambini. Carlo preferiva rimanere a Highgrove per un altro giorno. Mentre Diana mangiava i cereali ed esortava Harry e William a prendere anche un po' di frutta, il marito teneva una conferenza sull'Islam e sulla sua crescente importanza. Per quanto Diana si sforzasse, non era proprio dell'umore giusto. Incessanti, i suoi occhi continuavano a perlustrare la stanza. Tutti i mobili erano al loro posto. Quindi Camilla non era ritornata a fare la padrona di casa. Allora, cos'era che l'agitava?

Erano già tutti in macchina, quando Harry si accorse che mancava il suo amato orsetto. Così scesero di nuovo dall'auto per cercarlo insieme. Misero sottosopra l'intera tenuta, ma del pupazzo non c'era traccia.

«Sono sicuro che l'orsetto di Harry salterà fuori prima o poi» disse Carlo, dando un'occhiata all'orologio da polso. «Non dovevate essere già partiti da un pezzo? Devo fare alcune telefonate urgenti e ho bisogno di silenzio.»

«Hai ragione» disse Diana. Baciò Carlo una, due volte. «Non vedo l'ora di rivederti.»

Durante il viaggio di ritorno Harry e William chiesero di poter ascoltare di nuovo della musica e Diana inserì una cassetta con le canzoni dei Duran Duran, il suo gruppo preferito di Birmingham, e subito partì *Girls on Film*. Cantò i primi versi, ma non ne aveva molta voglia. Ogni chilometro che l'allontanava da Highgrove le aumentava la sensazione di disagio nello stomaco. Come se il suo cuore sapesse qualcosa che era ancora celato alla sua mente.

E d'un tratto fu come se le avessero tolto la benda dagli occhi: Carlo aveva un nuovo profumo. Un profumo che non conosceva. Eppure li sceglieva lei per lui! Lui si fidava dei suoi gusti.

Calmati, non significa nulla.

Ma lei lo sapeva, *sapeva* che dietro c'era Camilla.

Carlo non doveva fare telefonate urgenti. Voleva solo sbarazzarsi di lei e dei bambini in modo che lui e l'altra potessero appartarsi!

Si aggrappò al volante. *No, ti prego, no!*

Fermò la Jaguar su un sentiero boschivo. Anche l'auto nera della guardia del corpo dietro di lei fece lo stesso. Che poteva fare a quel punto?

«Cosa ci facciamo qui, mamma?» chiese Harry.

Poteva semplicemente andare avanti. Poteva far finta di non averlo mai notato. Quel fine settimana con Carlo era stato tutto ciò che aveva desiderato negli ultimi mesi e anni. Non poteva perderlo...

Tremava. Qualcosa dentro di lei parlò e prese il controllo. *Non piangerai davanti a Harry e William. Tornerai indietro. Affronterai Carlo e Camilla. Ti farai valere. Non manderai mai più giù qualcosa che ti ferisce.*

«Torniamo indietro» si sentì dire. «Mamma ha dimenticato una cosa.»

Nel vialetto di Highgrove, ciò che si aspettava fu confermato: l'auto di Camilla era lì. Aveva appena visto la sua acerrima nemica scomparire all'interno del palazzo. A quanto pareva non doveva nemmeno più suonare il campanello, tanto si sentiva a casa sua.

«Tesori miei, restate in macchina» disse Diana. «Mamma torna subito da voi.»

Con le facce tese i due annuirono.

Come Camilla, anche lei entrò nella tenuta di campagna attraverso la porta della terrazza. Domandò al maggiordomo Paul dove fosse Carlo.

«Suo marito non vuole essere disturbato» rispose.

«Dov'è?»

Una breve esitazione. Poi: «Nella sua camera da letto».

Salì le scale. Si fermò davanti alla porta della camera da letto di Carlo. Sentì Camilla ridacchiare.

Era come morire dentro.

«Ti prego, mandami una copia del tuo ultimo discorso» cinguettò Camilla. «Quello sul ruolo dell'architettura. È stato uno dei tuoi più grandi successi.»

«E il tuo più grande successo è quello di amarmi» replicò Carlo con condiscendenza.

Aveva la nausea.

«Comunque è fantastico il modo in cui cerchi di trovare la tua strada» lo lusingò Camilla. «E non intendo solo come erede al trono.»

«Oh, smettila!» ansimò Carlo. «Voglio trovare la mia strada dentro di te, su e giù, dentro e fuori. Soprattutto dentro e fuori.»

«È proprio quello di cui avrei bisogno adesso.»

«E io ho bisogno di te più volte alla settimana, ho bisogno di te tutto il tempo. Se solo potessi vivere nelle tue mutandine. Per l'amor di Dio, se potessi essere un tampax dentro di te!»

Stava succedendo davvero? O era solo un sogno assurdo? Aveva gli occhi secchi, sbatté le palpebre.

Entrò e colse Carlo e Camilla in flagrante durante un bacio appassionato.

Quando disse a Camilla: «Vattene prima che dia di matto», si sorprese di sentire la sua stessa voce. Percepiva tutto in modo distorto, come se fosse al rallentatore e al tempo stesso come se qualcuno stesse premendo il tasto di avanzamento rapido.

Camilla afferrò la camicetta e si precipitò fuori.

«Perché?» Diana guardò Carlo. Sentì di nuovo il sale in bocca.

Lui la supplicò con lo sguardo. *Per favore, risparmiaci questa conversazione.* Ma lei aspettò. Alla fine lui disse: «Con Camilla è tutto così facile. Così sereno».

«E con me non lo è? Secondo te perché? Perché mi avete derubato di ogni gioia di vivere! Siete stati voi a distruggermi! Non hai il diritto di buttarmi via così, hai delle responsabilità nei miei confronti!»

Carlo ribatté: «È Camilla quella che voglio, quella che gode della mia lealtà assoluta. Mi sento responsabile verso di lei».

«E non verso la madre dei tuoi figli?»

«Non mettere di mezzo i bambini!»

«E va bene, allora che mi dici della lealtà per la donna che hai sposato?»

Carlo sbottò: «Mi rifiuto di prendermi la colpa per questo matrimonio assurdo! Ho avuto dubbi fin dall'inizio! Basta! Io non l'ho mai voluto!».

Era come sprofondare in un abisso.

«Se hai delle lamentele, ti suggerisco di prendertela con coloro che hanno orchestrato questo matrimonio.»

Diana alzò lo sguardo di scatto.

«Di cosa parli?» si sentì dire.

«Nessuno mi ha preso sul serio allora. Mi hanno sempre detto che ero egocentrico. Nient'altro che un supereroe troppo inadatto a diventare erede al trono. Mi hanno detto che il matrimonio era l'unica cura per me. E io ci ho creduto! Ho pensato: i media non mi prenderanno sul serio finché non mi sposerò e non mi assumerò le mie responsabilità. Ecco perché ho accettato di prenderti in moglie.»

Diana chiuse gli occhi e quando li riaprì era ancora lì e non si trattava di un brutto incubo.

«E per questo mi punisci con il disprezzo? Me lo rinfacci, anche se non posso farci niente? Io stessa sono vittima di queste macchinazioni!»

«Vittima? Tu mi amavi, Diana. Io ho sempre voluto un'altra donna al mio fianco!»

Scosse la testa incredula. «Non avrei mai pensato di poterlo dire un giorno, ma ti detesto.»

Era già a terra, eppure Carlo le assestò il colpo di grazia: «E non la penso così da stasera. La tua ipocrisia mi ripugna. È solo questione di tempo prima che tu ti getti di nuovo al collo del tuo capitano».

Era troppo. «Sono settimane che non vedo James! E anche se fosse! A te deve essere permesso di godere di calore e affetto fuori dal nostro matrimonio mentre io muoio di freddo? Per anni mi hai tradita senza ritegno e adesso vuoi rigirare la frittata? Perché per te dovrebbero valere regole diverse? Non è giusto!» Espirò a fondo. Cercò di calmarsi. «Dicevo sul serio quando tua madre ci ha chiesto di parlare. Mi dispiace sinceramente di averti ferito con la mia relazione. Tu, invece, non sembri preoccuparti del fatto che stai continuando a rigirarmi un coltello nel cuore!»

«Come tu fai con me! Se avessi anche solo un briciolo di comprensione per me, se non fossi così egocentrica, allora non ti metteresti costantemente in primo piano! Non fare quella faccia, sai benissimo di cosa parlo. Ti metti sotto i riflettori con le tue sceneggiate, mentre siamo noialtri a lavorare instancabilmente per le buone cause. Anna con il suo impegno indefesso a favore dell'associazione benefica per l'infanzia Save the Children e io con il mio Prince of Wales Trust. Ma alla stampa interessa? Neanche un po'! E poi arrivi tu e tutti esultano!»

«Forse perché con i vostri modi supponenti date la sensazione di adempiere solo a un fastidioso dovere.»

«Perché tutti questi innumerevoli eventi sono un dovere!»

«Non per me. Mi danno gioia. Ma invece di capire che potrei essere un sostegno per te, che potremmo lavorare insieme, mi vedi come concorrenza! Invece di essere orgoglioso di me, pensi che tutto quello che faccio sia terribile!»

«Sempre più spesso, sì! Come potrei esserne orgoglioso? Siamo tutti lieti che tu sia tornata da New York senza causare eccessivi danni!»

«La mia visita lì è stata un grande successo, e tu lo sai! Sei solo troppo vanitoso per ammetterlo! Ha fatto sì che ultimamente molti più bambini affetti da Aids siano stati adottati e abbiano trovato una famiglia!»

«Solo che purtroppo i tuoi figli hanno sentito terribilmente la tua mancanza» imperversò Carlo. «Invece abbracci i figli degli altri.»

«Proprio tu mi rimproveri di non essere stata a casa per tre giorni?»

«E poi questa teatralità!» continuò ignorandola. «Abbracciare i poveri e gli emarginati... non pensi che noi potremmo fare lo stesso?»

«Ne dubito!» La sua voce risuonò sotto l'alta volta. «Di solito non riesci nemmeno ad abbracciare i tuoi figli, figuriamoci tua moglie!»

«Io abbraccio chi voglio!» gridò in risposta.

«E anch'io abbraccio chi voglio. Perché ho gli stessi tuoi diritti, Carlo. Non puoi impedirmi di incontrare James.»

«Ti avverto, se mi tradisci di nuovo e mi rendi ridicolo di fronte a tutti, lo verrò a sapere e poi...»

«E poi cosa?»

«Allora farò in modo che il pubblico conosca il tuo vero volto» la minacciò. «E l'immagine di Santa Diana sarà finalmente distrutta.»

48

1991

«Il giorno in cui ho capito che Carlo non avrebbe mai rinunciato a Camilla è stato uno dei più bui della mia vita.»

Diana aveva dovuto sedersi. Il marito le aveva di proposito spezzato il cuore. Aveva distrutto il suo sogno di famiglia e amore. Parlare di quella parte della sua vita era come entrare in una caverna oscura piena di mostri in agguato.

Di fronte a lei c'erano tè nero fragrante, *scones* caldi e marmellata di arance fatta in casa. E il piccolo registratore nero a cui si era confidata più di quanto avesse fatto con la maggior parte delle persone nella sua vita.

Era difficile credere a quanto sforzo le fosse costato all'inizio rispondere alle domande di Morton nel modo più aperto e onesto possibile. Ma aveva una tale rabbia in corpo! Finalmente poteva sfogarsi! Spesso doveva persino trattenersi dall'attaccare la sua stessa famiglia. La madre, le sorelle, il fratello e il cognato Robert Fellowes. Tutti avevano voluto non vedere e non sentire nulla, avevano sperato che Diana si sarebbe calmata a un certo punto, che un giorno si sarebbe svegliata e si sarebbe finalmente comportata come tutti gli altri.

Fece un respiro profondo e continuò. «Ho provato a

parlare con Elisabetta. Ma, come sempre, non voleva saperne niente. Non posso fargliene una colpa. È il capitano di questa enorme nave, deve assicurarsi che mantenga la rotta. Tuttavia ero ferita. Mi sentivo terribilmente sola. E mi sentivo una fallita. Quante volte ho pensato di aver finalmente trovato un modo per affrontare meglio la mia situazione, per poi finire di nuovo nella stessa spirale. Ma le battute d'arresto fanno parte della vita.»

La sua luce nelle tenebre era stato James. Si domandò come sarebbe stata la sua vita se non avesse rinunciato a lui per salvare il suo matrimonio. Se non avesse causato una frattura nel loro amore. Ma tutto questo non avrebbe dovuto essere registrato, quindi premette "pausa".

Aveva ricominciato a fare quel sogno in cui non succedeva molto. Una bambina era seduta sui gradini di pietra che portavano a una grande proprietà ed era aggrappata alla ringhiera di ferro. Qualcuno le tendeva una mano per aiutarla ad alzarsi. L'avrebbe accettata? Oppure la mano si sarebbe ritirata di nuovo, come nel suo ultimo sogno?

Forse era la mano di James? L'avrebbe aiutata ad alzarsi da terra? Sarebbe riuscito a rimettere insieme i pezzi del suo cuore?

Diana scosse la testa con una risata, ripensando a come aveva composto il suo numero e riattaccato in fretta. Una volta aveva lasciato squillare il telefono finché lui non aveva risposto. Quella voce... evocava tutti i meravigliosi ricordi che condivideva con lui.

Dio, che stava facendo? Senz'altro non voleva più saperne di lei!

Aveva riattaccato.

E se Carlo avesse tenuto fede al suo avvertimento?

Il telefono aveva squillato. Aveva risposto, e James le aveva detto: «Hai presente la sensazione di quando ti manca così tanto una persona che pensi di morire per questo?».

Sapeva allora che nessuno l'avrebbe separata da quell'uomo. Carlo poteva minacciarla quanto voleva…

Sentì delle voci nel corridoio che la distolsero dai suoi ricordi. «Grazie mille per aver trovato un vaso così in fretta.»

Carolyn. Era già mezzogiorno? Aveva perso del tutto la cognizione del tempo…

Nascose subito il dispositivo tra i cuscini del divano. Poi percorse il corridoio, passò davanti al suo studio, le cui pareti azzurre erano ornate da graziosi motivi, aprì la porta e si trovò di fronte a un rigoglioso mazzo di rose. Carolyn si sporse con il mento e le sorrise attraverso la gamma colorata di fiori. «Rose per la rosa d'Inghilterra!»

Diana rise e trattenne le lacrime. Era semplicemente troppo sentimentale per questo mondo! Carolyn che le regalava rose era uno scherzo di vecchia data tra loro. Prima ancora di essere fidanzata con Carlo, un giornale l'aveva definita la "rosa d'Inghilterra". E da allora l'amica le regalava un bouquet ogni volta che andava a trovarla.

«Il tuo maggiordomo è stato così gentile da procurarmi un vaso.»

Ringraziò Carolyn e anche Harold e poi disse con un

sorriso innocente: «Abbiamo cose da ragazze di cui discutere».

«Capisco.» Il maggiordomo si inchinò e si ritirò.

«In realtà sono io a doverti regalare dei fiori» disse Diana alla sua amica quando posò il vaso sulla tavola imbandita. «Dovrei mettere il mondo intero ai tuoi piedi!»

Carolyn scosse la testa. «Oh, sciocchezze. È una cosa da nulla. Uno di questi giorni mi ritroverò con una brutta gatta da pelare, e allora ci sarai tu per me.»

«Puoi sempre contare su di me» disse Diana abbracciandola. «Sei la migliore amica che possa desiderare.»

Oltre a James Colthurst, Carolyn era l'unica a sapere del libro-verità di Diana. Se ne sarebbe assunta anche lei la responsabilità e sarebbe stata citata con lui come fonte. Diana non li avrebbe mai ringraziati abbastanza.

Infilò il naso nel bouquet, inspirò il meraviglioso profumo di rose e sistemò i fiori. Amava le rose. Con la loro affascinante bellezza e le loro spine dolorose erano una splendida metafora della sua vita.

«Hai finito per oggi?» chiese Carolyn, pescando una fragola dalla ciotola sul tavolo e immergendola nella panna appena montata.

«Vuoi dire se ho risposto alle domande di Noah?» Anche Carolyn conosceva lo pseudonimo che Diana aveva dato a Andrew Morton. «Mi sono appena ricordata di un'altra cosa.» Tirò fuori il registratore tra i cuscini e si sedette accanto all'amica. «Va bene se registro un altro po'?»

«Certo!» Carolyn prese una seconda fragola assaporandola con soddisfazione e si appoggiò allo schienale. «Almeno quando sono qui, nessuno pensa che parli da sola.»

Diana iniziò la registrazione. «Prima mi detestavo. Pensavo di non essere all'altezza. Pensavo di non essere all'altezza di Carlo, di non essere una buona madre, di non essere una buona principessa... Avevo dubbi incessanti. E tra me e me continuavo a pensare: "Devi essere felice". Hai tutto ciò che si può desiderare, mentre dall'altra parte del mondo la gente muore di fame. Però non riuscivo a essere felice.» Lo sguardo le cadde sul bouquet. «Era come se vivessi in un roseto ma potessi vedere solo le spine.»

Carolyn posò la mano su quella di Diana.

«La gente pensava che stessi bene perché continuavo a sorridere nelle foto. Desideravano una principessa delle favole che li toccasse e trasformasse tutto in oro, e le loro preoccupazioni sarebbero state all'improvviso dimenticate. Non si rendevano conto che quella donna, che credevano di vedere, si stava crocifiggendo dentro perché era sicura di fallire in tutto. Gli amici di mio marito dicevano che ero mentalmente instabile e malata. Che dovevo essere portata in un istituto per riprendermi. Il solo fatto che esistessi era quasi fonte d'imbarazzo. All'interno del sistema venivo trattata come un'emarginata eccentrica, come una squinternata, e a un certo punto anch'io ho avuto la sensazione di non essere del tutto a posto con la testa. Ora credo, grazie a Dio, che non ci sia nulla di male a essere diversi dagli altri.»

Un'ultima cosa, poi per oggi avrebbe finito. Era ora di uscire di nuovo dalla caverna buia, di finire gli *scones* con Carolyn e di ridere insieme dei vecchi tempi in Coleherne Court.

«Mi ci è voluto molto tempo per capire una cosa fondamentale» disse. «Quando ti senti a disagio, soffri, sei consumato dal desiderio, arrabbiato o turbato, non sei debole. Sei vivo. Essere umani non è difficile perché si sbaglia, ma perché lo si fa bene. Ho rinunciato all'idea che sia mai stata intesa come una cosa semplice. Ma questo non significa che la vita non possa essere bella. È brutale e bellissima, cioè brutalmente bella.»

49

1989

Mancavano tre minuti alle undici. Diana sistemò la Jaguar nel parcheggio. Era uno di quelli in cui non si sarebbe voluti stare da soli di notte, ma era comodo, vicino alla scuola dei suoi due figli. I bidoni della spazzatura traboccavano, a poca distanza c'era un divano rotto e si sentiva il rombo lontano dell'autostrada. Dall'odore sembrava che la maggior parte degli automobilisti si fermasse lì solo per fare i propri bisogni. Diana alzò il finestrino, anche se fuori faceva caldo. Un cervo apparve ai margini del bosco. Per qualche attimo si fissarono a vicenda, poi l'animale balzò via in fretta al riparo nella boscaglia. Le venne l'assurdo pensiero di corrergli dietro e di sparire anche lei nel nulla. Per essere libera.

Posò la testa sul volante. Come si era arrivati a questo? Dalla loro fatale lite a Highgrove, lei e Carlo si vedevano ormai solo quando non era proprio possibile evitarlo. Cosa ne sarebbe stato adesso di loro? Non si sarebbe lasciata intimidire da lui, trattare come il suo burattino. Ma se avesse messo in atto la sua minaccia e l'avesse bollata come adultera in pubblico? La stampa l'avrebbe fatta a pezzi. E quanto sarebbe stato terribile per William e Harry apprendere in quel modo che il matrimonio dei loro genitori era finito! Doveva impedirlo a tutti i costi.

Tirò fuori il cellulare dalla tasca e chiamò James. «Sono in un parcheggio ad aspettare Carlo» gli disse. «Oggi alla scuola di Harry e William c'è la festa dello sport. Io e Carlo reciteremo la parte della coppia felice. E affinché nessuno sospetti nulla, arriveremo insieme sulla stessa auto e non separatamente. È una vera tortura... Sono così stanca di fingere tutto il tempo.»

«Ti credo, tesoro. Forse ti conforta il fatto che penserò a te tutto il giorno.» James cercò di tirarla su di morale. «Mi fa impazzire vedere tutte le tue foto sui giornali e le riviste. Ogni volta penso: "Oddio, se solo potessi stare con lei".»

«Quante foto c'erano oggi?» chiese.

«Quattro o cinque.»

«Sorrido sempre in tutte, vero?»

«Sempre. Ascolta...» Indugiò per qualche istante. «Lo senti anche tu questo crepitio sulla linea?»

«Sì, sono i servizi segreti» replicò Diana, agitando la mano che ovviamente James non poteva vedere. «Sai che sono una PoW: tutti gli altri traducono questa abbreviazione come "*Princess of Wales*", ma io sono convinta che in realtà stia per "*prisoner of war*", prigioniera di guerra.»

James si mise a ridere. «Mi piace il tuo senso dell'umorismo.»

Ormai erano le undici e quattro minuti. Una limousine nera entrò nel parcheggio. «È arrivato Carlo» disse.

«Sarò al suo fianco, ma con il pensiero rivolto a te.» Riattaccò e mise il cellulare in tasca.

Un altro respiro profondo. Diana si mise gli occhiali da sole, prese la borsa sul sedile del passeggero e scese dall'auto per prendere posto nel retro della limousine.

Carlo non la degnò di uno sguardo. Con fare provocatorio, guardò fuori dal finestrino oscurato. Il fatto che la ignorasse era la cosa peggiore. Come se non esistesse più per lui.

«È bello che tu sia riuscito a ritagliare qualche ora libera per uno degli eventi scolastici dei tuoi figli» disse.

Carlo rimase in silenzio.

«Non ci parliamo nemmeno più?»

«A che pro?» La repulsione nel suo sguardo la colpì come uno schiaffo in faccia. «Tanto finiremo di nuovo per litigare.»

Si appoggiò con le braccia al sedile di pelle accanto a lei. *Respiri profondi.* «Okay, mi dispiace. Non litighiamo come dei bambini e non ripiombiamo in vecchi schemi. Prometto di non reagire subito in modo emotivo se tu prometti di ascoltarmi per bene. Ormai io e te ne abbiamo passate abbastanza insieme per mantenere almeno il rispetto.» Fece una pausa. Quando Carlo non disse nulla in risposta, lei la interpretò come un'approvazione. «I tuoi figli aspettavano questo giorno da molto tempo. So che consideri le feste scolastiche una perdita di tempo, ma...»

«Non è passato nemmeno un minuto e già mi accusi di nuovo. Sì, il mio entusiasmo nel vedere bambini che saltano nei sacchi circondati da un'orda di madri esultanti è limitato. Ci sono cose più importanti al mondo che richiedono la mia attenzione. Ma tu non lo capisci. Pertanto, propongo di chiudere la conversazione all'istante.»

Pensa a qualcosa di bello, disse Diana a se stessa. *Come quando Carlo ha imitato il gobbo di Notre Dame per William e Harry, che si sono rotolati dalle risate.*

La festa dello sport si svolgeva presso il Richmond Athletics Club. La stampa era già presente, ovviamente, ma non avrebbe permesso che questo rovinasse il suo umore! La scuola di Wetherby aveva davvero superato se stessa: la tribuna era addobbata con ghirlande tessute a mano e c'era uno stand con torte e panini, oltre a uno di bibite con limonate fatte in casa. Fu allora che scorse Harry e William tra i bambini. Si precipitò verso i suoi due ragazzi, li strinse a sé, li baciò e li abbracciò. Avevano un profumo buonissimo! E com'era possibile che sembrassero crescere di settimana in settimana?

«Mi siete mancati così tanto!» esclamò.

Carlo diede ai due una pacca sulla spalla. «Allora, sportivi. Vi siete già riscaldati?»

Perché non riusciva ad abbracciare i figli o almeno a dire qualche parola di incoraggiamento? Così li abbracciò lei di nuovo. «Sarete bravissimi, ne sono certa!»

Il preside della scuola, un uomo alto ed elegante, li salutò in modo amichevole. S'inchinò e baciò la mano di Diana. «Quest'anno c'è anche una gara per le mamme. Una piccola corsa di duecento metri» spiegò con orgoglio.

«Ce la può fare facilmente, da sportiva qual è. Mia moglie legge le riviste su cui appare spesso ed è ben informata sul suo programma sportivo.» Le fece l'occhiolino. «Allora posso metterla in lista?»

Di recente erano apparse alcune foto di lei sui tabloid mentre usciva da una palestra in pantaloncini, scarpe da ginnastica e felpa larga. Senz'altro il suo abbigliamento casual aveva fatto arrabbiare alcuni membri della famiglia reale, ma pazienza.

«Sembra fantastico!» esclamò.

Anche Carlo sorrise, solo che stringeva i denti così forte che la sua mandibola spiccava chiaramente. Non c'era bisogno di chiedergli cosa avesse: non voleva che partecipasse alla corsa. Di sicuro questo avrebbe violato cinquanta diversi punti del protocollo, in particolare il punto: "Vietato divertirsi". Ma Harry e William sarebbero stati di sicuro entusiasti di vedere la loro mamma sfrecciare sul prato! Si sentiva più in forma che mai; dopotutto, si allenava quasi ogni giorno. Carlo avrebbe fatto senz'altro la figura dello stupido se avesse tagliato il traguardo per prima!

Quindi alla fine ti interessa ancora ottenere il suo riconoscimento? Persino in modo così banale?

Accantonò il pensiero. Per lei l'importante era divertirsi.

Harry e William scomparvero nello spogliatoio con i loro compagni. Carlo stava parlando con uno di quei padri che avevano sempre messo Diana un po' in soggezione, perché sulla loro faccia si leggeva da lontano che si ritenevano oltremodo intelligenti e di successo. Prese un bicchiere di limonata meravigliosamente rinfrescante e voleva unirsi alle altre madri, ma era sopraffatta: sembravano esserci due fazioni. C'erano quelle che se ne stavano in disparte o venivano bandite all'interno del guardaroba. Erano tutte un po' più robuste e avevano un gusto piuttosto insolito in fatto di vestiti. Poi c'erano le madri che sembravano brillare alla luce del sole. Erano tutte pressoché uguali: chignon perfetto, gonna all'antica, camicetta bianca con sopra un cardigan o un blazer e una collana di perle. Erano esili come un giunco, quasi ossute, anche se probabilmente ogni domenica preparavano una torta deliziosa e succulenta per la famiglia senza aver bisogno della ricetta. Quel giorno avevano sottobraccio dei portablocchi con liste importanti ed erano incaricate di svolgere compiti di responsabilità: raccogliere donazioni o sorvegliare gli allievi. Avevano l'aria di essere madri che sapevano fare trecce meravigliose alle loro figlie. Madri che adattavano sempre i propri orari in base ai figli e al marito. Madri che si mettevano sempre in secondo piano. Come se potessero dimostrare il loro amore dissolvendosi. E quella che scompariva più a fondo, amava più di tutte la sua famiglia. Che tipo di fardello imponevano alle loro figlie facendo loro credere che una donna dovesse tramutarsi in una madre-martire?

E dove avrebbe potuto inserirsi Diana che, con la sua gonna estiva e il suo maglione casual e abbondante, non sembrava adattarsi a nessuna delle due fazioni?

Mentre ancora si arrovellava, una delle madri-porta-blocco annunciò che la festa stava per iniziare. Prima di assicurarsi un buon posto tra gli spettatori, volle augurare ai suoi due ragazzi buona fortuna un'ultima volta. William era ancora con i suoi amici. Lo salutò con un cenno del capo e sorrise alla vista di quel gruppo di ragazzi con i loro pantaloncini bianchi e tutti su di giri. Ma dov'era Harry?

«Ken, ha visto Harry?» chiese alla sua guardia del corpo che, come sempre, la seguiva con discrezione.

«No. Forse è ancora nello spogliatoio?»

Va tutto bene, cercò di calmarsi. Ma Harry era il figlio dell'erede al trono. Diana era costantemente assillata dalla preoccupazione per i figli: e se qualcuno avesse rapito William o Harry e gli avesse fatto del male?

«Prima stava parlando con il principe di Galles» aggiunse Ken.

Oh, no! Carlo aveva l'empatia di un martello, lei stessa lo sapeva fin troppo bene. Probabilmente aveva esercitato una pressione ancora maggiore sui suoi piccoli e Harry si era ritirato...

«Vado a cercarlo» disse.

Per fortuna, non ci mise molto a trovarlo. Era nello spogliatoio. Seduto su una delle panche di legno. Quando la vide, si asciugò le lacrime dalle guance con entrambe le mani.

«Ehi, piccolo sportivo.» Si mise vicino a lui e gli accarezzò i morbidi capelli. «Perché non sei fuori insieme agli altri?»

«Papà è arrabbiato» mormorò Harry.

«Ma perché?»

«Perché vuoi partecipare alla corsa delle mamme. Dice che stai violando di nuovo il protocollo.»

«Non preoccuparti, papà non è arrabbiato per questo. È solo un po' agitato perché oggi è il vostro grande giorno. Non c'è bisogno di piangere.»

La guardò con gli occhi lucidi. «Sono anch'io isterico adesso?»

Come, scusa? «Certo che no, tesoro mio! Chi ti ha detto una cosa del genere?»

«Papà. Ogni volta che piangi, dice che sei di nuovo isterica.»

Tirò a sé il figlio. «È perfettamente normale essere tristi. Non si è certo isterici per questo.»

Dentro di sé ribolliva di rabbia. Carlo l'aveva proprio azzeccata!

In quel momento si rese conto di una cosa decisiva. Non poteva proteggere i suoi figli. Capivano benissimo cosa stesse succedendo tra i genitori. Ma in realtà, se era sincera con se stessa, non è che lo sapesse solo da quel giorno. Aveva già pensato qualcosa di simile quando Carlo si era così adirato perché il Labrador di James aveva strappato alcune delle sue amate piante acquatiche. A William erano venute le lacrime agli occhi, tanto lo aveva rattristato il fatto che i genitori stessero litigando. Eppure non era riuscita a uscire dalla sua spirale: sperare, lasciarsi rimbalzare tutto addosso, ingoiare il rospo e ancora sperare.

Ma i bambini non vedevano solo cosa succedeva tra i genitori, imparavano anche da loro. Che idea orribile che i suoi due meravigliosi ragazzi tra vent'anni avrebbero chiamato isteriche le loro fidanzate! Sua madre aveva sempre sorriso, anche se era stata profondamente triste. Diana aveva lo stesso sorriso oggi, anche se era profondamente triste. Ah! E aveva appena criticato nella sua mente le altre madri per quello che trasmettevano ai figli con il loro stile di abbigliamento conformista! Doveva prima guardarsi allo specchio lei!

Ma cosa fare? Per la prima volta, si concesse il pensiero di divorziare da Carlo. Eppure tutto in lei si ribellava all'idea. *Perché? Hai così tanta paura del cambiamento? Oppure pensi che alla fine non ce la farai senza di lui e che come donna divorziata sarai ripudiata dall'alta società?*

«Adesso io e te andremo là fuori a divertirci, va bene?» disse a Harry.

«Ma papà dice che la corsa coi sacchi non è uno sport.»

Ovvio. Per lui solo il polo, il surf e altre attività ricche di azione contavano come sport. A volte si domandava cosa passasse per la testa di quell'uomo.

«Ho paura di deludere papà» mormorò Harry nella maglietta.

«Okay, ascoltami. Se ti trovi davanti alla scelta di deludere un'altra persona o deludere te stesso, è tuo dovere deludere l'altra persona. Deludere gli altri, purtroppo, fa parte del gioco. Per tutta la vita ti toccherà deludere un sacco di persone per rimanere fedele a te stesso.»

Persino lei aveva impiegato molto tempo per capirlo.

Non poteva certo salvare i figli da tutte le regole, i pregiudizi e il protocollo che gli sarebbero stati imposti. Ma poteva insegnare loro a non dimenticare se stessi e ad avere il coraggio di difendere i propri desideri e i propri sogni.

«Forza, diamoci alla pazza gioia!» Gli tese la mano. «Ci stai?»

Dopo una breve esitazione, Harry mise la manina nella sua. Le sue guance spruzzate di lentiggini si sollevarono in un sorriso. «Ci sto.»

Quando la corsa iniziò, Diana incitò Harry più forte che poteva. Accanto a lei Carlo aveva l'aria di voler sprofondare nel terreno, ma non le importava. Harry rideva mentre correva nel sacco, ed era l'unica cosa che contava. I suoi capelli rossi e morbidi danzavano a ogni rimbalzo, e anche le sue innumerevoli lentiggini sembravano saltare.

«E ora chiedo alle mamme di presentarsi sulla linea di partenza» echeggiò la voce del preside attraverso il megafono.

Diana si sfilò subito le ballerine e si unì alle altre mamme sulla linea di partenza. L'erba sotto i suoi piedi scalzi era di una freschezza piacevole. Il suo battito accelerò. Poi vi fu il segnale. Corse come se non ci fosse stato un domani. Poco prima di raggiungere il nastro che segnava la fine della pista, le gambe ingranarono una marcia in più. Superò le altre madri e raggiunse il traguardo prima di loro. Si scatenò un forte tifo. Anche le altre mamme arrivarono ansimanti. Tutte ridevano e si abbracciavano a vicenda. Un momento meraviglioso. Harry e William erano entusiasti. Diana li baciò entrambi e poi prese una delle bottiglie d'acqua pronte su un tavolo. I suoi occhi cercarono Carlo. Stava parlando di nuovo con l'altro padre. Non si era nemmeno accorto del suo trionfo.

Le facevano male le ginocchia, era completamente senza fiato e non ne aveva ricavato nulla. Certo, i suoi figli erano orgogliosi di lei e ciò valeva molto, ma non era quello lo scopo.

All'improvviso le vennero in mente le parole di Fergie. «A lungo andare ribellarsi è piuttosto estenuante. In fin dei conti, ribellione e adattamento hanno le stesse radici. Entrambi vengono fatti in risposta alle direttive altrui.»

Fergie aveva ragione. Anche se continuava a sfidare Carlo e il protocollo, ciò non significava che fosse una donna libera. Doveva crearsi la propria esistenza da zero. Solo allora sarebbe stata libera.

50

La bulimia era iniziata quando aveva diciannove anni. Aveva vissuto disperatamente secondo l'ordine che i media, l'industria cosmetica e la società le avevano inculcato: il corpo di una donna valeva meno di quello di un uomo. Le donne giovani e belle valevano a loro volta più di quelle vecchie e grasse. Un'equazione semplice. Per molto tempo non si era nemmeno resa conto di vivere secondo questo schema. La festa dello sport glielo aveva riportato alla mente. Se voleva essere considerata una donna, se voleva essere notata, allora sarebbe stato meglio rinunciare ai dolci, ai carboidrati e all'alcol per il resto della sua vita. Quest'ordine non scritto era l'aria che respirava ogni giorno, l'aria che aveva respirato fin dall'infanzia. A cominciare da sua madre, che aveva sottolineato in ogni occasione quanto fossero lunghe e snelle le sue gambe, come se questa fosse l'unica cosa che Frances avesse da offrire; per poi passare a suo padre, che aveva sempre assunto belle e gracili bambinaie, non certo per le loro eccellenti qualifiche, e infine Carlo, che l'aveva chiamata paffutella, o in realtà tutto il paese, che fin dall'inizio le aveva prestato tanta attenzione solo perché era carina, ben educata e amabile!

Vivere secondo queste regole era stato facile. Era molto più difficile rinunciare all'odio verso se stessa che aveva sviluppato di conseguenza. Soprattutto in una società così superficiale e malata. Più o meno era un processo arduo e doloroso come espellere veleno. Ma per fortuna, e questa era davvero un'enorme fortuna, aveva ormai capito che il suo corpo non era un oggetto da giudicare. Il suo corpo esisteva per danzare, rilassarsi, imparare, fare giustizia e portare del bene a questo mondo. Esisteva per amare. Non c'erano eccezioni. Ogni corpo al mondo, sia esso femminile o maschile, grasso o magro, alto o basso, possedeva lo stesso valore unico.

Il fatto che se ne fosse finalmente resa conto non significava che non avesse ancora del veleno dentro di sé. Più volte al giorno, i suoi pensieri giravano intorno al suo corpo. Quei jeans le facevano il sedere grosso? Poteva permettersi di sgranocchiare cioccolata con i suoi bambini davanti alla tv, anche se il giorno prima non aveva trovato il tempo di fare esercizio? Continuava a pesarsi a giorni alterni. Continuava a sfogliare le riviste per assicurarsi che fosse venuta bene nelle foto. Continuava a paragonarsi alle altre donne. Il veleno non era solo nel suo sangue, si nascondeva nei suoi geni. Probabilmente non se ne sarebbe mai sbarazzata del tutto. Ma forse poteva fare in modo che le future generazioni di donne non fossero soggette alle stesse pressioni, che non dovessero lottare come lei per amare il proprio corpo.

Tuttavia i momenti in cui se la prendeva con se stessa divennero più rari. Solo dopo un brutto litigio con Carlo si intrufolava in cucina, si ingozzava di cibo e poi vomitava. Sempre più spesso non si truccava, soprattutto quando faceva sport. Era una sensazione immensamente liberatoria quella di infischiarsene di ciò che gli altri pensavano dei vestiti che sceglieva. Quando una volta la regina madre le aveva fatto notare con discrezione che pantaloncini, felpe e scarpe sportive con calzini da tennis alti non erano l'abbigliamento consono da sfoggiare in pubblico per la principessa di Galles, aveva ribattuto: «Tu indossa quello che vuoi e io indosserò quello che voglio».

Per lei la questione si era chiusa lì.

Il suo corpo era un buon corpo che le rendeva un meraviglioso servizio. Sudava con lei in paesi lontani a temperature tropicali. La portava sui tacchi alti. Non si lasciava mettere i piedi in testa da uomini in abito grigio. Aveva dato alla luce due splendidi bambini. L'aveva accompagnata tra alti e bassi. Quindi doveva essere buona con il suo corpo. Perché era anche un corpo che veniva amato così com'era. Dai suoi amici. E da James.

Tutto questo le passava per la testa mentre si trovava sulla sedia a sdraio accanto alla piscina di Highgrove, con un'aria allegra e soddisfatta nel suo bikini rosso acceso nuovo fiammante. Faceva il pieno di energia solare. Tra poco sarebbe arrivato James e lei gli avrebbe detto che era pronta a staccarsi da Carlo.

Finalmente venne annunciato da Paul. Non appena il maggiordomo se ne andò, avvolse le braccia intorno al collo di James, gli baciò la fronte, il naso, le guance e infine la bocca.

«È una giornata meravigliosa, vero?» Gli versò un po' della limonata pronta sul tavolo.

«Hai ragione.» Si sedette sulla panchina sotto l'ombrellone.

Aveva ammirato il suo volto abbastanza spesso da potervi leggere ogni minimo sentimento. E vide che qualcosa lo preoccupava. Gli diede tempo.

Si sedette accanto a lui. C'era un tale silenzio tra loro che si sentiva addirittura lo sciabordio dell'acqua quando il vento soffiava le minuscole onde contro il bordo della piscina.

«Vuoi parlare di ciò che ti preoccupa?» osò chiedere dopo un po' Diana. «Perché c'è qualcosa che ti passa per la testa, lo sento.»

Esitò. Poi disse: «Mi chiedo solo dove andremo a finire. Vuoi continuare a disfare il letto nella stanza degli ospiti ogni mattina in modo che le cameriere pensino che io ci abbia dormito? Continuerai a invitare ospiti di passaggio come la tua dama di compagnia Hazel o Carolyn, in modo che le mie visite non siano troppo sospette? Addirittura qui, a Highgrove, siamo osservati in ogni momento. Ovunque c'è un'infinità di dispositivi di sicurezza, una recinzione elettrica intorno all'intera proprietà, una stazione dove gli agenti di polizia controllano le telecamere sparse persino in giardino. Non saremo mai veramente soli e indisturbati. Questa non è una vera relazione».

«Tutto questo finirà» disse. «Finalmente sono pronta. Non lascerò più che Carlo mi tiranneggi. Sono pronta a staccarmi da lui.»

Si alzò dalla panchina. La sua espressione era quasi spaventata. Si voltò, si mise le mani tra i capelli, poi la guardò di nuovo. «Diana, non dirai sul serio?»

«Sì, invece» replicò lei con sicurezza. «Voglio essere finalmente libera. Voglio stare con te.»

«Sei la moglie più famosa del mondo! La stampa si accanirebbe su di te. A prescindere da questo, la regina non accetterà mai un divorzio. Un divorzio dell'erede al trono farebbe vacillare le fondamenta della monarchia! E il sistema non ti permetterebbe mai di avere William e Harry.»

James allargò le braccia e le abbassò di nuovo. «E come farai con uno stipendio da capitano? Spendi più soldi in scarpe di quanti ne guadagno io in un anno intero.» Si era fatto prendere dalla rabbia.

«Tesoro, calmati. Sai benissimo che il divorzio è fuori discussione per me a causa di Harry e William. Non voglio farli soffrire.»

«Scusa, volevo solo essere realista.»

«Troveremo un altro modo. Dimmi che mi ami. È tutto ciò che conta.»

«Certo che ti amo.»

«La buona notizia è che...» Rese eccitante ciò che diceva, gli mise le braccia al collo e sorrise perché sapeva più di lui. «... ho consultato la mia astrologa su questa sfortunata situazione. Ha detto che un giorno troverò un modo per sfuggire a questo sistema. Qualunque cosa significhi.»

James fece un respiro profondo ed espirò di nuovo. «È

solo che...» Gettò uno sguardo dietro di sé. Aveva paura che venissero intercettati? O la stava evitando?

Gli diede ancora un momento, poi disse: «Ma c'è un'altra cosa che devi dirmi».

«Sì.»

Ed eccolo di nuovo, il pugno di ghiaccio che le stringeva il cuore. «Vuoi lasciarmi.»

«No...»

«Allora che c'è?»

Lo guardò come se la sua vita dipendesse dalla sua risposta. «Sono stato trasferito in Germania» disse. Le girò la testa.

Aveva dimenticato come si respirava. «Cosa? Perché?»

«Sono nell'esercito, Diana.»

«Per quanto tempo?»

«Due anni.»

«Due anni!» Scosse la testa. «Digli che non è possibile!»

«Non ho scelta. Questa è una grande opportunità per me! Mi danno un comando tutto mio, una squadra di carri armati tutta mia. Devo partire. E voglio partire. Anche se mi spezzerà il cuore, perché non posso stare con te.»

«No... smuoverò un po' le acque. Parlerò con il maggiore generale Sir Airy, il comandante della divisione della tua guardia, e gli dirò che...»

L'afferrò per le spalle. «Diana... questo è il mio lavoro. Un lavoro che amo.»

Si arrabbiò. Non riusciva a controllarsi. «A quanto

pare più di me. Ma mi hai mai amata? O ero solo una conquista di cui vantarti con i tuoi compagni?»

«Smettila.»

«... un bel passatempo...» Gli batté i pugni sul petto, ma naturalmente quel fetente era molto più forte di lei.

Le strinse le braccia. «Sai quanto significhi per me.»

Anni di frustrazione, rabbia, delusione, paura e odio di sé ribollivano in lei. Le era impossibile rimanere oggettiva. «No, non lo so, James. Non è la prima volta che sento questa frase. Tante persone a cui tengo mi hanno spezzato il cuore. Mia madre è scappata via, mio padre è rimasto a guardare mentre quella strega di Raine allontanava sempre di più i figli da lui, i miei suoceri mi evitano e mio marito...»

La sua presa si fece più salda. «Diana, io ti venero! Ti adoro! Ma devo andare.»

Sentì come una morsa stringerle il cuore. «Mi fidavo di te» proruppe con voce soffocata.

«E puoi fidarti ancora! Possiamo scriverci delle lettere e sentirci al telefono.»

«Ma non sarà lo stesso. Mi avevi promesso che non mi avresti mai abbandonata...»

Eccola di nuovo quella sofferenza dell'anima insopportabile, ma apparentemente inevitabile, per la perdita delle cose belle: fiducia, sogni, salute, relazioni, persone. Non avrebbe mai più amato un uomo. Faceva solo male.

«Diana, è un mio dovere! Nessuno dovrebbe capirlo meglio di te. Il mio sogno fin dall'infanzia era quello di fare carriera nell'esercito.»

Inspirare. Espirare. Inspirare. Espirare. «Certo che lo capisco, James» proferì poi. «E ti auguro di cuore solo il meglio. Ma per me eri un rifugio sicuro. E ora sono di nuovo sola.»

Il suo sguardo era come un abbraccio. Un abbraccio d'addio. «Non hai bisogno di me» disse lui. «Sei una delle donne più forti che conosco. Se solo potessi vedere te stessa con i miei occhi. Sei più radiosa che mai, la tua pelle è abbronzata, il tuo corpo è tonico. Irradi forza ed energia. Hai fatto molta strada rispetto alla giovane che ho incontrato per la prima volta. E leggerò di te sui giornali e mi domanderò come ho potuto essere così stupido da lasciare andare una donna come te.»

51

1990

Era un giorno di Natale da libro illustrato.

La famiglia reale si era riunita a Sandringham House per festeggiare la vigilia di Natale. A Diana piaceva l'accogliente dimora di campagna con le sue pareti dipinte a colori chiari e le finestre alte. Tutta la casa aveva un delizioso profumo di biscotti appena sfornati. Come elfi natalizi le cameriere si affannavano a dare il tocco finale alle decorazioni di rami d'abete, vischio e stelle di paglia. Nella grande sala da pranzo, dove si trovava anche il superbo albero di Natale, risuonava dolcemente *Lo schiaccianoci* di Čajkovskij. In realtà tutto era perfetto, eppure a Diana rodeva dentro qualcosa. Solo con grande sforzo riuscì a stamparsi un sorriso in faccia. Fece delle stelle di carta con Harry e William e le attaccò ai vetri della finestra in cucina con del nastro adesivo. Addirittura Carlo li aiutò. Quando lui ancora una volta non poté fare a meno di dare libero sfogo al suo amore per la recitazione e mimò Babbo Natale con una voce profonda e un'andatura placida, tutti scoppiarono a ridere. Per poco la rabbia di Diana svanì.

Nel pomeriggio, si sedettero insieme a tutta la famiglia davanti a una tazza di punch natalizio e chiacchierarono di corse di cavalli. Davanti a loro c'era una montagna di biscotti. Tutti erano felici, e lei? Era invasa da una rabbia indomabile.

Con una scusa si congedò; voleva ritirarsi un po'.

«Che cos'ha di nuovo?» sentì la regina madre domandare.

Già, che le era preso? E come avrebbe fatto a sopravvivere a quella serata senza scoppiare?

Era attratta dalla cucina, come quando era ancora una ragazzina. Il profumo di cibo significava che qualcuno si prendeva cura di lei e aveva buone intenzioni nei suoi confronti. A parte il cuoco e un apprendista, la cucina era vuota, la maggior parte del personale era già tornata a casa per festeggiare il Natale con le proprie famiglie.

«Avrebbe mica un budino alla vaniglia per me?» osò chiedere Diana. «O qualcosa del genere?»

Il cuoco si inchinò con riverenza. «Ma certo, Sua Altezza Reale. Potrei offrirle un po' di semolino avanzato dalla colazione?»

«Mi sembra un'idea meravigliosa.»

In realtà, Diana avrebbe voluto parlare un po' con i due, ma il cuoco cacciò il suo apprendista dalla cucina. «Faccia pure con calma» disse l'uomo chiudendosi la porta alle spalle. Probabilmente pensava che lei volesse stare da sola. Oppure si atteneva con scrupolosità al protocollo che vietava un contatto più stretto tra il personale e un membro della famiglia reale.

Si avvicinò alla finestra e assaggiò un cucchiaio di semolino con la cannella, ma la sensazione di conforto sperata non si materializzò. Posò la piccola ciotola sul bancone e incrociò le braccia davanti al petto, come se dovesse sostenersi. *Ricomponiti.* Quindi era arrivata di nuovo a quel punto? Cosa sarebbe successo dopo? Sarebbe ricaduta nel baratro e avrebbe ricominciato a ingozzarsi di cibo per poi vomitarlo? Quando avrebbe finalmente avuto il coraggio di uscire da quel circolo vizioso?

Nell'ultima mezz'ora la nevicata era aumentata notevolmente. Una vera bufera. I fiocchi venivano da sotto, sopra, da ogni dove. La strada che portava al castello era appena visibile. Avrebbe dovuto andare in camera sua a cambiarsi. Avrebbe dovuto togliersi i jeans e il maglione di cachemire e indossare un abito da sera festivo. Avrebbe dovuto unirsi a Margo, Anna, Andrea, Edoardo, Carlo, Filippo ed Elisabetta e sorridere per l'annuale foto di famiglia.

Ma il pensiero la ripugnava… Non ce la faceva. Non ce la faceva proprio.

La porta si aprì ed entrò Filippo. Interessato, si guardò intorno in cucina. Stessa postura di Carlo. Pazzesco quanto poco si sopportassero, anche se in realtà erano simili sotto molti aspetti. «È difficile da credere, ma non sono mai stato in una cucina in nessuno dei nostri palazzi. Questa è, per così dire, una prima volta per me.»

Almeno le strappò un piccolo sorriso.

«Volevo darti il benvenuto dopo il vostro viaggio in Indonesia a novembre» disse poi. «La stampa ha riportato la tua visita a un ospedale di Sitanala.»

«Sì, ho fatto visita ai malati di lebbra» replicò Diana.

«So che alcuni giornali hanno condannato la mia scelta perché è troppo pericoloso avere contatti con i lebbrosi. Ma mi ero informata apposta in anticipo. Ed è importante prestare maggiore attenzione a questo problema. In generale, vorrei ampliare il mio coinvolgimento nella beneficenza.»

Filippo inarcò il sopracciglio destro. «Un passo verso l'indipendenza?»

«Lo vedo più come un passo verso me stessa.»

Lui la squadrò con attenzione. Come se stesse cercando di leggerle nel pensiero. Poi si avvicinò pian piano a lei, si chinò e disse sottovoce, come se volesse confidarle un segreto: «Anche se non mi crederai, so quanto sia difficile trovare accesso a questa famiglia e a tutto ciò che vi è connesso. All'inizio, questi cortigiani arroganti mi guardavano dall'alto in basso e mi prendevano persino in giro. Di che razza è? Tedesco? Greco? Danese?».

Le radici di Filippo affondavano nelle famiglie reali di Grecia e Danimarca. Sua madre, Alice di Battenberg, era tedesca e anche suo padre, Andrea di Grecia, discendeva dal nobile casato tedesco di Schleswig-Holstein-Sonderburg-Glücksburg, una linea collaterale della nobile famiglia degli Oldenburg, imparentata con dinastie regnanti greche, danesi e norvegesi e con la famiglia russa degli zar Romanov. Questo era tutto ciò che Diana sapeva di lui.

«Mia madre era malata di mente» confessò in maniera del tutto inattesa. «Non riusciva più a distinguere tra finzione e realtà e aveva bisogno di cure cliniche. È stato dopo che abbiamo dovuto lasciare la Grecia a causa di un colpo di stato militare e ci siamo trasferiti in Francia. Cioè quando mio padre è andato a vivere con un'amante a Montecarlo, mia madre con me e le mie quattro sorelle maggiori a Parigi. La separazione è stata un duro colpo per lei.»

«E perché mi racconti questo?» chiese Diana.

«Perché capisco la tua situazione meglio di quanto pensi. Anch'io mi sono sentito a lungo un estraneo dentro le mura del palazzo.» La guardò con insistenza. Infine gli angoli della bocca si sollevarono in un sorriso stentato. «Magari ti aiuterebbe sapere che tutti noi consideriamo Carlo pazzo a preferire Camilla a te. Prima o poi tornerà in sé.»

«Forse un tempo le tue parole mi avrebbero lusingata» replicò «ma temo che compimenti del genere non mi interessino più.»

Lo sguardo di Filippo si incupì. Non era abituato al rifiuto. «Affermi di essere infelice. Allora perché ti vedo raggiante in tutte le foto? E comunque dovresti essere grata del fatto che almeno all'inizio tuo marito abbia rinunciato alla sua amante. All'epoca non l'hai apprezzato.»

«Dovrei essergliene grata?» le scappò sconvolta. Avrebbe voluto urlare a squarciagola. Ma doveva calmarsi. *Inspirare. Espirare.* Dopotutto, di fronte a lei si trovava il principe consorte. «Sai che ho combattuto per Carlo! È stato lui a respingermi, più e più volte! Lui stesso mi ha detto che non ha mai voluto questa unione! Ero l'agnello che veniva condotto al macello!»

«E ora sei la futura regina d'Inghilterra!»

Lei si mise una mano sulla fronte calda. «E se non fossi più disposta a tollerare senza dire niente la sua relazione e i suoi scatti d'ira?»

«Ma dovrai venire a patti con questa situazione, nel bene e nel male. Cosa vorresti fare altrimenti?»

Diana prese un bel respiro e disse: «Allora credo di non avere altra scelta se non di uscire da questo matrimonio».

Per qualche istante regnò il silenzio.

Poi Filippo replicò: «Non lo farei al posto tuo. Potrebbe finire male. Nessuna donna lascia il casato di Windsor con la testa sulle spalle.» Si sporse con il mento e la guardò dall'alto in basso. «E ora ti suggerisco di andare in camera tua, metterti un bel vestito, sorridere e poi scendere e unirti a noi. E io dimenticherò che abbiamo avuto questa conversazione.»

Dimenticare. Reprimere. Ingoiare il rospo. E così via, per sempre.

Qualcosa insorse dentro di lei. Suo suocero cercò di farle capire un fatto che la sua mente non voleva ovviamente accettare. Perché?

Perché hai paura della verità.

Si trascinò su per le scale fino alla sua stanza, andò in bagno, si appoggiò al lavandino, chiuse gli occhi e anzitutto si calmò. Poi ascoltò se stessa. E all'improvviso era lì, la verità al di là della sua rabbia ardente. E poi comprese, era furiosa con se stessa.

Sì, Carlo aveva una relazione da anni. Nessuno in quella famiglia era interessato a lei. Ma era lei che, giorno dopo giorno, sceglieva di lasciar correre le cose come stavano. Quindi la domanda non era: come potevano Carlo, Elisabetta e Filippo farle questo? Ma: come poteva lei fare questo a se stessa?

Come avrebbe dovuto comportarsi adesso?

Filippo l'aveva reso ufficiale: se avesse chiesto il divorzio, sarebbe stata la sua fine.

Ma se tutti loro non avessero potuto fare a meno di prendere atto della situazione? Se Diana li avesse messi di fronte alla cruda verità e a tutto ciò che pesava sulla sua anima? In un modo che non potevano ignorare? Non voleva suscitare la loro ira, ma solo fare appello alla loro comprensione e alla loro coscienza.

Un inconfondibile grido d'aiuto.

Prese il vestito di seta dalla stampella, lo indossò e si guardò un'ultima volta allo specchio. Sorrise.

Poche settimane dopo, la situazione arrivò al culmine.

Diana stava scrivendo una lettera, quando Patrick le si avvicinò. La sua postura era tesa, la sua espressione angosciata. «Sua Altezza Reale, temo di avere cattive notizie.»

Diana posò la stilografica sul foglio, accavallò le gambe e giunse le mani sulla scrivania. Si preparò interiormente. «Spari pure, Patrick.»

«Uno sconosciuto sta cercando di vendere un certo nastro. Su di esso pare ci sia registrata una sua conversazione telefonica» disse. «Una telefonata con un...» si schiarì la voce «... un suo buon amico, James Hewitt.»

Diana fece un respiro profondo.

Era incredibilmente difficile mantenere la lucidità quando si precipitava per metri e metri. «Si sa... si sa chi ha registrato questa telefonata?»

«Be'...» Patrick fece ondeggiare la testa avanti e indietro. «Ci sono varie teorie in circolazione. Ad esempio si dice che due radioamatori stessero giocando con i loro scanner e abbiano intercettato per caso la sua chiamata al cellulare... una chiamata su oltre duecento milioni.»

Quindi altamente improbabile.

«Un'altra teoria sarebbe...»

La voce di Patrick slittò sempre più in sottofondo, mentre quella interiore di Diana divenne preponderante. *È chiaro chi c'è dietro. Carlo.*

Ha realizzato la sua minaccia e ha trovato un modo per massacrarti. Farà avere il nastro alla stampa e tu apparirai come un'adultera agli occhi del pubblico. In caso di divorzio, tutti si schiereranno dalla sua parte, mentre tu sarai scuoiata viva.

Oppure c'era Filippo dietro? Anche lui l'aveva minacciata dopo che lei aveva accennato a prendere in considerazione il divorzio.

Si sentì a pezzi.

«Sua Altezza Reale.» D'un tratto Patrick la distolse dai suoi pensieri.

«C'è qualcosa in questa conversazione che può essere preoccupante per lei e la sua reputazione di principessa di Galles?»

«Certo!» Balzò dalla sedia. Quante volte si era sfogata al telefono con James quando uno della famiglia l'aveva fatta andare di nuovo in bestia! A lui aveva giurato amore eterno. L'esistenza di quella cassetta era come marciare su un campo minato. Un passo falso, una mossa sbagliata, e tutto ciò che la circondava sarebbe saltato in aria!

Si sentì avvampare come se avesse la febbre alta. «Si sa anche quando finirà nelle mani della stampa?»

«No. Forse saremo fortunati e la questione verrà nascosta sotto il tappeto. Dopotutto, è stato commesso un reato penale nei suoi confronti intercettando le chiamate. O forse stanno solo aspettando il momento giusto per pubblicarla.»

E quel momento sarebbe stato quando lei era già indebolita e la pubblicazione del nastro le avrebbe spezzato la schiena. Un tale materiale esplosivo non lo si sarebbe semplicemente sprecato, altrimenti alla fine avrebbe perso il suo effetto. Il sistema aveva lanciato una campagna per affondarla? Il pubblico l'avrebbe ritenuta responsabile del fallimento del suo matrimonio, se avesse continuato a tacere su ciò che aveva dovuto sopportare da Carlo. Allora sarebbe stata lei a piantare in asso il marito. Sarebbe stato esattamente come con sua madre.

Quindi doveva essere più veloce.

Aveva già preso una decisione dopo la conversazione con Filippo.

Adesso era giunto il momento di metterla in pratica.

Alla fine avrebbe smascherato l'ipocrisia del loro matrimonio, e prima che lo facesse Carlo.

Stava per infrangere il più grande tabù della casa reale.

Avrebbe parlato.

52

1992

Oggi avrebbe portato tutto a termine.

Oggi avrebbe pronunciato l'ultima parola al registratore.

L'ultima parola... era quasi sempre stato Carlo ad averla. Ma prima o poi avrebbe letto questo libro-verità. Non sarebbe più riuscito a nascondere quello che le aveva fatto.

Oppure l'avrebbe dichiarata completamente pazza e l'avrebbe fatta internare?

L'ultima parola... Anche se aveva ancora tanto da dire. Carlo era una persona complessa. Anche lei. Tutta la situazione era complessa. Ma il tempo stringeva.

James Colthurst era accovacciato sul divano e davanti aveva panini, limonata e frutta fresca. Le sembrava che la stesse osservando. Guardò fuori dalla finestra nel parco privato di Kensington Court, tenendo il registratore in una mano. James dondolava i piedi, il che la rendeva nervosa. Più chiaramente che mai percepiva la presenza di tutte le foto di famiglia incorniciate che si trovavano sul tavolo rotondo di ciliegio e nella credenza. Foto di giorni felici.

«Tutto bene?» osò chiedere James con cautela.

«Sì, è solo che… è una sensazione strana. Ci sono così tante cose da dire, così tante cose di cui voglio sbarazzarmi, e allo stesso tempo…» Tirò un sospiro. «È sempre della mia famiglia che sto parlando, capisci?»

«Ma tu hai cercato più volte di parlare con loro» le rammentò. «E non hanno voluto ascoltarti. Non dimenticartelo. Con questo libro dovranno finalmente darti retta.»

Annuì, assorta nei propri pensieri.

Lei stessa era la chiave della sua libertà, ormai lo aveva capito. Nessun altro poteva aiutarla a uscire dalla gabbia. Doveva fare questo passo da sola.

Ma era abbastanza coraggiosa da aprire lei stessa la sua gabbia?

Avrebbe osato uscire allo scoperto per mostrare al mondo il suo vero io?

O avrebbe dovuto fare marcia indietro?

Non dimenticare che Carlo probabilmente ha intercettato le tue telefonate e ha del materiale esplosivo tra le mani. Forse il libro le avrebbe evitato di essere bollata come adultera. Se la gente avesse conosciuto la sua storia, avrebbe saputo quanto aveva sofferto negli ultimi anni. Allora non avrebbe potuto essere condannata per aver desiderato calore e amore, no?

Diana mise con cura la punta delle dita sotto una delle rose che Carolyn le aveva portato qualche giorno prima. Due petali si staccarono e caddero sul tavolo.

«Vuoi che ti faccia delle domande?» si offrì James. Questo a volte l'aveva aiutata a vincere se stessa quando esitava, come adesso.

«No, grazie.» Prese fiato e avviò la registrazione. «Fergie e Andrea stavano attraversando l'ennesima crisi» esordì. «All'inizio dell'anno hanno dato infine l'annuncio ufficiale della loro separazione. Fergie è stata "dispensata da ogni obbligo reale", si definisce così. Era solo un altro modo per dire che non volevano più vederla a corte e che d'ora in poi il suo nome sarebbe stato sulla lista nera. Il fatto che Andrea avesse contribuito al fallimento del matrimonio non interessava a nessuno. Con la separazione, Fergie ha perso la protezione della famiglia reale ed è stata quindi un ghiotto boccone per la stampa scandalistica. I tabloid l'hanno letteralmente divorata viva. Ho cercato di aiutarla il più possibile, ma il 29 marzo è morto mio padre.»

Quando ripensava a quel giorno, le lacrime le velavano gli occhi. Si era sentita come una bambina che d'un tratto si era resa conto di essere sola al mondo. Due giorni dopo il fratello minore Charles aveva cacciato Raine da Althorp House. Si era assicurato che non portasse con sé nemmeno un oggetto. «Cosa ho fatto per meritarmi questo!» aveva gridato la matrigna.

E Charles aveva risposto: «Per anni hai cercato di seminare zizzania tra noi e papà».

La voce di Diana tremò leggermente mentre continuava. Troppe le emozioni coinvolte. Lutto. Paura. Vergogna. Senso di colpa. La sua rabbia si stava lentamente attenuando, come se queste registrazioni fossero una valvola di sfogo. «L'inferno che Fergie ha dovuto affrontare è stato un monito anche per me. Mi sono resa conto che non avrei mai potuto separarmi da Carlo in quel modo. Da allora in poi, ogni passo doveva essere ben ponderato, altrimenti avrei fatto solo il suo gioco. E così ho deciso di raccontare la mia storia. La mia vera storia.»

«C'è qualcosa che vorresti per il futuro?» chiese James.

«Se potessi desiderare qualcosa per il mio futuro, sarebbe la normalità. Mi piace quando tutto è il più normale possibile. Camminare lungo il marciapiede senza essere osservati è per me una sensazione meravigliosa. E a parte questo? Be', ho molto da fare e il tempo è prezioso. Comunque, so che un giorno avrò ciò che ho sempre desiderato. So che troverò la mia felicità.»

Premette il tasto "stop". La registrazione finì. L'ultima parola era stata detta.

Si guardarono a vicenda.

James disse: «Quindi è fatta».

Diana annuì. «Già. Così Noah potrà completare il suo libro su di me.»

Rimasero in silenzio per qualche attimo, poi James rise e scosse la testa. «Difficile credere che nessuno ci abbia mai beccato. È dall'estate scorsa che giochiamo a nascondino!» All'improvviso si fece di nuovo serio. «E tu vuoi davvero andare fino in fondo? Non hai paura?»

«Certo, sono spaventata a morte! Ma allo stesso tempo sto contando i giorni che mancano alla pubblicazione del libro di Noah. È solo febbraio e probabilmente ci vorrà ancora un po'. Forse uscirà quest'estate.»

«Il tuo libro potrebbe costarti tutto» disse James.

«Ne ero consapevole fin dall'inizio.»

«Sei molto coraggiosa.»

Lei accennò un sorriso triste. «Non sono coraggiosa, non ho altra scelta. Ma tu una scelta l'avevi ed è per questo che ti ringrazio dal profondo del cuore. Senza il tuo aiuto non avrei mai potuto fare questo passo.»

A James si gonfiò il petto d'orgoglio. «E adesso cosa farai?»

«Adesso comincerò a costruire la mia vita.» Avvertì un sorriso diffondersi sulle sue labbra.

Lei stessa era la propria chiave per la libertà.

Sarebbe uscita dalla sua gabbia e avrebbe detto al mondo: *Questa sono io. Questa è la vostra Diana.*

Oggi aveva forse pronunciato l'ultima parola al registratore, ma così aveva dato inizio a una nuova storia.

53

Circa dodici anni prima, Diana era seduta sul divano con le sue amiche nel loro appartamento di Coleherne Court a guardare un notiziario, cosa all'epoca molto insolita per le tre. Era un servizio nientemeno che sul suo principe azzurro e la sua visita in India. Avevano fatto uno spuntino a base di croccante alle arachidi e caramelle gommose, brindato con il sidro e ammirato ridacchiando Carlo, che parlava estasiato di quel meraviglioso paese, soprattutto del Taj Mahal. *Pazzesco*, aveva pensato Diana in quel momento, *c'è quest'uomo incredibile davanti a questo monumento incredibile a dire questa frase incredibile:* "Un giorno visiterò il Taj Mahal con la donna che amo".

«E sarai tu!» aveva strillato Carolyn, costringendo Diana a mettersi accanto alla televisione come se fosse già sul posto con Carlo. E poi aveva finto di salutare la stampa e di pendere dalle labbra del marito.

Lentamente, il ricordo svanì e la bellezza del Taj Mahal la colpì con tutta la sua forza. Un gioiello dell'architettura. Monumento di un grande amore. Una delle sette nuove meraviglie del mondo.

Ora, dodici anni dopo, Diana si trovava proprio nel

luogo in cui Carlo voleva portare il suo grande amore, come aveva annunciato allora.

Ma lo spazio al suo fianco era vuoto.

«L'India è molto grande, il tempo è limitato» aveva detto il segretario privato di Carlo parlando dell'imminente viaggio in quella nazione. «Il principe di Galles suggerisce quindi di dividervi e di girare il paese separatamente per procedere nel modo più efficace possibile.»

Carlo stava giocando con la fede nuziale. L'aveva guardata e subito dopo aveva distolto gli occhi.

Dietro di lei scattavano le macchine fotografiche, ma non era ancora pronta a girarsi verso i giornalisti. Le piaceva molto il completo che indossava quel giorno, perché aveva dei colori così meravigliosamente sgargianti. Avrebbe fatto senz'altro un figurone nelle foto, di fronte al monumento luminoso e splendido. La giacca era di un rosso acceso, la gonna di un viola intenso.

Il sole era appena sorto. Le torri a cipolla dello straordinario monumento in marmo bianco erano illuminate di rosso e arancio dal sole nascente. Sembravano proprio venire dal cielo. L'acqua dei lunghi bacini nei giardini circostanti scintillava di color rame. L'edificio era magnifico. Eppure la sua vista la rattristava.

«Una lacrima di marmo, ferma sulla guancia del tempo» le aveva spiegato poco prima la guida in inglese. «Così Rabindranath Tagore, uno dei più importanti poeti e filosofi indiani, ha descritto un tempo il Taj Mahal. Questo palazzo è molto più di uno sfarzoso edificio, esso racconta la storia di un grande amore. È stato costruito nel 1632 su richiesta del Gran Moghul Shah Jahan per commemorare la moglie, la bellissima Mumtaz Mahal. Taj è l'abbreviazione del nome Mumtaz. Lei era morta giovane l'anno prima, dando alla luce il quattordicesimo figlio del sovrano. Lui le promise di non sposare nessun'altra donna e di costruire un mausoleo che la ricordasse per l'eternità. Ecco perché il Taj Mahal non è solo la tomba più bella del mondo, ma anche un simbolo dell'amore struggente.»

Ciò nonostante, o forse proprio a causa di questa triste storia, ogni anno innumerevoli persone accorrevano per ammirare il monumento.

Il sepolcro diceva: "Siamo in questo mondo solo per un breve periodo di tempo. Perché non ti siedi un po' e lasci che tutto scorra? Lascia che la vita agisca su di te".

Si ritrovò a sentire la mancanza di Carlo. Non capiva se stessa. Le aveva fatto tanto male... Ma aveva messo radici così profonde nel suo cuore per cui probabilmente sarebbe morta nel tentativo di sradicarle. Era il suo primo grande amore. L'uomo che aveva sposato. Il padre dei suoi figli. Se era sincera, sapeva che dentro di lei c'era ancora la sedicenne che idealizzava il romanticismo e sperava in un finale da favola.

«Diana, dov'è il principe Carlo?» chiese immancabilmente un giornalista attraverso lo stretto specchio d'acqua che li separava. «Fra tre giorni è San Valentino.»

Non era ancora pronta per le domande dei giornalisti. Suo marito preferiva darsi da fare per le esportazioni britanniche a Delhi piuttosto che stare con lei.

Carlo credeva fermamente che senza di lui al suo fianco prima o poi avrebbe fallito. Che per mantenersi a galla si sarebbe buttata nel settore pubblicitario a basso costo come Fergie. Si sbagliava. Presto la gente là fuori avrebbe saputo la sua vera storia. In modo onesto, senza sconti. Alla fine avrebbe riletto tutto e forse avrebbe cambiato qualcosa qua e là.

«E le piace il monumento all'amore?» gridò un secondo giornalista.

«È stata un'esperienza rigeneratrice» rispose. «Molto curativa.»

Gettò un'ultima occhiata al Taj Mahal, cogliendone la bellezza e il dolore. Le rammentava quanto la vita potesse essere al tempo stesso incomprensibilmente bella e brutale.

Non sarebbe affondata.

Era pronta a bruciare la propria vita e a riemergere più forte che mai dalle sue ceneri.

Si voltò verso i giornalisti.

Il suo volto mostrava tutta la sofferenza, ma anche la bellezza della sua vita. Il mondo non sarebbe riuscito a toglierle gli occhi di dosso.

54

Era una splendida giornata estiva di giugno. I raggi di sole entravano in tralice dalla finestra. Diana poteva vedere la polvere che la cameriera aveva sollevato con un piumino danzare nella luce del mattino. Una seconda cameriera si occupava del letto, canticchiando allegra. Il meraviglioso profumo delle lenzuola appena lavate e stirate si diffuse nella camera. A ciò si aggiungeva l'aroma del caffè caldo che invitava a fare colazione. Sentiva gli uccelli cantare. Il lontano traffico cittadino. La vita.

La sua vita stava per finire.

Almeno così si sentiva.

Diana si mise davanti allo specchio del camerino e pensò: *Ecco che aspetto si ha quando si sta per mandare a rotoli tutta la propria vita*. Era pallida. Sulla faccia aveva scritto "colpevole".

Oggi, il primo estratto del libro-verità di Andrew Morton *Diana: la vera storia dalle sue parole* sarebbe apparso sul *Sunday Times*. «*Diana spinta a cinque tentativi di suicidio da un Carlo "insensibile"*», si leggeva nel titolo di prima pagina. Il sottotitolo recitava: «*Il dramma coniugale ha fatto ammalare la principessa. Diana sostiene che non diventerà mai regina*». Le sembrava terribilmente duro. Se solo avesse avuto voce in capitolo sui titoli dei giornali! Ma il *Sunday Times* aveva insistito per rendere quell'articolo il più sensazionalistico possibile.

Si immaginò la stampa quotidiana che veniva consegnata a Kensington Palace in un furgone. L'autista, con lo sguardo a caccia di scandali, che attirava l'attenzione del fattorino sulla storia in copertina. «Li lascerà tutti a bocca aperta, poco ma sicuro!»

Si immaginò Patrick che apriva il giornale, leggeva il titolo e anzitutto doveva sedersi.

Si immaginò i quotidiani che arrivavano all'ufficio stampa di Buckingham Palace. I dipendenti che davano una letta al titolo, si guardavano in preda al panico... e poi di colpo scoppiava la confusione. Allarme rosso.

Si immaginò Elisabetta seduta al tavolo della colazione in attesa che le venisse portato il *Sunday Times* su un vassoio d'argento insieme a una tazza di Earl Grey. La vedeva in procinto di prendere un sorso del suo tè mentre leggeva il titolo... e d'un tratto la tazza le cadeva di mano andando in mille pezzi.

Si immaginò Margo che si concedeva uno scotch per lo shock. Filippo che schiumava di rabbia. La regina madre che aveva difficoltà a respirare. Anna che inarcava le sopracciglia: *Non avevo forse previsto che Diana avrebbe creato problemi?*

E si immaginò Carlo sotto la doccia, che si insaponava generosamente con il suo bagnoschiuma virile e speziato, ignaro di ciò che lo avrebbe aspettato a colazione.

Si guardò negli occhi: *Se cedi, se confessi di esserci tu*

dietro questo libro-verità, di essere stata la fonte di Andrew Morton, allora è finita per te.

Del resto hai passato così tanti anni a imparare come si fa a ricomporsi e anche oggi ci riuscirai un'ultima volta.

Scese le scale. A ogni gradino le sembrava di camminare verso la sua rovina.

Gli ospiti della casa, una piacevole coppia di nome Lyle, erano già seduti alla tavola riccamente imbandita. Diana augurò loro buongiorno. Si mise a sedere. Come avrebbe fatto a mandare giù anche solo un boccone? Ma doveva mangiare qualcosa, altrimenti qualcuno avrebbe nutrito dei sospetti.

Eccolo lì, il *Sunday Times*, dall'altra parte del tavolo. Accanto al piatto di Carlo.

La coppia lo sapeva. Senza dubbio, per come erano seduti, ripiegati su se stessi. Sembrava preferissero stare molto, molto lontani.

Il signor Lyle diede l'impressione di essere alla disperata ricerca di un argomento di conversazione. «Ha dormito bene?» esclamò alla fine.

«Meravigliosamente» rispose.

Poi giunse il momento.

Carlo entrò nella stanza. Si controllò i gemelli della camicia. Salutò tutti. Diana trasalì quando le sfiorò la spalla passando, ma la sua tenerezza era solo apparenza.

Da quel giorno l'ipocrisia del loro matrimonio sarebbe stata finalmente smascherata.

Diana fissò il suo yogurt con frutta fresca. Tuttavia notò esattamente come Carlo si portò il tè alla bocca, guardò con la coda dell'occhio il *Sunday Times* e poi, senza bere un sorso, rimise giù la tazza. Prese il giornale in mano. I suoi occhi volavano sopra le righe, avanti e indietro, avanti e indietro...

Sentiva il ticchettio dell'orologio.

Sentiva il proprio cuore martellare.

L'adrenalina le scorreva nelle vene.

Era in caduta libera.

Carlo lesse che sua moglie soffriva di bulimia.

Lesse che aveva tentato diverse volte il suicidio, anche se con scarsa convinzione.

E lesse che da anni lui aveva una relazione con Camilla Parker Bowles.

Posò il giornale accanto al piatto. Allentò le mani che aveva stretto a pugno. Gli spuntò una vena sulla fronte.

Si voltò verso i signori Lyle e riuscì persino a fingere un sorriso educato. «Potete scusarci un attimo? Dovrei parlare con mia moglie in privato.» Poi a Diana: «Tesoro, vieni, per favore».

Lei si alzò dalla sedia. Sentiva sapore di sangue. Evidentemente per tutto il tempo si era morsa forte la lingua.

Appena usciti dalla stanza, lui l'afferrò per il braccio. «Come osi?»

«Io non c'entro niente!» gli mentì in faccia. Sembrava disperata. «Cado dalle nuvole proprio come te! Devono essere stati i miei amici più cari a parlare, non posso spiegarmelo altrimenti. Carolyn, James Colthurst...»

«Non mentirmi!» ruggì, facendo tremare il vaso sul comò accanto a loro. «Dietro a queste parole ci sei tu!»

Le lacrime le rigavano il viso. «Come se sapessi come parlo! Come se tu mi avessi mai ascoltata!»

Furioso, si mise a camminare su e giù per il corridoio. «Come se qualcuno avesse mai ascoltato me! In questo sistema non siamo poi così importanti! Conta sempre e soltanto la persona che porta la corona!»

Per un attimo pensò che si sarebbe rotto qualcosa, che fosse il vaso o una delle preziose figure di porcellana o una delle sedie imbottite. Ma quando si voltò verso di lei, Carlo aveva gli occhi lucidi. «Così mi trovi insensibile? Credimi, Diana, io ho dei sentimenti. È solo che evidentemente non sono molto abile a mostrarli. Ma posso dire con certezza una cosa: oggi i miei sentimenti sono stati profondamente feriti. Come non sono mai stato ferito prima d'ora.»

In principio Diana aveva sperato che quel giorno sarebbe stato una grande liberazione. Invece si sentiva meschina.

55

Una settimana dopo dovette affrontare Elisabetta e Filippo. Il vento fischiava inquietante intorno alle antiche mura del castello di Windsor, ma per il resto regnava un silenzio gelido. Anche il silenzio poteva essere una forma di tortura, pensò Diana. Chiunque in quella stanza era contro di lei. Elisabetta. Filippo. Carlo. Una sensazione crudele.

Il suocero era seduto proprio di fronte a lei. Lo sguardo con cui la fissava imperterrito era affilato come un coltello. Stava cercando di leggerle nel pensiero? Di intimidirla? Credeva che sarebbe scoppiata in lacrime e avrebbe confessato? Aveva voglia di piangere, ma era pienamente consapevole del fatto che ora doveva restare forte. Quante volte si era esercitata davanti allo specchio: *Non ho niente a che fare con questo libro. Non ho niente a che fare con questo libro. Non ho niente a che fare con questo libro.*

La regina era alla finestra. Sconfortata e seria. Il giorno prima sul *Sunday Times* era stato pubblicato il secondo estratto dal libro-verità di Andrew Morton. «"Ho dato tutta me stessa"» disse Elisabetta citando il titolo e poi si voltò verso di loro.

Diana infilò le mani tra le ginocchia.

Il silenzio era ormai rotto e Filippo era in preda alla rabbia. «Hai portato il diavolo in casa» apostrofò Diana. «Questo libro è così devastante per la nostra famiglia, perché incoraggia quel tipo di stampa scandalistica che ha iniziato a prendere piede proprio con te! Legittima le pratiche dei tabloid di appostarsi, curiosare, cercare scheletri nell'armadio e pubblicare mezze verità quando necessario. Gli hai dato carta bianca per starci addosso senza alcun ritegno. E ti dico una cosa: sarai tu la più colpita. La stampa si scaglierà contro di te perché la loro *glamour girl* ha permesso a qualcuno di passare al microscopio la sua vita privata.»

«Non ho nulla a che fare con questo libro.» Bene, sembrava convincente.

Ma Filippo non la ascoltava affatto. «L'infedeltà coniugale è un crimine scusabile. Parlare con la stampa no.»

Carlo taceva.

Elisabetta aveva la fronte aggrottata. «Se Diana dice di non avere nulla a che fare con questo libro, allora dobbiamo crederle» disse risoluta.

Un barlume di speranza. «È la verità. Non romperei mai con la mia famiglia. Ma Andrew Morton ha ragione nel dire che sono profondamente triste e che il nostro matrimonio sta andando a rotoli. Però non voglio nemmeno divorziare. Vorrei solo più libertà.»

«Libertà?» rise Filippo. «D'ora in poi la stampa si scaglierà ancora di più contro di te!»

«Adesso basta.» Diana non aveva mai visto Elisabetta così sconvolta.

Gli occhi di tutti erano puntati sulla regina. Disse: «Ai miei tempi sono cresciuta in un castello di vetro senza vedere molto del mondo esterno. Sono stata esclusivamente preparata a essere un giorno regina. Quando sono divenuta madre, ho voluto dare ai miei figli l'opportunità di sperimentare la vita là fuori. Dovevano avere più libertà di quanta ne avessimo avuta io e mia sorella alla loro età. Certo, non sono mai stati liberi come le persone normali, ma almeno hanno avuto un assaggio della vita esterna. Avevo solo buone intenzioni, ma ho commesso un errore cruciale. Carlo, Anna, Andrea ed Edoardo... tutti voi ci avete preso gusto. Volevate tutti qualcosa di più». Persino il movimento della sua mano era eloquente: non comprendeva soltanto il castello, ma anche i vantaggi e le comodità di una vita regale. «Non avete imparato a rinunciare, ad abbassare la testa e a mettere la vostra vita al servizio della monarchia.»

«Ma...» suo figlio tentò di prendere parola.

«Nemmeno tu, Carlo. E questo dramma, di cui ora dobbiamo pagare le conseguenze, ne è il risultato.» Fece una pausa. «Il *Daily Telegraph* ha pubblicato un editoriale in cui si chiedeva se la monarchia avesse un futuro. La fiducia delle persone in noi si sta sgretolando. Finora solo Filippo sapeva che stavo pensando pian piano di ritirarmi.»

Tutto il corpo di Carlo si fece all'improvviso teso. Era quello che aspettava da anni!

«Ma ho la sensazione di avere a che fare con un gruppo di bambini immaturi ed egoisti» continuò Elisabetta.

«Pertanto, continuerò a portare la corona finché ne sarò in grado.»

Diana raggelò. Che cosa aveva fatto? Aveva distrutto il sogno di Carlo!

Sentì Elisabetta dire: «Propongo dapprima di provare una separazione per sei mesi. Poi vedremo».

Non appena uscirono dalla sala di ricevimento della regina, il disprezzo nello sguardo di Carlo la colpì come uno schiaffo in faccia: «Te ne pentirai amaramente!».

Nel suo appartamento a Kensington Palace tutto le crollò addosso. Si sentiva sporca.

Quando Carolyn fu fatta entrare dal maggiordomo, trovò una Diana in lacrime e disperata. Camminava avanti e indietro nel salotto. Percepiva i frammenti di tutto il suo mondo sotto i piedi. «Sono talmente meschina.»

«Dai, sediamoci» disse Carolyn. Posò la borsa e la giacca sulla poltrona, si accomodò sul divano e diede un colpetto al posto vuoto accanto a lei.

A quel punto Diana si sfogò: «E se Carlo avesse ragione? E se tutti mi voltassero le spalle?»

«Non succederà. Ufficialmente non hai nulla a che fare con il libro e sei sotto shock perché, a quanto pare, i tuoi amici hanno spifferato tutto.»

«Avresti dovuto vedere lo sguardo di Carlo. Lui lo sa! Sospetta che ci sia io dietro. E se adesso tutti mi odiassero? Sarò completamente sola!»

«Non sei sola» replicò Carolyn. La sua voce aveva lo stesso effetto calmante di un bel bagno caldo o di una camomilla con il miele. «Non sarai mai sola. Hai me, i tuoi meravigliosi figli, i tuoi fratelli.»

«Comunque sia, come ho potuto essere così egoista...»

«Come hanno reagito William e Harry?»

«Sanno solo che è uscito un libro su di me, ma non quello che c'è dentro. Per fortuna in collegio sono protetti e non vengono a sapere molto della stampa scandalistica. Ma prima o poi qualcosa gli arriverà.» Diana seppellì il viso tra le mani. «Sono una madre terribile ed egoista!»

«Non è vero. Sei una madre meravigliosa» disse Carolyn. «Allora cosa succederà adesso tra te e Carlo?»

«Be', vivremo separati. Ma per ora è solo una prova. Lui porterà avanti i suoi progetti e io i miei.»

«Quindi la vostra separazione non sarà ancora ufficiale.»

«No. Ma non voglio il divorzio. Non voglio fare questo a Harry e William. Io stessa ho sofferto molto da piccola per il divorzio burrascoso dei miei genitori. Voglio solo... più libertà.»

«E il motivo per cui non vuoi divorziare...» Carolyn posò la mano su quella di Diana. «... è forse perché ami ancora Carlo?»

Lo amava ancora? Sì. Ovvio. Era il padre dei suoi figli. Era l'eroe dei suoi sogni. «Forse sembra una follia dopo tutto quello che io e Carlo abbiamo passato insieme. Ma io lo amo. Proprio perché ne abbiamo passate tante insieme. Perché, dopotutto, siamo saldamente legati l'uno all'altra. E so che nel suo intimo più profondo anche lui prova lo stesso.»

E di solito è proprio dalle persone che ci respingono con più veemenza che si spera ardentemente di ricevere riconoscimento e amore, dovette ammettere a se stessa. Un paradosso della natura, come avrebbe detto Carlo. Molto crudele e doloroso.

«E sei sicura di non essere innamorata solo dell'idea di amarlo? Sei pur sempre un'inguaribile romantica, Di.»

«La nostra storia è così complessa e difficile da comprendere. È qualcosa di molto speciale.»

«Davvero?» disse Carolyn riflettendo. «O non è in fondo come tante altre storie d'amore: lei ama lui, ma lui ama un'altra?»

Le parole dell'amica facevano male. Per tanto tempo Diana si era aggrappata al fatto che il suo amore per Carlo fosse qualcosa di molto speciale. E anche se la sua mente le aveva detto abbastanza spesso che quel pensiero non le faceva bene e le impediva solo di allontanarsi finalmente da lui, il suo cuore vi si aggrappava. Carolyn aveva davvero ragione. Era un'inguaribile romantica.

Notò che la sua amica indossava jeans scoloriti e un maglione con macchie di pomodoro. A quanto pare, aveva abbandonato tutto per andare da lei subito dopo che Diana l'aveva chiamata. Era infinitamente grata di avere un'amica come Carolyn. Un'amica che le sembrava di conoscere da sempre e che sapeva tutto di lei. Un'amica che le stava accanto e che la metteva di fronte a se stessa quando ne aveva bisogno.

«Non lo so» pianse. «È tutto così confuso...»

Qualcuno bussò alla sua porta.

«Non ora!»

Tuttavia la porta si aprì. «Ho detto...»

«Ho pensato che forse potesse interessarla» la interruppe Patrick nel modo più gentile possibile. Si fece da parte e tre domestici fecero rotolare dei carrelli nel soggiorno. Erano colmi di lettere e mazzi di fiori.

«Che cos'è?» chiese Diana.

«Posta per lei. E questa è solo una piccola parte di quello che l'ufficio stampa ha ricevuto.» Patrick sorrise. «Possiamo portarle il resto in qualsiasi momento.»

Si inchinò e si ritirò insieme ai domestici.

Diana si asciugò il viso con il dorso della mano. E se la gente là fuori l'avesse pensata come Carlo? E se avesse sospettato che ci fosse lei dietro la pubblicazione della biografia? E se le lettere avessero detto che era una traditrice? Che aveva pugnalato la sua famiglia alle spalle? E se tutti i dettagli intimi contenuti nel libro, come la bulimia e la depressione, avessero generato ribrezzo? Se le avessero scritto che doveva ricomporsi, che non era degna di essere una principessa?

Carolyn si alzò dal divano, prese a caso una delle lettere, aprì la busta e scorse le righe. «*Grazie a lei ho finalmente trovato la forza di cercare anch'io aiuto nella terapia...*» lesse ad alta voce. «Guarda che cosa meravigliosa hai messo in moto!»

«Ti stai inventando tutto?» chiese Diana mogia.

«È scritto così, nero su bianco.» Carolyn prese una seconda lettera. «*Anche mia figlia soffre di bulimia. Per molto tempo non ho compreso i suoi problemi, ma finalmente, grazie a lei, riesco a capire cosa succede dentro di lei. Che peso grava sulla sua coscienza.*»

Una terza diceva: «*Per favore, non si lasci mai abbattere, né da suo marito, né dalla famiglia reale, né dalla stampa. L'ammiro per la sua forza d'animo e per il suo coraggio di essere diversa e di seguire il suo cuore…*»

«Coraggio…» ripeté Diana sottovoce. «Non mi sento coraggiosa. Mi sento in colpa.»

Carolyn si sedette di nuovo accanto a lei, la guardò e disse: «Ma ufficialmente non hai colpe, questo è il bello! E hai fatto un passo enorme confidando la verità a Andrew Morton e non recitando più la parte della principessa delle favole. Di, ti sei fatta valere e questo è estremamente coraggioso».

«Ma ho deluso così tante persone.»

«A volte questo fa parte dell'essere coraggiosi. Ecco perché non dovresti mai smettere di fidarti del tuo istinto, anche se potresti deludere altre persone con la tua decisione. Essere coraggiosi significa decidere per se stessi quando è importante. E tu pubblicando la tua storia hai scelto per te stessa.»

Furono le prime parole che la toccarono nel profondo.

«Guarda per quante donne sei diventata un modello grazie a *Diana: la vera storia dalle sue parole*! Ogni donna cerca di manipolare l'opinione che gli altri hanno di sé. Cerca disperatamente di presentarsi al meglio. Tu hai spezzato questo circolo vizioso.»

Carolyn continuò: «Noi donne decidiamo troppo di

rado ciò che è giusto per noi. Ma come potremo mai imboccare la strada che ci è predestinata se non seguiamo i nostri impulsi, la nostra voce interiore? Preferiamo invece farci guidare da altri e badiamo alle opinioni altrui. Con questo libro hai ritrovato la tua strada. Hai osato fare questo passo perché riesci a immaginarti una vita migliore, più vera e più bella per te stessa. Una vita che ti meriti. Hai mostrato alla gente la vera Diana».

Anche questo le faceva venire il mal di stomaco. «E se a loro non piacesse questa Diana?» chiese.

«Alla gente puoi piacere o non piacere, e allora?» Carolyn scrollò le spalle. «Ma è molto più importante quello che pensi *tu* della tua vita.»

Ci volle ancora un momento prima che quelle parole le entrassero dentro, ma poi Diana annuì.

«Ne hai passate tante, Di» disse Carolyn. «E, in fondo, sei la stessa meravigliosa amica di sempre. Forse solo una versione più esperta, migliore, forte e saggia di te stessa. È questa la cosa meravigliosa della vita: si cresce vivendo. Nonostante Carlo, la regina e l'intera banda qui presente abbia cercato di piegarti, non hai comunque smarrito te stessa. E non ti smarrirai. Ed è per questo che non sarai mai sola. Perché hai sempre te stessa.»

Posò le mani sulle spalle di Diana. «Hai lasciato che la tua falsa vita andasse in fiamme per risorgere più forte dalle ceneri.»

56

In lontananza le giunse un suono… Un *bip*… Era il suo cellulare? Diana si spinse la maschera per il sonno sulla fronte. Era ancora buio pesto. Si girò su un fianco e cercò la lampada sul comodino, che per qualche motivo non era al suo posto.

Ma non era affatto a casa, ricordò all'improvviso, bensì al castello di Balmoral. L'annuale vacanza estiva. Non c'era via di scampo. Nemmeno separati dal proprio marito.

Il cellulare continuava a squillare. Oddio, che fosse successo qualcosa a William o Harry? Saltò giù dal letto. Come se fosse cieca, si diresse a tentoni verso il tavolo, sbattendo subito l'alluce contro la sedia; imprecò e alla fine lo trovò. «Sì?»

Era Patrick. «Sua Altezza Reale, mi perdoni molto se la disturbo così presto ma ho brutte notizie. Il nastro su cui è registrata la conversazione telefonica con il suo… conoscente…» Lasciò per un attimo la parola in sospeso senza pronunciarla. «… James Hewitt, è stato divulgato alla stampa. Tutti i giornali ne parlano.»

Ora sì che era più che sveglia. «Quanto è grave?»

Era molto grave. Il mondo ora sapeva della sua relazione con James. Era ufficialmente un'adultera.

«Che cosa facciamo adesso?» chiese.

«Se vogliamo salvare la sua reputazione, la regola numero uno d'ora in poi è: "Non una parola di più alla stampa" e la regola numero due: "Niente più relazioni amorose. Niente sesso".»

Fissò l'oscurità. «Immagino che dovrò inghiottire il boccone amaro.»

Riattaccò. Seppellì il viso tra le mani. Quindi era finita. Come avrebbe reagito Elisabetta? O Filippo? Sapevano già che Diana era legata al capitano Hewitt molto più che da semplici lezioni di equitazione, però era un'altra cosa quando tutti i media ne parlavano. Avrebbe preferito nascondersi tutto il giorno, ma prima o poi avrebbe dovuto affrontare la sua famiglia.

A mezzogiorno, durante il barbecue, giunse il momento. Di solito c'era sempre un'atmosfera felice e rilassata quando Filippo stava dietro la griglia con il grembiule a girare le salsicce, mentre venivano servite l'insalata di patate e le baguette appena sfornate. Quel giorno, tuttavia, regnava il silenzio. Tanto che si sentiva sfrigolare il grasso della carne che colava sulle fiamme. Il fumo venne verso Diana e le bruciò gli occhi. I suonatori di cornamusa, che di solito suonavano una o due canzoni, erano stati mandati via.

«Presumo che lo sappiate» disse lei dopo un po'. «Adesso è pubblicamente noto che anch'io avevo una relazione.»

Silenzio.

Poi Elisabetta fece: «È un mistero per me come le cose

siano potute andare così fuori controllo.» Negli ultimi mesi era visibilmente invecchiata e quel giorno probabilmente si sarebbe aggiunto qualche altro capello grigio.

«È lei che non riesce a controllarsi!» insorse subito Carlo. Era seduto dall'altra parte del tavolo. «Voleva salvare questo matrimonio e mi ha assicurato la sua fedeltà, per poi tradirmi di nuovo non appena ha potuto!»

«Se avessi ricevuto un po' d'amore da te, non avrei dovuto cercarlo altrove» si difese Diana.

Era una vera e propria ingiustizia! Carlo aveva da anni una relazione! Anche Filippo aveva tradito la moglie, stando a quel che si mormorava! Perché nessuno ne parlava?

In cerca d'aiuto, Diana guardò Anna. Aveva passato da poco lo stesso inferno! Era stata profondamente infelice nel suo matrimonio, ma tutti avevano fatto finta di non sentire e guardato dall'altra parte. Eppure era una giovane donna che aveva diritto all'amore e alla passione!

Ma Anna rimase in silenzio.

E Margo? L'amore della sua vita le era stato portato via, l'uomo che l'aveva resa felice, che era stato buono con lei. Invece le erano state ricordate le sue responsabilità e che doveva mettere da parte i propri desideri. La separazione da Peter Townsend le aveva spezzato il cuore.

Ma anche Margo rimase in silenzio.

Come avevano potuto permettere queste due donne che gli venisse tolto ciò che era bene per loro, ciò a cui aspirava il loro cuore? E cosa aveva fatto di male Diana? Suo marito non la amava, ma lei voleva sperimentare l'amore. Chi poteva biasimarla? Avrebbe dovuto rinunciare alla passione e al calore umano per tutta la vita? Il tempo trascorso con James l'aveva fatta crescere. Si era sentita forte. Era piena di grinta e aveva usato la sua nuova forza per sensibilizzare l'opinione pubblica sull'Aids. Ne era uscito solo del bene, eppure veniva guardata come se fosse una persona terribile.

Perché Margo o Anna non prendevano le sue difese, visto che entrambe le donne avevano vissuto una sofferenza simile? Avevano seguito ordini altrui e sacrificato la propria felicità. E ora queste due donne, un tempo così assetate di vita, sedevano colme di amarezza a tavola. Margo beveva e fumava troppo, e Anna reagiva a tutto con un commento pungente. Era il loro modo di mandar giù la rabbia. Diana poteva sentire il rombo del tuono, questa violenza primordiale di sogni e desideri repressi. Ma erano rimaste in silenzio perché erano state addestrate a tacere. Perché avevano insegnato loro a rinnegare se stesse. Le avevano persino convinte che era una questione di responsabilità rinunciare a ciò che il loro cuore desiderava. E le donne che annientavano in maniera più completa i propri bisogni, di cui rimaneva sempre meno, ricevevano il massimo elogio: *È così altruista*. La quintessenza della femminilità consisteva apparentemente nel negarsi del tutto.

Diana si sedette al tavolo e scosse la testa sbalordita. «Non è mai stata mia intenzione che il pubblico venisse a conoscenza di questa relazione, ma è così che stanno le cose. Però non mi pento di nulla. Al contrario. Avrei dovuto continuare a guardare mio marito che mi tradiva senza fare niente? Mi avrebbe distrutta. James mi ha fatto bene. Grazie alla voglia di vivere che mi ha infuso, ho ottenuto molto. E non dimenticate che io volevo questo matrimonio più di ogni cosa. È stato Carlo che mi ha mentito e tradito fin dal primo giorno. Perché per lui dovrebbero valere regole diverse da quelle che valgono per me? Perché è un uomo? O l'erede al trono? Un erede al trono meraviglioso che pensa solo al proprio bene.»

Negli ultimi anni aveva conosciuto alcune donne provenienti da paesi e classi sociali diversissimi. Aveva parlato con loro delle aspirazioni, dei desideri e dei sogni che coltivavano. E si era resa conto che tutte non chiedevano nulla di sconvolgente alla vita. Le donne non volevano il potere. Non facevano guerre. Le donne volevano…

Essere amate veramente.

Mangiare bene senza sensi di colpa.

Sesso passionale.

Guardarsi allo specchio ed essere soddisfatte di se stesse.

Essere indipendenti.

Sentirsi vive.

Avere successo.

Niente di tutto ciò era cattivo o malvagio. Ogni donna doveva averne diritto. Questi desideri non facevano male a nessuno… al contrario. Invece le donne rinnegavano e reprimevano il loro essere più profondo. Comodo. Il modo più efficace per controllare le donne era far sì che si controllassero da sole.

Lei stessa era caduta in questa trappola. Si rimpinzava di cibo e poi vomitava. Per anni si era messa a dieta per avere il controllo sul suo corpo. Quando smetteva, mangiava e si allenava normalmente, questo tornava com'era di costituzione. Era un corpo bello e robusto. La sua anima stava bene in quell'involucro umano.

A poco a poco si era sottratta al controllo di Carlo, e più era diventata libera e indipendente, più aveva avuto energia. E aveva usato questa energia per aiutare le persone in difficoltà. Aveva sfidato il controllo del protocollo e aveva scoperto in se stessa la libertà e il coraggio di viaggiare in modo indipendente attraverso terre lontane. Non si trattava di potere, non voleva nemmeno diventare regina! Voleva semplicemente fare del bene al mondo.

Le donne che erano fuori controllo e si fidavano del proprio istinto non erano il male. Al contrario. Il mondo aveva bisogno di più donne fuori controllo. Donne che davano fuoco alle loro gabbie.

Ardeva. Il castello di Windsor era divorato dal fuoco.

«Il principe Andrea, che si trova nel castello con sua madre, coordina le operazioni di salvataggio» raccontò la presentatrice in televisione.

Quest'immagine. La figura snella della regina, con l'impermeabile e gli stivali di gomma, davanti al riflesso spettrale rosso incandescente. Il fuoco si propagava senza pietà per le stanze distruggendo le testimonianze storiche di ottocento anni. Diana, che seguiva ipnotizzata la notizia, si premette una mano sulla bocca. Finora si sospettava che una tenda della cappella avesse preso fuoco provocando l'incendio, ma non c'erano ancora notizie certe.

Pochi giorni dopo, Elisabetta accettò di annunciare ufficialmente la separazione tra lei e Carlo. Il 9 dicembre il primo ministro John Major riferì la notizia alla Camera dei comuni. «Tuttavia le Loro Altezze Reali non hanno intenzione di divorziare» affermò. «I loro diritti costituzionali restano inalterati.»

In pratica per Diana questo significava che lei e Carlo avrebbero svolto i loro compiti pubblici separatamente. E di tanto in tanto si sarebbero presentati insieme alle cerimonie di famiglia e di Stato.

«Devo dire che quest'anno è stato quello che si chiama un *annus horribilis*» disse Elisabetta nel suo discorso di fine anno in parlamento.

Diana aveva il medesimo sentimento. Era l'anno in cui tutto era sembrato crollare.

Ma per quanto fosse terribile e doloroso, era necessario. Dalle macerie avrebbero costruito qualcosa di nuovo. Da questo sarebbero nate a poco a poco relazioni vere e belle. Forse ora non era ancora evidente, ma i suoi figli avrebbero avuto una vita più facile di lei. Forse avrebbero avuto la possibilità di adempiere ai loro doveri reali e di vivere comunque una vita libera con vere relazioni d'amore.

57

1993

A quanto pareva, Carlo non voleva perdere tempo e aveva già iniziato a tagliare fuori Diana dalla propria vita. I bei mobili ricoperti di chintz con cui lei aveva arredato Highgrove erano stati drasticamente buttati via. Pensava che a Carlo piacessero i suoi gusti, ma in realtà lui preferiva mobili ingombranti in palissandro e mogano. La tenuta di campagna aveva già assunto un odore del tutto diverso. *Non appartieni più a questo posto,* diceva quell'odore.

Diana prese una fotografia incorniciata di due ballerini dalla parete del soggiorno. L'immagine aveva catturato artisticamente un momento molto intimo della coppia. Non riusciva a smettere di guardarla. Gli sguardi appassionati dei due, il linguaggio del corpo, la tensione tra loro…

Stava mettendo la fotografia in una scatola quando entrarono due domestici per portare via il bel divano che Diana amava tanto. Aveva una stampa di rose, crisantemi e foglie delicate che invitava a tornare a casa e rilassarsi. Avevano già sollevato il mobile quando uno di loro disse scusandosi: «Il principe di Galles ha…».

«Lo so, mio marito vi ha dato istruzioni in tal senso.»

Diana gli rivolse un sorriso comprensivo. Facevano solo il loro dovere.

Le sarebbe stato permesso di portare con sé la foto di William e Harry che sguazzavano felici in piscina? Oppure quella del primo giorno di scuola di Harry? E la foto di famiglia? Carlo, William, Harry e lei sorridevano felici alla macchina fotografica. La sua famiglia.

Così tanti anni. Così tanti ricordi.

Prima di scoppiare a piangere, le infilò nella scatola. Poi si guardò intorno un'ultima volta. Non poteva neanche prendere il bel servizio da tè decorato con fiori delicati nella credenza a muro, nonostante lo avesse scelto lei. Tecnicamente persino tutti i suoi abiti appartenevano alla Corona. Anche il doppio appartamento a Kensington Palace, dove poteva continuare a vivere, era di proprietà della regina. In realtà non possedeva quasi nulla. Non aveva nemmeno i gioielli di famiglia su cui poter contare, perché quelli appartenevano a suo fratello, l'erede di Althorp House. Finché Carlo e lei non avessero divorziato, avrebbe continuato a ricevere le entrate del ducato di Cornovaglia come fonte di denaro. Solo che, purtroppo, erano controllate dal marito. Di sicuro ci sarebbero stati problemi!

Sua sorella Sarah la stava aspettando fuori. Era appoggiata alla Jaguar di Diana; neanche l'auto le apparteneva. Si sentiva leggera, quasi senza peso, ma non in senso positivo, bensì in un senso che le incuteva timore. Come un albero senza radici a cui sarebbe bastata una semplice folata di vento per essere spazzato via.

Potevano addirittura toglierle il titolo di "Altezza Reale". Solo di recente Filippo l'aveva minacciata, quando tanto per cambiare era in preda alla rabbia. «Se non ti comporti bene, figlia mia, ti toglieremo il titolo!»

Sarebbe stata una catastrofe. Dopotutto, il titolo le garantiva non solo alcune comodità, ma anche attenzione pubblica, influenza e rispetto. Senza il suo titolo Fergie doveva sopportare spesso di essere presa in giro. E anche i paparazzi non si facevano più alcuno scrupolo. Di recente erano state pubblicate delle foto che la ritraevano a seno nudo. Le avevano teso un agguato mentre era in vacanza in Francia. Nella foto il suo consulente finanziario texano le stava succhiando le dita dei piedi. Era stata una crudeltà. Fergie cercava di mantenersi finanziariamente a galla con pubblicità per l'azienda dietetica Weight Watchers, nonché di porcellane e assorbenti igienici.

Faceva un freddo pungente. Il respiro di Diana si congelò nell'aria.

«Non voltarti» disse Sarah.

Troppo tardi. Diana si era fermata e aveva guardato quella che era stata la sua seconda casa. Come aveva odiato Highgrove a volte! Ma tutti quei momenti in cui si era chiusa in camera da letto e aveva pianto a dirotto vennero spazzati via. Vide quando aveva costruito pupazzi di neve in giardino con William e Harry in inverno. Sentì le loro risate di bambini felici. Il gusto delle labbra di Carlo mentre la baciava in mezzo al variopinto prato estivo in fiore, tra papaveri rossi, margherite bianche, fiordalisi blu e ranuncoli gialli.

L'aveva amata in quel momento? O aveva pensato a Camilla sfiorando le sue labbra?

Il ricordo svanì e vide invece gli alberi che delimitavano la proprietà, spogli e nodosi in quel periodo dell'anno.

Voltati. Continua a camminare. Mettici una pietra sopra.

«Mamma!» William si trovava davanti alla porta d'ingresso aperta. Anche Harry fece capolino, aggrappandosi al maglione del fratello. Il piccolo era stato all'erta tutta la mattina, come era solito fare quando aveva paura di andare a dormire perché i mostri si annidavano nell'oscurità e lui sarebbe stato tutto solo nel suo letto.

La scatola che portava pesava di colpo in maniera quasi insostenibile, anche se non conteneva quasi nulla. Dire addio a loro due era stato terribile. E non era stato nemmeno un vero addio! Poteva vederli in qualsiasi momento. Tranne che nei giorni festivi, perché in quel caso la regina insisteva affinché i due ragazzi li trascorressero insieme alla famiglia reale. Altrimenti, quando William e Harry tornavano a casa dal collegio nel fine settimana, avrebbero preferito senz'altro stare con lei a Kensington Palace, no?

Corsero verso di lei. William aveva una tavoletta di cioccolato da regalarle. «Così non sarai tanto triste.»

Le si strinse la gola. Posò la scatola per terra e abbracciò forte i suoi due figli. Non riusciva a parlare. Avrebbero sentito nella sua voce solo le lacrime, che cercava disperatamente di reprimere.

La regina poteva prendere tutti i suoi vestiti, tutti i suoi gioielli, persino il tetto sopra la sua testa. Solo dai suoi figli non avrebbe mai potuto separarla. Se Elisabetta ci avesse provato, lei si sarebbe battuta come una leonessa.

Li baciò per l'ultima volta, poi infilò la scatola nel portabagagli e si mise al volante.

«Sei sicura che sia stata una decisione saggia quella di rinunciare alla scorta?» chiese Sarah.

Nel frattempo avevano ripreso i contatti; il che dava forza a Diana, le ricordava le sue radici.

Annuì risoluta. Non si fidava dei poliziotti ed era stanca di sentirsi continuamente spiata. Voleva poter camminare liberamente lungo il marciapiede e non essere circondata da un'orda di agenti in uniforme, tutti concentratissimi, che scrutavano i dintorni. Solo se William e Harry fossero stati con lei, avrebbe avuto la scorta. Altrimenti avrebbe fatto affidamento alla sua guardia del corpo.

Voleva un nuovo inizio. Radicale.

Qualche giorno dopo, a colazione, lesse un articolo sul Nepal e più precisamente sui numerosi lebbrosi del paese. Quattro anni prima, durante il suo viaggio in Indonesia con Carlo, aveva già visitato da sola un ospedale dove si era confrontata per la prima volta con quella malattia infettiva. L'articolo parlava però dell'emarginazione dalla società dei malati di lebbra. Del fatto che le loro famiglie spesso li costringevano a lasciare casa per vivere in isolamento nelle foreste.

La solitudine, la disperazione di quelle persone era palpabile. Diana vide foto di donne, uomini e bambini che non avevano più dita, mani o gambe. All'improvviso si sentì completamente esausta. Tutta l'energia l'abbandonò. Aveva l'impressione che non ci fosse alcuna speranza a questo mondo. Si mise a dormire, di più non era in grado di fare.

Il giorno dopo si svegliò alle cinque del mattino. Era in fiamme.

Chiamò Patrick. Il suo segretario privato rispose sonnolento al telefono.

«Patrick» disse. «Voglio finalmente fare la differenza. Voglio aiutare la gente. Voglio...»

«Ma lo fa già» mormorò lui.

«Dobbiamo andare in Nepal.» Gli parlò dei lebbrosi emarginati.

«Okay» sospirò. «Ma prima mi faccia bere un caffè.»

Dormire ormai era fuori discussione. Diana si fece la doccia, si mise un completo e si recò al St. James's Palace.

Quella mattina, quando entrò nello spazio di lavoro dei suoi quattro collaboratori, sprizzava energia da tutti i pori. Passò la borsa a Clara, a John il blazer e si diresse con passo deciso sui tacchi alti verso il suo studio. Sulla soglia si rivolse di nuovo a tutti: «Ragazze, ragazzi, preparatevi a un cambio di rotta!».

Rispetto allo studio di Carlo, il suo non era grande nemmeno la metà. Una volta questa differenza l'aveva fatta arrabbiare in segreto, come per ogni cosa che riguardava il marito. Ormai accettava la cosa con una scrollata di spalle. Aveva fatto dipingere le pareti di chiaro e aveva sostituito i quadri paesaggistici di cattivo gusto con fotografie incorniciate di se stessa. Fotografie che avevano catturato momenti in cui si era sentita forte e sicura di sé. Queste immagini dovevano ricordarle cosa c'era dentro di lei. Che doveva essere orgogliosa di se stessa e non sminuirsi tutto il tempo. Il suo ufficio era diventato un centro di comando.

Stava aprendo le finestre quando Patrick bussò alla sua porta.

«Mi perdoni se l'ho chiamata così presto stamattina» si scusò «ma non potevo aspettare un secondo di più. Dico sul serio. Voglio ottenere molto di più di quello che ho fatto finora. E voglio un cambio di immagine. Niente più glamour, niente più descrizioni dettagliate del mio guardaroba. Solo il mio lavoro di beneficenza come principessa di Galles. Il mio obiettivo è diventare una rappresentante internazionale del Regno Unito.» Lo guardò. «Posso contare su di lei?»

Un sorriso fiero si diffuse sul volto di Patrick. «Certo, Sua Altezza Reale.»

Soddisfatta, tirò un sospiro di sollievo. Nessuna traccia dell'estenuante inquietudine che si era portata dietro per tanto tempo. O del pericoloso fermento che si agitava dentro di lei. Un vento fresco soffiava da fuori. Il profumo della libertà.

58

Senza dare nell'occhio, Diana si asciugò il sudore dalla fronte con il dorso della mano. Quest'afa... Con un po' di malinconia immaginò che in Inghilterra stesse piovendo in quel momento, con le gocce che scrosciavano per le strade e l'aria fresca. Ma lì, nel piccolo villaggio nepalese di montagna dove era appena arrivata con la jeep insieme a Patrick dopo un lungo tragitto tortuoso, l'aria era così umida che i pantaloni lunghi e la camicetta le si appiccicavano alla pelle. Le mosche le ronzavano intorno. Polli e capre correvano davanti ai suoi piedi. Si sentiva odore di fango, animali, sudore e spezie piccanti.

Il viaggio in auto attraverso il paesaggio pittoresco, con i suoi saliscendi di campi di senape e riso, un dipinto di colline dal tratto leggero, era stato mozzafiato. Ma poi lo shock: davanti alle semplici capanne di argilla erano sedute persone a cui mancavano le dita o l'intero avambraccio. Altri avevano macchie bianche sugli arti o il volto sfigurato.

«La maggior parte delle persone che vive qui ha la lebbra e per questo è stata emarginata dalla società» spiegò Jannik. Lavorava per la missione che assisteva il villaggio. Due anni prima il giovane svizzero si era imbattuto in quel villaggio durante un viaggio nel paese e aveva deciso di rimanere per aiutare. «In Nepal essere malati è considerato come un karma, una punizione per le cattive azioni compiute nella vita precedente. Questo villaggio è un ghetto, se vogliamo.»

«Che cosa orribile» disse Diana.

Jannik annuì. «Prima, quando la nostra missione non esisteva ancora, i malati venivano curati solo se ce la facevano ad arrivare in un ospedale specializzato. Chi non aveva i mezzi o la forza per farlo moriva spesso di setticemia a causa delle ferite aperte. L'agente patogeno della lebbra attacca la pelle, il sistema nervoso e di rado anche altri organi. La paralisi si verifica soprattutto nelle mani e nei piedi. A causa dell'intorpidimento degli arti, chi ne soffre si ferisce senza rendersene conto. Questo provoca un'infiammazione cronica e le disabilità tipiche della lebbra. Piedi e mani si necrotizzano o devono essere amputati.»

«Mettiamoci al lavoro» disse Diana, rimboccandosi le maniche della camicetta.

In una delle capanne di argilla una donna giaceva su lenzuola variopinte. Alla mano destra aveva delle mutilazioni. Il calore si stava accumulando sotto il soffitto basso. Sorrise a Diana. Non aveva quasi più denti. La principessa si accovacciò davanti a lei. Sulla parete c'era un'immagine di carta che mostrava Vishnu, una divinità indù. Era il protettore della vita e dell'universo ed era raffigurato sorridente con un fiore di loto.

L'esperienza le aveva insegnato che la vera vicinanza

si costruiva attraverso il tatto. Posò una mano sul braccio della donna. Sentì la sua pelle ruvida. Diana notò che anche la gamba destra era intaccata.

Vedere, sentire, annusare e percepire tutto questo era penoso per lei, ma rimase dov'era. Jannik e Patrick restarono davanti alla capanna dandole tempo e spazio con la donna.

Solo quando uno dei giornalisti parlò alla telecamera, Diana si ricordò che una seconda jeep aveva raggiunto il villaggio di montagna insieme a loro con una manciata di reporter che l'accompagnavano nel suo viaggio in Nepal. «Ci sono trentacinque gradi» riferì l'uomo con la tipica cadenza da giornalista. «Eppure la principessa sta lavorando instancabilmente. Non esita a prendere le mani nodose e deformate dei pazienti e ad accarezzare il braccio di una donna malata.»

«Principessa Diana, sembra sempre più assorbita dal suo ruolo di benefattrice» disse un altro giornalista distruggendo il momento di vicinanza che lei aveva appena stabilito con la donna. «Perché si occupa di questioni così terribili come la lebbra o l'Aids? Cerca di far sfigurare suo marito, dal quale vive separata?»

Da non crederci. Guardò l'uomo oltre la spalla, senza staccare la mano dalla donna. «Voglio aiutare la gente» dichiarò con enfasi. «Con la mia visita qui, spero di attirare l'attenzione su questo problema. Molte delle persone colpite sono emarginate dalla società. Il rischio di infezione è basso se si ha solo un breve contatto con un malato.»

Ricambiò il sorriso della donna, così grata che la toccasse.

Voglio aiutare la gente. Sì, era quello che voleva. Assolutamente. Ma c'era dell'altro nel suo coinvolgimento e il giornalista lo aveva intuito.

La donna posò la mano su quella di Diana e la guardò con insistenza. Lei si lasciò andare dentro di sé e si abbandonò a tutti i suoi sentimenti. Era voluta andare completamente assorbita dal momento. Un momento di tristezza, malinconia, nostalgia, tenerezza, ma anche amore. Era proprio in mezzo a quel luogo di sofferenza e di morte, che d'un tratto si rivelò essere la vita stessa. Era lì, con quella donna, ma in qualche modo era anche con tutti gli altri malati e allettati del mondo, con tutti coloro che avevano sofferto, amato e perso.

Diana non voleva mai più stare di nuovo semplicemente bene. Voleva essere esausta, intimorita e travolta. Voleva essere sopraffatta, depressa, annoiata o nervosa. Voleva essere piena di meraviglia, stupore, entusiasmo e gioia. E voleva quel dolore nel suo petto. Sì, persino quello era magnifico. Perché le diceva che era viva.

59

1994

Era da mettersi le mani nei capelli. Non voleva molto, del resto! Solo fare il suo lavoro e aiutare le persone. Anche in collaborazione con la casa reale, e volentieri. Carlo, invece, sembrava fare di tutto per renderle il suo impegno il più difficile possibile.

«Come ti metti in mostra!» esclamò, facendo un gesto con la mano che abbracciava le foto di lei incorniciate nello studio. «Il tuo narcisismo sembra aumentare di giorno in giorno.»

«Oh, quando si tratta di me lo chiami narcisismo, ma quando metti delle foto di te che giochi a polo nel tuo ufficio lo chiami autostima?» ribatté. «Vado fiera dei miei risultati, ed è un mio diritto.»

«Quali risultati? Prendere il cibo da un pentolone di ferro e distribuirlo ai bambini affamati di un campo profughi nello Zimbabwe? Posso farlo anch'io.»

«No, perché preferisci sprecare le tue energie a farmi del male. Prima mi neghi il diritto di usare il Royal Air Service... bene, allora farò un accordo con il fondatore del Virgin Group. Poi il mio viaggio in Africa, che avrebbe dovuto dare seguito al mio successo nello Zimbabwe, è fallito. E nemmeno la mia prevista missione della Croce Rossa in Bangladesh si è concretizzata. So che c'è dietro il tuo zampino, Carlo! Vuoi impedirmi di batterti a tutti i costi!»

Sapeva già cosa avrebbe detto il marito. «Ti rendi ridicola con le tue accuse.»

«Ah, sì?» Si piazzò di fronte a lui, cosa che lo infastidì. In effetti era più alta di lui, anche se Carlo l'aveva sempre voluto negare. «A marzo, quando desideravo porgere di persona le mie condoglianze ai familiari dopo l'attentato a Warrington, Buckingham Palace si è opposto. Puoi capire che sono rimasta sorpresa quando all'improvviso sei stato mandato *tu* a Warrington. A quanto pare, vuoi distruggere non solo la mia felicità privata, ma anche quella professionale!»

Fece un respiro profondo. I loro litigi erano solo uno spreco di tempo ed energia. Tempo ed energia che entrambi potevano utilizzare per cose molto più importanti. Cosa le aveva consigliato la sua agopunturista? In queste situazioni bastava inspirare ed espirare un paio di volte e ancorarsi al terreno. Poi disse: «Carlo, ti prego, lasciami andare in Angola. La Croce Rossa ha sottoposto alla mia attenzione quanto il paese stia ancora soffrendo per le conseguenze della guerra civile. Ci sono più di quindici milioni di mine sparse dappertutto, con una popolazione di solo dodici milioni di abitanti, e hanno appena iniziato...»

«Dipendi dalle entrate del ducato di Cornovaglia» la interruppe. «E chi controlla queste entrate? Esatto. Io. Il che significa che ho sempre l'ultima parola sulle questioni finanziarie. E la risposta è: no. Non andrai in Angola. Ora, se mi vuoi scusare, ho un appuntamento.»

«Oh, ti sta aspettando con impazienza?» si lasciò sfuggire.

Al che Carlo rispose: «Non che siano affari tuoi, ma sì, io e Camilla ci vediamo regolarmente. Mi capisce come nessun'altra. E soprattutto, gli anni di segretezza sono finalmente terminati. Grazie al libro-verità di Morton, tutti sanno del nostro amore e questo ha portato Andrew e Camilla al divorzio definitivo».

Con quelle parole, le conficcò un coltello dritto nel cuore. «Stanno divorziando?»

Le sorrise. Si stava dissanguando davanti ai suoi occhi e lui si godeva lo spettacolo. Aveva vinto. «Sì, e credo di doverti ringraziare per questo, anche se continui a negare di avere a che fare con il libro di Morton. Ora nulla ostacola il nostro amore.» La afferrò per le spalle, la spinse di lato e la lasciò sola.

Faceva male. Faceva terribilmente male il fatto che la strada fosse ormai spianata per la relazione tra Carlo e Camilla. E lei stessa lo aveva reso possibile!

Nel suo appartamento a Kensington Palace, scagliò la borsa contro il divano. Inciampò su un pupazzo che giaceva sul pavimento: era l'amata foca di Harry. Il suo maggiordomo le domandò se volesse ancora mangiare qualcosa per cena.

«No, grazie. Vada pure a casa.» Non aveva nessuna voglia di gustare l'ennesimo pasto da sola. A volte, quando il personale rincasava e il palazzo diventava il posto più solitario del mondo, scendeva di nascosto in cucina, riscaldava dei fagioli in scatola sul fornello, prendeva due fette di pane tostato con burro e si sedeva davanti alla televisione.

Si strofinò il punto tra le sopracciglia. Si sfilò le scarpe coi tacchi alti, sprofondò sul divano e si massaggiò i piedi. Il suo sguardo cadde sul tavolo rotondo con innumerevoli foto incorniciate, la maggior parte delle quali ritraeva i suoi due angioletti. Erano solo le sei e mezza, quindi i due avevano ancora un po' di tempo prima di cena. Si avvicinò alla scrivania, che si trovava di fronte all'alto scaffale pieno di porcellane finissime e di altre foto incorniciate. Sollevò la cornetta, riagganciò, poi la sollevò di nuovo e compose il numero del telefono che si trovava nella stanza di William e Harry. Ancora non ci credeva che il suo piccolino frequentasse già il collegio Ludgrove nel Berkshire. Come volava il tempo. I due erano cresciuti troppo in fretta! Il cavo arrivava fino al bovindo, dove Diana si mise comoda tra i cuscini a stampa floreale.

Quando udì la voce di William, si sentì già molto meglio. «Tesoro, com'è andata la giornata?»

«Ehi, mamma» rispose. «Oggi è andata bene. Così come ieri. E l'altro ieri. E il giorno prima dell'altro ieri.»

Poteva capire che si sentisse a disagio con i suoi amici quando la madre chiamava così spesso. Aveva tredici anni e a quell'età tutto generava un po' di imbarazzo. Inoltre William e Harry condividevano la stanza con altri quattro ragazzi. Sarebbe stata molto breve.

«E Harry?» chiese. «Come sta il tuo fratellino?»

«Bene anche lui, mamma. Davvero.»

«Okay. Mi mancate così tanto.»

«Ci manchi anche tu.» Il suo dolce angelo. «Starai con noi a Natale?»

«Ecco… purtroppo non è possibile.» Cercò di sembrare allegra. Quando Fergie non aveva ricevuto l'invito a Sandringham per Natale, nel primo anno di separazione da Andrea, Diana aveva confortato l'amica. Fergie aveva pianto senza sosta e lei aveva pensato a quanto dovesse essere doloroso non poter vedere gli occhi scintillanti dei propri figli a Natale. Ma lo era molto, molto di più di quanto avesse pensato. «Il giorno dopo faremo qualcosa insieme, promesso.»

«È perché festeggiamo a Sandringham con il nonno e la nonna?» E con Carlo. Magari anche con Camilla.

«Sapete che la mamma ha molto da fare» disse sviando il discorso.

«E allora cosa farai a Natale?»

«Non ti preoccupare. Passerò una serata meravigliosa» mentì. «Okay, tesoro mio. Ti richiamo domani. Buona serata e saluta i tuoi amici da parte mia.»

Riattaccò prima che il suo sensibile William si accorgesse che stava piangendo.

60

«Non ero ancora pronto a sposarmi» disse Carlo. «Ma mi hanno suggerito che, in quanto erede al trono, dovevo finalmente assumermi le mie responsabilità e fare il grande passo.»

«È sempre stato fedele a sua moglie?» chiese il presentatore della Bbc Jonathan Dimbleby.

«Sì, certo» rispose Carlo. «Finché, nonostante gli sforzi reciproci, il nostro matrimonio si è rotto in modo irreparabile.»

Questo la colpì in pieno. Una cosa era distruggere in maniera definitiva il sogno da favola su cui aveva costruito la sua vita. Ma il fatto che Carlo, con quell'intervista televisiva, facesse sapere al mondo intero – e ai loro figli – che anche gli inizi più teneri non erano stati altro che una finzione, era tutta un'altra cosa.

Diana teneva le braccia avvolte attorno al ventre. Si aggrappò a se stessa. «Spenga la televisione, Patrick» disse.

Lui prese il telecomando e lo schermo, dove prima c'era Carlo, si fece nero. «Be', c'era da aspettarselo che suo marito reagisse in qualche modo al libro-verità di Morton, anche se non credo sia un passo furbo da parte sua» cercò di confortarla. «Per un'intervista televisiva gli mancano l'arguzia, il carisma, il calore. Non riesce a toccare il cuore della gente.»

Anche lei sotto sotto si aspettava che Carlo prima o poi si vendicasse di *Diana: la vera storia dalle sue parole*. Lo conosceva. Conosceva il suo orgoglio e il suo bisogno di far valere le proprie ragioni e di ristabilire il proprio onore.

«Probabilmente spera che le persone, conoscendo la sua storia, lo ameranno quanto la principessa di Galles» disse Patrick. «Ma posso assicurarle che con questa intervista si è tirato la zappa sui piedi. Non è certo il primo membro della famiglia reale a essere infedele, ma è il primo a confessarlo pubblicamente davanti a venticinque milioni di sudditi.»

Era irritata, perché l'amore di Carlo per Camilla la feriva ancora dopo tutti quegli anni. Più e più volte si era ripetuta che avrebbe dovuto metterci finalmente una pietra sopra. Carlo non era altro che il padre dei suoi figli. Ma il cuore proprio si rifiutava di dare retta alla mente.

Poi le squillò il cellulare. Ebbe un tuffo al cuore. Le mani le tremavano leggermente mentre rispondeva. Diana non lo aveva più sentito dalla loro separazione a Highgrove.

«James…» si schiarì la gola. Aveva la voce rauca.

«Diana» disse. «Avresti tempo per me?»

Sì, certo! Non sapeva che fosse a Londra! Oddio, era nella sua stessa città!

Calmati.

La sua mente diceva: *Non puoi incontrarlo. La vostra relazione è venuta alla luce solo di recente. Se la stampa ti becca con lui, si scatenerà di nuovo.*

Ma il cuore ebbe la meglio. «Sì, va bene.» James propose una passeggiata solitaria fuori Londra, si diedero appuntamento per il giorno successivo, poi riattaccarono e Diana iniziò a contare le ore. Anche di notte.

Ne mancavano otto all'incontro. Si alzò per farsi una doccia. Il suo riflesso la fece trasalire. Aveva gli occhi gonfi e il viso provato.

Ancora sei ore. Cercò di concentrarsi sulle notizie del giorno, ma niente le rimaneva in testa.

Ancora quattro ore. Aveva una cena con la baronessa Lynda Chalker, a capo del ministero della Cooperazione allo sviluppo, ma non riuscì a mandare giù un boccone.

Ancora due ore. Non aveva assolutamente niente da indossare.

Poi mancavano solo pochi minuti. Finalmente era in macchina. Come avrebbe dovuto salutare James? Avrebbe dovuto baciarlo sulla guancia? Abbracciarlo? E perché voleva parlarle?

Il suo autista svoltò e si inoltrò in uno stretto viottolo di campagna dove parcheggiò la nuovissima e lussuosa Audi.

«Qui?» chiese.

«Sì, deve essere qui.»

Aveva piovuto tutta la mattina e l'aria era meravigliosamente fresca. Nonostante il cielo fosse ancora nuvoloso, indossava gli occhiali da sole. Se un paparazzo li avesse seguiti, le lenti nere le avrebbero almeno garantito una certa protezione. Inoltre James non doveva riuscire a leggerle immediatamente negli occhi quanto fosse felice di vederlo. Rimase seduta in macchina.

Un'auto si avvicinò e si fermò accanto alla sua Audi. Una Porsche bianca. James scese. Il cuore le palpitava.

Passi. Le pietre sulla strada sterrata scricchiolavano. Si avvicinò all'Audi. La portiera di dietro si aprì. Ed eccolo lì. Era come quando si erano incontrati per la prima volta a Buckingham Palace. La sua mente era completamente svuotata. Perse il controllo di sé, lo guardò raggiante e bisbigliò: «James… finalmente».

Lui si sedette accanto a lei e le rivolse un dolce sorriso. «È così bello vederti.»

Diana voleva sapere come se la fosse cavata negli ultimi anni. Ne erano passati quasi cinque dall'ultima volta che si erano visti! Un'eternità!

«Già» rise a malincuore. «Probabilmente avrai sentito che non sono più in servizio.»

Si sentì subito in colpa. «Perché è uscita allo scoperto la nostra relazione?»

«No, l'esercito ha licenziato più di mille uomini. Ho avuto solo la sfortuna di essere uno di loro.» All'improvviso si fece serio. «Diana, devo dirti una cosa che forse non ti piacerà. Però non ti devi preoccupare.»

Fece una pausa che quasi la uccise. Si era sposato? Aveva messo al mondo dei figli con un'altra donna? Oppure era malato?

«Ormai non è più un segreto che abbiamo avuto una

relazione» continuò. «Penso sia giunto il momento che il mondo conosca finalmente la nostra vera storia.»

Allora si trattava di questo. Voleva parlare della loro relazione. In pubblico. Probabilmente si era lasciato comprare. E lei che si fidava di lui…

Rimase in silenzio.

Aggiunse: «Spero che tu capisca».

Rimase ancora in silenzio. Non riusciva a dire nulla. Tutto quello che pensava era: *No. No no no! Non tu. Non pugnalarmi alle spalle proprio tu.*

Specificò: «Tu hai raccontato la tua storia con quel libro-verità, io ho dovuto vendere la mia».

Non proferì parola. Era come paralizzata.

James aggiunse: «Nel mio libro non dirò nulla di male su di te, te lo prometto».

E poi concluse con un: «Mi dispiace» prima di scendere, darle un'ultima occhiata attraverso il finestrino e infine andarsene a bordo della sua elegante Porsche bianca.

61

Le sembrava di passare continuamente sotto le forche caudine. I paparazzi se ne stavano appostati a Kensington Court con ricetrasmittenti e antenne direzionali per intercettare le chiamate al cellulare di Diana. E quando lasciava la tenuta con la sua Audi, la inseguivano in auto o in moto. Ovunque andasse, erano in agguato. La situazione era così pesante che William e Harry erano già piuttosto intimoriti. La settimana prima il suo piccolo non era nemmeno voluto andare al cinema con lei a vedere *Jurassic Park*, perché l'orda di uomini invadenti lo spaventava.

Ma quel pomeriggio Diana aveva un urgente bisogno di uscire. Era completamente fuori di sé. James l'aveva tradita. Di chi altro poteva fidarsi? La mattina si era persino sorpresa a pensare che la sua guardia del corpo Ken Wharfe la stesse spiando di nascosto! Pian piano stava diventando paranoica.

Voleva solo passeggiare un po' per Londra e distrarsi. Comprare un paio di jeans, magari una camicetta casual. Oppure un nuovo abito da cocktail?

Nella boutique di Christina Stambolian, una meravigliosa stilista greca, trovò l'abito perfetto: era semplice e nero, arrivava appena sopra le ginocchia e faceva un vitino da urlo. E poi soprattutto la scollatura! Era a forma di cuore e aveva un décolleté sensazionale.

Estremamente soddisfatta, pagò, si girò... e si ritrovò faccia a faccia con la dura realtà. Dalla vetrina del negozio vide i paparazzi appostati dall'altra parte della strada. In momenti come questi, si pentiva di aver fatto a meno della scorta. Fece un respiro profondo, si mise gli occhiali da sole e uscì. Nonostante i tacchi alti, camminava spedita. La macchina non era lontana. La sua guardia del corpo cercò di tenere lontano quegli uomini insistenti, ma non ci fu verso. Ce n'erano troppi.

«Diana, come va il tuo matrimonio adesso?»

«Cosa ne pensi dell'intervista di Carlo alla Bbc e della sua confessione di averti tradita per anni?»

Alcuni giornalisti iniziarono a correrle accanto, le saltarono davanti e tirarono su le macchine fotografiche. Diana era abituata a essere fotografata e di solito cercava sempre di essere educata. Ma questo era troppo. Tenne la borsa davanti al viso.

«Ehi, Di, c'è un nuovo amante nella tua vita?»

«Non c'è nessuno nella mia vita in questo momento» rispose. «E ora per favore lasciatemi in pace.»

«Oh, andiamo. Non fare tante storie! Perché non ci fai un bel sorriso?»

Ma cosa stava succedendo? Aveva la sensazione di non riuscire più a respirare. L'adrenalina le scorreva nelle vene. La spingeva a camminare ancora più velocemente.

«Ehi! Troietta! Non così in fretta!»

Cosa? L'avevano appena chiamata "troietta"? Le lacrime iniziarono a rigarle le guance. Si fece prendere dal panico. «Mi rendete la vita un inferno!» gridò correndo più veloce che poteva.

Finalmente! La sua auto. Dov'erano quelle stupide chiavi? Eccole! Le mani le tremavano così tanto che riuscì a infilarle solo al terzo tentativo. Spalancò la portiera. Saltò in auto. Chiuse la portiera. Si aggrappò al volante.

Si spaventò quasi a morte quando la portiera davanti si aprì. Ma era solo la sua guardia del corpo. «Inserisca la chiusura centralizzata» le suggerì. «Non pianga per una cosa del genere. È quello che vogliono. Fanno di tutto per avere foto da poter vendere a caro prezzo. Sono senza scrupoli.»

Diana annuì. Si scambiarono di posto perché lei non era in grado di guidare.

Quando tornò a casa quella sera, si accasciò a terra accanto alla porta d'ingresso e pianse senza ritegno. Cosa stava succedendo nella sua vita? Tutto era terribile. Si sentiva sola e le mancavano tantissimo i figli. Nessun uomo la voleva. Tutto era più difficile per lei ed era bloccata in quel matrimonio, anche se Carlo la odiava…

Dopo circa un'ora si passò le mani sul viso, sbavando ancora di più il mascara che già colava. Riuscì ad alzarsi dal pavimento e si trascinò in bagno, dove si mise davanti allo specchio. Si guardò dritta negli occhi e cercò se stessa. Voleva assicurarsi che fossero gli occhi di una donna che rispettava ancora se stessa.

L'ora della verità era arrivata. Perché era ancora sposata con Carlo? Era davvero la decisione migliore per tutti loro? Anche per lei? O forse c'era qualcos'altro dietro? Ovvero la paura di rimanere soli?

Voglio che William e Harry stiano bene. Non voglio farli soffrire come ho sofferto io quando i miei genitori hanno divorziato.

Ma non stava caricando di un fardello i suoi figli? Forse a un certo punto avrebbero pensato di essere il motivo per cui la loro madre era infelice? Doveva smettere una volta per tutte di usare William e Harry come scusa per continuare a essere vigliacca. Le era stata data la possibilità di plasmare la propria vita come voleva. Solo lei sapeva come doveva essere questa vita. Né Elisabetta, Patrick, sua madre o le sue sorelle lo sapevano. E non voleva mai più sentirsi sola in una relazione o in un matrimonio e fingere che fosse amore.

Disse addio all'idea che un matrimonio potesse considerarsi riuscito solo se durava fino alla morte, anche se per questo uno dei partner moriva in silenzio. Decise che, invece di fare una promessa eterna a un'altra persona, avrebbe fatto una promessa a se stessa: cioè di non tradire mai più il suo spirito.

Non aveva bisogno di un'altra persona per sentirsi integra o completa. Lo era già.

62

1995

Ormai aveva preso la sua decisione.

La situazione era talmente statica e complicata, che la prossima mossa doveva essere decisiva. Nel vero senso della parola. Era pronta a divorziare, ma avrebbe lasciato che fosse Carlo a prendere questa decisione. Se la parola "divorzio" fosse uscita dalla sua bocca, l'avrebbero solo usata contro di lei. L'aveva sperimentato con sua madre. Filippo aveva minacciato di privarla del titolo di "Altezza Reale". Aveva quindi chiarito che, in caso di divorzio, la battaglia sarebbe stata combattuta con le unghie e con i denti. La macchina del palazzo si preparava a cancellarla dal copione, se necessario.

Inoltre la corte di Carlo a St. James's Palace sembrava perseguire un unico obiettivo: impedirle di aspirare a un ruolo indipendente nella sfera pubblica. Sabotavano ogni suo passo verso un futuro di successo.

A ciò si aggiungeva il libro di James Hewitt, pubblicato nell'ottobre dell'anno prima, che aveva danneggiato la sua immagine pubblica. Ogni giorno continuava a sfogliare tutti i giornali e le riviste e aveva notato che alcuni servizi si concentravano su "Diana, l'adultera". Il fatto che avesse subìto un torto per anni sembrava essere stato dimenticato. Era terribilmente ingiusto. E come ciliegina sulla torta c'era l'orribile cricca di Highgrove intorno a Camilla che continuava a diffondere la voce che Diana fosse fuori di testa. O "rimbambita", come amava dire Camilla.

Si trattava quindi di ripristinare pubblicamente la sua immagine: non era pazza. Era una donna che aveva sofferto. Che aveva salvato la faccia di fronte a pesanti provocazioni e non aveva mai voluto il divorzio.

E cosa c'era di meglio di un'intervista alla Bbc che si sarebbe abbattuta come una bomba? Aveva pensato a lungo se fosse la mossa giusta. Alla fine aveva ascoltato se stessa e consultato il suo istinto. E questo le diceva: *Sì. Fallo. Metti la parola fine.*

Patrick aveva sempre avuto un buon fiuto per i suoi stati d'animo. La sera stessa in cui aveva preso quella decisione, bussò al suo studio a St. James's Palace. «Sua Maestà la regina, così come il principe consorte Filippo, la invitano a un colloquio. Lo prendo come un tentativo di approccio. Forse si sono resi conto che, rispetto al principe di Galles, lei sa come muoversi con la stampa e potrebbe essere utile alla famiglia reale. Lei sarebbe una risorsa per il Way Ahead Group.»

Il Way Ahead Group era un gruppo di discussione che Filippo aveva fondato per garantire la sopravvivenza della monarchia ed elaborare un nuovo piano per il XXI secolo. E Diana conosceva gli editori e i direttori di tutti gli organi di stampa più importanti. Del resto, aveva a che fare con orde di giornalisti da ancor prima che si sposasse.

«Annulli» disse Diana.

«Sua Altezza Reale» fece Patrick, e lei sapeva già che lui voleva parlarle a quattr'occhi. Si sistemò sulla sedia, congiunse le mani sulla scrivania e iniziò ad ascoltarlo.

«Sa che sto facendo tutto il possibile affinché, nel migliore dei casi, possa avvenire una riconciliazione tra lei e la famiglia reale. Sarebbe la cosa migliore per tutte le parti coinvolte. Il suo matrimonio con il principe di Galles non dovrebbe degenerare in una guerra.»

Il suo matrimonio era da tempo degenerato in una guerra. Voleva porre fine a questa situazione.

Patrick si schiarì la gola e poi continuò: «Ho sentito che a suo fratello sono stati fatti trapelare gli estratti conto bancari che provano che alcuni dipendenti di palazzo sono stati pagati per spiarla».

«Sì, me ne ha parlato.»

«Mi hanno anche riferito che ha incontrato un giornalista di nome Martin Bashir» disse Patrick. «Sua Altezza Reale, ha in programma qualcosa di cui dovrei essere a conoscenza?»

«Andrà tutto bene, Patrick» cercò di tranquillizzarlo. «Si fidi di me.»

«Principessa, si ricordi lo scandalo del libro-verità di Morton. Conosco Martin Bashir. Opera con mezzi disonesti. Se ha accettato di concedergli un'intervista, chiuderà così tutte le porte che sto cercando di aprirle con la casa reale.»

«Come se queste porte fossero mai state aperte per me» rispose in tono triste.

Patrick sembrava quasi disperato. «Cerchi di capire, allora non si potrà più tornare indietro. Non posso fare altro per lei. In caso di divorzio, perderà tutti i privilegi. Il suo titolo di Altezza Reale. Forse anche la sua influenza.»

«Ma vincerei la cosa più preziosa che una donna possa avere» replicò. «La libertà.»

Le telecamere erano già posizionate nel suo salotto a Kensington Palace. Diana era seduta alla toeletta nel suo guardaroba e ascoltava lo staff della Bbc mentre discuteva su dove fosse meglio posizionare i riflettori e su quanta luce sarebbe servita; dopotutto, fuori era già buio pesto. Tanto meglio, avrebbe fornito la necessaria drammaticità.

Il personale se n'era già andato. Aveva avvertito le guardie che sarebbe stato consegnato un nuovo impianto stereo. Ecco perché i due furgoni carichi di scatoloni. Solo che negli scatoloni non c'era uno stereo, ma telecamere, riflettori e microfoni. E nemmeno il simpatico uomo di origini pakistane seduto sul sedile del passeggero era un tecnico, bensì Martin Bashir, un giornalista della Bbc.

Il giorno prima aveva cercato Harry e William per avvisarli dell'imminente trasmissione dell'intervista. Entro due settimane circa. William aveva reagito in modo particolarmente sensibile. I suoi occhi si erano addirittura velati di lacrime. Ormai frequentava l'Eton College e da allora era ancora più alla mercé. Dopotutto, gli bastava andare a comprare una barretta di cioccolato per essere bombardato da titoli di giornale sulla guerra coniugale dei suoi genitori.

Ma presto sarebbe tutto finito.

Era il 5 novembre. La Guy Fawkes Night, quando falò e fuochi d'artificio commemoravano la congiura delle polveri del 1605, un tentativo sventato di far saltare in aria il Parlamento e il re d'Inghilterra. Proprio così si sentiva Diana. Come se volesse mandare all'aria tutta la sua vita con quell'intervista.

Fece a meno di cipria e fard. Non voleva essere particolarmente bella per le telecamere. Voleva che le persone potessero leggere nei suoi occhi quello che aveva passato. Dovevano vedere la verità. Per quel motivo si era messa solo il kajal nero, cosa che non faceva quasi mai. Indossava una gonna nera, collant neri e un blazer nero. Solo la sua camicetta era bianca.

L'intervista doveva essere trasmessa in prima serata. Ciò significava che circa ventitré milioni di persone si sarebbero sedute davanti allo schermo e avrebbero ascoltato le sue parole. Quindi tutto ciò che stava per dire doveva essere perfetto. Sapeva quali domande l'aspettavano. Aveva affinato le sue risposte per settimane. Guardò la sua immagine riflessa nello specchio e recitò un'ultima volta le frasi che aveva preparato: «L'establishment in cui mi sono sposata ha deciso che sono un fallimento».

«Il nemico, quello era l'ambiente di mio marito.»

«Sì, adoravo James Hewitt. Sì, ero innamorata di lui. Ma sono rimasta molto delusa.»

«In questo matrimonio eravamo in tre.»

«Mi piacerebbe essere la regina di cuori.»

Fece un respiro profondo per l'ultima volta. Poi si alzò dalla sedia. Si raddrizzò.

Martin Bashir stava ripassando le domande quando lei entrò nel soggiorno. Si alzò subito in piedi e si inchinò.

Era tutto pronto. Le due poltrone davanti al camino. Accanto il tavolo in ciliegio con le foto incorniciate.

«Pronta?» chiese Bashir.

Annuì. «Sì, sono pronta.»

63

Presto sarebbe giunta l'ora.

Su Londra era scesa la notte.

Era appena tornata da un evento di beneficenza per i malati di cancro, insieme al suo autista, la sua dama di compagnia Anne e un Patrick piuttosto teso. Diana non poteva dargli torto. Tutto quello che sapeva era che quel giorno, mentre era stato costretto a sorseggiare champagne e a fare chiacchiere, alla Bbc era stata trasmessa un'intervista alla principessa. Lei ne aveva taciuto il contenuto e Patrick non vedeva l'ora che arrivassero finalmente a Kensington Palace per assistere alla sua registrazione.

Diana stessa era nel caos emotivo assoluto. Aveva tutti i muscoli tesi. Ma provava anche fiducia, orgoglio, sollievo e speranza. Mentre la limousine scivolava nell'oscurità, si distrasse curiosando dentro le abitazioni altrui. Ecco cosa amava dell'inverno. Quando fuori il tempo era freddo e uggioso, le persone si mettevano comode dentro casa. Immaginò che tipo di vita conducessero. Quella famiglia, per esempio, che era seduta a cena, era felice? O la coppia dell'appartamento accanto che lavava i piatti, da quanto tempo stavano insieme? Come sarebbe stata la sua vita accanto a quel giovane che asciugava le stoviglie? Avrebbe avuto un carattere diverso o sarebbe stata la stessa Diana di ora? Oppure era stata destinata a sposare Carlo? Alla fine tutte le strade avrebbero portato a lui?

Domande su domande.

Milioni e milioni di luci.

Milioni e milioni di persone.

La limousine si fermò a un semaforo rosso. Dalla maggior parte degli appartamenti si diffondeva il gioco di colori cangiante di un televisore. Quella sera tutta l'Inghilterra aveva visto la sua intervista. Probabilmente il suo volto umile e triste era comparso quasi su ogni schermo. Negli appartamenti. Nei pub. Nella casa reale. L'intervista era stata ampiamente pubblicizzata dalla Bbc.

Uno spettacolo sinistro.

Raggiunsero Kensington Court e passarono i controlli di sicurezza. Non appena l'auto si fermò, Patrick scese e scomparve risoluto all'interno. L'intervista registrata era già in corso quando anche Anne e Diana entrarono nell'appartamento. Patrick era seduto sul divano al buio, solo il suo viso era illuminato dal televisore. Anne si sistemò accanto a lui, mentre Diana si tenne in disparte. Le risultava difficile guardarsi in televisione e sentire la propria voce. Era troppo critica con se stessa.

«Di sicuro ci sono alcune cose che potrebbero essere cambiate» disse la Diana sullo schermo. «Così si potrebbero chiarire i dubbi dell'opinione pubblica sulla monarchia e alleggerire un rapporto a volte complicato. Credo che entrambe le parti possano andare di pari passo, invece di rimanere così distanti.»

Patrick seppellì il viso tra le mani. Con quella frase Diana aveva fatto crollare il ponte già traballante che la collegava ancora alla famiglia reale.

«Non voglio il divorzio» continuò. «Ma ovviamente abbiamo bisogno di chiarezza su una situazione di cui si è discusso molto, soprattutto negli ultimi tre anni. Tutto quello che voglio dire è che attendo la decisione di mio marito su come dobbiamo procedere.»

Cosa sarebbe accaduto dopo l'intervista? Elisabetta e Carlo avrebbero accettato finalmente un divorzio? E se così fosse stato, le avrebbero permesso di continuare a vivere a Kensington Palace? Avrebbe conservato il titolo di "Altezza Reale"? Dopotutto, quel titolo le garantiva un invito a tutte le occasioni ufficiali e sarebbe stata debitamente riconosciuta come madre del futuro re.

Patrick spense la televisione. Si alzò dal divano. Si voltò verso di lei. Lo sguardo di lui diceva: «*Che cosa ha fatto?*».

Negli occhi di Diana ardeva il fuoco. Lo sguardo di lei diceva: «*Ho ridotto in cenere la mia vita per diventare finalmente la donna che ero destinata a essere*».

64

1996

Diana era seduta nel parco privato di Kensington Palace sui gradini di pietra che portavano all'ingresso. Teneva il viso rivolto al sole, che di tanto in tanto faceva capolino tra i batuffoli di nuvole. Sebbene Kensington Court si trovasse nel cuore di Londra, dietro le mura di tufo rosso che circondavano il parco si respirava un senso di pace e sicurezza.

Erano passati sette mesi da quando l'intervista era stata trasmessa dalla Bbc. Il giorno dopo Elisabetta le aveva inviato una lettera in cui diceva: «*Cara Diana, nel migliore interesse del paese, concordo con la tua intenzione di divorziare da Carlo il prima possibile. Cari saluti, mamma*». Astuta, aveva pensato Diana. Volevano scaricarle addosso la responsabilità, sostenendo che era stata lei a chiedere il divorzio. Con lo stesso tono gentilissimo aveva risposto: «*Cara mamma, la tua richiesta mi ha spiazzata. Non sono d'accordo con un divorzio immediato*».

Era molto importante chiarire bene una cosa: la decisione di divorziare non era stata presa da lei. Solo così avrebbe avuto più potere contrattuale.

Di conseguenza, la questione andò avanti per mesi. A

quanto pareva, la famiglia reale aveva creduto di poterla mettere in ginocchio. Grosso errore. Aveva dimostrato quanto potesse essere testarda e combattiva. Finalmente, quella mattina, l'accordo di divorzio venne firmato da entrambe le parti coinvolte. E alle sue condizioni. Una vittoria schiacciante. Certo, aveva perso il titolo di "Altezza Reale", ma poteva continuare a chiamarsi "principessa di Galles". Inoltre, avrebbe ricevuto una somma forfettaria di diciassette milioni di sterline, quattrocentomila sterline all'anno per il suo studio e avrebbe continuato a vivere a Kensington Palace. Era la sua casa e la casa dei suoi figli.

Entro due giorni, il 15 luglio, il matrimonio del secolo sarebbe stato ufficialmente sciolto in un'aula di tribunale a Somerset House.

Era libera.

Il mondo si apriva davanti a lei!

Poteva chiamare il cardiochirurgo pakistano che aveva conosciuto qualche giorno prima: il dottor Hasnat Khan. Si erano incontrati al Royal Brompton Hospital, dove lavorava. Il marito della sua amica ed esperta di agopuntura Oonagh Shanley-Toffolo era stato sottoposto a un intervento di bypass e aveva avuto gravi emorragie interne. Diana era rimasta al fianco dell'amica. Era solo andata un attimo a prendere un caffè e quando era tornata, c'era un medico nella stanza. Era sul punto di spiegare qualcosa, ma si fermò quando lei entrò, la guardò e sorrise. E ogni fibra del suo essere le disse: *Quest'uomo potrebbe farti del bene.*

Non aveva un fascino straordinario, aveva persino un po' di pancetta, ma aveva gli occhi scuri più caldi e intelligenti che avesse mai visto. Il colore della sua pelle contrastava in modo magnifico con il camice bianco. Ma soprattutto era stata conquistata dal suo carisma. Così calmo, coi piedi per terra. In seguito le aveva parlato di un progetto di aiuto ai bambini in Pakistan che lui sosteneva. Uno spunto gradito per chiedergli il numero di telefono. Da allora in poi si sarebbe impegnata anche in Pakistan. Aveva annotato il suo numero sulla tazza di caffè vuota di Diana. «Devo andare, i miei pazienti mi aspettano» aveva poi detto, e si era allontanato per guarire altri cuori malati.

Oppure poteva prendersi qualche giorno di vacanza. Forse addirittura con Carolyn, se la sua famiglia poteva stare senza di lei? Che meraviglia sarebbe stato sedersi in un ristorantino in Italia e divorarsi tutto il menu. E la parte migliore era che non aveva bisogno di chiedere il permesso a nessuno! Era la cosa più esilarante e rivoluzionaria che una donna potesse desiderare: fare ciò che il suo istinto le consigliava, senza chiedere prima il permesso a nessuno. Be', forse a un paio di persone doveva chiederlo. Ai suoi figli, naturalmente, o alla sua guardia del corpo e alla sua meravigliosa squadra che le era fedele. La sua agenda era piena di appuntamenti importanti, viaggi di lavoro ed eventi di beneficenza. Aveva così tanti progetti!

Ma in quel momento voleva solo starsene lì seduta e godersi la pace. La pace nel suo cuore.

A volte lei stessa stentava a credere a quanto aveva già vissuto, ai tanti alti e bassi, nonostante avesse solo trentasei anni. Non avrebbe fatto a meno di niente.

Lasciò vagare lo sguardo sul parco: era disposto in modo simmetrico e al centro c'era un bacino d'acqua da cui si ergevano fontane zampillanti.

Persino i fiori nelle aiuole erano disposti per colore: qui calendule arancioni, accanto ortensie blu, poco più avanti viole del pensiero gialle e tulipani rosa. E in fondo, un'arcata di rose bianche lussureggianti e fiorite.

E sotto quell'arcata c'era Carlo. «Il tuo maggiordomo Paul ha detto che eri in giardino» disse lui.

«Sei venuto a prendere altri mobili?» chiese Diana.

«No.» Si avvicinò pian piano a lei, con le braccia conserte dietro la schiena come al solito.

«E allora perché sei qui?»

Prese fiato, scrollò le spalle e disse: «A dire il vero, non lo so con esattezza».

Rimasero in silenzio e Diana lo guardò come se fosse l'ultima volta. Quando vedeva Carlo, cominciava a credere nella reincarnazione. In lui c'era uno spirito antico, ne era convinta. Sebbene indossasse una camicia azzurra casual che gli aveva comprato lei una volta, sembrava proprio appartenere a un'altra epoca.

Con voce incrinata disse: «Non credo di sapere cosa fare senza di te».

«Oh, Chulls» mormorò teneramente, dando un colpetto al posto libero accanto a sé. Si mise a sedere. «Ti ho amato» disse lei. «In modo sincero. Con tutto il cuore.

Ma il mio amore non ti è mai bastato. Non mi hai mai dato una possibilità.»

La guardò e qualcosa in lui era diventato dolce e vulnerabile.

«Sai qual è la cosa che fa più male?» continuò. «Chiedersi cosa ne sarebbe stato di noi se tutti gli obblighi, il protocollo e Camilla non si fossero messi in mezzo.» Si tolse dal dito l'anello che lui le aveva regalato un tempo: l'anello con il sigillo del principe di Galles. «Se ci fosse stato concesso di essere una coppia normale, chissà se il nostro amore avrebbe avuto una possibilità?»

«Solo l'universo lo sa» replicò lui, assorto nei suoi pensieri.

«Nella nostra prima intervista insieme, il giorno in cui è stato annunciato il nostro fidanzamento, hai detto: "Amore… qualunque cosa significhi". So cosa significa amore per me. Ma ora lo sai anche tu?»

«Credo di sì.» La fissò e il suo sguardo era caldo. Percepì il suo profumo molto speciale, un profumo di casa, e sapeva che una parte di lei avrebbe sempre amato quell'uomo, a prescindere da quanto l'avesse fatta soffrire.

Lo baciò sulla guancia e poi volle restituirgli l'anello.

«Appartiene a te» disse Carlo alzandosi dai gradini. «È stato un mio regalo.»

Le tese la mano per aiutarla ad alzarsi, ma lei la rifiutò e si alzò da sola. Lo abbracciò per salutarlo e poi lo guardò allontanarsi, augurandogli dal profondo del cuore che anche lui un giorno fosse libero e spensierato.

Diana passeggiò per il giardino davanti alle aiuole variopinte pensando a quante fasi diverse, a quante personalità diverse si erano succedute in lei. Prima era stata la ragazza buona e ingenua, poi una principessa delle favole, un'icona della moda e una starlet reale, era mutata in una donna quasi morta, in una madre responsabile che donava un amore incondizionato e infine in una ribelle. Adesso era una filantropa internazionale di successo. Essere vivi significava probabilmente cambiare di continuo, scoprire di nuovo se stessi, stare al passo coi tempi. La vita non era una favola, come aveva sperato a lungo. Era una rivoluzione. Se si viveva con coraggio, la vita consisteva in innumerevoli morti e rinascite. Non si trattava di rimanere per sempre come si era, ma di vivere in modo tale che ogni giorno, ogni anno, ogni momento, ogni relazione, ogni conversazione e ogni crisi potessero essere usati per avvicinarsi a se stessi, per diventare più veri, per arrivare alla propria essenza. Perché il bello era che in quell'essenza si rimaneva sempre gli stessi. La sua essenza era quella di essere un'amante incondizionata, e ne era orgogliosa.

Le venne in mente una citazione di Goethe che Carlo le aveva letto una volta tanto tempo prima: «Finora la mia vita è stata soltanto un preludio, un indugiare, oziare, sprecar tempo, finché non ho trovato lei, non l'ho amata, e ho conosciuto l'amore autentico, pieno».

Sarebbe stata molto meglio così: «Finora la mia vita è stata soltanto un preludio, un indugiare, oziare, sprecar tempo, finché non ho imparato a conoscere *me stessa*, ad amar*mi* in modo autentico, pieno».

Si sarebbe affidata al flusso della vita, desiderosa di vedere dove l'avrebbe portata, ma non si sarebbe mai più aggrappata a una sponda come una disperata. Avrebbe accettato tutto ciò che il mondo aveva da offrirle, anche se a volte sarebbe stato doloroso. Ma quello era il prezzo dell'amore. Ed era disposta a pagarlo.

Postfazione

31 agosto 1997. Una notizia sconvolge il mondo intero: Diana, principessa di Galles, è morta a mezzanotte in un tragico incidente stradale in un tunnel di Parigi. Ha inizio una sorta di lutto di massa. Innumerevoli persone si recano in pellegrinaggio a Kensington Palace per deporre fiori. Ancora oggi, la perdita di questa donna radiosa e calorosa riempie le persone di un profondo dispiacere. Il 1° luglio 2021 la principessa del popolo avrebbe compiuto sessant'anni.

Diana era anticonformista, emotiva e venerata come un'icona pop. Ai suoi tempi fu considerata forse la donna più famosa del mondo. Ma fu molto più di una splendida principessa. Dopo il divorzio dal principe Carlo, fece di tutto per promuovere la sua carriera di ambasciatrice umanitaria. Il suo impegno contro le mine antiuomo rimarrà impresso nella memoria: nel 1997 in Angola, davanti alle telecamere accese, Diana abbracciò bambini mutilati e attraversò campi minati attivi. Quattro settimane prima della sua morte, aveva fatto visita alle vittime delle mine in Bosnia.

Nel 2017 le è stato conferito postumo il Legacy Award della rivista *Attitude* per la sua difesa dei diritti dei pazienti sieropositivi e malati di Aids, ritirato dal figlio, il principe Harry. Nel suo discorso, ha detto di sua madre: «Sentiva il bisogno di gettare luce su persone e problemi che gli altri ignoravano. Sapeva che l'Aids era qualcosa che molti volevano ignorare e che sembrava una causa persa».

Anche se questo romanzo è basato su eventi reali e il contesto è esatto, va comunque sottolineato che si tratta di un racconto di fantasia della storia di Diana. Non tutte le scene che descrivo sono avvenute effettivamente così. È probabile che alcuni eventi nella realtà siano accaduti in modo diverso, altre volte li ho adattati ai fini del romanzo. Allo stesso modo, i dialoghi sono in gran parte frutto della mia fantasia.

Sulla famiglia reale sono stati scritti innumerevoli libri. Oltre che con articoli di giornale, documentari e vecchie interviste, ho acquistato familiarità con la vita di Diana e della famiglia reale attraverso le seguenti opere: *Lady Diana Chronicles* di Tina Brown, *Prince Charles: The Passions and Paradoxes of an Improbable Life* di Sally Bedell Smith e *Diana: la vera storia dalle sue parole* di Andrew Morton.

Il libro-verità di Morton è considerato la biografia di maggior successo di tutti i tempi e il più grande scandalo che la famiglia reale britannica abbia mai vissuto.

Come descritto in questo romanzo, fu Diana stessa a rivelare su cassetta i dettagli più intimi del suo matrimonio fallito e a farli recapitare attraverso intermediari al giovane giornalista.

Ancora oggi, innumerevoli leggende e dicerie circondano la vita e la morte di Diana. Una cosa è certa: con la sua storia personale, la principessa di Galles non solo ha cambiato in modo significativo la monarchia Windsor e la sua immagine, ma anche l'atteggiamento verso la vita di innumerevoli persone che hanno guardato con ammirazione a questa donna coraggiosa e forte.

Anch'io sono stata ispirata dal suo coraggio, dalla sua passione e dalla sua forza. Vorrei quindi ringraziare la casa editrice Ullstein e la mia meravigliosa editor Wiebke Bolliger per avermi dato la possibilità di scrivere un libro su questa icona unica. Spero che il mio romanzo vi abbia regalato, care lettrici e lettori, un'esperienza di lettura istruttiva, emozionante e coinvolgente e vi abbia fatto conoscere meglio la regina di cuori.

Novembre 2021
Julie Heiland

MISTO
Carta da fonti gestite in maniera responsabile
FSC® C115118
FSC
www.fsc.org

Stampato presso Elcograf S.p.A.
Stabilimento di Cles